우리가 이방인에게로 향하노라

우리가 이방인에게로 향하노라
- 사도행전 강해 5

지은이 · 김홍전
펴낸이 · 김명순
초판 발행 · 2008년 11월 28일
초판 2쇄 · 2015년 1월 15일

펴낸곳 · 성약출판사
등록 · 제3-607호
주소 · 서울시 용산구 한강대로 104길 14 (우 140-821)
전화 · 02-754-8319
팩스 · 02-775-4063
홈페이지 · http://sybook.org
이메일 · sybook@sybook.org

ⓒ 성약출판사 2008

값 10,000원
잘못된 책은 바꾸어 드립니다

ISBN 978-89-7040-072-3
ISBN 978-89-7040-914-9 (전9권)

We Turn to the Gentiles
- Expositions on Acts, Vol. V
by Hong Chun Kim
ⓒSungyak Press 2008

Printed in Korea

성약 출판사는 역사적인 개혁 신앙과 그 신학을 오늘날 이어받고 전파하며 전수하는 일에 작은 도움이라도 되기 위하여 서적을 출판하고 있습니다.

우리가 이방인에게로 향하노라

신학박사 김홍전 지음

성약

일러두기

1. 이 책에서 성경 말씀을 인용할 때에는 주로 "개역 한글판 성경전서"(1961년 대한성서공회 발행)를 사용하였습니다. 그러나 설명의 편의를 위해서 구역(舊譯)을 인용하기도 하고, 낱말이나 구절을 다시 번역하거나 설명을 더하는 일을 제한하지 않았습니다.

2. 이 개역 한글판에 따르면 성삼위의 한 위(位)의 성호(聖號)인 '성신'(聖神)은 구약전서에만 보존되고 신약전서에서는 '성령'(聖靈)으로 바뀌었습니다. 이 책에서는 구역(舊譯)에 사용되었고 개역(改譯)의 구약전서에 보존되어 있으며 한국 교회에서 60년대까지 널리 사용되던 성호인 '성신'을 사용하였습니다. 이 성호가 신·구약의 성구나 설명문에 나올 때에 '성령'으로 고쳐 읽으시는 것은 독자의 자유입니다.

발행인의 서문

저자는 계시로서 사도행전이 가진 의미와 사도행전을 살펴 나갈 때 어떤 관점으로 보는 것이 옳은지를 강설 가운데에서 다음과 같이 가르쳐 줍니다.

"하나님께서 인생을 내시고 사명을 주셔서 하나님의 뜻대로 도달하기를 바라시는 어떤 거룩한 목표와 경계(境界)를 만들어 주시고 그것을 다 마련해 주셨지만, 사람은 하나님께서 도달하기를 원하시던 데로 간 것이 아니라 그 반대의 길로 제 마음대로 타락해 나갔습니다. 그 후에 인류가 퍼진 다음에 하나님께서 인생을 지으신 본의를 이루시기 위해 사람들을 건져 내시는 크신 경영 혹은 경륜을 나타내 보이셨는데……마침내 이 모든 날 마지막에 하나님께서는……마지막 날들이라는 한 역사(歷史) 시기를 정하시고, 그 역사 시기의 시초에 하나님의 위대한 구원의 심오한 경륜과 깊고 중요한 것들을 사람이 더 이상 알 수 없을 만큼 잘 드러내도록 계시하셨습니다.……즉 예수님이 십자가에 달려 돌아가시고 부활하시고 승천하셨다는 이 전고(前古)에 없고 다시없을 위대한 사실이 발생했고, 그와 동시에 필연적으로 그가 십자가에 돌아가시고 부활하시고 승천하신 사실의 큰 목적이 구체적으로 나타나는데, 그 사실의 큰 목적이 나타나는 구체적인 현현(顯現)이 신약의 교회라는 형식입니다. 그와 동시에 신령한 중보자시요 왕이신 예수 그리스도의 통치를 받는 은혜의 왕국, 레그눔 그라티아에(regnum gratiae)의 시대가 시작되었습니다.……이것의 최초의 역사, 한 세대의 역사가 사도행전의 이야기입니다. 사도행전을 볼 때 그러한 관점으로 보는 것이 옳습니다. 즉 하나님의 거룩하신 구원의 경륜의 큰 사실이 충만한 형식과 심오한 형식을 취하여 나타나는 최초의 30년 어간의 한 세대의 역사적 사실이 사도행전의 이야기입니다. 이것이 사도행전이 가지고 있는 큰 의미인데, 그런 것을 보이실 때에 거기에 있는 인간들의 생활을 구체적으로 보여 주시면서 이 인간들의 사회의 움직임이라는 형식을 취해서 보여 주셨습니다. 다른 말로 하면, 보이지 않는 신령한 보편의 교회의 실체가 어떤 보이는 형식으로 나타나고자 할 때 취하는 것은 하나의 종교 단체 혹은 사회 형태인 것입니다. 여기 사도행전에도 그러한 사람들의 모임으로 된 사회의 형태가 구체적인 현상으로 드러나 있습니다"(제1권의 제1강 중에서).

저자는 이런 관점으로 성약교회의 출범 초기부터 시차를 두고 사도행전 전체의 내용을 연속적으로 강설하였습니다. 1964년 1월 5일부터 1966년 9월 28일까지 118회에 걸쳐 1장부터 16장까지 강설하였고, 1974년 2월 27일부터 10월 30일까지는 30회에 걸쳐 1장부터 13장까지 다시 가르쳤습니다. 또한 1980년 8월 31일부터 1981년 3월 15일까지는 17장부터 28장까지 28회에 걸쳐 주일 오전에 강설하였습니다. 그 밖에도 부분적으로 몇 차례에 걸쳐 사도행전을 설교하였습니다. 이들 가운데 녹음하여 보존된 123회에 달하는 강설들을 성경 본문의 차례에 따라 편집하여 차례로 출간하려고 합니다.

이제 그 다섯째 권을 내놓게 되었습니다. 은혜의 왕국의 왕이신 예수님께서 여전히 다스리고 계심을 믿는 그의 백성들인 독자 제위께서 이 책을 통하여 그리스도께서 은혜의 왕국을 땅 위에 세우시고 경영하신 최초의 시대의 역사를 올바로 깨달아 알기 원하며, 그리하여 우리 시대에도 한결같이 그 나라의 성격을 확연히 드러낼 수 있기를 구주 예수님께 빌어 마지않습니다.

2006년 11월 24일

목 차

일러두기 · 4

서문 · 5

제1강   안디옥 교회의 모범적인 상태

사도행전 12장에 나타난 교회의 신령한 전투 · 16

성신께서 바나바와 사울을 부르심 · 20

성신의 음성을 듣고 순종할 수 있었던 안디옥 교회 · 28

안디옥 교회가 구비했던 교회적 속성과 은사 · 34

주를 섬겨 각자의 직무에 충실했던 교회 · 40

하나님의 뜻에 순종한 안디옥 교회의 성숙성 · 42

기도 (1966. 3. 16. 수요일) · 45

제2강   교회의 보편성을 드러낸 안디옥 교회

바울의 선교 여행으로 나타난 교회의 본질적인 속성들 · 52

'보편의 교회' 라는 말의 뜻 · 54

계시의 말씀 안에서 가지는 교회의 교통과 보편성 · 58

교회의 보편성을 드러낸 안디옥 교회 · 67

성신의 지시를 받는 고도적인 위치에 있었던 안디옥 교회 · 68

안수의 의미 · 71

기도 (1974. 10. 23. 수요일) · 74

제3강   구브로에서 복음의 능력을 나타냄 (1)

구브로로 가게 하신 성신의 인도 · 78

총독 서기오 바울 · 85

박수 엘루마 · 89

바울이 엘루마를 징책함 · 95

복음의 진행을 저해하는 흑암의 세력을 파쇄함 · 97

총독이 주의 가르치심을 기이히 여김 · 106

기도 (1966. 3. 23. 수요일) · 111

제4강   구브로에서 복음의 능력을 나타냄 (2)

거짓 선지자 바예수 · 117

1900년대 이래의 세계 교회의 흐름과 여러 운동들 · 122

사이비 종교의 특징인 돈에 대한 탐욕 · 129

진리가 신장해 나갈 때에는 그릇된 것이 나타나기 마련임 · 133

교회의 권징과 권위 · 135

기도 (1974. 10. 30. 수요일) · 138

제5강   바울의 비시디아 안디옥 설교 (1)

바울 일행을 떠난 마가 요한 · 143

비시디아 안디옥의 분위기 · 151

스데반의 강설과 비슷한 바울의 강설 · 157

강설의 주제: 하나님의 통치 대권과 은혜 · 160

기도 (1966. 3. 30. 수요일) · 166

제6강 바울의 비시디아 안디옥 설교 (2)

바울이 비시디아 안디옥에서 설교함 · 171

역사의 주인이신 하나님 · 176

하나님의 절대 대권과 예수님의 속죄의 필요성 · 180

사죄와 의롭다 하심 · 186

기도 (1966. 4. 6. 수요일) · 195

제7강 바울의 비시디아 안디옥 설교 (3)

강설의 내용: 하나님의 대권과 은혜 · 200

온 성이 하나님 말씀을 들으려고 모임 · 202

하나님 나라를 깨닫지 못한 이스라엘의 타락 · 204

이 강설의 특이성: 기독교의 전모를 선포함 · 211

유대인의 비방과 바울의 결별 선언 · 216

오늘의 우리 교회가 깊이 생각할 문제 · 222

영생 얻음에 합당한 자와 합당치 않은 자 · 225

기도 (1966. 4. 13. 수요일) · 230

제8강 이고니온에서 말씀을 전한 방식

바울 사도는 어떤 방식으로 무엇을 말했는가 · 236

유대인에게서 점점 이방인에게로 · 236

같은 메시지라도 그곳의 실정에 맞게 · 241

성신의 나타남과 능력으로 · 246

핍박 속에서도 오래 있음 · 250

분열의 문제와 복음의 진리 · 252

기도 (1966. 4. 20. 수요일) · 258

10 우리가 이방인에게로 향하노라

제9강 바울이 루스드라에서 앉은뱅이를 고침
    루스드라 지역의 특색 · 264
    바울 사도가 앉은뱅이를 고침 · 268
    루스드라 사람들의 반응과 바울의 만류 · 272
        기도 (1966. 5. 4. 수요일) · 281

제10강 바울이 루스드라에서 돌에 맞음
    복습: 바울 사도가 말씀을 전한 방식 · 288
    루스드라 사람들의 우상 숭배를 지적하고 만류함 · 291
    바울이 돌로 맞은 일과 디모데 · 301
    바울이 돌에 맞아 죽었다가 기적적으로 일어남 · 306
        기도 (1966. 5. 11. 수요일) · 308

제11강 바울의 경험과 고백
    복습: 바울 사도의 행로와 루스드라에서 있었던 일 · 313
    하나님 말씀을 전한 방식과 능력 · 315
    박해의 다양한 양상과 하나님의 인도 · 316
    바울의 경험과 고백, 그리고 오늘의 우리 · 331
        기도 (1966. 5. 18. 수요일) · 334

    성구 색인 · 337

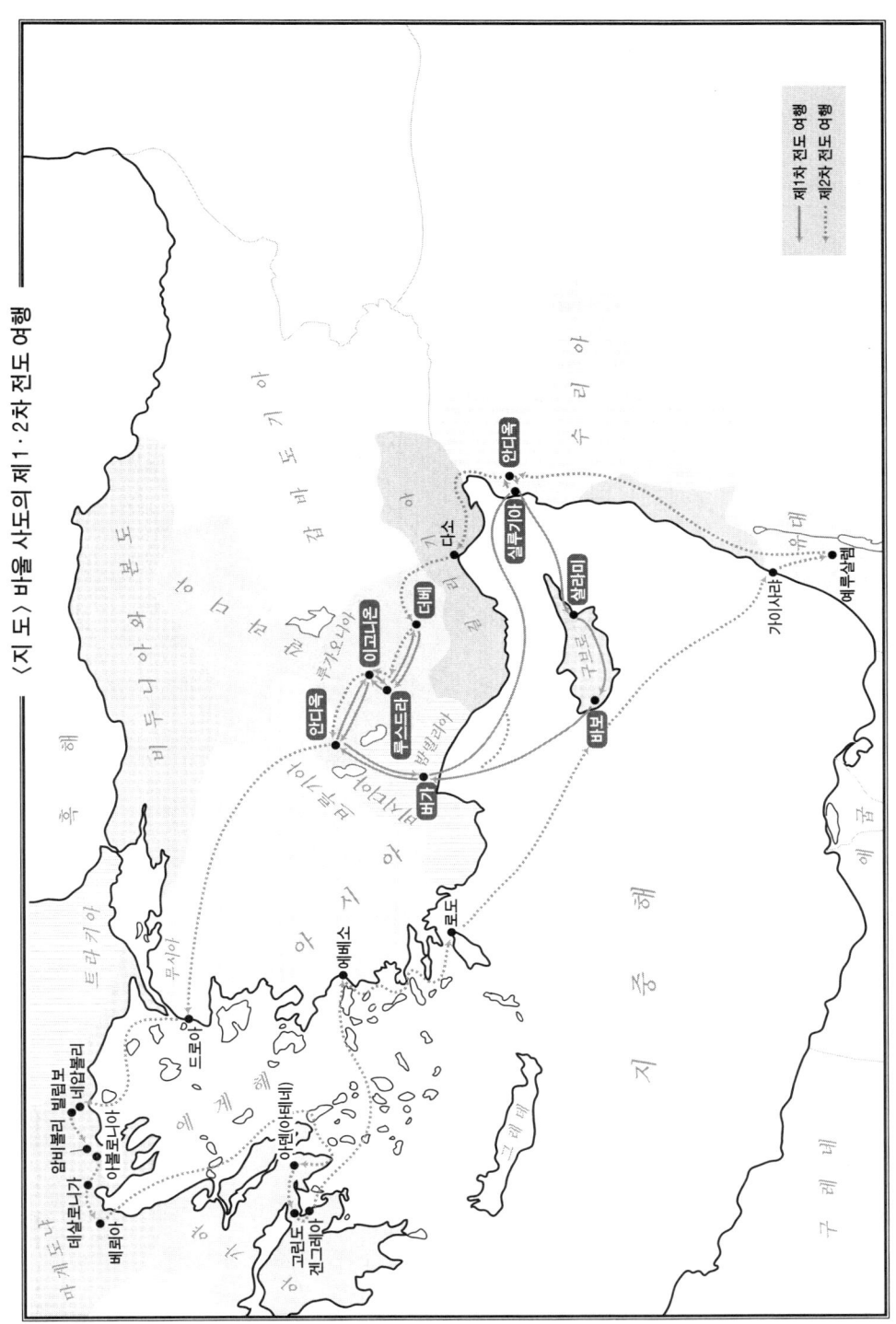

〈지 도〉 바울 사도의 제1·2차 전도 여행

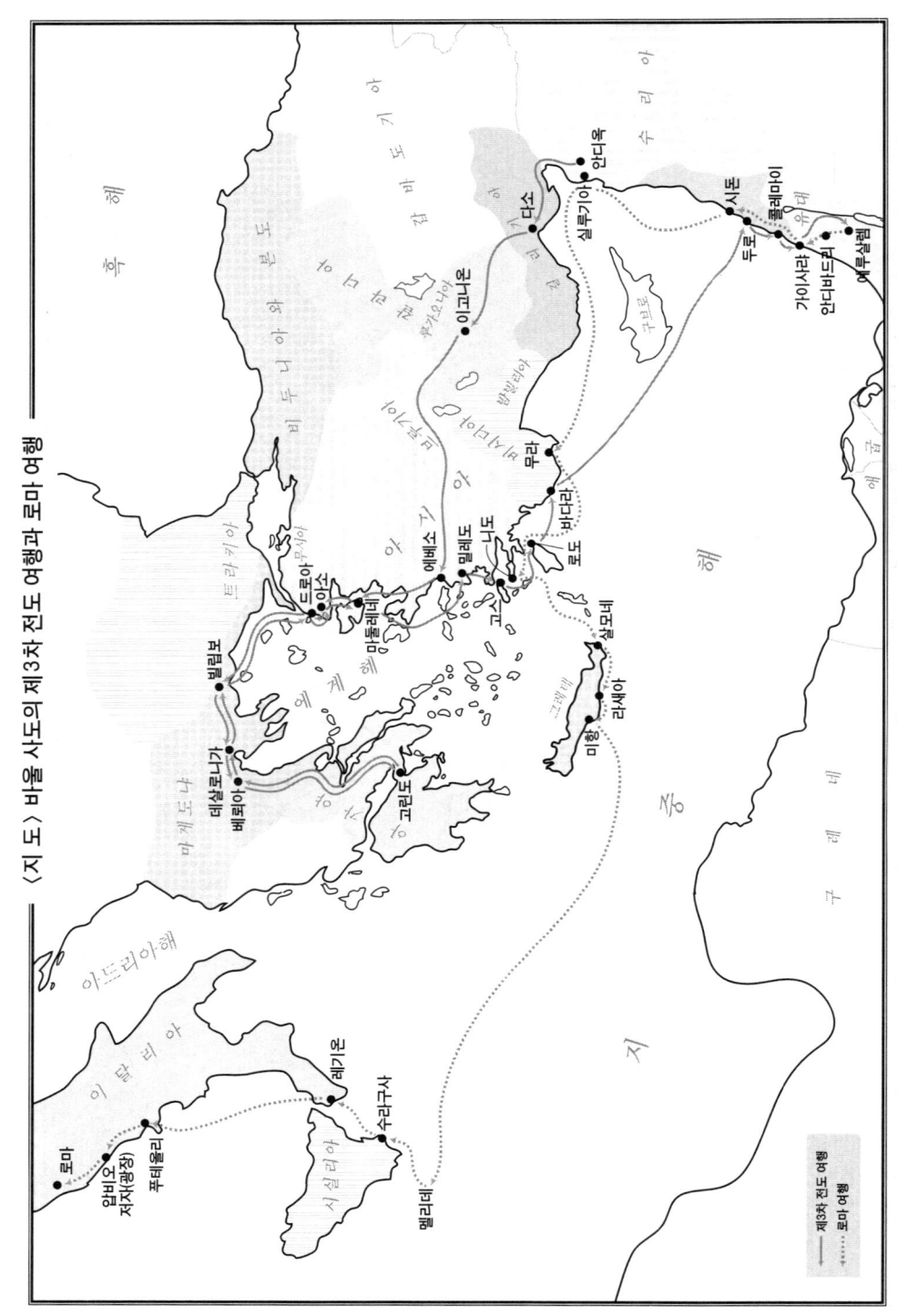

〈지도〉 바울 사도의 제3차 전도 여행과 로마 여행

제1강

안디옥 교회의 모범적인 상태

사도행전 13:1-12

¹안디옥 교회에 선지자들과 교사들이 있으니 곧 바나바와 니게르라 하는 시므온과 구레네 사람 루기오와 분봉왕 헤롯의 젖동생 마나엔과 및 사울이라. ²주를 섬겨 금식할 때에 성신이 가라사대 내가 불러 시키는 일을 위하여 바나바와 사울을 따로 세우라 하시니 ³이에 금식하며 기도하고 두 사람에게 안수하여 보내니라. ⁴두 사람이 성신의 보내심을 받아 실루기아에 내려가 거기서 배 타고 구브로에 가서 ⁵살라미에 이르러 하나님의 말씀을 유대인의 여러 회당에서 전할새 요한을 수종자로 두었더라. ⁶온 섬 가운데로 지나서 바보에 이르러 바예수라 하는 유대인 거짓 선지자 박수를 만나니 ⁷그가 총독 서기오 바울과 함께 있으니 서기오 바울은 지혜 있는 사람이라. 바나바와 사울을 불러 하나님 말씀을 듣고자 하더라. ⁸이 박수 엘루마는 (이 이름을 번역하면 박수라) 저희를 대적하여 총독으로 믿지 못하게 힘쓰니 ⁹바울이라고 하는 사울이 성신이 충만하여 그를 주목하고 ¹⁰가로되 모든 궤계(詭計)와 악행이 가득한 자요 마귀의 자식이요 모든 의의 원수여, 주의 바른길을 굽게 하기를 그치지 아니하겠느냐. ¹¹보라, 이제 주의 손이 네 위에 있으니 네가 소경이 되어 얼마 동안 해를 보지 못하리라 하니 즉시 안개와 어두움이 그를 덮어 인도할 사람을 두루 구하는지라. ¹²이에 총독이 그렇게 된 것을 보고 믿으며 주의 가르치심을 기이히 여기니라.

제1강

안디옥 교회의 모범적인 상태

사도행전 13:1-12

　지난번에 본 사도행전 12장의 마지막을 보면 "바나바와 사울이 부조(扶助)의 일을 마치고 마가라 하는 요한을 데리고 예루살렘에서 돌아오니라"(25절) 해서 '바나바와 사울이 부조의 일을 마쳤다'고 기록되어 있습니다. 물론 이 12장은 사도행전 전체의 이야기 가운데 삽입구와 같이 중간에 쑥 나타난 이야기입니다. 예루살렘이 무대가 되었던 역사로서는 이것이 마지막입니다. 이 후에 예루살렘에서 공의회를 한번 하는 일이 있기는 해도, 예루살렘을 중요한 무대로 해서 특별히 유대에 있는 교회, 곧 유대 사람을 중심으로 삼은 교회가 주역(主役)을 하던 그런 정경은 이제 사라지는 것입니다. 이제부터 사도행전 전체의 이야기에는 이방 사람을 포함하고 아마 이방 사람을 위주로 해서 만들어진 안디옥 교회와 여타의 교회가 중요하게 등장합니다. 사도행전 12장까지 배워 온 것을 보면 1장부터 7장까지는 주로 유대 사람에게 복음을 전파하는 것을 가르쳤습니다. 그것이 중요한 이야기이고, 8장부터 12장까지는 중점이 이방인의 교회로 넘어가면서 전체적으로는 참으로 가장 본격적인 교회, 가톨릭교회, 즉 보편의 교회로서의 성격이 뚜렷이 나타나기까지의 경과 과정으로서 나타나는 이야기입니다.

사도행전 12장에 나타난 교회의 신령한 전투

　12장에서 우리가 본 것은 소위 두 개의 국권이 상충하는 이야기, 서로 마주쳐서 싸우는 이야기입니다. 한편은 물론 헤롯을 대표자로 한, 소위 옛 시대의 하나님의 산업 혹은 구시대의 이코노미(economy)라고 하는 유대 사람들의 국권입니다. 헤롯은 피로 보아서는 이두메아(Idumea) 사람의 피를 가진 사람이고, 사상으로 보아서는 헬레니즘에 잔뜩 도취한 사람이고, 생장(生長)의 과정으로 보아서는 로마에 가서 오래 있던 사람이어서, 로마적이고 헬라적이고 이두메아적입니다. 그런데도 또 아주 지독하게 히브리적인 의식(儀式)과 규례를 꼭 지켜서 히브리 사람으로 자인하거나 자칭하고 나선 사람입니다. 그런 사람이 대표하는 이스라엘은 그런 사람이 하는 일을 즐거워하고 환호하고 지지했습니다. 하나님의 백성으로 선택받았던 이스라엘 백성, 즉 하나님의 거룩하신 경륜과 목적을 이루시려고 뽑아 놓으신 그 이스라엘 백성은 하나의 국권으로서 참된 하나님 나라의 거룩한 자태를 분명히 대표하는 것이 아니라 이제는 거기에 저항해서 섰던 것입니다.

　거기에 대해서 하나님께서 세우셔서 역사 위에 찬연하고 뚜렷하게 그리고 구체적이고 현실적으로 나타난 참된 하나님의 나라의 큰 용체(容體) 혹은 하나님의 나라의 거룩한 형체가 있습니다. 이것이 그 반신국적(反神國的)이고 사이비(似而非) 신국적인 큰 국권에 저항을 받은 것입니다. 그냥 '교회'라는 말보다는 거룩한 나라요 택하신 족속 혹은 하나님이 선택하신 백성이요 왕과 같은 제사장인 이 새로운 하나님 나라의 분명한 형체에 대하여 큰 도전이 있었습니다. 그래서 필요할 때는 결국 천사까지라도 나타나서 하나님의 영광으로써 그들을 건져 내셔서 그 거룩한 전쟁 혹은 신령한 전투를 명확하게 이끌어 나아가시는 사실이 12장에 주로 나오는 하나의 중요한 유형(pattern)입니다. 교회론(ecclesiology)의 관점으로 볼 때, 교회의 본질적인 성격 가운데 가장 두드러진 것이 하나 있는데, 그것은 전투하는 교회(church militant)입니다. 여기에서 우리가 항상 전투하는 교회의 한 원형을 볼 수 있습니다.

그리고 그 전투의 방식이라는 것이 사람만 했다면 물론 그것은 이길 수 없는 것입니다. 그 예가 이 12장에 나옵니다. 사도 야고보가 죽은 다음에 베드로를 잡아 가두니까 갇힌 베드로를 위해서 교회가 간절히 기도했습니다. 그 '간절하다' 는 말의 뜻은 마음에 슬픔을 느끼고 고통을 느껴 가면서 기도했다는 것입니다. 그렇게 고심하면서 기도했지만, 지난번에 우리가 생각한 것같이1), 기도하던 사람들은 베드로가 살아 나올 것을 실질상 기대하지 않았습니다. 베드로가 살아 나와서 문을 두드리니까 로데라는 계집아이가 미처 문을 열어 주지 못하고 돌아가서 '베드로께서 지금 문 앞에 와서 두드린다' 고 하자 '네가 미쳤다' 고 했습니다. '그럴 수가 없다' 하는 말입니다. '내가 미친 것이 아니고 정말 그렇다' 고 하니까 '그럼 그것은 그의 천사인가 보다' 하고 말했습니다. 얼마나 기대하지 않은 것입니까? 그런고로 그들은 전투의 방식으로 기도를 했지만, 그것은 확신이나 기대를 가진 기도가 아니었습니다. 그렇다면 확신도 없고 기대도 없던 기도를 하나님께서 들으시고 이루어 주신 것입니까? 하나님께서는 하나님 나라의 신령한 전투를 그 백성에게만 맡기시는 것이 아니라 필요할 때는 자신의 천사까지라도 동원해서 그 싸움에 가담시키신다는 것을 우리가 여기에서 보는 것입니다. 기도하면서도 믿지 않는다는 것은 유효한 전투 방법이 아닙니다.

그 기도에는 소위 심리학상의 감정 이입(感情移入)이라는 것이 아마 많이 작용했을 것입니다. 헤롯이 사도 야고보를 잡아 목을 베어서 죽이니

---

1) 이 언급은 아마도 1966. 3. 9. 수요일에 사도행전 12장을 본문으로 하여 전한 내용을 가리킬 것인데, 이 강설은 현재 녹음 자료가 남아 있지 않음.

까 야고보가 그냥 죽었습니다. 그 야고보를 죽인 헤롯 아그립바 1세가 다시 사도 베드로를 끌어다 죽이려고 하는 것입니다. '야고보를 위해서 기도했을 때 하나님이 야고보를 아끼시지 않고 헤롯의 손에, 유대 사람의 손에 넘기셔서 그들을 기쁘게 하고 좋게 하셨다면, 베드로는 또 무엇 때문에 살리실 것인가? 살리셔야 할 무슨 객관적인 조건이나 절대적인 조건이 어디에 있는가? 없다' 하는 것입니다. '사도 야고보가 죽었으면 사도 베드로도 죽을 것이다. 하나님께서 사도 야고보를 건지시지 않았는데 사도 베드로라고 해서 따로 건지셔야 할 이유가 있겠는가?' 그렇게 논리는 명확합니다. 사람의 생각으로 '베드로는 살아야 하고, 야고보는 죽어야 한다'고 하면 그것은 알 수 없는 이야기입니다. 오늘날 우리로서도 알 수 없습니다. 왜 야고보는 죽게 하셨습니까? 왜 베드로는 천사를 보내서라도 살게 하셨습니까? 오늘날 우리로서도 하나님의 그 오묘하신 방법을 다 규명할 수 없는 것입니다. 하물며 앞이 어떻게 될지 모르고 장래를 모르던 그때의 예루살렘 교회로서는 '야고보를 아끼시지 않고 그냥 저들의 손에 넘기셨다면 아마 베드로도 같은 길을 걷게 하실 것이다' 하는 개연성이 더 강했을 것입니다. 그래서 그들은 자연히 마음 가운데 진통을 느껴 가면서 기도한 것입니다. '아, 베드로 선생님이 죽는구나. 주여, 불쌍히 여기시고 하실 만하시거든 그를 건져 주시옵소서' 했겠지만, 일단 그가 참으로 건짐을 받아서 문을 두드릴 때에는 믿지 못했던 것입니다. 그렇게 사람의 손으로 열 수 없는 문을 여시고 성으로 통하는 철문까지 자연스럽게 다 열어 주신 하나님의 은혜로 석방을 받아서 자유롭게 되어서 나왔는데, 이제 제자들이 한 번만 손대면 열릴 수 있는 문은 닫아 놓은 것입니다. 그것이 퍽 상징적인 이야기입니다. 왕권을 가지고 봉쇄하고 군사로 아주 칭칭 지켜서 사람들이 열기 어려웠던 문은 자연스럽게 다 열어 주셨는데, 하나님의 백성의 손에 맡겼던 그 문만은 안 열고 닫아 놓고 앉아서 '네가 미쳤다. 그것은 천사다' 하고 있었던 것입니다.

이와 같이 하나님께서 하시는 전투는 하나님께서 그 사랑하시는 자녀들에게 맡기신 부분에서 자녀들이 실패를 하는 것입니다. 하나님의 나라라는 관점으로 볼 때, 하나님께서 친히 맡으셔서 세상 사람을 향하거나 다른 것을 동원하시는 그 권능의 왕국(regnum potentiae)이 작용하고 권능의 왕국의 주권이 역사할 때는 아무도 저항하지 못합니다. 그러나 은혜의 왕국(regnum gratiae)의 일을 그 백성의 손에 맡기셨을 때는 오히려 그 백성이 하나님 나라의 진행을 저해하는 것입니다. 은혜의 왕국은 권능의 왕국보다도 늘 우위에 존재하지만, 그 은혜의 왕국은 오히려 하나님 나라를 저해하는 사람들로 구성되는 때가 많이 있는 것입니다.

그러나 결국 어떻게 되었습니까? 베드로는 거기를 떠나서 자기 몸을 얼마 동안 숨겼는데, 헤롯은 어떻게 되었습니까? 나중에 헤롯은 자기를 신화(神化, deify)하고 사람들이 그를 신으로 모시고 신화할 때 자기가 그 영광을 그대로 취하자 하나님께서 하나님의 대권으로 그를 치시니 충(蟲)이 먹어서 죽었습니다. 이처럼 이 세상의 국권은 하나님께서 결국 징계하시고 형벌하실 때 패퇴하고 멸망하는 것입니다. 그러나 그 결과 남아 있는 장면(scene)은 무엇인가 할 때 '하나님의 나라는 그대로 진행한다. 보아라!' 하는 것입니다. 예루살렘에서 저 수리아 안디옥을 향해 가는 노상(路上)의 세 사람이 하나님 나라의 거룩한 사명을 그대로 가지고 계속해서 전진하고 있다는 것이 또한 상징적으로 표시되어 있습니다. '저들이 가는 것같이 하나님 나라는 변함이 없이 그대로 진행하여 나아간다. 하나님 나라는 어디서 어떻게 되지 않았다. 튼튼히 서서 그냥 나아가고 있다' 하는 것입니다. 안디옥 교회에서 보냈던 두 사람인 바나바와 사울이 한 사람의 원조자까지 더해서, 즉 마가 요한까지 데리고 안디옥을 향해 먼 길을 걷기 시작했습니다.

성신께서 바나바와 사울을 부르심

이제부터 장면이 바뀌어서 참된 보편의 교회(church catholic)를 터전 혹은 근거지로 하여 앞으로 하나님의 나라가 참된 성격을 더욱 명료히 드러내면서 헬라 사람과 로마 사람에게까지 나아갑니다. 단순히 유대 사람에게만이 아니고, 또한 이 팔레스타인에 사는 이방 사람에게만이 아니라, 이제는 구브로로, 소아시아 일대로, 그다음에는 헬레스폰트(Hellespont)를 건너, 즉 오늘날의 다르다넬스(Dardanelles) 해협을 건너 헬라 땅으로 가고, 다시 바다를 건너서 멀리 로마로 갑니다. 그리고 그것은 나중에 소위 6세기경에 만족(蠻族)들이라는 사람들의 손에 실려서 민족이 대이동을 할 때 중유럽으로 북구라파로, 다시 대서양을 건너서 아메리카의 신대륙으로, 다시 태평양을 건너서 이 아시아 땅으로 왔습니다. 이렇게 자꾸 퍼져 나가는 복음의 전진의 맨 처음 큰 자태를 우리가 이제부터 여기에서 보는 것입니다.

그러면 그것의 시작이 어떻게 되었는지 13장의 첫 석 절을 보겠습니다. "안디옥 교회에 선지자들과 교사들이 있으니"(13:1상), 안디옥 교회에 선지자의 은사를 받은 사람들이 있었습니다. "하나님이 교회 중에 몇을 세우셨으니, 첫째는 사도요, 둘째는 선지자요, 셋째는 교사요, 그다음은 능력이요"(고전 12:28) 하고 쭉 나아가며 말씀한 대로 교회 안에 선지자가 있었습니다. "곧 바나바와", 바나바는 다 잘 아시는 대로 '권위(勸慰)의 아들', 즉 '위로의 아들' 이라는 뜻인데, 이름은 요셉이고 구브로 사람으로서 성신에 충만한 사람입니다. "니게르라 하는 시므온과", 왜 니게르라고 했는가 할 때 어떤 사람의 설(說)대로는 아마 그 사람이 얼굴이 많이 타서 거무죽죽하니까 니게르라고 한 모양이라고 그렇게 말합니다. 그랬을는지 아닐는지 알 수 없고 어원이 분명하다고 말할 수 없습니다. "구레네 사람 루기오와", 이 사람은 구레네 사람입니다. 요즘 키레나이카

(Cyrenaica)라고 하는 북아프리카에 있는 땅인데 그곳 사람입니다. 이 루기오는 고린도에서 로마 사람에게 쓴 바울의 편지에서 같이 문안을 전한 사람으로서 사도 바울 선생의 친척이 되는 그 사람과 동일인인 듯합니다(참조. 롬 16:21). 그 사람이라고 단정하더라도 크게 나쁘다고 할 수는 없습니다. 문제가 되는 것이 아니기 때문입니다. 그러나 주경상(註經上)으로는 확실한 근거가 있기까지는 단정하는 것이 그렇게 좋은 것이 아닙니다. 동일인인 듯하고 그럴 개연성이 많다는 것뿐입니다.

또 "분봉왕 헤롯의 젖동생 마나엔과", 마나엔은 헬라 식 이름이고 히브리 식으로 한다면 므나헴이라고 해야 할 것입니다. 왕의 이름 중에도 므나헴이라는 왕이 있습니다(참조. 왕하 15:14-23). 구약 이름으로 므나헴이라고 하는 이 사람은 헤롯의 젖동생이라고 했습니다. 이 헤롯은 물론 분봉왕 헤롯입니다. 분봉왕 헤롯이면 예수님이 어렸을 때 영아(嬰兒)들을 죽인 대헤롯의 아들로서 셋째 아들입니다. 그 어머니는 사마리아 여자 말타케라는 사람입니다. 성경에 가장 많이 나오는 유명한 헤롯이 이 분봉왕 헤롯입니다. 갈릴리와 베레아의 분봉왕이었는데, 이 사람은 아주 교활하기 짝이 없어서 누가복음 13:32에 보면 예수님은 '저 여우'라는 말을 써서 그를 지칭했습니다. 그는 '내가 세례 요한을 죽였는데 저것은 누구냐?' 하고 예수님을 보기를 원했습니다(참조. 눅 9:7, 9; 23:8). 이 헤롯이 곧 세례 요한을 죽인 헤롯이고, 그러니까 자기의 반(半) 동생 되는 헤롯 빌립의 아내인 헤로디아를 취해서 산 사람입니다. 이 사람은 마지막에 주후 39년에 로마 황제에 의해서 지금의 유럽 땅인 골(Gaul, 갈리아) 지방으로 정배(定配)를 당했습니다. 귀양살이를 한 것입니다. 그러니까 헤로디아 역시 자원해서 정부(情夫)라고 할는지 남편인 이 헤롯 안티파스(Herod Antipas, B.C. 21-A.D. 39)를 따라서 귀양살이하는 데로 같이 갔습니다. 이 사람은 그것으로 끝났습니다. 이 이야기는 주전 4년경부터 시작해서 주후 39년 정도에 끝납니다.

　헤롯의 젖동생이라고 했는데, 요세푸스(Josephus, 37?-100?)의 기록을 보면 이 헤롯 안티파스는 로마에서 어떤 한 사람과 함께 자라났다는 이야기가 있습니다. 그의 젖동생이라고 하면 유모를 함께 나눈 동생이 되는 것입니다. 이 마나엔이 누군지 우리가 잘 알 수 없고 여러 가지 설이 구구할 뿐입니다. 요한복음 4장에 어떤 왕의 신하, 곧 헤롯 안티파스의 신하가 가버나움에서 아들이 병드니까 마침 가나로 돌아오신 예수님께 저 아래로 가셔서 낫게 해 달라고 한 이야기가 있습니다. 그 왕의 신하가 누구겠는가 할 때에 수산나의 남편이 아니겠는가 하는 설이 있습니다. '구사의 아내 요한나와 수산나가 자기네 있는 것을 가지고 예수님을 공궤(供饋)했다' (눅 8:3)는 말이 있는데, 구사는 헤롯의 청지기니까 헤롯의 국고를 맡은 사람입니다. '구사의 아내가 요한나라면, 그 왕의 신하는 수산나의 남편이 아닌가' 하는 것인데, 이것도 구구한 짐작입니다. 그래서 '혹시 이 마나엔이 자기 아들이 그렇게 병이 나서 예수님 앞에 왔을 수도 있다' 하고 생각해 보는 것입니다. 그랬다면 그것은 조그만 계기가 아니라 큰 계기가 되어서 그로 인해 이 사람이 예수 믿는 사람이 되었을 것입니다. 그러나 그렇다면 그런 것이고, 그런지 어떤지 우리가 알 수가 없습니다.

　그다음에는 "사울이라" 했습니다. 맨 마지막에 사울이라는 이름이 나옵니다. 이 사람들이 무엇이냐 하면 선지자들이요 교사들입니다. 사울은 그때 바나바가 다소까지 가서 그를 찾아와서 안디옥 교회에서 같이 교사로서 가르치고 있었다는 것을 그전에 우리가 보았습니다.

　"주를 섬겨 금식할 때에 성신이 가라사대 내가 불러 시키는 일을 위하여 바나바와 사울을 따로 세우라 하시니"(13:2). 여기 이 말이 우리말 번역으로는 '불러 시키는 일'이라고 하니까 시순(時順)을 매기기가 참 어렵습니다. 이처럼 어느 때는 우리말이 참 모호한 때가 많습니다. 원문대로 읽어보면 시간적으로 순서가 다 있습니다. '내가 불러 시키는 일을 위하여'라는 말은 원문대로는 '내가 시키려는 한 일 때문에 내가 그를 불렀었다'라고 해야 말이 좀 똑똑할 것입니다. '내가 이제 시킬 일을 위하여 그들을 따로 세워라. 그 시킬 일 때문에 내가 이미 그들을 불렀었다' 하는 말입니다. 그렇게 원문을 놓고 보면 '그들은 부르심을 받은 사람들로서 부르심의 내용인 그 일을 위해서 이제부터는 따로 세워 놓아라' 하는 명령을 받은 것입니다.

그러면 바나바와 사울이 언제 부르심을 받았습니까? '바나바와 사울'이라고 하다가 이 13장의 뒷부분부터는 '바울과 바나바'로 고쳐 부르는 것을 봅니다. 그때부터는 바울을 앞에 씁니다. 또 지금까지는 사울이라는 히브리 식 이름을 그냥 가지고 있었는데, 이제부터는 바울이라는 이방 이름을 가지고 행세하기 시작합니다. 그럼 언제 부르심을 받았는가 할 때 그것은 우리가 알 수 없습니다. 어떤 사람은 이렇게 짐작하기도 합니다. 즉 사도 바울 선생이 고린도후서를 쓸 때에 '14년 전에 어떤 사람이 하나님께로부터 특별한 은혜를 받아서 삼층천(三層天)에 올라가서 말로 할 수 없는, 사람이 함부로 할 수 없는 그런 말을 듣게 되었다'(참조. 고후 12:2-4) 하는 특이한 경험에 대해 이야기한 것을 여러분이 다 기억하실 것입니다. 그 고린도후서를 쓴 때로부터 14년을 소급해서 올라가면 대체로 보아서 사울이 아직 다소에 있을 때입니다. 그는 회개를 하고 아라비아로 갔다가 다소로 돌아갔는데 그때쯤 된다는 말입니다. 그러면 많은 전도 여행을 하면서 고생을 많이 한 그때 하나님이 위로 삼아 그를 삼층천으로 이끌고 가셔서 위로해 주신 것이 아닙니다. 14년 전이라는 시간으로 볼 때 그렇습니다. 이것은 아직 적극적으로나 구체적으로 무엇을 시작하기 전에 받은 사실이라는 말씀입니다. 그러면 그때 말로 할 수 없는 이야기를 주께로부터 들을 때 '무슨 까닭에 내가 너를 이렇게 부른다' 든지 하는 구체적인 내용이 있었을 듯합니다. 그것은 가히 짐작할 수 있는 이야기입니다.

그러나 그것이 처음의 부르심이라고 생각하기보다는 좀 더 살펴볼 사실들이 있습니다. 사도행전 22장에 바울 선생이 자기가 구원을 받을 때 회개의 경과를 쭉 연설하는 데가 다시 한번 나옵니다. 그리고 그 뒤에 이런 장면이 나옵니다. "후에 내가 예루살렘에 돌아와서 성전에서 기도할 때에 비몽사몽간(非夢似夢間)에 보매 주께서 내게 말씀하시되 속히 예루살렘에서 나가라. 저희는 네가 내게 대하여 증거하는 말을 듣지 아니하리라 하시거늘 내가 말하기를 주여, 내가 주 믿는 사람들을 가두고 또 각 회당에서 때리고 또 주의 증인 스데반의 피를 흘릴 적에 내가 곁에 서서 찬성하고 그 죽이는 사람들의 옷을 지킨 줄 저희도 아나이다. 나더러 또 이르시되 떠나가라. 내가 너를 멀리 이방인에게로 보내리라 하셨느니라" (22:17-21). 이것은 특별히 예루살렘으로 돌아와서 성전에서 기도할 때에 비몽사몽간에 그가 받은 이야기입니다.

그런데 그전에 바울 선생이 다메섹 노상에서 자기가 당한 일을 이야기해 나가면서 다메섹 노상에서 회개하던 장면을 직접 이야기할 때에 한번은 당한 사실만 퍽 간단하게 이야기했지만, 한번은 그 이야기의 내용이 좀 길게 된 것이 있습니다. 이제 위로 올라가서 22장 앞부분을 보겠습니다. "다메섹에 가까이 왔을 때에 오정쯤 되어 홀연히 하늘로서 큰 빛이 나를 둘러 비추매 내가 땅에 엎드러져 들으니 소리 있어 가로되 사울아, 사울아, 네가 왜 나를 핍박하느냐 하시거늘 내가 대답하되 주여, 뉘시니이까 하니 가라사대 나는 네가 핍박하는 나사렛 예수라 하시더라. 나와 함께 있는 사람들이 빛은 보면서도 나더러 말하시는 이의 소리는 듣지 못하더라. 내가 가로되 주여, 무엇을 하리이까?" 여기에 '무엇을 하리이까?'

하고 물은 데가 나옵니다. "주께서 가라사대 일어나 다메섹으로 들어가라. 정한 바 너의 모든 행할 것을 거기서 누가 이르리라 하시거늘", 여기에 '너의 모든 행할 것을 이를 사람이 있을 것이다' 하는 말이 있습니다. "나는 그 빛의 광채로 인하여 볼 수 없게 되었으므로 나와 함께 있는 사람들의 손에 끌려 다메섹에 들어갔노라." 그래서 이제 아나니아가 와서 이야기하는 것이 나옵니다. "아나니아라 하는 이가 내게 와 곁에 서서 말하되 형제 사울아, 다시 보라 하거늘 즉시 그를 쳐다보았노라. 그가 또 가로되 우리 조상들의 하나님이 너를 택하여 너로 하여금 자기 뜻을 알게 하시며 저 의인을 보게 하시고 그 입에서 나오는 음성을 듣게 하셨으니 네가 그를 위하여 모든 사람 앞에서 너의 보고 들은 것에 증인이 되리라. 이제는 왜 주저하느뇨. 일어나 주의 이름을 불러 세례를 받고 너의 죄를 씻으라 하더라"(22:6-16). 이 말과 그다음에 예루살렘에 가서 자기가 비몽사몽간에 본 것을 연결해서 그가 이야기할 때에 자기의 행방과 정향(定向)에 대해서는 처음에 다메섹 노상에서 부르심을 받을 때부터 벌써 자기에게 어떤 계시가 있다는 것을 시사하고 있습니다. 그런고로 '바울은 다소에서 비로소 자기가 어디로 갈 것을 명확하게 보았다'고 해도 그것이 꼭 틀린 말은 아니지만, 그러나 일반적으로 그의 사명의 내용에 대해서나 사명으로의 부르심에 대해서는 벌써 다메섹 노상에서 부르심을 받았다는 것을 여기서 우리가 생각할 수 있는 것입니다.

또 26장에 들어가서 보면 그것을 또 한번 생각할 수 있습니다. "우리가 다 땅에 엎드러지매 내가 소리를 들으니 히브리 방언으로 이르되 사울아, 사울아, 네가 어찌하여 나를 핍박하느냐? 가시 채를 뒷발질하기가 네게 고생이니라. 내가 대답하되 주여, 뉘시니이까? 주께서 가라사대 나는 네가 핍박하는 예수라. 일어나 네 발로 서라. 내가 네게 나타난 것은 곧 네가 나를 본 일과 장차 내가 네게 나타날 일에 너로 사환과 증인을 삼으려 함이니, 이스라엘과 이방인들에게서 내가 너를 구원하여 저희에게 보내어 그 눈을 뜨게 하여 어두움에서 빛으로, 사단의 권세에서 하나님께로 돌아가게 하고, 죄 사함과 나를 믿어 거룩하게 된 무리 가운데서 기업을 얻게 하리라 하더이다. 아그립바 왕이여, 그러므로 하늘에서 보이신 것을 내가 거스르지 아니하고 먼저 다메섹에와 또 예루살렘에 있는 사람과 유대 온 땅과 이방인에게까지 회개하고 하나님께 돌아가서 회개에 합당한 일을 행하라 선전하므로 유대인들이 성전에서 나를 잡아 죽이고자 하였으나"(26:14-21). 여기를 보면 분명히 다메섹 노상에서 하신 이야기의 내용을 좀 더 구체적으로 아그립바 왕 앞에서 변백(辨白)해 나갈 때 그가 어떤 사명의 내용하에서 지금 이 일을 한다는 것을 가르칩니다. '내가 지금 이렇게 다니면서 전도를 하고 심지어 아그립바 왕 앞에까지 서게 된 것은 다메섹 노상에서 예수님이 이렇게 나를 부르셔서 사명을 맡기셨기 때문입니다' 하는 것입니다. 이렇게 볼 때 결국 '내가 그를 불러서 시킬 일을 위해서 따로 세워라' 하셨을 때의 그 부르심은 벌써 다메섹 노상에서 회개했을 그때부터 받은 것입니다.

그것이 그 후에 더 확인되고 좀 더 구체화했을 것입니다. 왜냐하면 인도하시는 방법이 한 걸음씩 한 걸음씩 인도하시는 것이기 때문입니다. 그러나 인도하시는 방법은 한 걸음씩이지만, 하나님이 원하실 때는 그가 대체 어떤 범위 내에서 무슨 일을 할 것인지 계시하시기도 하시는 것입니다. 그렇게 계시하시는 까닭에 그가 일생을 거기에 다 맡기고 시작하는 것입니다. 하나님의 말씀을 전하는 사람이 하나님의 말씀을 듣고 나올 때는 '너는 오늘까지만 하나님의 말씀을 전하고 내일부터는 다른 것을 해도 좋다' 하고 부르시는 것이 아닙니다. '네 일생을 내게 그렇게 바치겠느냐? 그러면 내가 너를 일생 하나님 말씀을 전할 사환과 종으로 삼겠다' 하셔서 그 말씀을 따를 때 '어디로 가야 할 것인가' 하는 문제는 하나님이 그때그때 때에 임하여서 늘 가르쳐 주시겠지만, 하나님의 말씀을 전할 종으로 섰다는 사명의 큰 기초는 자기가 닦는 것입니다. 이와 같이 사도 바울 선생도 다메섹 노상에서 벌써 부르심을 받은 것입니다. 그래서 '이제는 그 다메섹 노상에서 부르심을 받은 그 일을 위하여, 그것을 구체적으로 하기 위해서 따로 세워야겠다' 하신 것입니다. '안디옥에서 이렇게 목사 노릇만 하고 가만히 있을 것이 아니고, 이제는 이방 사람과 유대 사람에게 사환과 증인이 되어 네가 보고 들은 것을 가서 증거하라' 하고서 그 일을 시키시려고 불러내신 것입니다.

그러면 바나바의 경우는 언제 그런 일이 있었겠는가 할 때 그것은 우리가 알 수 없습니다. 바나바는 사울과 아주 친했습니다. 같은 길리기아 도(道) 사람으로서 바나바는 구브로 섬 사람이고 바울은 길리기아 도의 수도인 다소 사람이어서도 서로 친밀했을 것입니다. 그리고 다른 사람이 사울의 회개를 믿지 않고 다 그를 꺼리고 두려워할 때 감히 가서 사울을 변호하고 다니고 소개해 준 것이 바나바입니다. 그렇게 예루살렘에 가서 제자들에게 보일 뿐 아니라 나중에 사울이 다소로 가려고 할 때 잘 전송해 주었습니다. 그 후에 바나바가 안디옥에 왔을 때 그곳에 이방인들이 들어와 참으로 교회다운 교회가 선 것을 보았는데, 자기 혼자의 힘으로 안 될 때 '가서 은혜를 받은 사울을 데리고 와야겠다' 하고 다시 사울에게 간 것을 보면, 벌써 자기의 부르심에 대한 마음이 확연히 있기에 사울을 데리고 와서 그동안 이 안디옥에서 같이 교육을 하고 교사 노릇을 한 것입니다. 그런고로 바나바는 사울과의 관계를 볼 때나 그 생애에서 그동안 지낸 경력으로 볼 때 벌써 부르심을 받아서 이렇게 하고 다녔다는 것을 우리가 볼 수 있습니다. 이렇게 이미 부르신 그 일을 위해서, 이제 그 일을 가장 구체적으로 더 명확하게 해 나가기 위해서, 훨씬 더 열매 있고 유효하게 하기 위해서 '저들을 따로 불러 세워라' 하신 것입니다. "이에 금식하며 기도하고 두 사람에게 안수하여 보내니라"(13:3) 했습니다.

성신의 음성을 듣고 순종할 수 있었던 안디옥 교회

이 3절까지에서 한 서너 가지만 중요히 얻른 볼 것이 있습니다. 성신께서 불러서 세워 놓으신 이야기인데, 성신께서 누구를 불러서 세우셨는가 할 때 그 교인들 가운데 어떤 사람을 불러서 '너, 서라' 하신 것이 아니라 안디옥 교회에 그 말씀을 하셨습니다. 지금 안디옥 교회에 이러이러한 사람들이 있습니다. 즉 선지자들과 교사들이 있는데 이 교회가 모두 주를 섬겨 금식하고 있을 때 '성신이 가라사대' 하신 것입니다. 그러면 성신께서는 안디옥 교회에 무엇을 말씀하셨고 혹은 가르치셨고, 즉 무엇을 분명히 요구하셨고, 그 요구하신 것을 안디옥 교회는 들었다는 말입니다. 첫째의 중요한 문제로서 교회가 하나님의 성신의 거룩한 요구를 듣고 알고 행한다는 것이 이 안디옥 교회가 세계 선교의 맨 처음 거점이 되는 그 큰 은혜를 받은 요체입니다. 만일 하나님의 성신의 부르심을 들을 줄도 모르고 깨닫지도 못하고 그래서 행할 수 없었다면, 안디옥 교회가 나중에 바울의 그 큰 세계 전도 여행에서 거점이 될 까닭이 없는 것입니다. 그리고 하나님께서 안디옥 교회를 세우신 보람은 거기에서 분명히 나타나는 것입니다.

교회의 여러 가지 속성이 결국은 교회의 사명을 구체적으로 이루는 데 필요한 것인데, 교회가 교회로서의 속성을 가장 잘 드러내기 위해서 첫째는 성신의 충만한 역사(役事)가 필요할 뿐 아니라 교회가 교회적 사명을 행하기 위해서는 성신의 역사에 대한 민감하고 유기적인 인식과 또한 그에 대한 순종이 필요합니다. 이것이 여기서 첫째로 배워야 할 문제입니다. 우리 성약교회가 하나님께서 우리에게 주신 사명을 각성하기를 늘 기도하지만, 하나님께서 우리에게 주신 사명을 각성하려면 성신께서 하시는 말씀을 들을 줄 알아야 하는 것입니다. 성신께서 어떠어떠한 가장 구체적인 이야기를 하실 때 안디옥 교회는 그에 대해 흐릿하지 않고 그런가 저런가, 기연(期然)가 미연(未然)가 하지 않고 분명히 알았습니다. 얼마나 구체적인가 할 때 '아무개 아무개를 따로 세워라' 하는 정도까지 구체적입니다. '아무개 아무개를 따로 세워라' 하셨을 때 그것이 성신의 말씀인지 사람들이 우연히 생각한 것인지 식별할 줄 알아야 성신의 말씀이 확인되는 것입니다. 어떻게 식별했겠습니까? 적어도 그것을 식별할 수 있는 성숙성(maturity)이 그 교회에 있었던 것입니다. 그것을 알아야 합니다. 우리 교회가 하나님의 거룩하신 사명을 각성하려면 각성할 수 있는 성숙성이 있어야 합니다. 그만큼 자라야 하고 그만큼 철이 들어야 하고 그만큼 그것을 식별해야 한다는 말입니다. 성신이 하시는 말씀인지, 사람이 혼자 자다가 꿈꾸는 이야기인지, 덮어놓고 자기 속에서 일어나는 종교적 열정으로 '하자' 하고 욱 하고 일어나는 이야기인지, 제직회가 제멋대로 결정한 이야기인지 그것을 식별할 줄 알아야 하는 것입니다. '제직회가 결정하면 그것이 곧 하나님의 일이다' 하는 망상은 불가능한 것입니다. 여기를 보면 한번도 제직회가 결정했다든지 교사들이나 선지자들이 모여 앉아 자기네끼리 결정했다는 이야기가 아닙니다. 성신께서 이렇게 하셨다는 것이 분명히 나타나 있습니다.

교회를 다른 말로 할 때는 '거룩한 나라요 택하신 족속'(벧전 2:9)입니다. 교회가 택하신 족속으로서 거룩한 나라일 때는 예수 그리스도께서 교회의 머리가 되시고 왕이신 것입니다. 교회를 양들이라고 하고 하나하나의 교인들을 양이라고 할 때 예수님은 목자이십니다. 양은 목자의 소리를 식별할 줄 알아야 따라가는 것입니다. 목자가 양들을 다 내놓고 그 이름을 부르면 양들은 따라간다고 했습니다(참조. 요 10:4). 사람인 교회의 목사가 목자가 되어서 양의 이름을 부른다고 교인들의 이름을 하나하나씩 부른다는 그 이야기가 아닙니다. 그것을 그렇게 오해하면 안 됩니다. 예수님은 자신과 교회의 이야기를 하시는 것이지, '너희들 가운데 있는 목사와 교회도 이런 관계를 가지고 있다' 하는 이야기를 하시는 것이 아닙니다. 예수님이 그 양들의 이름을 부른다는 것은 무슨 뜻입니까? 양을 전체로만 알고 계신 것이 아니고 하나하나씩 늘 알고 계신다는 것입니다. 하나하나와 늘 관계를 가지고 계신다는 이야기입니다.

그런데 그러한 관계를 가지고 계신다는 것은 예수님으로서는 분명하지만, 내가 예수님과 직접 관계를 가지고 있다는 확실한 증표와 그것의 현실적인 효과는 어디에 나타나는가 하면 내가 예수님의 음성을 들을 줄 아는 데서 나타나는 것입니다. 내가 예수님의 음성을 들을 줄 모를 때에는 예수님이 나와 직접 개인적으로 관계를 가지고 계신다고 할지라도 내게는 실효(實效)가 안 나타나는 것입니다. 지난 주일에 우리가 배운 것같이 하나님의 은혜의 실효성이 나에게 구체화하려면 항상 나의 인식이 필요합니다. 하나님이 우리를 의롭다고 하셨을지라도 의롭다 하신 것이 나에게까지 인식되어서 그것을 확신하고 그로 말미암아 '의롭다 하신 그 선언이 나에게 자유와 해방을 주었다' 하는 안도감과 확실한 신앙을 갖기 전에는 하나님의 칭의(稱義)의 큰 은혜라는 것이 내게 적극적으로는 작용하지 않는 것입니다. 그것이 하나님 나라에서는 다 작용했습니다. 그렇기에 거룩한 위치에 세워 놓으신 것이지만, 실제로 거룩한 생활을 하기 위해서는 그것이 나에게 인식되어야 하는 것입니다.

이와 마찬가지로 예수님이 나를 위해서 십자가에 달리셨다는 것을 내가 개연적(蓋然的)으로 믿을지라도 그렇게 믿는 것이 반드시 구원받는 신앙인 것은 아니라고 말씀드렸습니다. 역사 신앙(historical faith)도 그렇게는 믿지만 그것은 구원의 신앙이 아닐 수도 있는 것입니다.[2] 구원의 신앙이 아닐지라도 예수님은 나를 위해 십자가에 돌아가셨다는 것을 믿을 수 있습니다. 예수님께서 나를 위해 십자가에서 돌아가셨다는 것을 내가 사실로 신용하는 것으로써 내 믿음이 구원받은 신앙이 되는 것은 아닙니다. 구원받은 신앙은 신용이 아닙니다. 단순한 신뢰가 아닌 것입니다. 그것은 자기를 전적으로 맡겨 버리는 것입니다. 그런 확실한 사실이 나오려면 예수님이 십자가에 달리셨다는 사실이 나에게 생생한 현실로서 실감되어서 인식되어야 합니다.

이와 같이 성신께서 우리를 다스리고 인도하신다고 할지라도, 교회의 교인들로서는 성신이 다스리고 인도하시는 것에 대한 확실한 실감이 있어야 합니다. 아무리 성신이 나에게 무슨 뜻을 전하려고 하실지라도 그것이 구체적으로 나에게 확실히 인식되기까지는 나로서는 전혀 모르고 있는 것입니다. 성신이 역사하시는 방법은 강제하는 것이 아닙니다. 물론 하나님의 일반적인 은혜는 강제 여부에 관계없이 다 나타나는 것입니다. 그러나 하나님이 우리를 사랑하시는 자녀로 다루시고 자녀에게 베푸시려고 하는 가장 인격적인 은혜가 있습니다. 다른 말로 하면 자녀가 인격체이므로 그 인격적인 것을 살려서 쓰시는 은혜가 있습니다. 여러분은 이 말씀이 무슨 뜻인지 잘 아실 것입니다. 가령 내가 병이 났을 때 내 몸의 병을 낫게 해 주시는 경우에는 반드시 인격체를 살려서 쓰시는 은혜와 직접 관계되는 것이 아닙니다. 관계될 수도 있지만 그렇지 않을 수도 있습니다. '하나님께서 은혜를 주셔서 그냥 내 병이 나았다' 하는 식으로 나올 수 있는 것입니다. 내게 괴로움이 있는데 하나님께서 그 괴로움을 없애 주실 수가 있습니다.

그러나 그를 인격적으로 대우하신다는 증거는 주로 그가 자진해서 십자가를 지는 데서 나타나는 것입니다. 자진해서 주의 영광을 적극적으로

---

2) 참조. 김홍전, 『구원의 신앙』, 제1강 '역사 신앙' (성약출판사, 1999년) 등.

나타내려고 하는 이에 대해서는 강제로 요구하시지 않고 강제로 집행하시지 않는다는 말입니다. '너, 이것을 억지로 져라. 안 지면 안 되겠다' 하고 강제로 요구하시지 않습니다. 물론 하나님이 훨씬 압력을 넣는 이야기를 하시는 것은 사실입니다. 그것은 사랑하시는 까닭에 그렇게 하시는 것입니다. 내가 사랑하는 친구와 이야기할 때에 '이것은 꼭 좀 해 주어야겠어' 하고 말하는 것입니다. 그러나 그것은 강제성을 가진 것이 아닙니다. 그것은 그와의 정리(情理), 즉 서로의 친교에 의지하고 하는 말입니다. 이와 같이 하나님이 그 사랑하시는 자녀와의 거룩한 친교 관계 속에서 '너, 이것을 나를 위해서 해 주어야겠다. 네가 안 하면 안 되겠다' 하고 말씀하실 수는 있지만, 그렇게 하지 않는다고 해서 '네가 안 하니까 내가 기어이 데려다가 강제로 시키겠다' 하고서 강제로 불러서 하나님의 말씀을 전하라고 하시거나 강제로 불러서 예수 그리스도를 섬기라고 하시거나 강제로 찬송하라고 하시지는 않는 것입니다. 인격적인 활동이라는 것은 자기가 자발적으로 자의식적으로 움직이는 것입니다. 이렇게 자의식적으로 움직이기 위해서는 성신이 유기적으로 늘 영감하고 계셔야 합니다. 성신님은 나의 의식을 박탈하고 강제로 미시는 것이 아니라 내 마음 가운데서 우러나서 하도록 역사하시는 것입니다.

이렇게 해서 성신께서 충만히 역사하실 때는 내 전 의식(全意識)이 충만히 전 인격적으로 움직이기 시작하는 것입니다. 전 인격적으로 움직일 때에는 '주여, 내가 주를 위해서 하지 않으면 견딜 수가 없습니다' 하고 나서는 것입니다. 이러한 성신님의 인격적인 역사와 인격적인 계시의 내용은 아무 사람에게나 다 오는 것이 아닙니다. 장성과 성숙성이 있어야 합니다. 그런데 장성하지 못한 사람이 성신 받았다고 하는 일들이 있습니다. 꿈을 꾸고서는 쏙닥쏙닥 '비몽사몽간(非夢似夢間)에 성신을 받았다' 하는 말을 후딱 씁니다. 꿈이나 꾸고서는 왜 비몽사몽간이라고 합니까?

꿈이면 몽(夢)이고 비몽(非夢)이면 꿈이 아닌데도 꿈꾸어 놓고서는 비몽이라고 합니다. 그러니까 항상 그 이상한 감각의 대상을 계시로 생각하는 것이 문제입니다. 감각의 대상을 지나서 인식의 세계에서 활동해야 할 믿음이 더 중요한데, 믿음은 떠나고 감각의 세계에서 '무엇을 보았다', '무엇을 들었다', '무엇을 만져 보았다', '무엇이 나에게 접촉했다', '이상한 것을 내가 받아먹었다' 하는 괴상한 소리를 하고 다니는 것입니다. 그러고서는 성신을 받았다고 합니다.

문제는 안디옥 교회가 어떻게 해서 이렇게 훌륭한 교회가 되었는가 하는 것입니다. 그 교회는 역사적인 사명의 허두(虛頭) 혹은 모두(冒頭)에 서 있는 큰 교회요 위대한 교회입니다. 왜냐하면 거대하고 새로운 하나님 나라의 역사의 신기원을 여기서부터 딱 세우기 시작한 교회이기 때문입니다. 그렇게 한 교회는 예루살렘 교회가 아니고 이 안디옥 교회입니다. 처치 가톨릭(church catholic), 가톨릭교회, 다른 말로 하면 보편의 교회를 비로소 드러내기 시작한 것이 이 안디옥 교회인 것입니다. '보편의 교회인 까닭에 이방 사람이고 이스라엘 사람이고 구별이 없으니까 누구든지 하나님이 택하신 사람에게는 복음이 들어가야 한다' 하는 사실이 시작된 것이 이 안디옥 교회입니다. 안디옥 교회는 처음부터 조직되기를 그렇게 조직된 교회입니다. 저 구브로 사람과 구레네 사람이 와서 헬라 사람에게 복음을 전하니까 사람들이 그냥 거기에 들어와서 하나님의 성신의 도우심으로 수가 부쩍 늘어서 안디옥 교회를 조직한 것입니다. 단순히 교인 수만 는 것이 아니라 바나바나 사울 같은 훌륭한 교사의 가르침을 받고 거기에 은사를 받은 사람들이 있어서 먹이고 가르치고 하니까 척척 자라나서 성신께서 하시는 말씀을 들을 줄 알았습니다. 성신께서 하시는 말씀을 들었다는 말은 그 말씀을 식별할 줄 알았다는 말입니다. 귀가 뚫려서 성신의 말씀인지 아닌지를 얼른 식별할 줄 알 만큼 장성했다는 말입니다. 이렇게 성신께서 구체적으로 하시는 말씀을 들은 이것이 귀한 일입니다.

그다음에는 '이들을 부르셔서 시키시는 일이 있다' 하는 것을 그들은 깨달았습니다. 이렇게 명확합니다. 그들의 소임(所任)은 지금 목사입니다. 바나바는 목사이고, 사울은 동사(同事) 목사입니다. 동사 목사란 요새 말로 하면 부목사일지 하여간 그런 식입니다. 왜냐하면 바나바가 사울을 데려다가 같이 가르쳤기 때문입니다. 그렇게 하고 있을 때에 성신께서 그들의 가장 중요한 지도자 두 사람에 대해서 '내가 이미 불렀다. 어떤 일을 위해서 내가 불렀는데, 이제 그 일을 하기 위해서 너희들만 이렇게 늘 돌아볼 수 없으니 내놔라' 하시니까 그들에게는 그것이 가장 중요한 문제요 어려운 문제입니다. 가장 큰 손실이라면 손실일 것입니다. 그때 당장에 지도자를 잃어버리는 이야기입니다. 그렇지만 두말할 것 없이 순종하고 나아갔습니다. 그렇게 할 만큼 그 사람들은 장성했다는 말입니다. 여기에 안디옥 교회가 새로운 역사의 기원을 세울 수 있었던 자격이 나타나는 것입니다.

안디옥 교회가 구비했던 교회적 속성과 은사

둘째로, 여기의 중요한 문제는 '그러면 어떻게 이 교회는 성신의 그 거룩한 부르심을 식별하고 받을 수 있었는가? 무슨 조건이 있었는가?' 하는 것입니다. 안디옥 교회가 가지고 있던 몇 가지 조건을 여기서 생각해보겠습니다. 어떠한 단체이기에 이렇게 하나님의 성신의 말씀을 들을 수 있었습니까? 첫째의 조건은 물론 두말할 것 없이 이 교회는 교회로서의 속성을 비교적 원만히 보유하고 있었다는 것입니다. 예루살렘 교회 같으면 아직도 이 문제를 받기 전에 다른 문제부터 받아야 했습니다. 아마 얼른 짐작하실 것입니다. 예루살렘 교회 같으면 성신께서 그 교회가 무엇을 하도록 하셔야 했습니까? 예루살렘 교회는 지금 어떠한 단계로 올라가야 할 참입니다. 어떠한 단계로 올라가야 한다는 것을 이미 우리가 배웠습니다. 예루살렘 교회를 주로 돌아보고 있던 것이 베드로나 그 외의 다른 사도들인데 그들이 가지고 있던 소위 유대주의적 사상에서 탈피하지 못하고 있을 때 먼저는 베드로에게 고넬료를 만나게 하시려고 환상을 보이시고 그 환상 가운데 '하나님이 깨끗하게 하신 것을 네가 더럽다고 하지 말라' (행 10:15)고 하셔서 '이제 이방 사람이고 유대 사람이고 그러한 차별을 가지고 나누지 못한다. 하나님 나라의 새로운 역사는 그렇게 시작하지 않는다' 하는 것을 먼저 가르치기 시작하셨습니다.

예루살렘 교회가 가지고 있는 그 유대주의적 특성은 나중까지도 말썽을 일으킵니다. 그래서 '모세의 법대로 무엇 무엇을 하지 않으면 안 된다. 이렇게 율법에 있으니까 이렇게 하지 않으면 안 된다' 하고 나중에 또 말썽을 일으키니까 예루살렘 공회로 모이게 되었습니다. 이방 교회가 잘 나가니까 그곳까지 쫓아가서 자기가 가지고 있는 전통적인 주권이라고 할는지 텃세라고 할는지 그런 것으로 누르려고 그런 소리를 한 것입니다. 그러니까 사도들이 모여서 '아, 이래서는 안 된다' 하고서는 당장에 '다른 짐으로 지울 것이 없다' 하고서 한두 가지 조목만 내세웠습니다. 이 다음에 보시면 다 잘 아실 것입니다. 그렇게 예루살렘 교회가 유대주의적인 것을 탈피하지 못하는 동안에는 처치 가톨릭 혹은 보편의 교회로서 세계 전도의 사명을 짊어질 자격을 아직 가질 수 없는 것입니다. 그러자 하나님께서는 그 좋은 장소, 성신의 특별한 은혜가 처음에 시작되었던 그 예루살렘 교회를 선택하시지 않고 안디옥 교회에서부터 시작하신 것입니다. 왜냐하면 거기는 헬라 사람들이 예수를 믿고 들어왔기 때문입니다. 또 거기에는 헬라 사람만 있는 것이 아닙니다. 바울과 바나바와 같은 유대 사람들이 거기에 다 같이 있었습니다. 거기에는 유대나 헬라가 따로 없고 오직 하나님의 백성 하나만 있는 것입니다.

이런 보편성이 있을 때 비로소 보편 교회로서의 자기 사명을 가지고 있는 것입니다. 교회는 자체의 성격이 구비되는 것에 의해서 그 사명의 성격이 결정되는 것입니다. 만일 성약교회가 참으로 개혁교회다운 교회가 되려면 자체의 성격을 잘 반성해야 할 것이고, 만일 성약교회가 참으로 다른 교회에 역사적인 신앙을 전달할 수 있는 교회가 되려면 역사적인 신앙이 무엇인지 자신이 확연히 파악하고 있어야 합니다. 자기가 역사적인 신앙의 성격을 분명히 파악하고 그것을 가지고 있어야만 그것을 다른 교회에 전달할 수 있는 것이지, 그렇지 못하면 다른 교회에 역사적인 신앙이나 개혁 신앙을 전할 것이 아무것도 없습니다. 우리나 겨우 먹고서 빼각빼각하다가 또 자라날 것뿐인 것입니다. 예루살렘 교회 같으면 그 유대주의적인 구투(舊套)와 전통에서 탈피하는 것이 중요한 문제입니다. 만일 한국에 있는 많은 교회가 참으로 신령한 교회로서 다른 데까지라도 은혜를 끼치고 이 사회에 일반적인 은혜를 끼치려면 참으로 남에게 끼칠 수 있는 은혜를 가지고 있어야 합니다. 그렇게 하기 위해서는 항상 형해적(形骸的)인 위치와 고질과 같은 묵은 전통을 그것이 아니면 안 될 것같이 붙들고 있는 이상한 망상을 버려야 하는 것입니다. 그 망상을 못 버리고는 무슨 신앙이 되는가 할 때 '예수 신앙'이 아니고 '교회 신앙'이 되고 '예배당 신앙'이 되는 것입니다. 그렇게 되면 예수님을 믿는다기보다는 예배당을 믿는 것이 됩니다.

이 안디옥 교회가 가지고 있는 위대한 성격은 그것 자체가 위대한 사명을 위한 하나님의 준비였던 것입니다. 하나님께서 어떠한 사람에게나 어떠한 교회에게 거룩하고 위대한 사명을 주시려고 할 때는 그 사람의 속성이 구비되어야 하고 인간으로서 벌써 위대해야 합니다. 다른 말로 하면 그리스도적 사명은 그리스도적인 품성에서만 시작한다는 것입니다. 언제든지 중요한 것은 '무엇이다' 하는 것이라고 전에 말씀드렸습니다. 가장 중요한 문제는 자기 자신이 인격으로 존재한다는 사실입니다. '너희는 빛이 되라' 든지 '너희는 소금이 되라' 하고 말씀하신 일이 없습니다. '너희는 빛이다. 너희는 소금이다' (참조. 마 5:13-14) 하셨습니다. '너희는 빛으로 존재한다. 너희는 소금으로 존재하는 것이다' 하신 것뿐입니다. 되라는 것이 아닙니다. 안 되었으면 아무것도 아닌 것입니다. 만일 교회가 교회다운 진정한 속성을 가졌다면 그 교회는 자연히 빛 노릇을 하는 것이라는 말입니다.3) 그러한 까닭에 존재의 가치가 행동의 가치보다 먼저 앞서는 것입니다. 하나님께서 여기에서 이 안디옥 교회의 특수하지만 그러나 보편적인 이 거룩한 속성에 대해서 보이신 것입니다.

둘째의 중요한 문제는 그뿐 아니라 그들은 은사를 가지고 있었다는 사실입니다. 요컨대 그 교회는 하나님의 성신의 거룩한 계시를 구체적으로 받을 수 있을 만한 은사가 있는 교회였습니다. 이것은 성숙성을 의미하는 것입니다. 그 은사가 어떤 형식으로 나타났는가 할 때 안디옥 교회에 교사와 선지자들이 있었습니다. 거기에는 하나님의 특별한 은사를 받은 사람이 있었다는 말입니다. 아직 모든 것을 배우기만 하고 그저 막연히 있는 보통 사람들만 걸이나 개나 모여 있었던 것이 아닙니다. 많은 사람이 들어왔을지라도 결국 그 교회의 척도(barometer)는 그 교회의 머리들인데, 그 교회의 두뇌(brain)들 가운데 심정이 고도적인 사람도 있었다는 말입니다. 교회가 전부 다 고도적일 수는 없는 것입니다. 저 위에서부터 저 아래까지 다 있을 수 있습니다. 그러나 위에 있는 사람은 높아야 합니다. 아래는 땅에 붙어 있을지라도 위는 높이 올라가야 한다는 말입니다. 거기에는 하나님의 깊은 은사를 가진 사람들이 있어야 합

---

3) 참조. 김홍전, 『예수께서 가르치신 율법의 참뜻』(산상보훈 2), 제1강-6강, 성약출판사, 2002년.

니다. 그럴 때에 주로 그런 은사를 가진 사람들을 통해서 전체의 많은 사람에게 비익(裨益)을 끼치는 일이 한두 가지가 아닙니다. 그것은 경험 상 우리가 다 알고 있습니다. 어떠한 방면의 하나님의 특별한 은사를 가지고 있는 사람이 그 교회에 있으면 그만큼 교회에 은혜를 끼치는 것입니다.

가령 봉사라는 것, 서로 돕는 것도 은사입니다. 하나님이 주신 은사의 한 가지가 돕는 것이라고 배웠습니다. 우리 교회만 하더라도 그런 사람들이 있습니다. 남을 잘 돕고 교회의 일을 잘 도우려고 하는 은사를 가진 사람이 교회에 있으면 그만큼 교회 일이 얼른 척척 진행되어 나가고 참 은혜롭게 되어 갑니다. 그런 은사가 없었다면 무슨 일을 하려고 해도 다 터덕거릴 것입니다. 그러나 돕는 은사가 마음에 벌써 준비되어서 '할 일이 없는가' 하고 기다리는 교우들이 있는 까닭에 항상 일이 생기면 얼른 그냥 해치워 버립니다. 이런 것이 은사인 것입니다. 그렇게 돕는 것만이 은사가 아닙니다. 어떤 사람은 예언의 말씀을 가지고 있고, 어떤 사람은 지혜의 말씀을 가지고 있고, 병 고치는 은사, 권능을 행하는 은사, 다스리는 은사가 다 있습니다. 이런 것들이 다 있어야 합니다.

그러나 여기에서 필요한 은사는 무엇보다도 예언(預言), 즉 말씀을 맡아서 하나님 나라의 깊이를 해석하는 은사와 오묘한 지식을 배워서 그 지식을 남에게 전달해 주는 은사입니다. 예언이라고 할 때는 영감(inspiration)이 필요하고, 지식이라고 할 때는 학문이 필요합니다. 이 두 가지가 다 필요합니다. 사람이 아무리 지식을 가지고 책을 많이 보았다고 해도 그것으로 생수와 같은 영감 있는 이야기는 못하는 것입니다. 그러나 또한 전연 지식이 없이 가만히 앉아 기도만 하면서 무슨 꿈을 꾼다, 무슨 계시를 받는다 해도 그렇게 해서 계시를 받을 수 있는 것이 아닙니다. 하나님의 계시는 풍요한 하나님의 말씀의 터 위에서 움직이는 것입니다. 왜냐하면 성신님의 은혜의 방도로서 성경이 있는 까닭에 그렇습니다. 그러한 까닭에 이런 교사와 선지자들이 있다는 사실에서 벌써 안디옥 교회가 아주 고도적인 교회요 은사가 있는 교회인 것을 알 수 있는 것입니다.

성약교회가 거룩한 사명, 보람 있는 사명, 역사적인 사명에 대한 각성이 있어서 그것을 행하려면 자체로 구비해야 할 문제가 있습니다. 그것은 은사의 문제입니다. 은사라 할 때는 가만히 기도만 하다가 갑자기 '무엇 했네' 하고 떠드는 것이 아니라 열심히 공부해서 지식도 쌓아야 하는 것입니다. 공부를 하려면 열심히 해야지 그냥 사람들이 보통 하는 대로 교회에 같이 앉아서 강설을 다 듣고서는 그다음에 반절이나 잊어버리고 나중에 한 달쯤 지나면 3분의 2쯤 잊어버리고 한 여섯 달 쯤 지나면 거의 다 잊어버리고 나서 한마디만 알고 돌아다니는 그런 식으로 해서는 안 되는 것입니다. 대학에서 공부하듯이 공부하라는 말씀입니다. 대학에 가서 공부할 때는 등록금을 냈으니까 아마 죽자 사자 하고 필기해 가면서 공부할 것입니다. 그렇지만 예배당은 그렇게 대단한 것이 아니니까 그냥 들어도 나중에 또 그런 강설이 올 것으로 생각합니까? 그렇게 나중에 또 오는 것이 아닙니다. 하나님께서 언제든지 같은 이야기를 계속해서 또 하시고 또 하시는 것이 아니라는 사실을 알아야 합니다.

하나님의 성신의 역사는 항상 푸르고 항상 신선한 것입니다. 가령 녹음을 해 놓고 듣는다고 해도 그 은사와 은혜와 영감의 전달이라는 것이 반드시 예전과 똑같이 있는 것이 아닙니다. 여러분이 설교집을 발행해서 읽더라도 그때 그 설교를 들었을 때의 은혜가 그대로 그냥 떨어지는 것이 아닙니다. 왜냐하면 하나님께서는 인격자를 통해서 일하시고 그 인격을 통해서 항상 성신이 역사하는 것이지 책을 통해서 하시는 것이 아니기 때문입니다. 물론 책을 읽게 하신 다음에 그 위에서 역사하시는 일도 있습니다. 그러나 책 안에 성신이 계시는 일은 없는 것입니다. 성신은 우리 속에 거하십니다. 그러한 까닭에 사람이 서서 이야기할 때가 가장 중요한 것입니다. 그러니까 설교집보다는 목사가 서서 설교한다는 그것이 가장 중요합니다. 이와 같이 이런 은사가 거기에 있었다는 것이 중요한 조건입니다. 안디옥 교회는 무엇보다도 교회였습니다. 다른 단체가 아니고 참 교회였습니다. 교회라는 속성을 지닌 데다가 이런 은사까지 가졌던 것입니다.

주를 섬겨 각자의 직무에 충실했던 교회

셋째로, "주를 섬겨 금식할 때에"(13:2상)라고 해서 주를 섬겼다고 했습니다. 여기에서 '섬긴다' 하는 것은 어떤 일정한 공식적인 일을 가리킵니다. 그러니까 섬긴다고 해서 '서로 도와준다' 하는 의미가 아니고, 각각 공식적인 일을 분담한 것을 충실하게 이행해 나간다는 말입니다. 영어로 하면 서브(to serve)라는 말이라기보다는 미니스터(to minister)라는 말에 가깝고, 서비스(service)보다는 미니스트리(ministry)라는 말에 가깝습니다. 직역하면 모두 봉사한다는 말이 되겠지만, 서브(to serve)라는 말은 자기가 꼭 의무로서 생각하는 것은 아니지만 그때그때 임시로 와서 도와주는 것을 말합니다. 예를 들어 음식을 차려 내거나 시중을 드는 것을 가리켜 서브 더 푸드(serve the food)라고 말합니다. 그러나 투 미니스터(to minister)라고 할 때는 사명이 있어서 그것을 자기의 의무로 알고 책임을 이행해 나가는 것입니다. 그런고로 아마 이 말은 '주를 섬겨서 각각 자기의 책임을 다 이행하고 지내더니' 라고 생각하여야 원문의 뜻이 분명해질 것입니다. 그냥 '섬겼다' 하는 막연한 이야기라기보다는 '각각 맡은 바 책임이 있어서, 각 부서에서 맡은 책임이 있어서 그 사람들이 충실히 책임을 이행하고 나가더니' 하는 말입니다.

우리 교회는 각각 그 부서에서 맡은 자기 의무를 충실히 해 나가면 됩니다. 우리 교회는 '누가 무슨 제직(諸職)에 해당하고, 누가 무슨 부서에 속했다' 하는 식으로 명확하게 선을 긋지 않았습니다. '자임(自任)함으로써 임명을 대신한다' 하는 한 원칙을 세웠습니다. 자임했으면 자기 의무인 줄 알아야 합니다. 자임했으니까 해도 좋고 안 해도 좋다는 것이 아닙니다. 자임이란 더 무서운 방식입니다. 교회에서 연초에 어느 어느 사람이 집사라고 한다면 그것은 교회에서 임명하는 것이 되겠지만, 그래도 최후에 가서는 자임이 있어야 합니다. 그 자임이라는 것은 하나님이 내게 이 일을 임명하셨다는 것을 승인하는 태도입니다. 왜냐하면 선택은 사람이 하지만, 하나님 나라에서는 언제든지 임명은 하나님이 하시는 것이기 때문입니다. 주권자이신 예수께서 하시는 것이지 당회나 목사가 임명하는 것이 아닙니다. 교인들이 투표해서 임명하는 것도 아닙니다. 교인들이 투표했어도 하나님께서 거부하실 수 있는 것입니다. 그리고 사실상 그런 일이 발생해야 하는 것인데, 교인이 투표하면 그대로 임명으로 받아들이는 것은 벌써 타락입니다.

'사도들이 모여서 맛디아를 택했다는 것은 암만 생각해도 수긍이 안 간다' 하는 사람도 있습니다. 바울은 결국 사도인데 누가 사도로 임명했습니까? 사도들이 그 사람을 택한 일이 없습니다. 투표한 일도 없습니다. 예수님만이 그를 불러내신 것입니다. 그래서 사도라고 했습니다. 때때로 그 사도권에 대해서 누가 이의를 제기하는 일이 있을지라도 후대의 역사가 '바울과 같은 위대한 사도가 또 어디에 있느냐'고 다 느끼게 사도로 세우신 것입니다. 하나님이 준비하신 사람은 바울입니다. 이와 같이 하나님이 임명하신다는 것이 중요한 것입니다. 그러니까 자임으로써 임명을 대신한다는 것은 '하나님이 나를 이 일에 임명하셨으니 나는 이 일을 충실히 해야겠다. 하나님 앞에서 충성을 다해야겠다' 하는 것입니다. "맡은 자에게 요구할 것은 충성이니라"(고전 4:2) 하고 나아가야 합니다. 그것이 당연한 태도입니다. 그래서 그 일을 충실히 맡는 것입니다. '이것은 내가 자임한 것이니까 내가 또 해임할 수 있다'고 생각한다면 그것은 올바른 생각이 아닙니다. 임명은 하나님이 하시니까 해임도 하나님이 하실 때까지 가만히 있어야 합니다.

이렇게 안디옥 교회가 주를 섬겼다는 것이 그 교회의 교회다운 진행 혹은 교회다운 구성과 운영의 큰 특성입니다. 이처럼 안디옥 교회는 교회의 속성을 가졌을 뿐 아니라 또한 은사를 가지고 있었고, 또 교회가 교회답게 항상 각 부서에서 자기의 직무를 각각 충실히 행하고 나갔습니다. 이러한 터 위에서 성신께서 부르신 것입니다. 대개 그러한 것들을 우리가 여기에서 발견할 수 있습니다.

하나님의 뜻에 순종한 안디옥 교회의 성숙성

이제 그다음의 문제는 그 결과로 어떻게 했는가 하는 것입니다. "이에 금식하며 기도하고 두 사람에게 안수하여 보내니라"(13:3)고 했습니다. 안수했다고 했는데 누가 안수했습니까? 두 사람에게 안수했는데 누가 안수했겠습니까? 두 사람은 목사입니다. 목사라고 해도 오늘날처럼 누가 목사로 임명한 일은 없습니다. 왜냐하면 사도가 이 교회에 가서 이러고저러고 한 일이 없기 때문입니다. 이 교회야말로 평민들이 자기네끼리 모여서 만든 교회입니다. 그때 예루살렘에 사도들이 다 있었지만, 사도가 가서 안수해서 '너희를 목사로 세운다'하고 안수식을 한 일이 없습니다. 예루살렘 교회가 안디옥의 소문을 듣고 바나바에게 가 보라고 했으니까 가 보고 돌아와서 보고해야 할 텐데 바나바는 그렇게 보고하지 않고 그곳에 주저앉아 버렸습니다. 그곳에 앉아서 '아, 하나님의 은혜가 여기에 가득하고 이 사람들이 은혜 가운데 거하니까 이들을 더 먹여야겠다'하고 생각했고, 먹이다 힘이 모자라니까 사울까지 끌고 와서 함께 가르쳤습니다. 그러니 그 두 사람에게 안수를 했다면 누가 안수했겠습니까? 안수하려면 다른 목사들이 와야 할 것이 아닙니까? 적어도 여기에서는 사도가 와야 할 것이 아닙니까? 요새 그런 문제가 자꾸 대두되고 있습니다.

그러니까 그 두 사람에게 안수했다면 여기에 있는 선지자들이나 교사들이 모여서 했을 것이고, 그렇지 않으면 아마 교인들이 다 같이 모여서 했을 것입니다. 이런 경우, 안수라고 하니까 손을 갖다가 얹었다는 식으로 아마 생각들을 할 것입니다. 일곱 집사에게 안수할 때는 사도들이 했습니다. 사도들이 자기네 보조(補助)로서 안수한 것이기 때문입니다. 그렇지만 여기에서는 교회가 자기네 보조로 안수한 것이 아닙니다. 이제는 이 두 사람을 내보내는 것입니다. 이렇게 내보내는 경우에 안수의 참된 의미는 저들이 꼭 성취해야 할 그 일을 위해서 하나님의 은혜에 그들을 부탁한다는 뜻입니다. 원래 안수의 의의가 거기에 있습니다.

구약 시대에 안수할 때에는 자기 자신을 저쪽에 이전한다는 이전(transference)의 의미가 있습니다. 희생(犧牲)에 안수할 때는 그것을 나로 보아 달라는 것입니다. 이때의 안수는 무엇의 이전을 의미합니다. 자기의 속성 혹은 자기 존재의 가치의 이전을 의미하는 것입니다. 그렇지만 이런 경우의 안수는 그런 것이 아닙니다. '하나님의 은혜의 거룩한 손에 부탁합니다' 하는 한 예식입니다. 그렇게 하나님의 은혜의 손에 부탁하는 일은 어떻게 해서 했느냐 하면 성신께서 이미 이들을 따로 세우라고 하셨으니까 한 것이고 교회가 그것을 승인했으니까 한 것입니다. 안수하지 않으면 이 사람들이 나가서 일하지 못할 사람들인가 하면 전혀 그렇지 않습니다. 다만 교회가 그들을 놓을 때 놓는 예식을 한 것입니다.

제가 보기에 여기의 말이 한마디 잘못된 것은 '안수하여 보내니라' 하는 말입니다. 교회가 보냈다고 합니다. 물론 교회가 보낼 수가 있겠지만, 이 말의 원어는 '안수하여 해방하니라' 혹은 '안수하여 가게 하니라' 하는 것뿐입니다. 자기네가 보낸 것이 아닙니다. '이제 마음대로 하십시오'라고 한 것뿐입니다. '안수하여 그냥 가게 하니라' 하는 뜻입니다. '그들을 가게 했다' (let them go) 혹은 '석방했다' (release) 하는 말입니다. 지금까지 그 속의 의무에 매어 놓았는데, '아, 목사님들이 가시면 우리는 어떻게 합니까?' 하지 않고, '이제는 주께서 부르셨으니 원하시는 대로 하시지요. 우리는 주님께 순종할 뿐입니다' 한 것입니다. 이렇게 교회가 하나님의 성신의 역사에 대해서 적극적으로 순승(順承)해 나가는 것이 지금 여기서 우리가 볼 수 있는 중요한 일입니다. 그러니까 이 사람들을 누가 보냈는가 할 때 성신이 보내신 것이지 교회가 보낸 것이 아닙니다. 13:4을 보면 "두 사람이 성신의 보내심을 받아"라고 했는데, 여기의 보낸다는 말이 진짜 보낸다는 뜻입니다. '성신께서 그들을 파견하셨다' 하는 뜻입니다. '이리 가거라. 저리 가거라' 해서 보내신 것입니다. 교회는 그들에게 실루기아로 살라미로 바보로 버가로 가라고 한 것이 아니라 지금까지 붙들었던 것을 그냥 놓기만 했습니다.

이같이 하나님이 하시는 일에 대하여, 성신께서 저들에게 명백하게 가르치신 일에 대해서 저들은 적극적으로 그대로 순종했습니다. 거기에 선지자들이 있었으니까 마치 아가보가 장차 올 흉년에 대해 예언하듯이 아마도 '하나님의 성신께서 이 두 사람을 이렇게 따로 놓으라고 하시는 것을 내가 들었노라' 하고 예언하고 그렇게 하나님의 말씀을 받아 말하니까 그것을 식별할 수 있었던 교회입니다. 누가 무슨 말을 하더라도 식별할 수 있었습니다. 그 마음 가운데 다 같이 성신의 역사로 '아, 그렇습니다' 하고서는 만장일치로 '예, 그렇겠습니다. 과연 그렇습니다. 그 말이 옳습니다', 이렇게 할 수 있었다는 말입니다. 형태는 분명히 그런 형태로 나타났을 것입니다. 하나님이 누군가를 쓰셔서 '이렇게 이렇게 두 사람은 나가야 할 것입니다. 그것이 하나님의 뜻입니다' 하고 확신을 가지고 이야기하고 성신의 영감과 계시로 말할 때 '예, 그렇습니다' 하고서는 모두 이의가 없었던 것입니다. '아, 목사님들이 가시면 우리는 어떻게 합니까? 그러면 우리 교회는 문을 닫아야겠습니다', 이렇게 한 것이 아닙니다. '예, 이것은 주의 뜻입니다' 하고서는 딱 순승했습니다. 이러한 것이 그 교회의 성숙성을 가리키는 것입니다. 이렇게 적극적으로 성신님의 역사에 순응해 나갔습니다. 혹은 성신께 협력을 했다고 하면 어폐(語弊)가 있겠지만, 좌우간 성신께서 하시려고 하는 일에 자기네들도 '예, 그렇습니다' 하고 같이 따라 나간 것입니다.

이것이 안디옥 교회가 가지고 있는 특성으로서 새로운 역사와 새로운 기원을 만들 수 있을 만큼 큰 은혜가 있는 교회라는 증거입니다. 이것은 사도의 교회도 아니고 사도들이 와서 권위를 세운 교회도 아닙니다. 말하자면 사람으로 보아서는 잡다한 사람들, 즉 아시아 사람, 헬라 사람, 그리고 또 유대 사람이 막 뒤섞여서 하나의 새로운 보편의 교회를 만들어 놓은 것입니다. 그 사람들을 하나로 매어 놓은 것은 보통 차원의 동족이라는 사실도 아니고 언어를 같이한다는 것도 아니고 그 위에 성신이 계셔서 하나로 매어 놓으신 것입니다. "몸이 하나요 성신이 하나이니"(엡 4:4) 하는 말씀처럼 한 몸, 한 교회요, 성신도 하나입니다. 하나이신 성신께서 한 몸을 통해서 일을 하신다는 것을 믿었습니다.

기도

거룩하신 아버지시여, 아버님께서 저희에게 은혜를 주셔서 여기에 교회를 세우셨사옵는데, 오늘 저희가 안디옥 교회의 일을 공부했사옵나이다. 바나바와 사울을 구별하여서 세우시는 성신님의 거룩하신 뜻을 깨닫고 순종했던 안디옥 교회, 은사 있는 사람들이 있어서 면밀하게 가르치고 그 속에서 잘 먹고 자라나던 이 교회, 그리고 마침내 사명을 주실 때에는 자기네에게 있던 중요한 보물인 이 지도자들을 성신님이 마음대로 쓰시도록 또한 성신의 전능하신 손에 부탁하고 그들이 떠나가는 것이 그대로 주님의 뜻인 줄 알고 순승하던 이 교회의 순종과 성숙성에 대하여서 이제 저희가 공부했사오며, 여기에서 이 성약교회에 주시는 큰 가르침이 있는 것을 저희가 깨닫사옵고, 이 교회가 참으로 아버님께서 주신 거룩한 사명을 올바로 잘 이행하려면 먼저 그 사명에 대한 각성이 저희에게 넉넉히 있을 만한 성숙성이 있어야 하겠고, 이 교회가 참으로 역사적인 신앙을 다른 데까지 전파하고 선포할 수 있으려면 저희 자신이 확실히 그러한 신앙이 명확한 가운데 서 있어야 하겠사오며, 그러한 능력을 증시(證示)하고 실증하는 교회가 되어야만 하겠사옵니다. 또한 여기에 은사가 필요하오며 성신께서 주시는 그 은사로 개인 개인이 각각 은사에 따라서 자기 일에 충실히 책임을 지고 봉사하고 섬기고 나가는 일이 또한 필요하옵나이다. 주여, 여기에서 직분을 맡은 이는 직분에 충실하지만, 구체적으로 행정의 직분이 없을 때에는 주의 말씀을 진실히 연구하는 것이 자기의 중요한 봉사의 일이요 섬기는 일인 것을 깨닫게 하시고, 그런고로 무책임한 태도로 말씀을 흘려버리는 일이 없게 하시고, 이 교회를 구성하는 전체 가운데 자기의 부분이 무엇인지를 다 밝히 깨달아 알게 합소서. 앞으로 자꾸 전진해 나가는 교회의 행진과 위로 자꾸 장성해 나가는 이 장성에 보조를 맞추지 못하고 자꾸 탈락하고 뒤에 쳐지고 하는 것이 얼마나 자기의 부분을 소홀히 하고 태만히 하는 것인지를 깨닫게 하시고, 이러므로 저희에게 맡겨진 일 가운데에는 각각 나가서 적극적으로 봉사하는 일도 있겠지만, 또한 자기 자신이 적극적으로 하나님의 말씀을 터득하고 깨닫고 더 축적하는 것이 또한 중요한 일인 사실을 항상 깊이 각성하게 하시옵소서. 주여, 이 교회를 주님의 영광을 위하여 세우셨사오니 그 영광의 목적을 거룩히 나타내시옵소서.

예수님의 이름으로 기도하옵나이다. 아멘.

1966년 3월 16일 수요일

제2강

교회의 보편성을 드러낸 안디옥 교회

사도행전 13:1-52

¹안디옥 교회에 선지자들과 교사들이 있으니 곧 바나바와 니게르라 하는 시므온과 구레네 사람 루기오와 분봉왕 헤롯의 젖동생 마나엔과 및 사울이라. ²주를 섬겨 금식할 때에 성신이 가라사대 내가 불러 시키는 일을 위하여 바나바와 사울을 따로 세우라 하시니 ³이에 금식하며 기도하고 두 사람에게 안수하여 보내니라. ⁴두 사람이 성신의 보내심을 받아 실루기아에 내려가 거기서 배 타고 구브로에 가서 ⁵살라미에 이르러 하나님의 말씀을 유대인의 여러 회당에서 전할새 요한을 수종자로 두었더라. ⁶온 섬 가운데로 지나서 바보에 이르러 바예수라 하는 유대인 거짓 선지자 박수를 만나니 ⁷그가 총독 서기오 바울과 함께 있으니 서기오 바울은 지혜 있는 사람이라. 바나바와 사울을 불러 하나님 말씀을 듣고자 하더라. ⁸이 박수 엘루마는 (이 이름을 번역하면 박수라) 저희를 대적하여 총독으로 믿지 못하게 힘쓰니 ⁹바울이라고 하는 사울이 성신이 충만하여 그를 주목하고 ¹⁰가로되 모든 궤계(詭計)와 악행이 가득한 자요 마귀의 자식이요 모든 의의 원수여, 주의 바른길을 굽게 하기를 그치지 아니하겠느냐. ¹¹보라, 이제 주의 손이 네 위에 있으니 네가 소경이 되어 얼마 동안 해를 보지 못하리라 하니 즉시 안개와 어두움이 그를 덮어 인도할 사람을 두루 구하는지라. ¹²이에 총독이 그렇게 된 것을 보고 믿으며 주의 가르치심을 기이히 여기니라. ¹³바울과 및 동행하는 사람들이 바보에서 배 타고 밤빌리아에 있는 버가에 이르니 요한은 저희에게서 떠나 예루살렘으로 돌아가고 ¹⁴저희는 버가로부터 지나 비시디아 안디옥에 이르러 안식일에 회당에 들어가 앉으니라. ¹⁵율법과 선지자의 글을 읽은 후에 회당장들이 사람을 보내어 물어 가로되 형제들아, 만일 백성을 권할 말이 있거든 말하라 하니 ¹⁶바울이 일어나 손짓하며 말하되 이스라엘 사람들과 및 하나님을 경외하는 사람들아, 들으라. ¹⁷이 이스라엘 백성의 하나님이 우리 조상들을 택하시고 애굽 땅에서 나그네 된 그 백성을 높여 큰 권능으로 인도하여 내사 ¹⁸광야에서 약 사십 년간 저희 소행을 참으시고 ¹⁹가나안 땅 일곱 족속을 멸하사 그 땅을 기업으로 주시고 (약 사백오십 년간) ²⁰그 후에 선지자 사무엘 때까지 사사를 주셨더니 ²¹그 후에 저희가 왕을 구하거늘 하나님이 베냐민 지파 사람 기스의 아들 사울을 사십 년간 주셨다가 ²²폐하시고 다윗을 왕으로 세우시고 증거하여 가라사대 내가 이새의 아들 다윗을 만나니 내 마음에 합한 사람이라. 내 뜻을 다 이루게 하리라 하시더니 ²³하나님이 약속하신 대로 이 사람의 씨에서 이스라엘을 위하여 구주를 세우셨으니 곧 예수라. (24절 이하 생략)

제2강

교회의 보편성을 드러낸 안디옥 교회

사도행전 13:1-52

사도행전 13장 처음을 보면 "안디옥 교회에 선지자들과 교사들이 있으니 곧 바나바와 니게르라 하는 시므온과 구레네 사람 루디오와 분봉왕 헤롯의 젖동생 마나엔과 및 사울이라. 주를 섬겨 금식할 때에 성신이 가라사대 내가 불러 시키는 일을 위하여 바나바와 사울을 따로 세우라 하시니 이에 금식하며 기도하고 두 사람에게 안수하여 보내니라"(13:1-3) 하고 말했습니다. 이 13장에는 바울의 1차 선교 여행 노정을 몇 군데 썼는데, 구브로 섬에서 바예수라고 하는 박수 엘루마의 이야기가 잠깐 나오고, 그다음에는 다시 소아시아의 육지로 올라와서 바울이 비시디아 안디옥에서 전도하고 유대 사람들에게 강설한 이야기가 대부분입니다.

맨 처음에 수리아 안디옥에서 여행을 떠나서 실루기아로 가서 거기서 배를 타고 구브로 섬에 있는 살라미로 갔다가 거기서 섬 저쪽 끝에 있는 바보(Paphos)라는 데에서 배를 타고 쭉 올라가서 다시 소아시아 입구에 있는 밤빌리아 땅의 버가로 간 다음에 비시디아 안디옥으로 올라갔습니다. 그렇게 해서 이고니온과 루스드라와 더베로 올라갔다가 다시 루스드라와 이고니온과 비시디아 안디옥으로 회전해 오는 것인데, 이것이 제1차 여행의 노정입니다. 바울 선생의 전도 여행에는 그다음으로 2차가 있고 3차가 있고 마침내 로마로 가는 여행 기록이 있는 것을 여러분이 지도에서 보아서도 알고 이야기로도 잘 아실 것입니다.

바울의 선교 여행으로 나타난 교회의 본질적인 속성들

그러나 문제는 그것이 이 신약의 교회가 형성되고 발전해 나가는 과정에서 얼마나 크고 중요한 자리를 차지하고 있는가 하는 것입니다. 바울 선생의 선교 여행은 기독교회의 허두(虛頭)에 교회의 조직과 성격과 또 그 조직과 성격에 의한 생활이 시간의 흐름에 따라서 구체적으로 장성해 나갈 때 필연적으로 오는 중요한 과정입니다. 그런데 교회 자체의 성격을 규정해 갈 때 교회의 속성의 현저한 것들이 바울 선생의 여행 가운데 발생한 역사상의 사실들로 자꾸 증명되어 나갔습니다.

첫째로, 교회가 거룩하다는 것과 그리스도와의 일체성을 늘 가지고 있다는 이 사실은 교회의 기본적인 속성이므로 '보이는 교회'의 현실은 결국 교회가 거룩하다는 사실에서 나와야 하는 것입니다. 즉 교회는 거룩한 성격을 띤 어떤 실재일 텐데, '그 실재가 어떤 성격을 가지고 있기에 나타나 보이는 형태를 이렇게 취하고 있는가' 하는 문제가 있습니다. 우리가 '현상'(phenomena)과 '실재'(reality)라는 문제를 생각하더라도 어떤 실재에 해당하는 현상이 현상 세계에 드러나는 것이기 때문에, 교회라는 실재는 현상 세계에서도 그 실재를 구현하거나 증명해 나가기에 필요한 어떤 자태를 취하는 것입니다. 여기에 본질적인 교회 혹은 실재의 교회가 있으면 또한 현상의 교회 혹은 보이는 형태로 땅 위에서 구체적으로 교회라는 이름을 가지고 활동하는 여러 영혼이나 인격체들의 활동이 거기에 있을 텐데, 교회가 거룩하다는 실재의 속성은 현상 세계의 보이는 교회 안에서도 거룩하다는 구체적이고 현실적인 사실들로 드러나야 하는 것입니다.

또한 '실재의 교회 안에서 교회가 그리스도와의 일체성(unity)을 가지고 있다' 할 때는 현상의 교회 안에서 그 일체성을 구체적으로 보일 수 있어야 합니다. 즉 그 일체성의 결과로서 혹은 그 일체성이라는 사실 때문에 발생할 수밖에 없는 어떤 현상을 나타내 보여야 한다는 말입니다. 그래서 사람이 구체적으로 '아, 교회는 과연 일체성을 가진 것이구나' 하는 것을 깨달을 수 있는 사실이 있어야 합니다. 그 말씀에 대한 구체적인 증거가 중요한 역사적 사실로서 교회 안에 존재해야 한다는 것이 첫째로 중요한 문제입니다.

　물론 말할 수 없이 중요한 또 한 가지의 속성은 교회의 보편성입니다. 실재의 교회가 보편성을 가지고 있다면 보이는 현상의 교회에서도 보편성이 하나의 구체적이고 역사적인 사실로 증명되어 나가야 합니다. 바울 선생의 1차, 2차, 3차의 선교 여행과 로마행은 이러한 교회의 가장 기본적인 속성들을 역사 위에 구체적으로 인(印) 쳐 나가는 중요한 사실들입니다. 그래서 단순히 '바울 선생의 여행에 의해서 교회가 세계적으로 퍼져 나갔다' 하는 정도로만 해석할 것이 아닙니다. 적어도 제1세기 교회가 가지고 있는 바 현상의 교회로서 마땅히 증명하고 드러냈어야 할 교회의 본질 혹은 본질적인 속성을 잘 드러냈다는 사실이 중요합니다.

　그리고 그것은 어느 시대든지 마찬가지로 그래야만 하는 것이고, 그것이 부족할 때 교회는 타락해 있는 것입니다. 그러한 실재와 현상이라는 관계의 사실(fact) 위에서 교회의 상태가 정당한가 그렇지 못한가를 따지는 것입니다. '과연 교회가 타락했다' 하고 남들이 말할 때 '교회가 돈만 알고, 사람들이 모여서 장바닥같이 떠들고, 그렇지 않으면 무슨 기업체나 회사같이 꾸며서 야단 내고 그러니 타락했다. 교회는 안 그래야 한다' 하지만, 그것만 가지고 있다면 그것은 정당한 인식이 아닌 것입니다. 왜냐하면 '그러면 교회는 어찌해야 하느냐' 하는 기본이 있는 것이기 때문입니다. 그런데 만일 단순히 몇 가지 표현할 수 있는 도덕적인 문제만을 가지고 '교회는 마땅히 이러해야 할 텐데 왜 저러냐' 하고 말하면 꼭 말썽이만 되고 마는 것입니다. 그렇게 자꾸 떠들어 보아야 소용이 없습니다.

'보편의 교회'라는 말의 뜻

말을 적게 할지라도 먼저 가장 순결하고 점도 없고 흠도 없는 교회로서 그리스도께서 완성하실 원형으로서 나타내신 교회는 원래 '실재의 교회'입니다. 이 실재의 교회는 철학적인 용어를 쓰면 '보편의 교회'라고 할 수 있습니다. 보편의 교회라는 말 가운데 다른 의미도 많이 포함되지만, 흔히 가톨릭(catholic, 보편의)이라는 용어를 써서 가톨릭교회(church catholic)라는 말을 쓰게 됩니다. 그러니까 영어로 보면 가톨릭이라고 쓰든지 유니버설(universal)이라고 하게 되지만, 유니버설이란 말은 좀 더 광범위하면서 조금 느슨해서 명확하지 않습니다. '처치 가톨릭'이라는 말이 좋은 말인데 가톨릭교회가 자기네의 전매특허인 것처럼 마음대로 갖다 썼지만, 그러나 분명히 사도신경을 외울 때에는 '거룩한 보편적 교회'라고 해서 영문으로 외울 때에는 홀리 캐솔릭 처치(holy catholic church)라는 말을 꼭 쓰게 됩니다. '홀리 캐솔릭 처치를 내가 믿는다' 합니다. 그러나 이때는 로마 가톨릭(Roman Catholic)이나 그리스 가톨릭(Greek Catholic)을 믿는다는 의미가 아닙니다. 이와 같이 '보편의 교회'라 할 때 이 '보편'이라는 말은 '실재의 교회'를 나타내는 데에 주연(周延)까지는 안 되었다고 하더라도 광범한 개념을 포함한 말입니다.

가령 여기에 하나의 지교회나 현상의 교회를 놓고 보더라도 그리스도와의 일체성을 우리가 말할 수 있고 또 그것이 거룩하다고 말할 수 있습니다. 어떤 의미에서 거룩하다는 것은 어떤 성격이니까 '어떤 일에서 이러한 것은 거룩하다' 하고 말할 수 있습니다. 그러나 보편의 교회라고 하면 엄격하게 따질 때 보편이라는 말 때문에 시간이나 공간이라는 범주를 거기에 둘러씌우지 못하는 것입니다. 그러니까 우리 사람들의 생각은 보편의 교회라고 하면 세계 가운데 여기에도 있고 저기에도 있다는 정도로 생각하겠지만 그런 정도의 이야기가 아니고, 엄격하게 말하면 '하늘에 있고 땅에 있으나 하나의 교회이다' 할 때 보편의 교회라는 말이 설명되는 것입니다. 그런 의미에서 보편의 교회라는 말뜻이 본질적인 교회를 나타내는 데 대표적으로 적당한 말이 된 것입니다. 그래서 우리 교회에서도 보편의 교회라는 말을 많이 썼습니다.

'보편'이라 할 때는 하늘에 있고 땅에 있고, 사도 바울 선생이 거기에 있고 어거스틴 선생도 거기에 있고, 그리고 우리는 지금 여기 이 땅에 있지만, 지금 우리의 생각으로 '거기'와 '여기'라는 말을 합니다만, 거기에 있으나 여기에 있으나 두루쳐서 하나의 교회 속에 있는 것이라는 말입니다. 그리고 그전의 1세기와 오늘의 금세기 사이에 한 2천 년의 시간차가 있지만, 그러나 그런 것에 상관없이 항상 '하나님은 바울의 하나님이시요 어거스틴의 하나님이시요 또 우리들의 하나님이시다' 하는 말을 쓸 수 있는 것입니다. 그 말은 시간을 늘여 놓고 쓰는 말이 아니고 그냥 하나의 위치나 차원에서 쓰는 말입니다.

그런 의미에서 성경에서는 '아브라함의 하나님, 이삭의 하나님, 야곱의 하나님'이라는 말을 썼습니다. 우리 주님이 그 말을 쓰실 때는 하나님은 죽은 자의 하나님이 아니요 산 자의 하나님이시라는 사실을 증명하시기 위해 '아브라함의 하나님, 이삭의 하나님, 야곱의 하나님'이라는 말을 쓰신 것입니다(참조. 마 22:32; 막 12:26; 눅 20:37-38). 아무렇게나 그런 말을 쓰면 그 말의 뜻을 모르고 딴것을 생각합니다. 하지만 사실은 '하나님은 산 자의 하나님이시다. 아브라함은 살다가 죽었고 이삭도 살다가 죽었고 야곱도 살다가 죽었다. 그런 자들의 하나님이시라는 의미가 아니다. 아브라함도 거기에 있고 지금 이삭도 거기에 있고 야곱도 있는 그런 차원에 계신 하나님이시다' 하는 이야기입니다. 그러니까 오늘날의 스타일로 말하자면 '보편의 교회의 하나님이 되시는 분'이시고 그래서 '바울의 하나님, 어거스틴의 하나님, 우리의 하나님'이라고 말할 수 있습니다. 이것은 마치 '아브라함의 하나님, 이삭의 하나님, 야곱의 하나님'이라고 하여 삼대(三代)를 말하는 것과 비슷한 생각입니다. 우리와 그렇게 많은 시간의 차이가 있다고 하지만, 보편의 교회 안에서는 하나의 차원에 놓고 보시고 다 같이 살아 있는 자로서 대접하시는 것입니다.

그러한 보편의 교회가 땅 위에서는 어떤 형태를 취하는가 할 때 우리처럼 땅 위에서 시공(時空)의 제한이나 범주 가운데 있는 사람으로는 필연적으로 거기에 맞춰서 보편성을 구현해 나가는 것입니다. 그러기 위해서 '여기에도 있고 저기에도 있고 동시에 이 지상 세계의 사방에 여러 나라와 여러 족속과 여러 방언 속으로 들어가서 연결되어 있는 것이다' 하는 것입니다.

그러면 우리가 지상의 다른 데에 있는 교회를 어떻게 생각해야 하겠습니까? 지금 우리 성약교회로서는 우리와 연결되어 구체적으로 가장 가깝게 생각하는 사람들이 지금 여기 강변교회에 있지만, 그러한 교회가 전에 일본에도 있었고 지금은 미국에도 있고 캐나다에도 있는데, 그러면 그것을 우리가 어떤 의미로 생각해야 할 것인가 할 때 보편의 교회라는 의미에서 생각하는 것이 제일 정당하고 좋은 생각입니다. 보편의 교회라는 점에서 거기에도 교회가 있는 것입니다. '교회가 여기에도 있고 이 나라에도 있고 저 나라에도 있다' 하고 그렇게 그냥 공간적으로 많은 곳에 여러 교회가 있어서 서로 합력해서 무엇을 한다는 그런 의미로서, 즉 '여러 단체가 각 군데에 있다' 하는 의미로서만 생각하는 것은 교회에 대한 생각으로는 부족한 것입니다. 로터리 클럽이라는 것은 여기 서울에도 있고 다른 곳에도 있는데 서울에도 하나 둘만이 아닙니다. 마치 '로터리 클럽이 여기 남서울에도 있고 한양대 입구에도 있고 또 세계 각 군데 있다' 하는 식으로 교회를 생각해야 하겠습니까? 교회는 로터리 클럽이 세계 각 군데에 많이 존재하듯이 그렇게 존재하는 것이 아닙니다.

앞에서도 말씀드렸지만, 교회가 세계 여러 군데에 있다는 사실, 즉 우리들의 지교회 혹은 형제 교회들이 여기에도 있고 미국에도 있고 캐나다에도 있다는 사실은 결국은 보편의 교회라는 실재의 세계의 확실한 속성이 땅 위에서 역사 위에서 구현된 까닭에 나타난 현상인 것입니다. 그런고로 그렇게 있다는 사실의 근원이나 성격은 요컨대 교회의 보편성에 있습니다. 보편성 때문에 교회가 그런 형식을 취했다고 생각해야 합니다. 그렇지 않고 그냥 교회가 여기에도 있고 저기에도 있어서 서로 협력해서 일을 하자는 편의상의 혹은 발전을 위한 사람들의 정책으로서 그런 일을 하는 것이 아닙니다. 발전을 위한 정책을 실행한다는 것은 로터리 클럽이든지 라이온스 클럽이나 그렇게 하는 것이고, 교회는 보편의 교회의 실재성 때문에 구체적으로 역사의 흐름 위에 이러한 형태로 구현되어 나가는 것입니다. 그런 까닭에 교우들과의 관계는 로터리 클럽 회원들이 서로서로 친목하는 것이나 세계 대회로 모여서 친목하는 그러한 종류와는 전혀 다른 것입니다.

그리고 보편의 교회 안에서 교회의 보편성을 역사 위에 실현하거나 구현하거나 적어도 그것을 증현(證現)해 나가는, 즉 증거하기 위해서 나타내 나가는 어떤 사실은 그것 자체가 보편성이라는 성격의 총화(總和)나 가장 심오한 것을 다 드러내느냐 하면 그런 것은 아닙니다. 원래 현상이라는 것이 실재를 다 드러내는 것이 아닙니다. 그러나 그러한 사실은 그 실재가 실재다운 점을 사람이 볼 수 있고 감각할 수 있도록 사람의 기관의 기능에 호소하기 위해서 존재하는 것입니다. 그러니까 보편성을 빈틈

없이 증명한다기보다는 보편성을 가장 힘 있게 나타낸다고 말하는 것이 옳을 것입니다. 즉 보편성을 귀납적으로 증명해 낸다는 의미보다는 보편성이 있는 까닭에 그것이 이런 형태로 드러나는 것입니다. 그런 것으로 다 증명하려 한다면 '그것은 보편성이 아닐 수도 있다' 하고 반박받을 수도 있습니다. '여기에도 있고 저기에도 있으니까 보편적이다' 하면 참된 의미의 보편성(catholicity)이라고 할 수 없습니다. 혹시 그것이 유니버셜리티(universality)는 될는지 몰라도 엄격하게 말하면 그것을 가리켜 보편성(catholicity)이라고 주장할 수는 없는 것입니다. 그러나 보편성은 이미 있는 것이고, 있으니까 이렇게 나오는 것입니다. 그것이 교회의 생명의 구체적인 현현입니다. 그러나 우리는 항상 시공(時空)을 등에 지고 사는 사람인 까닭에 사람의 세계에서는 그 이상 더 좋은 방법이 없습니다. 그러니까 형제가 서로 만나서 교통을 할 때는 단순히 클럽의 친목과 같은 교통이 아니고 보편성의 구현을 위한 필연적인 교통이 되어야 합니다. 그렇게 대해야 하고 그렇게 인식해야 하고 그렇게 생활 감정을 품고 있어야 이것이 정당한 교회 의식을 가진 교인의 태도인 것입니다.

계시의 말씀 안에서 가지는 교회의 교통과 보편성

사도행전 13장에는 바울 선생이 수립한 여러 교회의 이야기가 나옵니다. 실루기아는 해항(海港)으로서 수리아 안디옥에서 얼마 되지 않습니다. 수리아 안디옥에서 쭉 가면 지중해 바닷가가 나오는 실루기아가 있습니다. 거기서 배를 타고서 구브로 섬의 살라미로 갔다가 살라미에서 섬의 저쪽에 있는 바보로 갔습니다. 그러니까 살라미와 바보는 한 섬 안에 있는 도시입니다. 이렇게 구브로에 가서 전도했고 여기를 보면 총독인 서기오 바울이라는 사람이 듣고서 믿었다고 했으니까 아마 많은 사람들이 믿어서 거기에 교회가 섰을 것입니다. 그리고 바나바는 그곳이 자기의 고향인 까닭에 나중에 거기에서 일했습니다. 이다음에 두 번째 여행을 하려고 할 때 바울 선생과 다툰 뒤에, 1차 여행의 중간에 밤빌리아의 버가에서 돌아가 버린 마가를 데리고 자기 고향 구브로에 와서 거기의 감독이 되어서 교회를 돌보았다고 합니다. 그 후의 역사를 들어 보면 그렇게 이야기합니다. 그다음에는 다시 밤빌리아 버가, 그다음에는 비시디아 안디옥, 그 후에는 이고니온과 루스드라로 갔는데, 루스드라에서 그 유명한 제자 디모데도 만나고 했습니다. 그곳은 루가오니아 지방입니다.

 이 사도행전에 나타난 대로 바울 선생이 여행지에서 교회를 세운 후에 그 교회에 대한 그의 관심을 보든지, 전부는 아닐지라도 일부 교회에서 목회를 하거나 전체 교회를 지도해 나가는 전체 상태를 볼 때, 바울 선생은 여기에도 있고 저기에도 있는 교회에 대한 심정을 자신의 마음 가운데 가지기를, 교회의 보편성이라는 속성이 나타날 것을 기대하고 바람으로써 그들이 연결될 것을 생각하고 있었지, 여기에 클럽을 세우고 저기에 클럽을 세운다든지 마치 회사가 여기에 지점을 내고 저기에도 지점을 내서 그것을 위에서 통할해서 각각 성업(盛業)하게 한다는 생각을 절대로 하지 않았습니다. 그런 식으로 교회를 경영하지 못하는 것입니다.

 우리 교회도 지금 조그마하지만 벌써 여기저기 몇 군데에 같이 가는 교회가 있습니다. 그 교회들과 가령 법적으로 어떻게 연결이 되었든지 안 되었든지 하는 것은 중요한 문제가 아닙니다. 현실적으로 우리는 교회의 보편성이라는 성격 위에서 서로를 대하고 나가야 할 것입니다. 가령 제가 얼마 있지 않아서 저기도 가고 거기도 가고 또 다시 여기도 오고 할 때에 간절히 바라는 것은, 바울 선생이 이미 세워져 있던 다른 교회들에게 바랐던 것과 같이, 그것으로 교회의 기본적인 성격이 드러나기를 바라는 것이지, 서로 연합해서 같이 통호(通好)하고 교류하고 무슨 일을 같이 한다는 것이 제일 중요한 문제가 아닌 것입니다.

그러면 바울 선생이 교회의 보편성이 구체적으로 드러나기를 바랐다고 할 때 보편성이라는 사실은 어떤 점에 있겠는가 하면 필연적으로 교회가 그리스도와의 일체라는 일체성에서 보편성을 찾는 것입니다. 일체인 까닭에 보편성을 갖습니다. 다른 말로 하면 예수 그리스도를 머리로 삼고 한 몸이 되었다는 이 상징적인 표현에 의해서 우리가 생각할 수 있는 그 사실 때문에 '아, 거기와 비교한다면 우리가 한 몸에 있는 여러 지체(肢體)이다' 하는 생각을 갖는 것입니다. 많은 경우에 우리가 모든 교회에 대해서 다 그렇게까지 생각할 능력이 없고 그렇게 생각하기에 여러 가지 곤란하고 복잡스러운 것이 있습니다. 그러나 선례가 되는 사례(test case)로서 적어도 우리들이 스스로 확호(確乎)하게 서로 통호하고 있는 교회들에 대해 분명하게 가져야 할 사상이 무엇인가 할 때 그리스도와의 일체라는 사상입니다. 그렇게 일체라는 점에서 우리가 그 지체를 나누고 있는 것이고 그런 점에서 보편성이 있는 것입니다. 즉 불구가 안 되려면 손이 있을 곳에 손이 있어야 합니다. 그렇지 않고 한쪽은 없어진다든지 하면 그것은 일이 아닙니다. 그런고로 그리스도의 몸을 온전케 하기 위해서는 필연적으로 보편성이 있어야 하는 것입니다. 쉬운 말로 하면 그렇게 하기 위해서 하나님께서 교회를 구성하는 요소 혹은 재료(matter)라고 할 만한 것을 생각하고 정하신 것입니다. 그러니까 하나님께서 정하신 대로 교회가 아프리카에서도 보편화하고 아메리카에서도 나오고 아시아에서도 나오고 다 나오는 것입니다. 그렇게 해서 거룩한 몸을 이루어 나갑니다. 그것이 실재의 교회의 현실입니다.

이 거룩한 몸을 이루어 나가고 그것을 구현하는 역사적인 사실은 볼 수 있는 교회들이 민족과 방언을 초월하여 여기저기에 존재하면서 서로 연결해 있는 사실입니다. 그런데 역사 위에 나타난 현상은 반드시 실재 그대로의 청사진은 아닙니다. 왜냐하면 실재의 교회란 볼 수가 없기 때문에 그것을 볼 수 있는 어떤 현상으로써 다 나타내지 못하기 때문입니다. 바울 선생이 계시고 우리도 그 안에 있는 실재의 교회의 현상을 도대체 무엇으로 나타내겠습니까? 그와 우리는 시간적으로 굉장히 격(隔)해 있지 않습니까? 하지만 그리스도께서 "두세 사람이 내 이름으로 모인 곳에는 나도 그들 중에 있느니라"(마 18:20) 하고 말씀하신 그 임재(presence)를 우리가 배웠습니다. 그것이 어떤 의미에서 같이 계신다는 말씀인가 하는 것을 배웠습니다.[4] 그 임재라는 현실에서 우리가 방불하게 생각할 수 있는 것입니다. 보편의 교회에서 이미 하늘에 있고 땅에 있는 사람들 간에 만일 긴밀한 교통이 있기로 한다면 그것이 무엇이겠습니까? 바울 선생과 우리가 어떤 교통을 가질 수 있습니까? 예술가와 같이 환상 속에서 바울 선생을 부르고 바울 선생이 하는 말을 내가 상상하고 그래야 하겠습니까? 그런 것이 아니고 하나님의 말씀 안에서 교통을 가지는 것입니다.

물론 성신께서 역사하셔서 바울 선생에게 주신 그 계시 자체가 발전해서 2천 년 후 오늘날의 우리에게 임하는 것은 아닙니다. 완성된 계시의 시대가 지난 이후에는 계시 자체가 다시 발전하고 추가되어서 마치 나무가 더 자라듯이 자라는 것이 아니기 때문입니다. 그러나 계시가 품고 있는 위대하고 심오한 의의는 역사의 진전과 더불어 발전해 나가야 하는 것입니다. 그래서 지금은 1세기나 5세기나 10세기에 생각했던 것보다 계시의 의미의 더 심오한 데를 생각하고 볼 수 있어야 합니다. 물론 그렇게 함으로써 우리가 터득하는 것은 하나님께서 바울 선생에게 이미 종자(種子)의 형태로 주신 것입니다. 이미 주신 내용을 우리는 해석하는 것입니다. 그러나 그렇게 이미 계시 안에 존재하고 있는 사실일지라도 그가 그렇게 퍼뜨려 놓은 것을 우리는 좀 더 충만한 현실로서 받아들이고 있는

---

[4] 참조. 김홍전, 『예수께서 광야에서 받으신 시험 II』, 제21강 133-134쪽 (성약출판사, 2004년) 등.

것입니다. 그래서 그때 이미 그것을 포함해서 가지고 있었을지라도 1세기에 알지 못하고 2세기에 알지 못했던 것을 오늘날에 와서는 아는 것입니다. 그러나 그 전체를 통해서 바울 선생에게 주신 그 정신을 오늘날 우리도 그대로 잘 이해하고 터득해 나가는 것입니다. 그리고 그 정신을 터득하는 것은 동일한 하나님의 성신이 그에게 역사하셨던 바를 그대로 또한 우리에게 옮기셔서 역사하심으로써 터득하는 것인데, 그 계시에서 흘러나오는 정신은 동일하게 위대한 정신입니다. 따라서 바울 개인의 인간적인 사상을 계승해서 생각해 나가는 것이 아니고, 그에게 주셨던 계시의 사실이 우리에게는 더 깊은 의미로 들어오는 것입니다.

그런고로 교통의 매개는 계시입니다. 말씀에 의한 계시가 교통의 매개입니다. 이렇게 함으로써 비로소 그와 우리가 가장 가까운 거리에서 살 수 있는 것입니다. 우리처럼 그렇게 신비하게는 안 될지라도, 이 세상 사람들도 어떤 사람과 깊이 교통할 수 있다고 당당히 말합니다. 예를 들면 위대한 사상가에 대해 후세의 후배나 제자들이 사숙(私淑)하는 것이 그런 경우입니다. 직접적인 제자는 못되더라도 손자의 손자인 고손자뻘이 되는 제자가 있습니다. 그이가 살았을 때는 일절 만나 보지 못했을지라도 그이가 간 후에 몇 세기가 지나서라도 그의 사상을 두루 읽고 생각하고 그것을 과연 성현의 말씀으로 생각하고 그를 따라 나갈 때에는 어느 정도만큼 그의 정신을 체(體) 받는 것입니다. 그러나 그것은 말하자면 상당히 일방적인 것입니다.

예를 들어 공자(孔子)가 여러 가지 말을 해 놓은 것을 후대에 자꾸자꾸 읽어 갈 때에 주로 주자(朱子)가 해석해 놓은 것이나 정주학(程朱學)을 중심 삼아서 우리 한국에 유학이 발달했습니다. 그렇게 발달한 유학을 열심히 읽고 그 성현의 말씀이 옳다고 다 한 것입니다. 그래서 『논어』(論語)나 『대학』(大學)이나 『중용』(中庸) 등을 읽을 때에 '자왈' (子曰) 하면 그 이야기가 퍽 사실적으로(realistically)으로 들립니다. 말하자면 사실주의적인 리얼리즘(realism)의 문학적인 묘사답게 공자의 상(像)이 탁 나타나는 것 같고, 공자의 정신이 어떠한 위치에서 어떻게 말하는가를 알게 됩니다. 우리가 호연지기(浩然之氣)라는 말을 생각할 때 어떻게 공자가 앉아서 시서예악(詩書禮樂)을 즐겼는가 하는 것을 상상할 수 있을 만큼 그의 글을 자꾸 읽어 보면 어떤 상이 나타나는 것입니다. 아주 굉장히 훌륭한 묘사입니다. 자세히 묘사하지 않고 그냥 써 나간 서술인데 서술해 나가는 데에서 그런 것을 발견할 수 있는 것입니다. 작품으로서 그 스타일을 볼 때에는 일종의 리얼리즘의 스타일을 취하고 있는 것으로 보이는데, 글을 쭉 볼 때 대강 그런 것을 느끼는 것입니다. 그러나 그것은 이미 그려져 있는 그의 상태에 대한 나의 추상입니다. 그런 식으로 우리는 그이에게 사숙할 수가 있는 것이고 그의 가르침과 사상을 받아 나갈 수 있는 것입니다.

요즘 자유주의 신학자라고 하는 사람들의 신학적인 태도를 보면 그들에게는 신학하는 태도보다는 철학하는 태도가 강하게 있습니다. 그 말이 무엇인가 할 때 우리가 공자라든지 소크라테스라든지 그렇지 않으면 그들보다 오래되지 않은 칸트 같은 사람을 읽고 공부하노라면 그만한 사람들이 가지고 있는 정신에 깊이깊이 들어가서 여러 가지를 생각하게 되고, 앞에서 말씀드린 대로 그 사람들의 얼굴 모양이나 몸이 앉아 있는 것이나 쭉 바라보면서 가르치는 모양까지도 상상할 수 있게 됩니다. 그 풍모가 마치 내 눈앞에 선연히 나타나는 것 같은 그런 생각을 할 수가 있습니다. 그렇게 나아가서 그 정신을 접해서 그것을 받아들인다는 것이 이 세상에 있는 위대한 사상가나 위대한 종교 지도자에 대한 후생(後生)들의 심정이고 태도인 것입니다.

그런데 자유주의 신학자는 어떤가 하면 예수님에 대해서나 바울에 대해서 그러한 식의 해석을 하는 것입니다. 그러한 식의 해석을 하면 예수님이 반드시 신이셔야 할 이유가 없습니다. 신이 아니시더라도 위대한 사상가요 위대한 교사이기만 하면 족한 것입니다. 그 인격이 반드시 단순히 사람의 인격이 아니고 완전히 신성(deity)을 가지셨다고 꼭 주장하지 않더라도 상관없습니다. 그가 동정녀에게서 태어나지 않고 그냥 마리아에게서 난 요셉의 아들이라고 하더라도 그것은 큰 문제가 될 것이 없는 것입니다. 거기에서 중요한 것은 그의 사상이나 주장을 내가 어떻게 이해하고 받아들이며 거기에 의해서 어떻게 오늘날 내가 그를 추종하는 사람이 되느냐 하는 문제입니다. 이러한 태도는 앞에서 말한 바 보편의 교회가 가지고 있는 근본적인 코이노니아(κοινωνία) 혹은 교통을 그러한 정도, 즉 사상적인 사숙이라는 데에 두는 것입니다. 그러나 교회의 교통은 사숙하는 데서 끝나는 것이 아닙니다. 아무리 내가 깊이 사숙한다고 하더라도 그런 일방적인 것으로는 코이노니아가 되지 않는 것입니다.

그럼 바울 선생에 대해서도 우리가 그만한 정도로 교통하는 것입니까? 요새는 마치 무슨 학문이나 하는 식으로 '바울의 사상'이라는 말을 잘 씁니다. 인간으로는 바울의 사상이라는 말이 전연 틀린 말은 아니지만, 요컨대 바울의 사상으로 끝내고 말 때는 문제가 생깁니다. 바울의 사상은 바울의 사상으로 끝나지 않고 하나님의 성신이 그에게 주신 거룩한 계시요 그 계시에 대한 자기의 해석이요 인식이요 생활인 것입니다. 그런 까닭에 그에게 있는 종자와 같은 생명체는 단순히 그 자신의 사색과 추리에 의해서 일어나고 축적한 사상에 불과한 것이 아니고 그 속에 샘솟듯 서 있는 계시인 것입니다. 그 점이 우리와는 또 다릅니다. 바울 선생은 친히 계시를 받은 사람입니다. 그래서 그것은 성경으로, 계시의 원천으로 오늘날 우리에게 지금도 역사하는 것입니다. 그런데 그가 받았던 계시와 그 계시에 대한 이해와 그 해석에 의한 그의 생활과 생활 감정을 우리도 같이 나누어 가질 수 있습니다. 말씀에 의해서 우리가 그것을 나누어 가질 때는 살아 계신 하나님의 신, 곧 바울 선생에게 역사하셨던 그 신이 마치 어제 바울 선생에게 역사하시고 오늘 나에게 역사하시듯이 우리에게 역사하시는 것입니다. 이렇게 해서 계시는 사상의 전승이나 전수에 불과한 것이 아니고, 하나님의 그 신의 신비하고 거룩한 역사에 의해서 그 계시 자체를 각성하는 깨달음 가운데서 올라가 거룩한 하나님과 교통하는 차원으로 들어가는 것입니다. 각성(覺醒)이라는 말은 깊은 깨달음을 말합니다. 우리는 바울이 교통했던 우리 주님과 교통하면서 그분의 임재(presence)라는 사실을 더욱 느끼는 것입니다. 그 임재라는 사실은 특별히 "내가 세상 끝 날까지 너희와 항상 함께 있으리라"(마 28:20) 하신 말씀과 "두세 사람이 내 이름으로 모인 곳에는 나도 그들 중에 있느니라"(마 18:20) 하신 말씀에서 알 수 있습니다. 이것은 교회의 보편성이 무엇을 주축으로 하고 이루어지는가를 보이는 말씀입니다. 예수 그리스도의 임재라는 사실에서 그와 더불어 내가 교통하고 형제와 더불어 교통하되, 그의 신의 역사로써 교통해 나가는 것이고, 그것은 반드시 형제가 내 곁에 있지 않을지라도 계시의 분담이라는 점에서 교통을 할 수 있는 것입니다. 그것이 중요한 것입니다.

가령 우리 영도교회 교인들이 지금 로스앤젤레스에 살고 있지만, 늘 만나서 이야기하는 사람에 못지않게 그들과 서로 교통할 수가 있었습니다. 만나서 이야기하는 사람에 못지않게 그들과 교통할 수 있었던 것은 그들의 사상의 장성을 알고 있기 때문입니다. 물론 서로 교통할 때는 어떤 방식을 취해야 합니다. 통신이라는 방식이나 녹음테이프를 서로 교환한다는 그런 방식을 다 취해야 하지만, 계속적으로 오는 편지와 계속적으로 이쪽에서 보내는 편지 가운데에서 무엇을 생각하고 어떻게 생각하고 이 일을 어떻게 해석하고 있고 어떠한 생활 태도를 취하고 있다는 것을 낱낱

이 기록해서 보내는 까닭에 생생하게 알 수 있는 것입니다. 그런 점에서 장소의 장애라는 것을 어떤 정도만큼 우리가 극복할 수 있었던 것입니다. '어떻게 그런 것을 그렇게 알 수 있느냐?' 할 때 단순히 편지의 사연에 의한 추리나 상상에 의해서만 아는 것이 아니고 신뢰하는 것이 있습니다. '이렇게 하면 그들은 이렇게 할 것이다', '그들은 이렇게 하지 않을 것이다' 하고 신뢰할 수 있는 것이 있습니다. 그 신뢰의 심정은 하나님의 성신이 그들을 지배하시고 우리를 지배하시는 까닭에 가지는 것입니다. 그렇지 않으면 덮어놓고 공허한 것을 믿게 되는 것입니다. 3년 이상 지날 때 조금도 변동이 없으리라는 것을 처음부터 신뢰했지만, 오늘날도 여전히 '앞으로 이대로 10년을 가더라도 변동은 없다. 조금이라도 후퇴하지 않는다. 그 마음이 다른 데로 방황하고 다른 데로 가는 일이 없다' 하는 것을 신뢰할 수가 있는 것입니다. 이런 우리의 마음은 그렇게 쉽게 단순히 일어나게 되는 마음이 아닙니다. 이런 교회의 보편성이 가지고 있는 하나님의 성신의 역사로 말미암은 교통이 참으로 중요한 것입니다.

바울 선생은 여러 군데에 교회를 세웠는데, 그 시대에는 오늘날과 같이 교통이나 통신이 쉽지 않았고 편지도 그렇게 자유로운 것이 아니고 사람이 가면 그 인편에 늘 부쳐야 했던 시대입니다. 그러면서도 그들은 오늘날 이렇게 교통이 빈번하고 접촉하기가 쉽고 미국이고 캐나다고 전화를 하면 금방 다 통하는 편리한 문명의 이기(利器)를 사용하는 시대보다도 더 긴밀하게 교통들을 하고 살았던 사실을 생각할 때, 그들의 교통이라는 것은 얼마나 위대한 교회의 보편성의 구체적인 열매가 되며, 혹은 실재의 교회의 보편성이라는 속성의 구체적인 현현이 되겠는가를 느끼는 것입니다. 앞으로 1차, 2차, 3차의 여행 기록을 여러분께서 돌아가셔서든지 우리 교회가 모여서 읽어 갈 때에 항상 관심을 그런 점에 집중하시고 생각을 모으시기 바랍니다. 어떤 식으로 교회의 보편성, 즉 실재의 교회의 보편성을 구체적으로 드러내게 하시는가 하는 문제를 잘 생각하시라는 것입니다.

교회의 보편성을 드러낸 안디옥 교회

또 하나 생각하셔야 할 문제로서 안디옥 교회가 가지고 있는 그 보편성이 어느 정도만큼의 사실을 낳았던가 하는 것을 여기에 구체적으로 기록했습니다. 안디옥 교회에 선지자들과 교사들이 있었다고 했습니다. 그러고서는 그 사람들의 이름을 적었는데, 맨 앞에 나온 바나바는 구브로 사람입니다. 그다음이 니게르라 하는 시므온인데, 니게르(Niger)라는 말뜻을 보면 그가 흑인이거나 얼굴이 검어서 그랬는지 좌우간 얼굴이 시커먼 아프리카 사람인 듯합니다. 니그로(Negro)라는 오늘날의 말도 나중에 전해져 왔습니다. 그리고 또 아프리카 사람이라고 밝힌 사람도 있습니다. 그다음에 나오는 구레네 사람 루기오가 아프리카 사람입니다. 그다음에 나오는 마나엔은 분봉왕 헤롯의 젖동생이니까 아마 갈릴리에 있었을 것입니다. 이 헤롯은 헤롯 안티파스를 말합니다. 그러니까 안티파스의 영지였던 갈릴리에 있었는지도 모릅니다. 좌우간 헤롯의 젖동생이라고 했으니까 그 유모의 아들입니다. 그러니까 여기에 여러 군데 사는 여러 사람들이 모여 있습니다. 이미 여러분이 다 아시는 것처럼 안디옥 교회는 처음으로 이방인들이 들어온 교회입니다. 그래서 안디옥 교회는 그때 신약의 교회로서는 처음으로 교회의 보편성의 구체적인 역사적 현실을 명확하게 지어 놓은 교회입니다. 그 이전에는 대개 교회가 멀리 해외에 퍼져 있던 유대 사람으로만 구성되어 있었지만, 이때는 이렇게 된 것입니다. 여기의 니게르라 하는 시므온도 분명히 유대 사람인지 혹은 니그로라고 해서 아프리카 본토에 있던 사람인지 우리가 잘 알 수 없습니다. 시므온 혹은 시몬이라는 이름을 보면 유대 사람인 것도 같고, 니게르라고 이름을 불렀으면 아프리카 시므온, 아프리카 본토인 시므온이라는 말이니까 그러면 아마 아프리카 사람인지도 모릅니다. 즉 셈 족(Semitic)이 아니라 함 족(Hamitic)이라는 말입니다. 구레네 사람 루기오는 명확하게 구레네 사람이라고 밝혔는데, 유대 사람도 구레네에 살면 구레네 사람이라고 부를 것입니다. 그러니까 이 사람들이 다 꼭 유대 사람들인지 아닌지 우리가 잘 알 수가 없습니다. 유대인이 아닌 사람들도 여기에 들어와 있었을 것입니다. 어찌 되었든지 안디옥 교회는 이방인도 들어와서 같이 조성된 교회라면 그들은 다른 교회보다도 훨씬 교회의 보편성이라는 성격의 구체적인 열매를 가진 교회입니다.

성신의 지시를 받는 고도적인 위치에 있었던 안디옥 교회

그들이 "주를 섬겨 금식할 때에 성신이 가라사대"(13:2상)라고 했습니다. 어떠한 형식으로 이 사람들이 '사울과 바나바를 따로 세워 놓으라' 하는 지시를 받았겠습니까? 그 지시는 대단히 구체적인 지시입니다. '누구를 따로 떼어 놓아라' 하고 말씀하셨습니다. 오늘날 '저 아무개를 따로 세워라' 하고 이러한 스타일의 지시를 받을 수 있는 교회가 몇 개나 되겠습니까? "성신이 가라사대 내가 불러 시키는 일을 위하여 바나바와 사울을 따로 세우라 하시니 이에 금식하며 기도하고 두 사람에게 안수하여 보내니라"(13:2하-3) 했습니다. 어떠한 형식으로 그 두 사람이 따로 세움을 입었겠습니까? 분명히 성신이 말씀하셨다고 했습니다. 금식하고 기도할 때 성신이 말씀하셨다고 했습니다. 그러면 여기에 선지자들이 있었다고 했으니까 직접 말씀이 임한 형식으로 왔겠습니까? 그것도 가능한 일입니다. 그렇지 않으면 그처럼 분명한 사실을 승인하지 않을 수 없는 현실로 나타났겠습니까? 즉 이 경우는 사실과 환경에 의한, 어떤 특수한 사실의 전개에 의한 지시입니다.

오늘날에는 직접 말씀하시는 경우를 기대할 것이 아닙니다. 오늘날에 와서는, 더욱이 친히 지시하실 때에는 말씀의 계시(word revelation)라는 형식보다는 행위 계시(act revelation)라는 형식이 훨씬 더 많이 나옵니다. 그 까닭은 물론 우리가 역사에서 고증해 보더라도 계시 시대에 계시가 완성된 후에는 교회의 행동과 또 여러 가지 해야 할 일을 지시하실 때에, 하나님께서 별달리 성신님으로 계시하시는 형식, 즉 말씀으로 계시하시는 형식을 취하시기보다는 그 계시를 해석하는 형식을 취하도록 하셨기 때문입니다. 그래야만 주신 바 완성된 계시의 의미가 또 충만히 나타나는 것입니다. 그럴 때 계시를 해석하는 형식이라는 것은 요컨대 행위 계시에 가까운 형식입니다. 그러나 그것은 계시라기보다는 계시에 대한 해석입니다. 그것은 과거의 구약 시대, 즉 계시가 완성된 시기까지 내려오던 행위 계시라는 의미가 아닙니다. 가령 과거에도 하나님의 한 행위로서 계시가 임하려고 할 때에는 어떤 경우에는 사전에 하나님의 말씀의 계시로서 예고가 있고, 계시의 행동이 있은 이후에는 거기에 대한 해석의 말씀도 나오고 그렇게 해서 우리가 알 수 있는 것입니다. 그런데 이 경우는 그보다는 완전히 해석이라는 형태로써 어떤 행동이 전개됨으로 인하여 '아, 이것은 분명히 그 사실이다' 하는 것을 인지하지 않을 수 없게 되는 것입니다.

그러나 그것은 유치한 교회가 하는 것이 아닙니다. 사람도 유치한 사람은 그렇게 하지 못하는 것과 마찬가지입니다. 신앙이 옅어서 항상 저회(低廻)하고 있는 사람에게 그런 지시가 오는 것이 아니고, 고도의 신앙을 가진 사람에게 오는 것입니다. 적어도 하나님께서 지시하시는 일에 대해서 자기가 깨닫고 알뿐더러 그 일로 가겠다는 확실한 각오를 가지고 있고 또 하나님 앞에 간절히 그것을 기대하고 있고 또 부르시는 일에 쓰일 만한 준비가 있는 사람이라야 하는 것입니다. 아무 준비도 없는 사람에게는 특별히 일을 맡길 만한 계시를 할 수가 없습니다. 가령 그 사람이 일을 맡기시는 소이(所以)를 알아듣는다고 하더라도 일할 기능이 없어서는 안 되는 것입니다. 은사만 가지고 되는 것이 아니라 은사가 훈련되어 있어야 합니다. 그런고로 부르심을 받으려면 은사가 있어야 하고, 그 은사를 하나님께서 훈련하신 생활의 확실한 경험이 있어야 하고, 훈련된 은사의 기능이 그에게 있어야 합니다. 그다음에 하나님이 '너, 나가서 이것을 해라' 하시면 '예, 하겠습니다' 할 수 있어야 합니다. 할 줄 모르면 하라고 하시는 말씀을 알아들었다고 하더라도 할 수 없는 것입니다. 어린아이와 같아서는 못합니다. 이런 의미에서 어린아이와 같이 약비(略備)하고 유약해서 무엇을 할 수 없을 때에는 이런 것을 못 받는 것입니다. 안디옥 교회가 어린아이와 같이 유약하고, 모여서 '예수 믿고 천당 간다'는 식으로만 떠들고, 기업체 같은 교회만 했으면, 절대로 이런 계시가 그 교회에 임할 길이 없는 것입니다.

우리 교회가 '하나님의 은혜로써 사명을 행하겠다' 할 때 '만일 사명으로 부르시면 할 능력이 있느냐?' 하고 하나님이 따지시면 '예, 있습니다' 하겠습니까, '아직 그것이 의문스럽습니다' 하겠습니까? 의문스럽다면 안 됩니다. 하나님이 불러서 쓰실 수가 없는 것입니다. 하나님은 다 아시기 때문입니다. 다만 우리가 게으르든지 각성이 없어서 할 수 있는데도 그것을 잠재워 놓고 있으면 아마 책망하실 것입니다. 어떤 당위를 딱 보이시고 '이것을 해야 할 것인데 왜 못하느냐?' 하고 책망하시는 것입니다. 그럴 때 '아, 우리가 잘못했구나. 했어야 했는데 잘못했다' 하고 깨닫는 것도 하나님의 크신 은혜입니다. 그러나 그것은 하나님께서 우리를 부르셔서 '너, 이것을 해라' 하시는 것보다는 좋은 방식이 아닙니다. 흔히 우리에게 그렇게 많이 옵니다. 즉 모르고서 멍하니 있다가 할 당위를 보이시면 그때야 '아, 해야겠구나' 하는 것입니다. 뒤늦게라도 '왜 우리는 진즉 그렇게 생각하지 못하고 이렇게 어두운가' 하는 생각을 한다면 그런 생각이라도 있는 것이 대단히 좋은 것입니다. 그것도 없는 것이 큰 문제이기 때문입니다.

그러나 안디옥 교회는 그런 것이 아닙니다. '왜 이것을 해야 할 텐데 하지 않고 있느냐?' 하는 책망이라는 형식으로 오기보다는 적극적으로 '아, 사울과 바나바를 따로 세워라. 내가 저들을 써서 특별한 일을 해야겠다. 저들을 특별히 써야겠다' 하신 것입니다. 부러운 이야기입니다. 처음에 척 바라볼 때 '저 안디옥 교회는 부러운 교회이다' 하고 생각하지 않을 수 없습니다. 교회를 가만히 생각해 보면 '안디옥 교회가 얼마나 고도한 위치에 탁 섰기에 하나님께서 말씀하실 때에 곧 그것을 알아들을 뿐 아니라 곧 그렇게 행동하고 탁 기대하고 있다가 일을 시작했는가' 하고 생각하게 됩니다. 안디옥 교회가 얼마나 훌륭한 교회인가를 돌아가셔서 한번 생각해 보시기 바랍니다.

안수의 의미

안수해서 보냈다는 말에 대해서는 그전에 우리가 사도행전을 공부하면서 배웠습니다.[5] 요새 목사가 될 때 안수하는 그런 안수가 아니라고, 여기에는 그런 것이 없다고 했습니다. 위에 있는 권위자가 내려 주는 그런 안수가 아니라, 교회가 그에게 축복하는 의미로 안수한 것입니다. 그러니까 '임직의 안수'라는 그런 안수가 아니었습니다. 요즘 말하는 임직의 안수라는 것은 선배가 위에서 권위로 내리는 것으로서, 옛날 제사장들이 안수를 받아 대대로 내려오는 그 식입니다. 그러나 여기의 안수는 그런 것

---

[5] 참조. 김홍전, 『순결하고 능력 있는 교회』(사도행전 강해 2), 제16강; 『나는 네가 핍박하는 예수라』(사도행전 강해 3), 제8-9강; 『깨끗게 하신 것을 속되다 하지 말라』(사도행전 강해 4), 제7-8강, 성 약출판사, 2005-2006년.

이 아니고 교인들이 일어나서 그에게 축복의 안수를 해서 보낸 것입니다. 그러니까 '바울이 여기서 안수받았으니까 그를 사도라고 칭하는 것이다' 하고 생각할 아무 조건도 여기에는 없는 것입니다. 이 안수가 바울 선생의 자격에 가한 것은 아무것도 없습니다. '안디옥 교인들이 안수해 주었으니까 나는 사도이다' 한다면 '세상에 그렇게 사도가 되는 법이 어디 있느냐?' 할 것입니다. '안디옥 교인들이 와서 안수했으니까 나는 목사이다' 한다 해도 '그런 것은 없다' 할 것입니다. 안수례(按手禮)의 의미는 그런 것이 아니기 때문입니다. 그런고로 안수례라는 것은 예(禮)라기보다는 오히려 안수라는 축복의 형식입니다. 그리고 사울은 선생이었고 교인들은 그의 제자들이었습니다. 사울도 한 선생이었습니다. 제자들이 선생을 안수한다면 그것이 어떤 위치로 올리는 안수입니까? 안수하는 사람의 그 위치로 임직하는 것입니까? 감독의 위치로 임직하는 것입니까?

그러니까 여기에 나오는 이런 식의 안수라는 것은 흔히 있는 일입니다. 우리 사회에서도 가령 병을 고칠 때 안수 기도 한다고 모두들 그렇게 하면서 안수하는 하나의 형식을 취합니다. 그것으로 어떤 자리에 임직하는 것이 아닙니다. '나같이 건강하라'는 그런 의미도 아니고, '하나님께서 그에게 복을 내려 주시고 은혜 베푸시기를 바랍니다' 하는 것을 상징하는 것일 뿐입니다. 꼭 그렇게 해야만 하는 것은 아닙니다. 안수 기도를 안 해도 상관이 없는 것인데, 안수하다 못해서 안찰(按擦)한다고 그냥 문질러 가면서 기도하는 별사람들도 다 있지만, 그런 것은 아무 이야기도 아닙니다. '내 건강을 그리로 전해 줍소서' 하는 것도 아니고, 또 '내가 가지고 있던 명예나 지위를 상징적으로 그에게 전수합니다' 하는 것도 아니고, 단순히 '하나님께서 그를 회복시켜 줍소서' 하고 그런 하나님의 거룩한 은혜가 그에게 따뜻하게 임하기를 바란다는 뜻에서 안수하는 것입니다. 사람들은 항상 시각적이고 촉각적인 확실한 대상을 요구하는 자연적인 심리가 있으니까 그런 병약자의 심리에 대해서 '여기 너에게 하나님의 은혜가 임하지 않느냐' 하는 상징입니다. 안수는 그런 상징 이상의 의미를 가지지 않습니다. 그것이 신통력을 발휘할 것은 아무것도 없는 것입니다. 안수하는 것을 나쁘다고 할 것은 없으나 구태여 꼭 안수해야만 하는 것도 아닙니다. 안수라는 것, 손을 거기에 댄다는 것이 그런 의미를 가지고 있습니다. 여기서도 그런 의미입니다.

바울 선생이 사도라고 하고 목사로서 자처한 것은 형식을 보면 완전히 혼자 자처한 것입니다. 아무도 만들어 준 것이 아니고 그냥 세상 사람의 형식으로 보면 '자기 혼자 제가 사도라고 한다. 저 혼자 제가 목사라고 한다' 할 것입니다. 그러나 '내가 사도가 아니냐? 다른 사람에게는 아닐지라도 너희에게는 사도가 아니냐?'(참조. 고전 9:1-2) 하고 따지기까지 했습니다. 그러나 그가 사도인 것을 아무도 증명하지 않았느냐 하면 성신님께서 웅변으로 크게 능력 있게 증명해 주셨습니다. 사도로서 행한 그의 행보에 사도의 모든 권위가 나타나도록 해 주셨지, '너, 이 가짜 사도, 네 마음대로 자칭한 사도, 이것은 외식(外飾)하는 자다' 하고 하나님이 손을 딱 거두어 버리시고서는 '네 꼬락서니로 어디 사도 노릇 하는가 보자' 하셨습니까? 말하자면 하나님께서 뒤에서 신임장(信任狀)을 주신 것입니다. 그 신임장으로서 권위가 그에게 있었습니다. 말에 권위가 있는 것이 여기에 나타납니다. 당장에 엘루마의 일에서 벌써 나타나기 시작합니다. 그러한 것을 여기서 우리가 봅니다. 그다음에 집에 가셔서 잘 읽어 보시기 바랍니다. 오늘의 제일 중요한 문제는 보편의 교회의 보편성이라는 속성이 어떻게 구현되어 나타나며 그것은 어떤 점에 가장 중요한 의미가 있는가 하는 것과 안디옥 교회가 가지고 있는 고도적인 위치입니다.

기도

  거룩하신 우리 주님, 안디옥 교회를 주께서 그렇게 귀하게 쓰셨듯이 저희 교회도 주의 부르심을 받고 주께서 시키시는 일을 곧 깨닫고 알아들을 뿐더러 행할 수 있는 능력과 기능이 있기를 참으로 간절히 원하고 안디옥 교회를 부럽게 생각하옵나이다. 동시에 저희에게 이미 은혜를 주셔서 거룩한 형제들이 여기저기 이 나라 저 나라에 나뉘어 있지만, 보편의 교회로서의 확실한 자태를 이제부터 올바로 더 드러내야 할 신성한 의무를 느끼고 있사옵나이다. 실지로 아버님께서는 그와 같이 인도하시는 것을 저희가 보나이다. 보편의 교회로서 말씀을 같이 나누고 같은 신령한 도리 가운데 서야겠다고 하는 이 큰 사실을 저희들에게 주께서 이미 어떤 구체적인 현실로 생생하게 느끼게 하시고 계시오니, 이런 점에서 주님의 뜻이 여기에 있는 것을 올바로 깨달아 알게 하시고, 그러므로 보편의 교회로서 저희들이 가져야 할 중요한 태도와 의무가 무엇인가를 더 깊이 깨달아 알게 하시옵소서. 형제와의 교통을 깊게 하고 임재하신 그리스도와의 교통이라는 점에서 그 말씀을 깨달을뿐더러 성신님이 그 말씀을 쓰시사 저희들에게 공동으로 또한 보편적으로 내리신 그 거룩한 은혜 가운데 어떠한 상태하에서든지 늘 함께 있어서 뒤로 물러가지 아니하고 늘 향상하고 전진하도록 은혜로 인도하시옵소서. 주께서 붙드시고 잠시라도 쉼 없이 전진하는 이 확실한 태세를 늘 가지고 전진케 하옵소서.

  예수 이름으로 기도하옵나이다. 아멘.

1974년 10월 23일 수요일

제3강

구브로에서 복음의 능력을 나타냄 (1)

사도행전 13:4-12

⁴두 사람이 성신의 보내심을 받아 실루기아에 내려가 거기서 배 타고 구브로에 가서 ⁵살라미에 이르러 하나님의 말씀을 유대인의 여러 회당에서 전할새 요한을 수종자로 두었더라. ⁶온 섬 가운데로 지나서 바보에 이르러 바예수라 하는 유대인 거짓 선지자 박수를 만나니 ⁷그가 총독 서기오 바울과 함께 있으니 서기오 바울은 지혜 있는 사람이라. 바나바와 사울을 불러 하나님 말씀을 듣고자 하더라. ⁸이 박수 엘루마는 (이 이름을 번역하면 박수라) 저희를 대적하여 총독으로 믿지 못하게 힘쓰니 ⁹바울이라고 하는 사울이 성신이 충만하여 그를 주목하고 ¹⁰가로되 모든 궤계(詭計)와 악행이 가득한 자요 마귀의 자식이요 모든 의의 원수여, 주의 바른길을 굽게 하기를 그치지 아니하겠느냐. ¹¹보라, 이제 주의 손이 네 위에 있으니 네가 소경이 되어 얼마 동안 해를 보지 못하리라 하니 즉시 안개와 어두움이 그를 덮어 인도할 사람을 두루 구하는지라. ¹²이에 총독이 그렇게 된 것을 보고 믿으며 주의 가르치심을 기이히 여기니라.

제3강

구브로에서 복음의 능력을 나타냄 (1)

사도행전 13:4-12

바나바와 사울 일행이 안디옥에서 시작해서 차례차례 서쪽으로 가서 실루기아에서 배 타고 바다를 건너 구브로 섬 동쪽에 있는 항구인 살라미로 갔고, 거기서부터 다시 육로로 4백 리 혹은 100마일을 걸어서 구브로 섬 맨 서쪽에 있는 바보로 갔습니다. 이렇게 지나가는 경로에 대해서 시험 보듯이 하나하나 다 기억해야만 하는 것은 아니겠지만, 기억하면 더 좋고 이다음에라도 공부하는 데 유용할 것입니다. 어떤 곳은 그냥 지나간 역로(歷路)로서 이름만 척척 내어 놓았지 거기에서 무슨 사건이 생겼다고 다 쓴 것은 아닙니다. 지금 우리가 본 곳들 중에서 실루기아에서는 무엇이 발생했다고 이야기한 일이 없습니다. 그러나 살라미와 바보에서는 무슨 일이 일어났다는 것을 간단하게 중점적으로 이야기하고 넘어갑니다. 이 바울의 전도 여행에 대한 기록은 모든 여행기를 자세히 기록한 것이 아닙니다. 척척 지나가다가 '어디서 이러이러한 일이 일어났다' 하고 중요하게 적록(摘錄)해 둘 만한 사실만을 중점적으로 대표적으로 한마디씩 하고 넘어가는 것입니다. 그러니까 우리가 사도행전을 공부해 나갈 때에는 이것이 전도 여행에서 일어났던 대표적이고 특수한 사실들을 기록한 것이고, 전도와 선교의 과정에서 일상적이고 항다반(恒茶飯)으로 일어난 일들은 일일이 기록하지 않고 그냥 넘어갔다는 것을 먼저 기억하고 공부해 나가는 것입니다.

구브로로 가게 하신 성신의 인도

　오늘 저녁에 우리가 읽은 본문에서 생각하게 되는 것은 '어찌하여 바울 선생은 제2차와 3차 여행 때와 같이 노정을 북쪽으로 취해서 수리아 안디옥에서 진행하여 저쪽 갑바도기아나 길리기아로 해서 갈라디아로, 갈라디아에서 아시아로 나아가지 않고, 하필 이렇게 서쪽으로 바다로 해서 먼저 섬부터 들어갔는가' 하는 점입니다. 그에 대해서 그저 '선교 여행을 해야 할 테니까 어디든지 갈 만한 무슨 그럴듯한 연고가 있다든지 갈 만한 무슨 이유가 조금이라도 있는 데가 있으면 거기부터 시작을 했겠지' 하는 정도로 우리가 알더라도 상관없는 일입니다. 그러나 구브로에 가서 전도한 상황을 자세히는 기록하지 않고 그저 두어 가지 이야기만 기록하고 말았을 뿐이지만, 그 결과로 구브로는 나중에 수리아 안디옥을 제외하고는 가장 전도에 성공한 자리라고 후대의 역사에 기록된 자리입니다. 그런고로 맨 처음 전도 여행 때 발을 디딘 그 자리가 역사에서 희미하게 없어진 자리가 아니고 훌륭하고 좋은 교회가 서서 열매를 많이 거둔 자리라는 것을 우리가 알게 될 때, 하나님께서 성신님으로 이들을 인도하셔서 구브로에 이르게 하셨다는 것을 믿고 하나님의 성신이 인도하실 때에 어떤 방법을 쓰셨느냐 하는 것을 여기서 또 생각하는 것입니다.

　요컨대 북쪽으로도 갈 수 있고 서쪽으로도 갈 수 있는데 북쪽으로 안 가고 서쪽으로 간 것에 대해 '성신께서 서쪽으로 가라고 하셨다' 하는 것은 최후의 이야기이고, '성신께서 가라고 하실 때 어떤 방식으로 하셨는가' 할 때에는 그쪽으로 선택할 만한 상당한 이유가 있었을 것이 아닙니까? 성신께서 인도하시는 방식이라는 것이 아무 이유도 없이 그저 막연히 되는 것이 아닙니다. 언제든지 어떤 이유가 있는 것이고 그래야 할 필요가 있는 것입니다. 그래야 할 필요와 이유에 따라서 행동했을 때에 그때 당시는 자신이 그런 현실적인 요청이나 현실적인 필요 때문에 혹은 현실적인 무슨 우위성 때문에 혹은 '꼭 필요하지는 않다 하더라도 그렇게 하는 것이 조금 더 낫겠다. 그렇게 했으면 좋겠다' 하는 일종의 자기의 기호(嗜好) 때문에 그 길을 취했는데, 알고 보면 지나고 보면 그것이 성신님이 인도하신 사실로 나타나는 경우가 많이 있습니다. 여기서 우리가 그런 것을 배우고 넘어가는 것입니다. '왜 바울 선생은 하필 서쪽으로 길을 취해서 실루기아로 살라미로 바보로 나아갔느냐?' 할 때 얼른 '아, 성신이 그를 인도해서 그리로 갔다' 하면 그것은 결론입니다. '그러면 성신님이 어떤 방식으로 인도하셔서 그리로 갔느냐?' 할 때는 바울 선생에게 그럴 만한 현실상의 요청이든지 그럴 만한 마음을 일으킬 어떤 동기가 있었을 것이라는 말입니다. 그러면 그것이 무엇이겠습니까? 우리가 그런 것을 구체적으로 알아야 성신님이 우리를 인도하신다는 데에 대해서도 자다가 꿈꾸는 식의 생각을 하지 않게 되는 것입니다. 성신의 인도는 항상 의식적이라야 하고 논리적이라야 한다는 것이 중요합니다. 성신님의 인도가 무의식적이고 비논리적이고 기경(奇驚)하고 기괴한 것이 아닙니다. 성신의 인도는 의식적이고 논리적이고 나중에라도 '그것은 가장 그럴듯하다. 타당하다' 하고 승인할 만한 이유가 생기는 것입니다.

그러면 '바울 선생이 서쪽으로 노정을 취해서 구브로로 갔다고 할 때는 거기에 그럴 만한 몇 가지 이유가 있지 않았겠나' 하는 것을 우리가 생각해 보는 것입니다. 첫째로, 바울 선생이 누구와 같이 갔는가 할 때 바울 선생과 같이 간 동사(同事) 선교사는 두말할 것도 없이 바나바입니다. 그러면 바나바는 어디 사람인가 할 때 구브로 사람입니다. 구브로는 바나바의 고향입니다. 그러니까 '구브로로 가자' 하는 말이 바울 선생의 주장으로부터 나왔다기보다는 보통 상식적으로 생각할 때 아마 바나바가 '먼저 우리 고향에 전도하는 것으로 길을 시작해 보자' 하는 생각을 자연히 했을 듯합니다. 또 바나바가 그와 같은 생각을 하게 된 데는 아마 몇 가지 이유가 있었을 것입니다. '지금 나아가서 복음을 전하되 여행을 하느라고 먼 길을 가기 전에 먼저 간단히 가서 복음을 전해야 할 이방인들의 땅이 있지 않으냐' 하는 것입니다. 그곳은 어디인가 할 때 북쪽은 아닙니다. 안디옥에서부터 북쪽으로 한동안 걸어 올라가야 할 그 길이 아니라 60리만 서쪽으로 가서 배만 타면 구브로입니다. 그러니 '우리가 바로 구브로에 가서 전할 수 있다. 가장 가깝다. 전도를 필요로 하는 이방인들이 사는 가장 가까운 곳이다' 하는 것이 한 가지 중요한 이유가 될 것입니다. 우선 가까운 데서부터 시작하는 것입니다. 일부러 멀리 찾아가는 것이 아니라 가까운 데서부터 자꾸자꾸 전도해 나가는 것입니다.

둘째로, 그곳이 바나바의 고향이면 왜 가야 하는가 할 때, 모르긴 몰라도 이미 바나바 자신이 구브로 사람으로서 신자가 되었다는 것을 볼지라도 구브로에는 이미 복음이 들어가서 신자들이 있은 듯합니다. 그렇다면 신자들이 있는 그곳에 가서 그들과 합세해서 교회를 세운다는 것이 중요한 일이었을 것입니다. 이것이 또한 그때 수집할 수 있는 정보로서는 그곳으로 갈 수 있을 가능성이나 타당성을 가장 많이 가지는 것입니다. 아무것도 모르는 자리로 처음에 후딱 뛰어 들어가서 전도하기보다는 거기의 사정에 대해서 좀 알고 조금이라도 정보를 수집한 그 자리에 먼저 발을 들여놓았을 것이라는 사실을 우리가 생각할 수 있습니다.

바나바로서는 또한 거기에 자기의 간절한 소원이 하나 있었을 듯합니다. 자기의 친척들에게 복음을 전했으면 하는 생각이 있었을 것입니다. 복음의 진행이 대체로 친분 관계와 친척 관계로부터 차츰차츰 발전해 나간다는 것을 역사에서도 볼 수 있습니다. 안드레는 예수님을 만난 다음에 동네에 자기와 함께 사는 여러 사람이 있었을지라도 먼저 자기의 형제 시몬에게 가서 '우리가 메시야를 만났다' 하고 이야기했고, 또 예수께서도 나사로 집안의 마르다와 마리아와 나사로를 사랑하셨습니다. 온 집안이 다 같이 예수님의 사랑을 받은 것입니다. 이와 같이 필연적으로 혈연관계나 친척 관계가 중요합니다. 더군다나 오늘날과 같은 착잡한 시대가 아니고 항상 주로 대가족 제도를 가지고 있던 근동 사회에서는 가장 접근하기 쉬운 비근한 단위 사회가 언제든지 친척들입니다. 이것은 지금부터 백 년 전의 한국만을 보더라도 그럴 것입니다. 지금이야 친척이 반드시 제일 가까운 것은 아닙니다. 새로운 사상이 많이 들어와서 모두 현대적인 조류로 변했지만, 지금부터 백 년이나 이백 년 전을 보면 친척이 원래 가까이 살아서 가까이 이야기하게 되고 무슨 어려운 일이 있으면 함께 이야기하고 좋은 일이 있으면 서로 찾고 하게끔 되어 있었습니다. 근동 사회에는 그때 그러한 사회 제도나 가족 제도 혹은 그런 생활양식이 발달하고 있었습니다. 그리고 부가장제도(父家長制度)의 사회, 부계 사회, 또한 족장을 중심 삼은 집단적인 주거의 사회, 그리고 일부다처적인 것과 대가족 제도, 이런 것이 근동의 중요한 사회적인 패턴입니다. 영어로 하면 페이트리아컬(patriarchal, 족장의), 페이트릴로컬(patrilocal, 남편 가족과 함께 사는), 패트럴리니얼(patrilineal, 부계의), 그다음에는 폴리거머스(polygamous, 일부다처의)와 익스텐디드 패밀리(extended family, 대가족), 이런 것들이 근동 사회의 큰 특색들입니다. 근동 사회의 다섯 가지 특색이라는 것은 그런 것입니다. 거기에서 적어도 네 가지는 필연적인 과정으로서 그중에 네 가지 가족 관계가 제일 비근하고 제일 접촉하기 쉬운 사회였습니다. 그래서 이야기하고 통래하는 횟수나 빈도도 잦고 친분 관계가 두터웠던 것입니다. 그러니까 바나바는 '우리의 근족(近族)들이 있는 구브로 향해 가서 먼저 복음을 전하자. 그것이 가깝지 않으냐? 멀리 있는 길리기아 다소, 너희들이 사는 데로 가는 것보다', 즉 사도 바울 선생의 고향을 먼저 찾는 것보다 '이쪽부터 가자'고 한 것이고, 바울의 마음에도 또한 그것이 좋을 것으로 생각하고 거기를 떠나서 간 것입니다. 그런 것이 또 한 가지 중요한 일입니다. 또 그 친족들 중에는 더러 이미 예수를 믿은 사람들이 있었을 것입니다. 아마 바나바와 마가가 구브로에 전도했을 때 환영받은 그런 과거의 경험을 살려서 '우리가 그때 전도할 때 잘 받은 일이 있었으니까 우리가 이번에 거기에 가서 거기서부터 전도해 나가자'한 것일 것입니다.

그리고 이때는 선교하는 방식이 이방 사람을 맨 먼저 만나 이방 사람을 중심으로 해서 늘 전도한 것이 아니라, 이 선교사들이 전도할 때는 주로 유대 사람들을 대상으로 먼저 시작했습니다. 주로 헬레니스트(Hellenist)들인 유대 사람들, 즉 헬라주의적인 헬라 파 유대 사람들을 주로 대상으로 해서 전도를 하든지 이방 사람으로서 유대교에 입교한 사람을 대상으로 전도하든지 하는 방식을 많이 취했습니다. 왜냐하면 그들은 이미 구약적인 배경을 가지고 있는 까닭에 그들이 가지고 있는 배경 위에서 이야기하는 것이 언제든지 이 선교사들이 그때 당시의 자기네 준비로나 생각으로는 그렇게 하기를 원하던 방식이었던 모양입니다. 그래서 주로 무엇을 위주로 전도했는가 할 때 첫째로, 무신론자나 하나님께 대해 전연 생각지 못하거나 전연 이교적인 헬라 사람을 대상으로 해서 처음에 신론(神論)부터 이야기하지 않고, 이미 메시야를 기다리고 있던 사람들에게 '메시야, 곧 그리스도는 다른 사람이 아니고 예수이다. 나사렛 예수 그가 메시야이다'하는 데서부터 이야기한 것입니다. 그렇게 할 때에는 그 이전에 필요한 서론적인 많은 이야기를 건너뛰고 시작할 수 있는 장점이 있는 것입니다.

그러한 까닭에 이분들이 전도를 할 때에도 메시야가 무엇인지 전연 모르고 헤르쿨레스(Hercules)나 혹은 제우스(Zeus)나 주피터(Jupiter)나 비너스(Venus)나 알고 있는 사람들하고 이야기하면 이야기가 안 되는 것입니다. 물론 전혀 안 되는 것은 아니겠지만, 그렇게 하려면 이야기의 방도도 훨씬 다르고 시간도 훨씬 달리해야 할 것입니다. 그러나 이미 메시야를 대망(待望)하고 있던 사람들에게 그 메시야에 대해서 설명하고, 구약을 본 사람들에게 구약의 의의를 올바로 잡아서 설명을 해 주고 할 때에 그 사람들이 전통적인 유대교 사상에 꽉 박혀 있어서 반심(叛心)을 가지고 반대하지 않는 한, 물론 반대하는 사람도 있기는 있겠지만, 그렁저렁하게 알고 있던 사람들에게는 그것이 가장 좋고 새롭고 신선한 도리로 해석될 테니까 아마 그런 것이 중요한 방법이었던 모양입니다. 어찌 되었든지 그 결과로 볼 때 그 두 사람은 그러한 방도를 취하기로 작정해서 주로 유대인들이 있는 곳을 찾아갔는데, 유대인들이 있는 곳을 찾아가려면 필연적으로 회당을 찾아가게 되는 것입니다. 그래서 유대인들이 많이 사는 데를 먼저 찾아가서 전도를 시작한 것입니다.

그런데 구브로의 살라미 같은 데에는 유대인들이 참 많이 살았던 모양입니다. 성경을 보면 "구브로에 가서 살라미에 이르러 하나님의 말씀을 유대인의 여러 회당에서 전할새"(13:4하-5)라고 했습니다. 유대인의 회당이 여러 개 있다는 말은 유대인이 참 많았다는 이야기입니다. 많지 않으면 회당을 여러 개 세울 까닭이 없는 것입니다. 유대인들이 참 많은 까닭에 회당 하나로는 안 되겠으니까 여러 개를 세워 놓고 각각 모인 것입니다. 다른 도시는 대체로 보면 회당이 하나만 있습니다. 그래서 '유대인의 회당이 있는가?' 하고 찾아서 그 하나뿐인 유대인의 회당에서 전한 정도입니다. 그러나 여기에서는 '여러 회당에서 전했다' 해서 유대인이 많다는 것을 표시합니다. 유대인이 많다고 해도 그곳이 바울에게는 생소하겠지만, 그래도 그곳이 자기의 본도(本道)입니다. 즉 길리기아 도(道)인 것입니다. 구브로도 길리기아 도 가운데 있는 곳입니다. 크게 말하면 길리기아의 큰 행정 구역 안에 들어가 있는 것입니다. 물론 구브로는 구브로대로 독자적인 행정 체제를 가지고 있기는 합니다. 그러니까 그런 의미로 바울도 길리기아 도로 가기를 원했고, 무엇보다도 그곳이 자기의 본 고향이고 향리인 바나바가 '향리에 가서 유대인의 회당에서 복음을 이렇게 이렇게 전할 수 있다' 하는 자세한 정보를 이야기했을 때 필연적으로 구브로를 향해서 길을 떠났을 것입니다.

그런고로 이러한 여러 가지 것들, 즉 본토에서 제일 가까우면서 이방 사람들과 유대인들이 많이 사는 곳이요, 바나바의 고향으로서 친척에게 전도하고 싶은 바나바의 마음의 소원도 있고, 거기에다 전에 바나바나 혹은 마가 요한이 전도했을 때 친척이 먼저 환영하고 잘 받아들였을 개연성도 있고, 유대 사람들이 많이 있어서 살라미에는 특별히 회당이 여럿 있다는 것, 그리고 거기에는 헬라 파 유대인들(Hellenistic Jews)이 있고 또 유대교에 입교한 사람도 있어서 전도하기에 편이한 여러 가지 점들이 있다는 것, 또 구브로에 있는 어떤 사람들은 이미 신자여서 과연 그 후의 역사를 보더라도 구브로가 나중에 기독교의 도(道)로서 크게 발전했다는 것, 이러한 여러 가지 현실적인 조건들이 자연적으로 바울과 바나바의 마음을 먼저 구브로로 이끌어 나간 것인데, 지나고 보니까 그것이 성신께서 인도하신 거룩한 방도였다는 말입니다.

그와 같이 우리가 어디를 간다든지 가서 무엇을 한다 할 때 '항상 성신님의 인도하심을 받아서 행하겠다' 하는 생각을 가질 경우에 성신님이 인도하시는 방식의 하나는 무엇인가 하면 현실적인 여러 여건들이 우리에게 그러한 필요나 개연(蓋然)을 느끼게도 하고 대체의 경향이 그것을 좋아하도록 하고 또 그것에 대해서 '그래야 하겠다' 하는 타당성을 느끼게도 하면서 시작하는 것입니다. 성신의 감동이라는 것이 전연 백지와 같은 아무 의식이 없는 사람에게 이래라저래라 해서 입신(入神)한 사람에게 지시하듯이 하는 것이 아니라는 또 하나의 사실을 여기서 우리가 보고 넘어가는 것입니다.

총독 서기오 바울

그래서 구브로 섬의 살라미에 갔는데, 바보가 로마 사람의 수도인 것같이 살라미는 헬라 사람들의 수도로서 유대 사람들이 참 많아서 여러 회당이 있었습니다. 그래서 도(道)를 "유대인의 여러 회당에서 전할새 마가 요한을 수종자로 두었더라"(13:5)라고 하였습니다. '수종자'는 자기의 '직원'이라는 말뜻입니다. '종'이라는 말보다는 어떤 일정한 직분을 맡아서 사무를 집행하는 직원을 말합니다. 영어로 보면 쎄크러테리(secretary)라는 말보다는 오피서(officer)라는 말입니다. '자기의 일을 맡아 주관하는 사람으로 두었더라' 하는 말입니다. 그러니까 무슨 행정 사무라고 할는지, 전도하는 사람들의 여타의 모든 필요한 것을 수응(酬應)하고 미리 여정을 짜고 무엇을 알아보고 하는 사무, 즉 전도 이외의 잡다한 사무는 마가 요한에게 맡겼던 모양입니다. 이런 사람이 또한 선교에 필요합니다. 그러니까 여기의 수종자란 요즘 같으면 반드시 비서라는 말이 아니고 사무를 보는 사무원이라는 뜻입니다.

"온 섬 가운데로 지나서"(13:6상), 섬 한가운데로 쑥 지나서 갔습니다. 섬을 지나가려면 산이 있어서 남쪽 길을 취해서 한 100마일이나 가야 합니다. 100마일이면 우리 이수(里數)로는 400리나 됩니다. 아마 서울에서 대전까지 가기만큼이나 멀 것입니다. 그렇게 100마일이나 가서 "바보에 이르러" 했는데, 바보는 저 서쪽 끝에 있는 항구입니다. 로마 사람의 수도로서 로마의 총독이 있는 "바보에 이르러 바예수라 하는 유대인 거짓 선지자 박수를 만나니"(13:6하). 유대 사람 하나를 만나는데 이름은 아람 방언으로 바예수 혹은 바여슈아입니다. '예수의 아들' 혹은 '여슈아의 아들'이라는 말뜻입니다. "바예수라 하는 유대인 거짓 선지자 박수를 만나니"라고 했으니까 이 사람은 거짓 선지자입니다. 여기서 주의할 것은 이 사람이 단순히 박수만이 아니고 거짓 선지자라는 말입니다. '박수'라는 말은 '지혜자'라는 말인데, 영어로는 마기(Magi), 헬라 말로는 마고스(μάγος)라는 말입니다. 이런 사람을 만났습니다. "그가 총독 서기오 바울과 함께 있으니"(13:7). 총독이라는 사람의 이름이 서기오 바울이고 그 총독의 관정(官庭)에 여러 사람이 있는데 그중의 한 사람으로서 사무를 본다든지 직접 나가 행정을 보살피는 사람이 아니고, 고문 노릇을 하든지 문정관(問情官)이라고 할는지 그렇지 않으면 요새 문화 고문이나 문화 위원이라는 의미로 사람을 두는 것같이 주로 종교상의 문제나 철학상의 문제 같은 그런 것을 의논하는 대상의 하나로서 총독 서기오 바울의 관정에 같이 있었다는 말씀입니다.

그러면 총독 서기오 바울이라고 할 때의 '총독'이라는 말에 대해서는 빌라도도 총독이고, 빌라도 다음에는 벨릭스나 베스도가 사도행전에서 회자되는 이름들입니다. '벨릭스 각하여'(행 24:3) 하다가 '베스도 각하여'(행 26:25) 하고 부르는 말이 나옵니다. 그런데 로마 사람들이 총독이라는 관직을 임명하는 것에 관해 우리가 상식으로 알아 둘 두 가지 종류가 있습니다. 먼저, 로마가 세계 여러 나라를 정복해서 거대한 판도를 가지고 제국을 꾸민 다음에 로마 황제가 자기의 군대의 장관을 보내서 군정을 실시하듯이 하는 경우가 있습니다. 황실에서 황제가 군인 가운데 유능한 사람을 직접 임명해서 위로부터 오는 황제의 명령하에서 행정을 늘 다스리게 하는 경우입니다. 그런고로 그것은 어디까지든지 명령 계통이 명료해서 자기가 총책임자가 되는 것이 아니고 위에서 명령하는 대로 다스려 나가는 하나의 장교요 장관입니다. 이러한 사람이 빌라도, 벨릭스, 베스도, 이런 사람들입니다.

여기서 서기오 바울을 '총독'이라고 호칭했는데 그 총독이라는 말과 앞에서 말한 사람들을 '총독'이라고 했을 때는 의미가 다릅니다. 한국말로는 다 같이 '총독'이라고 번역했지만, 가령 영어로 말할 때는 서기오 바울 같은 총독은 프로칸슬(proconsul)이라고 하고, 빌라도 같은 사람은 프로프리터(propraetor)라고 해서 서로 다릅니다. 즉 빌라도 같은 사람은 좀 더 하위의 장관으로서 위에서 명령하는 것을 충실히 집행해 나갈 의무를 짊어지고 위에서 명령을 받아 늘 일을 해 나가는 사람입니다. 빌라도나 벨릭스나 베스도는 그런 사람들입니다. 그러나 여기에 있는 서기오 바울 같은 사람은 로마의 원로원이 임명을 해서 보낸 사람입니다. 원래 구브로는 시저 아우구스투스(Caesar Augustus, 63 B.C.-14 A.D.)가 직접 정복한 땅으로서 자기가 속지(屬地) 혹은 속주(屬州)로 가지고 있는 동안에는 이런 서기오 바울의 직임과 같은 총독을 임명하는 것이 아니고, 프라켜레이터(procurator)라고 하는 일종의 감사라 할는지 감독이라고 할는지 혹은 도독(都督)을 임명해서 그 도독이 가서 위에서 명령하는 대로 일하는 것입니다. 그것은 어디까지든지 군대식이고 그런 사람은 위에서부터 명령하는 계통의 중간에 서 있는 한 사람으로 가서 일을 하게 되는 것이니까 그것은 대단한 직이 아니고 굉장히 높은 직이 아닙니다. 그러나 원로원이 투표하거나 혹은 원로원의 결정 절차에 따라서 어떤 사람을 딱 임명할 때에는 그는 일종의 전권 대사(全權大使, plenipotentiary)와 같은 큰 권한을 가지고 가는 것입니다.

다른 말로 하면, 참모 총장이 그 아래 장군들을 임명해서 '반란이 있고 불안정한 어느 도에 가서 군대를 주둔시키면서 그 행정을 보살펴라' 할 때에는 그 행정 장관이라는 직은 크고 무서운 군사적인 권력은 될지언정 직위로 보든지 로마의 관제로 보아서는 고급의 위치에 있는 것이 아닙니다. 그러나 국회에서 그를 임명하고 승인해서 대통령이 되었든지 누가 되었든지 임명권자가 딱 임명을 해서 보낼 때는 그는 전권(全權)이라는 특수한 권한을 가지고 나가서 행동하게 되어 있는 것입니다. 국가를 대표하고 활동하도록 외국에 내보내는 경우도 있는 것과 비슷하게, 그 당시의 로마의 황제를 대표한다기보다는 로마가 전통적으로 가지고 있던 중요한 입법 기관이요 심의 기관인 원로원을 대표한 프로칸슬(proconsul)이 여기에 있는 서기오 바울입니다. 그러니까 서기오 바울은 빌라도나 베스도나 혹은 벨릭스 같은 사람들과는 직위가 다른 것입니다. 그런고로 그는 재량권을 가지고 자기가 참으로 현명하게 행정을 해야 합니다. 그러니까 이 사람은 말하자면 진짜 일종의 문관이요 행정관이고 또 정치가라면 정치가라 할 수 있는 사람인 것입니다. 이 사람은 자기가 필요한 대로 사람을 임명해서 자기 관정에 두어두고 그 사람과 더불어 의논을 해서 여러 가지 일을 하게 됩니다.

그러한 까닭에 바예수는 유대 사람이지만 그 사람이 선지자라고 했고 또 선지자인 것을 나타내기 위해서 희한한 능력으로 마술을 하고 그러니까 그 사람을 데려다 놓고서는 그 사람과 더불어 종교상의 여러 문제라든지 이방 사람이 많이 가지고 있는 여러 종류의 철학적인 것들을 이야기한 것입니다. 또한 특별히 그때 헬라 사람이나 로마 사람 이외의 동방 사람이나 동양 사람들, 즉 저 동방에 있는 페르시아나 박트리아(Bactria)나 그 일대에 있는 바빌로니아 사람들에게는 종교적이고 철학적인 동시에 정치적인 여러 가지 특수한 제도가 있었고, 또 그런 제도가 흐르고 흘러 내려와서 나중에는 특수한 한 계통하에서 어떤 일정한 종교적인 인물들이 철학자나 과학자같이 나타나서 돌아다녔는데, 그것이 여기서 말하는 이 마술사 바예수라는 사람입니다. 이 바예수라는 사람이 어떤 종류의 사람인가를 이해하기 위해서 좀 더 설명해 드리는 것이 낫겠습니다. 이것을 보고 그냥 '요술쟁이가 하나가 있었는데 그 사람이 서기오 바울이라는 총독을 꽉 붙들고 있었다' 하면 이야기가 우습게 됩니다. 여기 보면 그 사람은 '지혜 있는 사람이라' 했는데 '원, 총독이나 되는 사람이, 로마 원로원이 임명해서 보냈다는 그런 거대한 권력이 있고 지혜가 있다는 사람이 밤낮 무슨 요술쟁이나 붙들고 앉아 있는가' 하고 생각하게 되면 그것은 참 어그러진 이야기입니다. 서기오 바울은 요술쟁이의 말을 붙들고 앉아 있는 사람이 아닙니다. 바예수는 거짓 선지자라고 했고 박수라고 했습니다.

박수 엘루마

그러면 박수나 거짓 선지자라는 문제에 대해서 잠깐 생각해 보겠습니다. 여기에서는 먼저 박수라고 했고 나중에 엘루마라고 이름을 밝혔습니다. "박수 엘루마는 이 이름을 번역하면 박수라"(13:8상) 했습니다. 그러니까 엘루마는 그의 고유 명사라기보다는 박수라는 의미로 그 말을 쓴 것입니다. 이 엘루마라는 말은 헬라 말이 아닙니다. 그 말의 소종래(所從來)가 분명치 않습니다. 오늘날 이것인가 저것인가 하고 추측하는데, 어떤 사람은 이것을 아랍 말이라고 합니다. 과연 그 말대로 아라빅(Arabic) 말인 것 같습니다. 제가 오늘 다시 고증을 해 보니까 '엘루마 하면 아라빅 말이 아니겠나' 하는 생각이 듭니다. 그러나 저 아랍 나라의 아라비안 말인 아라빅 말이나 동방 시리아의 아람 말인 아라메익(Aramaic) 말이나 다 같이 셈 어(Semitic) 용어입니다. 같은 셈 어 용어에서 나온 것으로서 아랍 말과 아람 말이 비슷한 데가 있습니다. '아랍 말'과 '아람 말'이 우리말 발음으로는 하도 비슷해서 좀 불분명합니다. 두 가지를 구별하기 위해서 아람 말은 아라메익(Aramaic)이라고 하고, 아랍 말은 어레이비언(Arabian)이라고 할 수도 있겠습니다. 그러나 사실 어학에서는 아랍 말을 어레이비언(Arabian)이라고 하지 않고 아라빅(Arabic)이라고 합니다. 예수님이 쓰시던 말은 아람 말이고, 저 남방의 지금 사우디아라비아 같은 데서 쓰는 말은 아랍 말, 즉 아라빅입니다. 그런데 이 엘루마, 즉 엘뤼마스(Ἐλύμας)라는 것은 그 말의 음만 따서 헬라의 알파벳으로 써 놓은 것뿐이고, 그 뜻은 결국 해명한 대로 헬라 말의 마고스(μάγος)와 똑같은 말입니다. 또 아랍 말 가운데 '알라마'라는 말이 있습니다. 뜻은 '안다'는 말인데 이 안다는 말은 '알림'이라는 말에서 나왔습니다. '알림'이라는 말은 '지혜로운 자' 혹은 '많이 배운 자'라는 뜻입니다. 아랍 말로 된 마호메트의 코란을 보면 모세를 지칭해서 '지혜로운 마술사'라는 뜻으로 '싸이르 알림'이라는 말을 써 놓았습니다. 이 싸이르 알림은 아랍 말입니다. 이처럼 '알림'이라는 말은 '지혜로운 자' 혹은 '지혜자'라는 말입니다.

　이 지혜자라는 말이 헬라 말로는 마고스이고 그것이 나중에 마기(Magi)가 되었는데, 이런 말들이 성경에서는 어디서 쓰였느냐 하면 예수님이 탄생하셨을 때에 동방으로부터 박사들이 왔다고 했는데 그 '박사'라는 말이 바로 마기입니다. 지혜자들이라는 말입니다. 동방으로부터 지혜자들이 왔다고 할 때 동방 어디에서 왔겠는가 하면, 원래 이런 사람들의 제일 처음 고향은 바벨론입니다. 바벨론에서 이런 사람들이 제일 처음에 많이 나왔습니다. 고대의 토판들을 보고 바벨론 토판을 읽어 보면 거기에 그런 마고스나 마기가 많이 있다는 것을 표시합니다. 그리고 또 마술, 진언(眞言), 무당 일, 앞일을 예언하는 것, 장래를 알아보는 이런 일이 이 바빌로니아 땅에 굉장하게 성행했던 것이 기록에 나와 있습니다. 바벨론에 고대 수메르(Sumer) 사람들이 살 때부터 수메르 기록(Sumerian record) 가운데 그런 것들이 많이 있습니다. 그런데 그 사람들이 그 후에 마고스라는 말을 어디에 적용하게 되었는가 하면, 나중에 페르시아 사람들이 바벨론을 점령했는데 이 페르시아가 가지고 있는 종교의 제사장들의 무리를 가리켜 마고스라고 했습니다. 마고스라는 말이 처음에는 그런 데서 나왔습니다. 그 후에는 단순히 페르시아의 제사장 부류만을 마고스라는 말로 부르지 않고, 그보다 열등한 기술을 부리고 요술을 부리고 진언을 하고 제사를 드리고 돌아다니고 하는 돌팔이 같은 사람까지도 차츰차츰 마고스라고 불러서, 나중에는 마고스란 말이 요술쟁이나 마술쟁이에게도 적용되어 마술쟁이를 부르는 말이 되었습니다. 그 후 죽죽 내려오면 이 사람들이 일종의 철학을 연구하고 점성(占星)을 하여 별을 가지고 점치고 천문을 바라보게 되었습니다. 그래서 말하자면 품수(品數)는 요술이나 마술이나 하고 돌아다니는 무식한 사람들이 아니라 천문·지리·의학·복술(卜術)에 상당히 통한 사람들이 되었습니다.

　이것은 옛날 중동에서만 그런 것이 아니라 동양이나 극동의 한국에도 그런 것이 많이 있었습니다. 옛날 한국에도 '그 사람이 참 박학다식(博學多識)하다'고 할 때에는 무엇을 알아야 하는가 하면 천문·지리·의학도 알고 또 무복(巫卜)도 잘 알고 있어야 합니다. 천문과 지리와 의학과 무복을 잘 알고 있어야 박학(博學)인 것입니다. 의학만 아는 것이 아니라 무복을 알아야 합니다. 점치는 것을 알아야 합니다. 그래서 유교의 사상에는 아직도 그것이 남아서 유교 공부를 많이 하려면 논맹용학(論孟庸學)의 사서(四書)만을 하면 안 됩니다. 논맹용학의 사서, 즉 논어(論語)·맹자(孟子)·중용(中庸)·대학(大學)의 사서만 보고 끝나는 것이 아닙니다. 결국 소위 칠서(七書) 혹은 사서삼경(四書三經)이라고 할 때에 칠서 가운데 삼경은 뭐냐 하면 시·서·역(詩書易), 즉 시경(詩經)·서경(書經)·주역(周易)입니다. 그런데 주역이라는 것이 뭐냐 하면 수(數)에 의한 계산입니다. 일종의 수학이고 고등 수학입니다. 수에 의해서 우주의 대리(大理) 혹은 큰 이치를 차츰차츰 알아내는 것입니다. 그래서 나중에 그 수를 자꾸 계산해서 '앞으로 이렇게 되겠다' 하는 것입니다.

옛날에 주역을 많이 한 사람을 가리켜 '추수(推數)를 한다' 고 합니다. 밀 추(推) 자에 수라는 수(數) 자를 써서 '그 사람 추수를 한다' 하는 말을 씁니다. 옛날에 글 읽은 사람들, 글 배운 사람들은 말을 쓸 때 '아, 그 아무개가 추수가 용타' 든지 '그분은 추수를 하는 분인데' 하는 말을 썼습니다. 그러니까 추수(推數)한다는 말이 무슨 뜻이냐 하면, 추리(推理)를 하거나 무슨 추상(推想)을 한다는 추 자인데, 추수라고 하면 사람이 주역을 많이 배워서 수를 가지고 계산을 해서 '앞으로는 이렇게 된다' 하고 앞일을 예언하는 것입니다. 이렇게 해서 마술을 하는 것이고 또 점도 친 것입니다. '점괘(占卦)를 하나 봐 주십시오' 하면 주역의 팔괘(八卦)도 다 그려 놓고서는 이러고저러고 산통(算筒)을 들어서 떨어지는 것을 보고 '이것은 이렇게 되어 있으니 이것이다' 합니다. 동양에서도 그렇게 통했습니다. 또 별을 본다는 것은 천문을 보는 것을 말합니다. 예수님의 탄생 때 온 그 마기들도 동방에서 별을 보고 왔습니다. '별이 어디로 갔나?' 하고 별의 운행을 보고서 찾아온 것입니다.

　동양에서도 그런 것을 하는 사람을 왕이 꼭 궁정에 대관(大官)으로 데리고 있었습니다. 고대 신라 때부터 최근 조선 때까지라도 궁정에 복술(卜術)이라는 것이 늘 있었습니다. 나중에는 궁정 안에서 내궁이나 후궁에서 시앗이 생겨서 '그를 죽였으면 좋겠다' 할 때에는 '방자질을 해야 한다' 고 해서 방자한 것을 아실 것입니다. 환을 그려 놓고 거기에 대고 그냥 무수하게 활을 쏘아서 눈구멍을 자꾸 맞추었습니다. 그 미운 사람이 죽으라고 그렇게 하는 것입니다. 그러면 눈이 아파 야단이 나서 '눈이 상했다' 고 하는데, 나중에 알고 보면 그쪽 방에서 밤낮 진언을 하고 기도한 다음에 활로 눈구멍을 쏘았기 때문에 그렇게 되었다고 합니다. 그렇지 않으면 또 어떻게 저주하는가 하면 환을 그려 놓고, 즉 그 사람 얼굴이나 몸뚱이를 그려 놓고 천 개 이상의 무수한 바늘을 딱 꽂았습니다. 그런 일종의 복술이 그냥 유행했던 것입니다. 조선 시대의 궁중의 비화(秘話)를 들어보더라도 그런 것이 다 있지 않습니까? 영조 대왕의 아들 사도 세자가 죽은 이야기도 그렇습니다. 사도 세자라는 사람은 우레나 진천뢰(震天雷)를 높이 생각해서 그만 벽력 벽(霹) 자나 우레의 뇌(雷) 자는 글자도 무서워서 벌벌 떨고 못 보고, 옷을 입을 때도 그냥 못 입고 한 30벌쯤 해 놓고서는 벌벌 떨면서 꼭 법수(法手)대로 입다가 조금만 틀리면 '에이, 틀렸다. 재수 다 글렀다' 하고서는 못 입고 말았다고 합니다. 조선의 궁정에서 그런 일이 허다하게 많이 있었던 것이 사실입니다.

옛날 신라 시대에는 일관(日官)이라 해서 날 일(日) 자와 벼슬 관(官) 자를 쓰는 이런 마술사를 지혜자라 하여 왕자가 날 것 같으면 '장차 이 아이가 나라에 얼마나 큰 공로를 끼치겠느냐, 큰일을 하겠느냐? 영주(英主)가 되겠느냐, 그렇지 않으면 반역자가 되겠느냐?' 하는 것을 점쳤는데, 그럴 때 후궁과 다 내통해서, 아기가 훌륭하게 났더라도 '아, 이 아기는 당최 나면서부터 안 좋은 데가 있으니 나라에 대단한 흉조입니다. 흉조니까 빨리 버리시오' 해서 생사람을 죽이라고 했습니다. 그렇게 왕자를 죽이라고 한 이야기를 여러분도 다 아실 것입니다. 옛날 신라의 경문왕(景文王) 때 발생했던 이야기인데, 그 왕자가 나중에 궁예가 되지 않았습니까? 눈 하나가 멀어 애꾸눈이 되어 철원에 가서 태봉국(泰封國)을 건설했던 궁예가 그런 사람입니다. 이와 같이 그 옛날 신라 때부터 일관이라는 것이 있어 온 것입니다. 신라 때가 언제입니까? 사도 바울이 전도하던 이 시기가 신라에서 일관이 활동한 때보다 더 이릅니다. 신라가 선 때는 대체로 주전 1세기 이후이지만, 신라의 일관이 활동한 때는 그보다 훨씬 이후입니다.

엘루마는 그러한 일종의 천문학적인 지식이나 무슨 지식을 상당히 가지고 있는 과학자인 동시에 서기오 바울에게 앞일에 대해서 '이러하니 이렇게 될 것이다' 하고 말해서 선지자 노릇을 하는 것입니다. 그러니까 거짓 선지자이고 박수라고 했습니다. 박수라는 말은 앞일을 잘 알고 무엇을 꿰뚫어 알고 있는 일종의 지혜자라는 말입니다. 그러한 사람을 만났습니다. 총독 서기오 바울은 지혜 있는 사람이어서 자기 궁정에 이런 인물을 두었습니다. 그 사람이 왜 서기오 바울의 관정에 있느냐 할 때, 동양의 종교가 그런 시스템을 가지고 이런 인물들이 동양 종교에서 나와서 그것을 대표하고 있는 까닭에 동양의 여러 신비하고 잡다한 종교에 대해서 알고 싶은 간절한 욕망이 있고 철학적이고 종교적인 지식을 진정으로 탐구할 때에는 필연 그러한 시스템의 대표자인 이런 엘루마 같은 사람을 데려다가 의논해 보는 것입니다. 엘루마라는 말 역시 그런 마고스 혹은 지혜자라는 말입니다. 그래서 그 사람과 앉아서 때때로 '그래, 동양의 종교에서 천문은 어떻게 생각하는가?' 하는 식으로 물어보는 것입니다. 말하자면 지혜 있는 사람이 주역을 잘하고 추수를 잘하는 사람을 옆에다 데려다 놓고 때때로 의논도 하고 물어도 본다면 그것은 지식이 있는 사람이 하는 일인 것입니다.

그렇게 여러 가지 것을 묻고 하는데 바울과 바나바가 여기에 이른 것입니다. 그러니까 "바나바와 사울을 불러 하나님 말씀을 듣고자 하더라"(13:7하) 했습니다. 또 여기에 새로운 사람들이 와서 새로운 도(道)를 이야기하니까 '저것도 좀 들어 봐야겠구나' 한 것입니다. 요컨대 그는 종교적으로 민감한 사람입니다. '무엇이든지 좀 더 배우고 좀 더 알아야겠다' 하는 사람입니다. 그러니까 "이 박수 엘루마는", 이름을 번역하면 박수라는 말뜻인데 "저희를 대적하여 총독으로 믿지 못하게 힘쓰니"(13:8). 왜 대적합니까? 첫째, 불의는 언제든지 진리를 대적하는 것이겠지만 거기에 물론 현실상의 문제가 붙어 다닙니다. 만일 총독이 예수를 믿는다면 자기는 갈 데가 없기 때문입니다. 그가 가진 것은 분명히 참도리에는 적(敵)인

도리인 까닭에 총독이 만일 바나바나 사울이 전하는 것을 믿는다면 자기를 내쫓을 수도 있는 일이고, '아, 이런 것은 안 되겠구나. 이것은 사특(邪慝)한 도리이다' 하고 나중에 포기한다면 자기가 설 자리가 없게 되겠다는 말입니다. 그러니까 아마 구명(救命) 운동을 하느라고 그랬는지 자기 직을 끝까지 확보하고 싶어서 한번 일대(一大) 운동을 하고 캠페인을 한 모양입니다.

바울이 엘루마를 징책함

그러자 "바울이라고 하는 사울이", 여기에서 이제 사울의 이름이 바울이라고 고쳐집니다. 아마 애초에는 옛날 이스라엘의 제일 처음 임금이자 베냐민의 영웅인 사울의 이름을 따서 자기도 베냐민 사람인 까닭에 사울이라고 이름을 붙였겠지만, 이제 그는 로마의 판도 아래에서 좀 더 로마 사람에게 통하는 로마 식 이름을 취한 것입니다. 서기오 바울의 이름도 바울인데, 로마 사람의 이름인 바울이라는 이름을 그때부터 취했습니다. 그러면 왜 하필 다른 이름을 안 쓰고 사울이 바울이 되었는가 할 때, 사울이라는 이름의 뜻을 로마의 라틴어로 할 때 바울이 되는 것은 아닙니다. '사울'은 키가 크고 장대한 것을 표시하지만, '바울'이라는 말은 '작다'는 말이니까 아주 작은 자입니다. 무엇 때문에 작다고 했는가 할 때, 그의 마음에 '나는 작은 자이다' 하는 겸손한 마음으로 썼는지도 알 수 없지만, 어떻게 보면 또 자기 자신이 키도 작고 남 보기에 '말도 시원치 않다'고 칭함을 받았으니까 스스로 그것을 그대로 인정하고 '나는 조그마한 사람이다' 하는 뜻으로 썼는지도 모릅니다. 바울 선생이 키가 크고 인물이 잘생기고 했다는 그런 기록은 없습니다. 얼굴은 영특하게 생겼을지라도 키도 작고 머리는 고슬고슬하고 조금 대머리였다는 기록이 있습니다.

고린도후서를 보면 바울 선생이 자기에 대해서 "너희를 대하여 대면하면 겸비하고 떠나 있으면 담대한 나 바울은"(고후 10:1) 하고 말하면서 '대면할 때는 항상 겸비했다'고 했습니다. "저희 말이 그 편지들은 중하고 힘이 있으나 그 몸으로 대할 때는 약하고 말이 시원치 않다 하니"(고후 10:10). 편지는 아주 장엄해서 굉장한 인물같이 생각했는데 만나 보니까 키는 조그마하고 미미하고 보잘것없고 볼품이 없고 풍채도 없고 사람이 좀 시원치 않다는 것입니다. 그렇게 생겼고, 말하는 것도 그렇게 대단히 명료하고 시원하지 않다고 했습니다. 바울이 말을 잘 못했습니까? 말은 잘했습니다. 그래서 나중에 허메 혹은 헤르메스(Hermes)라는 이름까지 주는 소동이 벌어지는 것을 다 아실 것입니다(참조. 행 14:12). 말은 원체 잘합니다. 잘하지만 하나님의 말씀을 전할 때 웅변이 되고 달변이 되는 것이지, 보통 때도 말을 주절주절 약장수같이 잘하는 것은 아니라는 말입니다. 그러니까 대면하고 이야기할 때는 말도 좀 시원치 않고 좀 희미하다는 것입니다. 바울을 비난하는 조건이 그런 것입니다. 그러니까 '나는 키도 작고 말도 시원치 않다' 해서 바울이라고 했는지도 알 수 없습니다. 그런 정도일 것입니다.

"바울이라고 하는 사울이 성신이 충만하여 그를 주목하고 가로되"(13:9). 이제부터는 성신이 충만해서 그를 주목하고 성신의 충만으로 말미암아 하는 이야기이지, 바울이 보다 보다 볼 수가 없어서 화가 나고 분이 나서 스스로 하는 이야기가 아닙니다. 성신이 충만하므로 비교적 냉철하고 냉정하게 그리고 명료하게 이야기하는 것입니다. 이제 여기서부터는 차츰차츰 바울이 무대(stage)에 중심인물(hero)로 나타나는 것을 보게 됩니다. 바울이 나오는 장면(scene)이 클로즈업(close-up)되고, 바나바는 차츰차츰 희미해집니다. 하나님의 성신이 이 위대한 바울의 영을 충만히 감동하실 때 지금까지 항상 비교적 뒷전에 서 있고 항상 바나바를 앞세우고 따라다닌 그가 이제는 그대로 묵과할 수가 없어서 큰소리를 명료하게 내면서 나타나기 시작한 이 장면을 한번 상상해 보시기 바랍니다.

"성신이 충만하여 그를 주목하고 가로되 모든 궤계(詭計)와 악행이 가득한 자요"(13:9하-10상). '모든 궤계'라고 했는데, 궤계라는 것은 속임수(trick)라는 말입니다. 마술로 그럴싸하게 속여 먹는다는 말입니다. 그것이 궤계입니다. 악행이란 악한(惡漢)의 교묘한 꾀라는 말입니다. '저자는 아마 무슨 짓이라도 할지 모르겠다. 무슨 짓을 할는지 예기할 수 없을 만큼 굴레 벗은 망아지같이 될 자이다' 하는 말입니다. 그런 의미가 여기의 악행이라는 말 가운데 특별히 나타나 있는데 이것은 무서운 말입니다. 무슨 나쁜 짓이라도 할 수 있을 성격과 태도를 가지고 있고, 악한이 교묘하게 지능적으로 무엇을 행하는 것을 특별히 의미하는 말로서 악행이라고 했습니다. 또 "마귀의 자식이요, 모든 의의 원수여, 주의 바른길을 굽게 하기를 그치지 아니하겠느냐"(13:10)라고 했습니다. 바른길을 가르치고 있는데 곧바른 길을 자꾸 막는 일을 한다는 말입니다.

"보라, 이제 주의 손이 네 위에 있으니 네가 소경이 되어 얼마 동안 해를 보지 못하리라 하니 즉시 안개와 어두움이 그를 덮어 인도할 사람을 두루 구하는지라"(13:11). 이것은 의사 누가가 쓴 말입니다. 그냥 '즉시 그 사람이 캄캄해져서 못 보게 되었다' 하고 쓰지 않고, "안개와 어두움이 그를 덮어"라고 했습니다. 이렇게 항상 치밀하게 묘사를 합니다. '안개처럼 부연 것이 그를 둘러쌌다'고 했습니다. 그런 것을 자세히 살펴서 의사답고 과학자답게 항상 면밀하게 기록해 나갑니다. "안개와 어두움이 그를 덮어 인도할 사람을 두루 구하는지라" 했습니다. 갑자기 손을 잡아서 자기를 이끌어 달라고 하는 처지가 된 것입니다.

복음의 진행을 저해하는 흑암의 세력을 파쇄함

"이에 총독이 그렇게 된 것을 보고 믿으며 주의 가르치심을 기이히 여기니라"(13:12). '이것 참 기이한 일이다' 하고 총독이 그때부터 믿었다는 말입니다. 이러한 큰 사실 혹은 한 기적이 나타났는데, 이 기적은 보통 연약하고 앓는 자나 괴로움이 있는 사람의 괴로움을 벗겨 주는 그런 기적이 아니고, 마귀에게 눌린 자를 고치는 그런 고침이 아닙니다. 이 기적은 마귀의 기계가 되어서 하나님의 나라를 해하려고 전진하는 자를 막아 버리는 기적입니다. 서기오 바울로 하여금 그런 사실을 목도하게 하셨습니다. "서기오 바울은 지혜 있는 사람이라", 즉 무엇을 자세히 궁구해서 진리를 탐구하는 사람이어서 "바나바와 사울을 불러 하나님 말씀을 듣고자 하더라"(13:7). '듣고자 하더라' 하는 이 말도 간절히 원했다는 뜻입니다. 보통으로 그저 '어디 한번 들어볼까?' 하는 것이 아닙니다. 그 동사의 말뜻이 벌써 그렇게 그것을 알기를 간절히 원했다는 것을 표시하고 있습니다. 그러던 사람이 그렇게 된 사실을 본 것입니다. 즉 간절히 원하여 자세히 살펴보았던 지혜 있는 사람이 보고는 '아, 이것이 바른 도리이구나' 하고 깨달은 것입니다. 여기에 복음이 그 능력의 한 부분을 그때의 필요에 응해서 실증한 사실이 나타나 있습니다.

 여기서 우리가 주의해야 할 것은 복음의 능력으로서 기적이 나타날 때는 첫째, 무의미하게 희한한 일을 보이는 것이 아니라, 그때에 꼭 있어야 할 필요한 일을 보인다는 것입니다. 그것이 만일 없을 경우에는 복음의 진행이 가로막히는 사실을 타개하기 위해서 복음의 기적이 나타나는 것이지, 덮어놓고 아무 때나 나타나는 것이 아닙니다. 그러므로 복음이 먼저 앞서서 간다는 사실이 더 중요하지, 복음이 가는 사실은 없고 덮어놓고 기적만을 척척 나타내고 가는 것은 큰 의미를 안 가지는 것입니다. 복음이 지금 진행해 나가려고 하는데 마귀의 도구나 혹은 사귀(邪鬼)가 와서 탁 막고 그것 때문에 복음이 장애를 받을 때에는 그것을 제거해 버리는 것이 기적이라는 말입니다. 그것이 복음의 능력의 전부는 아닙니다.

그러나 적어도 복음이 하나님의 경영 가운데에서 경로(course)를 밟아서 당연한 목적지를 향해서 자꾸 갈 때에 저해되는 것은 그것이 무엇이든지, 세상의 능력이든지 혹은 공중의 권세 잡은 자의 능력이든지 다 제거해 버린다는 큰 사실이 여기에 나타나는 것입니다. '보아라, 복음이 진행한다. 복음이 나아가는 길에 무엇이 감히 저항하거나 대항할 수 있느냐? 복음이 나아가는 길에 충실하고 끝까지 복음의 큰 능력을 믿는 종들을 통해서 복음의 진행을 저해하는 것을 파쇄(破碎)한다' 하는 것을 나타내 보여 주신 것입니다. 그런고로 서기오 바울의 신변에 있으면서 늘 그를 권하고 그를 붙들어서 종교적인 사실들을 가르치던 이런 엘루마 같은 사람의 장해를 일도(一刀)에 딱 끊어 버리듯이 당장에 그 자리에서 제거해 버리신 것입니다.

  그 후에 어떻게 되었는가 할 때 물론 서기오 바울은 믿었고, 구브로는 앞에서 말씀드린 대로 교회로서 성명(聲名)을 날리는 자리가 되었습니다. 그 후에 엘루마는 어떻게 되었습니까? '이것은 하나님이 엘루마를 불쌍히 여기시고 깨닫게 하시려고 하신 것이다' 하고 생각할 수도 있을 것입니다. 전설대로는 엘루마가 그 후에 회개하고 예수를 믿었다 하지만, 그것은 증명할 도리가 없습니다. 그것은 어디까지든지 전설입니다. 사람들이 말을 그렇게 만들어 놓은 것이지, 그 전설이 반드시 타당성이나 개연성을 가졌다고 할 근거가 없습니다. 분명한 것은 그때 그 사람이 그런 무서운 일을 당했다는 사실입니다. 기이한 일을 이루던 그 사람을 이번에는 기이한 일로 잡아 놓은 것입니다. "사람이 먼저 강한 자를 결박하지 않고야 어떻게 그 강한 자의 집에 들어가 그 세간을 늑탈하겠느냐. 결박한 후에야 그 집을 늑탈하리라"(마 12:29; 참조. 막 3:27) 하신 대로, 그를 지배하던 무서운 마귀의 힘을 눌러 놓지 않고는 그를 제어할 수가 없습니다. 이 일은 이 사람을 어떻게 했다는 데에서 끝나는 것이 아니라, 마귀가 그를 가장 예리한 하나의 도구로 써서 하나님 나라에 도전해 나왔으나 성신님이 이 거룩한 하나님의 종을 통해서 맹렬하고 무서운 능력을 그 자리에서 발휘하심으로 마귀의 예봉이 탁 꺾이고 좌절되고 무서워서 뒤로 물러나게 만들었다는 것이 우리가 여기에서 보아야 할 중요한 사실입니다. 하나님의 말씀에 의해서 하나님의 나라의 거룩한 도리가 역사를 통해서 진행해 나가는 것을 저해하는 세력은 무엇이든지, 그것이 거대한 총독의 관정에서 권력을 배경으로 하고 세력을 부리던 것일지라도 필요에 따라서는 하나님이 그것을 일거에 파쇄하셔서 복음의 진행을 가로막지 못하게 하신다는 사실이 중요합니다.

또 이런 때에는 항상 복음의 진행이라는 것이 제일 중요한 문제이지, 바울이 이적을 행했다는 것이 중요한 문제가 아닙니다. 바울을 통했든지 누구를 통했든지 하나님의 나라의 거룩한 도리가 하나님이 예정하신 코스를 향해서 그냥 달려 나가야 한다는 사실을 가르치는 것입니다. 여기서 우리가 오늘 배울 것은 오늘날도 하나님의 말씀이 올바로 진행해 나가도록 하는 역사적인 사명을 띠고 거룩한 교회가 그 역사의 궤도 위에 올라서서 행진할 때 그 하나님의 말씀의 코스를 달리기 위해서 역군으로 뽑은 사람들은 미미한 사람이라는 사실입니다. 즉 '바울'에 불과한 것입니다. 장대한 '사울'이 아니고 작은 '바울'과 같이 미미한 것이지만, 그러나 그것이 가서 결국은 암매(暗昧)나 불의가 점령하고 있던 서기오 바울을 점령하게 된 것입니다. 즉 적어도 그 섬의 주장자(主掌者)가 된 서기오 바울과 같은, 간절히 진리를 사모하는 지혜 있는 사람의 마음을 바로 꿰뚫고 들어가서, 그를 혼미케 하고 거짓으로써 예언하던 악마의 세력, 불의의 세력을 파쇄해 나간 것입니다. 이것이 오늘 우리에게 중요한 한 교훈입니다. 그와 같은 것을 할 때에는 끝까지 복음에 충실한 사도로서의 생활의 길이 있었고, 그때에 임해서 그렇게 하지 않으면 일대(一大) 결전에서 복음의 영광의 빛이 흐릿하게 되고 잘못된 인상을 줄 우려가 크게 있었을 때, '그렇게 되어서는 안 되겠다' 하는 확실한 의식 가운데 하나님의 능력의 충만함을 받아서 그것을 파쇄하려고 의식적이고 적극적인 행동을 취한 바울 같은 사람이 있었습니다. 이런 것들이 다 필요했고, 이런 것으로 비로소 그것이 파쇄된 것입니다.

그러면 우리가 이 교훈을 오늘날 우리의 생활이나 우리 교회에 적용하지 않으면 안 될 것입니다. 우리 교회가 이 역사의 코스 위에 하나님의 거룩하고 바른 계시를 진행시켜서 '그것이 아니고 이렇게 나가야 하겠다' 하고 그것을 올바로 받들고 나아갈 때는 반드시 순로(順路)로만 나아가게 되는 것이 아닙니다. 거기에 우리가 극복하지 않으면 안 되고 점령하지 않으면 안 되는 그릇된 것들이 있습니다. 이 거룩한 말씀이 이르러야 할 지혜자들, 곧 지혜 있는 머리들과 지혜 있는 심정들을 우리가 포착하려고 할 때에, 즉 서기오 바울의 심정과 같은 지혜 있는 심정과 지혜 있는 정신(spirit)을 포착하려고 할 때에, 여러 가지 그릇된 것과 그릇된 예언과 장래에 대한 희한하고 기묘하고 흥미 있는 사실로, 그리고 하나의 체제(system)가 되어 있는 종교적인 사실로 그를 붙잡고 있는 것들이 있습니다. 그가 지혜로써 이 거룩한 말씀의 계시를 받고 나아가려고 하는데 그것을 자꾸 가로막으면 그 방해 세력을 어떻게 파쇄하느냐 하는 문제입니다. 여기에 대해서 관망만 하고 있어서는 안 됩니다.

바울 선생은 관망한 것이 아니라 적극적으로 나아가서 성신의 충만함으로 행했습니다. 바울 선생이 성신 충만함으로 행했다 할 때 자기는 하기 싫었는데 말이 저절로 나온 것도 아니고 자기는 말을 안 하려고 했는데도 말이 자연스럽게 나온 것이 아닙니다. 자기가 하려고 해서 말을 한 것입니다. 생각도 하지 않고 그냥 입이 벌어지는 대로 주르르 말해 버린 것이 아닙니다. 자기가 생각하고 말한 것입니다. 또 부아가 나고 화가 나는 대로 자기의 격정(passion)을 그대로 막 그냥 쏟아낸 것이 아닙니다. 성신의 충만함으로 냉정하게 이지적으로 말한 것이고, 성신께서 온전히 지배하시고 자기가 나오지 않게 이야기한 것입니다. 즉 아상(我相)이 아니고 오직 그 안에 계신 그리스도께서 나타나서 말씀하신 것입니다. 이때는 어디까지나 하나님 앞에서 가장 이상적인(ideal) 경계(境界)에 서 있던 시기입니다. 누구든지 성신의 충만함으로 무슨 말을 하든지 행동을 하려면 그것은 그 사람이 가장 이상적인 위치에 서 있을 때여야 하는 것입니다. 보통 생활을 할 때와 같은 일반적인 생활 태도보다도 훨씬 자기가 지금 해야 할 일에 대해서 강하게 의식하고 있어야 하고, 자기에게 있는 모든 의식의 기능과 지혜를 다 동원해야 하고, 잘 준비해야 하고, 그것을 제시할 때 항상 모든 점에서 아상이 없이 성신이 충만한 자답게 제시해야 하는 것이지, 자기의 열정과 자기의 화와 자기의 종교적인 옛사람이 나와서 막 소리를 질러서 밀어 댄 것이 아닙니다. 이런 것을 우리가 여기서 주의해야 합니다.

   그런 까닭에 교회가 이 역사의 코스를 진행해 나갈 때 하나님께서 우리에게 지혜로운 마음을 주셔서 어떤 사람을 사로잡게 하실 때에, 그를 가로막는 과거의 전통적인 체제나 혹은 이교적인 사상이 있고, 그런 거대한 철학적이고 종교적인 암매가 그를 자꾸 주장(主掌)해서 복음의 진행, 곧 하나님의 말씀의 거룩한 진행을 저해할 때에는 무엇이 요구됩니까? 그럴 때는 바나바와 같은 온건하고 관대한 인물만이 아니라, 바울과 같이 명철하고 논리적이고, 미리 준비하고, 의욕을 가지고 담대하게, 자기 마음대로 하지 않고, 성신이 충만한 그 이상적인 경계(境界)에 올라서서, 옛사람적인 정열로 불타오르지도 않고 자기의 종교로써 압도당하지도 않고 자기의 욕심껏 한번 해 보는 것이 아니고 '이때는 마땅히 한번 할 때라' 하고서는 자기가 분노해서 하지도 않고, 성신이 충만한 초연한 위치와 초연한 심경과 옛사람이 없는 심경에서 담담하게 그러나 분명하게 준비하고 분명한 의식을 가지고 명확하게 이야기하는 그런 것을 요구하는 것입니다. 그것은 개인만이 아니라 교회도 마찬가지입니다.

교회가 역사적인 거대한 적 앞에서 적과 길항(拮抗)하고 대전(對戰)하면서 그것을 극복하고 그로 인하여서 많은 지혜로운 마음들과 하나님께서 주시는 양들을 획득하려고 할 때에는 무엇보다도 교회가 성신님이 충만한 위치에 있어야 합니다. 성신님이 충만한 위치라는 것은 무엇을 의미하느냐 할 때 명료한 준비와 의식(意識)의 일치 가운데 있으라는 말이지, 성신 충만이라 해서 감정이 막 날뛰어 히죽히죽 웃고 돌아다니고 만세 부르고 그러라는 것이 아닙니다. 무슨 이상한 운동을 하고 이상한 기도를 한 다음에는 마음에 기쁨이 충만했다고 하는데, 그런 식으로 기쁨이 충만하라는 말이 아니고, 성신으로 충만하라는 것입니다. 성신이 곧 기쁨은 아닙니다. 성신이 충만한 것은 성신이라는 창조자이시요 인격자이신 그분이 유기적으로 나를 전체로 지배하고 계시는 것입니다. '유기적으로 전체로 지배하시는 그 사실이 너를 주장(主掌)해야겠다. 네가 생각하는 것이나 마음으로 느끼는 것이나 네가 지금 하려고 하는 그 일이 성신께서 너라는 그릇의 한도 안에서 전부 주장하시는 일이 되어야겠다' 하는 것입니다.

지금 바울의 경우에 그것이 성신이 충만한 경계입니다. 이것은 바울이 준비 없이 한 것이 아닙니다. 준비한 사람으로서 한 것입니다. 준비한 이상을 한 것이 아닙니다. 준비한 이상으로 성신이 역사하시는 것이 아닙니다. 그 사람이 알지 못하는 말을 갑자기 하게 하신 것이 아닙니다. 바울은 잘 알고 말한 것입니다. 그런고로 바울은 가만히 생각했을 것입니다. '서기오 바울은 지혜가 있어서 이 도리를 간절히 알려고 하는데, 저자가 그것을 막아 자꾸 권하고 자꾸 방해를 놓으니 어떻게 할까? 가만히 생각하니 무엇보다도 이것이 진리의 적이다. 궤계(詭計)가 가득해서 궤계를 가지고 교묘한 짓을 많이 하는구나. 그래서 서기오 바울의 눈에 들게 하고 그가 그냥 현혹되도록 궤계를 부리는구나' 하고 먼저 그것을 발견했습니다. '저자를 가만히 두면 무슨 모략이라도 하겠구나. 무슨 짓이라도 해서 자기의 위치를 확보하려고 할 것이다. 어떤 모략이나 어떤 허언(虛言)이나 어떤 악행이라도 감행할 수 있는 악한이구나' 하는 것을 발견한 것입니다. 그러니까 첫째로 무엇이라고 했는가 하면 '궤계와 악행이 가득한 자'라고 했습니다. '그런 것이 충만한 자이구나' 하는 말입니다. 그다음에는 '결국 저것은 마귀의 자식이구나' 하는 것을 알았습니다. 마귀가 친히 잡아서 마음대로 쓰고 있는 자라는 말입니다. '자진해서 자기 몸을 마귀에 팔고 자진해서 마귀의 대의(course)를 위해서 일하는 자로구나' 하는 것을 알았습니다. 자기는 싫은데 갑자기 마귀에게 점령당한 것이 아닙니다. 왜냐하면 이 사람은 무의식 가운데 있는 자이거나 귀신 들린 자가 아니기 때문입니다. 마귀의 종노릇만 하고 있는 것이 아니라 마귀의 자식답게 자의식적으로 행하고 있는 것입니다. 바울이 성신에 충만하고 자의식이 충만해서 이야기하듯이, 정반대의 의식으로 마귀가 충만하고 자의식이 충만한 자입니다. 그런고로 마귀의 자식이지, 단순히 마귀의 기계가 아닙니다. 자기의 의식이 분명해서 생각하는 것인데 마귀적인 생각을 하고 마귀적인 궤계를 내는 것입니다. 그래서 '이자는 마귀의 자식이구나. 하는 행동이나 생각하고 말하고 하는 것이 꼭 마귀적이다' 하고 판단한 것입니다. 이 경우는 그냥 귀신 들려서 야단 내는 것이 아니라 자기가 충만한 의식과 논리성과 치밀한 판단을 가지고 하는 것입니다. 그래서 "마귀의 자식이요 모든 의의 원수여"라고 말한 것입니다. 결국은 의의 원수로 서 있습니다. 무서운 이야기입니다. 거기에서 의라는 것은 도무지 발견할 수 없다는 것입니다. 그럴듯하거나 동정할 만하거나 이해할 만하다는 사실이 없다는 것입니다. 그래서 '모든 의의 원수여'라고 했습니다. 바울 선생은 이런 것을 치밀하게 분석했고, 분석한 결과로 이런 결론을 내린 것입니다.

  바울 선생은 이런 결론을 내리고 둘째로 '이것을 어떻게 하면 좋겠는가' 하고 생각했을 것입니다. 아마도 '저자를 보니 이 이야기를 한번 해야겠구나. 이것을 가만히 두어둘 수가 없다. 만일 서기오 바울에게서 이것을 간과하고 넘어간다면 우리가 전하는 복음의 능력이나 권위가 명확하게 증명되지 못하겠다. 그저 한마디 던지면서 믿으려면 믿고 말려면 마시오. 누가 와서, 마귀가 와서 장해하더라도 상관없겠습니다 하고 지나간다는 것은 의미가 없다. 무엇이 적인가를 서기오 바울에게 분명히 가르쳐 주어야겠다. 그러니 말을 해야겠다' 하고 생각하고 기도하고 마음 가운데 확신이 생긴 다음에 만나서 그 이야기를 했을 것입니다. 만나서 이렇게 이야기했습니다. '너는 이러이러하다. 너는 궤계가 가득하다. 너는 악행이 가득하다. 너는 결국 마귀의 자식이다. 또 모든 의에는 원수이다' 하고 말하면서 "주의 바른길을 굽게 하기를 그치지 아니하겠느냐?"(13:10하) 하고 책망했습니다. '바른길이 이렇게 나가는데 네가 그것을 비틀어 놓으려고 하는 것이 아니냐? 너의 이런 의도, 이런 행동, 이런 시도(attempt)를 당장 정지하지 않겠느냐? 복음의 길은 이렇게 반듯이 나간다. 그런데 네가 이 바른길을 굽게 하느냐? 이 길(track)을 비틀어서 다른 데로 놓겠단 말이냐?' 하는 말입니다. '보라, 네가 만일 이렇게 복음에 항거하면 그 결과는 한 가지밖에 없다. 왜냐하면 복음은 하나님의 구원의 위대한 능력이기 때문이다. 복음은 그냥 말만이 아니다. 성신과 능력과 확신으로 내가 복음을 전하는데 복음은 그것을 믿는 모든 사람을 구원하는 능력인 까닭에 능력은 그 자체가 능력인 것을 드러내는 것이다. 복음은 능력이니까, 즉 뒤나미스(δύναμις)이니까 모두 파쇄할 것이다. 보라' 한 것입니다.

"보라, 이제 주의 손이 네 위에 있으니", '주께서 복음과 같이하시는 까닭에 복음을 방해하는 그자 위에 주의 손이 먼저 가서 그를 치실 것이다' 하는 것입니다. 이 말에는 무슨 의미가 있느냐 하면 '복음이 가는 곳에 주의 손이 같이 가신다. 하나님의 말씀의 바른 도리가 전달되는 곳에는 주의 손이 가는 것이다. 그래서 방해하는 모든 자를 파쇄하는 것이다' 하는 것입니다. "주의 손이 네 위에 있으니 네가 소경이 되어", 눈이 멀 것이라는 말입니다. 이것은 무서운 심판입니다. '네 암흑을 현실상 명료하게 폭로할 것이다. 봐라, 네 눈이 멀 것이다. 너는 이제 캄캄할 것이다. 이제 다시는 눈치 빠르게 다른 괴상한 짓을 하지 못한다. 이제 악을 늘 표시하던 그 눈은 멀어 버릴 것이다. 너는 다시 밝은 빛을 못 본다' 하는 것입니다. "네가 소경이 되어 얼마 동안 해를 보지 못하리라"(13:11 상). 왜냐하면 주의 손이 그 위에 있기 때문입니다. '복음의 길은 곧게 나아가야 할 텐데 그것을 굽게 하려고 할 때, 네가 그 코스를 틀어 놓으려고 할 때, 네가 그 앞에 서서 감연(敢然)히 대항하니까 복음과 함께 가시는 주의 손이 너를 쳐 버릴 것이다. 너는 어디로 가겠느냐? 이제 너는 눈이 어두울 것이다' 하는 것입니다. 그리고 그것만으로 벌써 족합니다. 눈이 어둡다는 사실은 벌써 파쇄이기 때문입니다. '어둠이 너를 지배할 것이다. 그리고 복음은 나아갈 것이다.'

총독이 주의 가르치심을 기이히 여김

그 결과, 과연 어떻게 되었습니까? 서기오 바울은 그것을 보고 '아, 이것은 과연 진도(眞道)로구나' 하고 믿었고 또 "주의 가르치심을 기이히 여기니라"(13:12 하) 하였습니다. 이것은 기적을 기이히 여겼다는 말이 아닙니다. '총독이 그렇게 된 것을 보고 믿었다' 하는 것이 결론입니다.

사실이 그렇게 되는 것을 보고 '아하, 이 복음이 이렇게 능력이 있게 나아가는 것을 내가 믿지 않을 수가 없구나' 한 것입니다. 그러고서는 '두 분 선생님, 오셔서 말씀해 주십시오' 해서 가르친 것입니다. 그가 믿으니까 그다음에는 가르쳤을 것 아닙니까? 그렇게 해 놓고서는 계속해서 가르칠 때에 '그것 참 기묘한 도리로구나' 하고 느낀 것입니다. 복음은 이렇게 진행했습니다.

이 문면이 아주 요약해서 쓴 사실주의적(realistic) 스타일을 취한 까닭에 그냥 보아 넘기면 잘 알기 어렵습니다. 보통 있는 연문(衍文)이나 보통의 산문(prose)을 보듯이 그냥 여러 가지 내용을 구구히 설명해 나가는 글을 보던 관습으로 볼 때에는 그냥 지나쳐 버리는 것이 이 이야기입니다. 이것을 만일 하나하나씩 차곡차곡 연문으로 풀어 쓴다면 긴 이야기가 될 것입니다. 그것을 누가는 아주 딱 요약해서 몇 마디로 탁탁 했습니다. 그렇게 쓰지 않으면 이 사도행전을 다 쓸 수가 없었을 것입니다. 그러니까 우리가 이 이야기를 볼 때 광경이 지나가는 속도가 아주 빠르지 않습니까? 만일 이것을 그대로 영화로 찍는다면 굉장히 속도가 빨라서 사람이 제대로 이해하거나 요약하기가 쉽지 않을 것입니다. 이 이야기를 모아서 차례차례 여러 장면(scene)을 찍어야 할 판국입니다. 그러니까 우리는 이것을 여러 장면으로 분리하고 분해해서 공부해야 합니다.

그러니까 '그렇게 된 것을 보고 믿었다' 했을 때 이 사실이 어디에서 발생했느냐 하면 서기오 바울 앞에서 발생한 것입니다. 그런고로 이것은 증명의 의미를 가지는 것입니다. '누구 앞에 이것을 증명해야겠느냐' 할 때 '서기오 바울 앞에서 이것을 증명해야겠다' 한 것입니다. 그래서 말하자면 이제는 서기오 바울 앞에서 자빠지든지 서든지 둘 중의 하나인 것입니다. 진리이면 서는 것이고, 진리가 아니면 자빠지는 것입니다. 이것이 절대로 그 두 사람만 싸운 것이 아닙니다. 서기오 바울 앞이라면 혼자 있는 것이 아닙니다. 관정에 있는 모든 사람이 쭉 둘러보는 데서 그 일을 한 것입니다. '자, 복음이 진리인지 아닌지 이제는 너희들이 봐라' 하고 일대(一大)의 도전을 한 것입니다. 이것이 바울 선생의 참 무서운 기백입니다. '서기오 바울과 그 아래에 있는 수많은 장관들 앞에서 이것을 행해야겠구나. 일대 도전을 해야겠다' 한 것입니다. 그래서 그 앞에 서서 엄연하게 차곡차곡 이야기를 할 때 아마 소리를 지를 필요도 없었을 것입니다. 그들이 알아들을 만한 이야기입니다. 흥분한 태도도 없이 아주 명료한 눈을 가지고서 명료하게 이야기했을 뿐입니다. 그렇게 늠름하게 이야기했을 때 갑자기 엘루마의 눈이 탁 어두워져서 '누가 나를 좀 잡아서 이끌어 달라' 하고서는 두루 사람을 찾아 막 외쳤는지도 알 수 없습니다. "인도할 사람을 두루 구하는지라"(13:11 하). '누가 나를 인도해 주십시오. 인도해 주십시오' 한 것입니다. '어디로 가야 하나' 하고서는 그의 참으로 불쌍한 영혼이 처음으로 외쳤을 것입니다. 그렇게 되니까 "이에 총독이 그렇게 된 것을 보고 믿으며"(13:12상) '그 말씀을 좀 가르쳐 주십시오' 한 것입니다. 믿을 수 있을 만큼 이야기를 들어야 믿는 것입니다. 그냥 그것을 보고서 '아, 예수 도(道)는 참도이다' 하고 믿었다는 말이 아닙니다. 이 말은 그렇게 되는 것을 보고 비로소 그 사람 속에 믿음이 들어갈 길이 열렸다는 말입니다.

그다음에는 "주의 가르치심을 기이히 여기니라"(13:12하) 했습니다. 누구의 가르치심입니까? '주의 가르치심' 입니다. '바울의 가르침을 기이히 여기니라' 하는 말이 아닙니다. 그런데 누가 가르쳤습니까? 주께서 소리를 내셨습니까? 분명히 주께서 소리를 내서 가르치셨습니다. 그런데 그것은 무슨 소리였느냐 할 때 바울이나 바나바의 소리였습니다. 바울이나 바나바의 소리가 주의 가르치시는 소리였다는 말입니다. 그러니 얼마나 권위 있게 가르친 것입니까? 바울의 목소리나 바나바의 목소리가 분명히 주께서 가르치시는 소리로 그에게 들렸다는 말입니다. '아, 이것은 주의 가르치심이구나' 한 것입니다. 그러고서 기도할 때 아마 '주님, 바울이 저를 이렇게 가르쳐 주었으니'라고 하지 않고 '주께서 저를 이렇게 가르쳐 주셨으니 감사합니다' 하고 말했을 것입니다. 참으로 주의 말씀을 성신의 충만함으로 전할 때에는 그것이 주의 가르침이 되는 것입니다. 목소리는 그를 가르치는 스승의 목소리였겠지만 그러나 분명히 그것은 주의 목소리입니다. 주께서는 오늘날 우리의 손을 쓰시듯이 오늘날 우리의 목소리를 쓰시는 것입니다. 이렇게 해서 주는 승천하셨지만 오늘날도 나사렛 예수로 계실 때보다 훨씬 능력 있게 존재하시는 것입니다. 어디서든지 필요한 자리에 계시는 것이고 필요한 종을 쓰셔서 말씀하시는 것입니다. 바울은 여기에서 참으로 에클레시아 하기아(ἐκκλησία ἁγία), 즉 거룩한 교회의 지체(肢體)로서의 자기의 기능을 발휘하기 시작한 것입니다. 바울은 여기서 예수 그리스도의 지체로서 이야기했습니다. 그러니까 그의 목소리는 주의 목소리를 대신한 것입니다. 그러니까 "주의 가르치심을 기이히 여기니라" 하였습니다. 기이히 여겼습니다. 그 심오한 것에 대해서 마음 가운데 '하, 참 기묘하다. 이것이 어떻게 이렇게 오묘하냐. 참 오묘한 도리이로구나' 하고 느낀 것입니다.

여러분, 이와 같은 것이 오늘날 우리 교회에는 중요한 문제입니다. 이 교회는 어디로 가는가 할 때 우리는 역사의 궤도 위에 올라서서 바울 선생이나 바나바가 거룩한 말씀을 들고 나가듯이 나가는 것입니다. 영민하고 지혜가 있지만 아직 빛을 받지 못한 서기오 바울과 같은 그런 심령이 말씀을 구할 때, 말씀을 전하려고 하더라도 순탄하게 되지 않고, 하나님의 나라에 저항하는 원수와 마귀는 언제든지 그것을 가로막는 것입니다. 그런 때에 필요한 것은 우리가 가지고 있는 모든 의식적인 기능과 여러 교우들이 배우고 공부하는 이러한 준비입니다. 이러한 평소의 공부가 준비가 되어 언제든지 필요할 때 사용되어야 하는 것입니다. 이러한 준비와 또 우리의 치밀한 관찰과 해석과 그에 따라 내리는 결론과 그로 인하여 우리가 행동하기로 작정하는 이런 것이 전부 마치 바울 선생이 일어나서 하신 것과 같은 그런 일이 되어야 합니다. 바울 선생이 할 때나 혹은 성약교회면 성약교회든지 어느 교회가 할 때도 결국은 같은 원칙(principle)과 같은 방법을 취하는 것입니다. 우리는 치밀하게 준비하고 치밀하게 보고 우리의 모든 의식의 기능을 충분히 활용하는 것이고 우리가 가지고 있는 모든 은사를 활용하는 것이지, 저절로 되기를 아무도 바랄 수 없는 것입니다. 은사를 충분히 활용하여 필요할 때에 증거하는 것입니다. 아무 두려움이 없이 서기오 바울 앞에서 증거하듯이 증거해 나가는 것입니다. 거기에 흥분이 없고 거기에 다중(多衆)을 의지하거나 사회 세력을 의지하는 법이 없습니다. 거기에는 사람이 많으니까 힘이 있고 사람이 적으니까 힘이 없다는 그런 법이 없습니다. 바울 선생 혼자 그런 일을 한 것입니다. 사람이 많이 있는 것을 의지한다면 그건 옛사람들을 의지하는 것이고 사람의 세력을 의지하는 것입니다. 그러나 우리는 오직 성신만 의지해야 하는 것입니다. 쓰시는 그릇들이 나서서 오직 성신만 의지하고 말씀을 변증하고 말씀을 전파하는 것입니다. 그럴 때 원수는 파쇄되는 것입니다.

그러나 여기에서 주의할 것은 이렇게 원수를 비판한 것이 바울 선생의 주무(主務)가 아니었다는 사실입니다. 그것을 알아야 합니다. '너, 잘못이다. 너, 이렇다' 하는 것이 주무가 아닙니다. 지금 국제적인 운동에 대해 밤낮 '너, 잘못이다. WCC(세계 교회 협의회), 너, 잘못이다. 너, 무엇이다' 하는 것만이 주류가 된다면 그것은 의미 없는 짓입니다. 무엇이 중요하냐 할 때 바울 선생이 그 말을 해서 엘루마의 눈이 먼 것을 서기오 바울이 기이히 여긴 것이 중요한 것이 아닙니다. 그것은 그를 믿음으로 이끌기 위한 것일 뿐이고, 그가 그릇되게 인도될까 봐서 변백(辨白)하는 데에 필요했던 것일 뿐입니다. 그것은 분명히 변증하는 것일 뿐입니다. 제일 중요한 것은 그다음의 '주의 가르치심'입니다. 거룩한 말씀으로 자꾸 가르쳐 넣는 것이 더 중요한 것입니다. 바울 선생의 중요한 임무는 말씀을 올바로 전파하고 가르치는 데 있었지, 원수와 더불어 늘 대전(對戰)하고 그를 넘어뜨리는 것이 그의 중요한 임무가 아닙니다. 그것은 지나가던 경로에 파쇄해야 할 단단한 돌이 있으니까 파쇄하고 지나간 것뿐입니다. 한번 그렇게 하고 지나가는 것이지 그것이 그의 주무는 아니었습니다. 언제든지 적극적으로 하나님 나라의 오의(奧義)를 전파하고 전달하는 것이 더 중요하지, 적과 더불어 대전해서 적을 압도하는 것이 제일 중요한 문제가 아닌 것입니다.

기도

거룩하신 아버지시여, 아버님의 종들인 바울과 바나바가 옛날 제1차 여행 때 구브로의 바보에서 거기의 총독 서기오 바울 앞에 있던 엘루마를 만났을 때, 바울 선생은 성신의 충만함을 입어서 그 충만하신 성신이 그 안에서 유기적으로 역사하실 때 그가 할 수 있는 모든 의식적인 활동과 모든 기능이 동원되어서 면밀하게 준비하고 관찰하고 결론을 내리고 판단했으며, 또한 거기에 의해서 마땅히 어떻게 해야 할 것을 그는 알았고, 그 인도하심을 받아서 하나도 두려움이 없이 용기를 가지고, 총독 앞에서 진리를 굽게 하고 감히 하나님의 말씀의 진행을 저해해서 딴 길로 이끌려고 한 무모한 엘루마를 주의 손이 친히 치시는 사실을 선고하였나이다. 치신 것은 주님이시요 바울이 아니지만, 주의 손이 그를 치시려고 하는 사실을 그 앞에서 분명히 선언함으로써 요컨대 바울을 통해서 전파하시는 주의 말씀이 주께서 친히 전하시는 말씀인 것을 변증케 하셨나이다. 주여, 기적을 행하시는 분은 주님이시요 사람이 아니로소이다. 기적은 주의 손이 친히 하시는 것이로소이다. 다만 이것은 그때의 그 일에 임해서 그것을 계기로 하여 그 종을 신임하시고 그에게 신임장을 주셔서 변호해 주시는 큰 사실인 것을 저희가 보나이다. 변호는 주께서 해 주시는 것이고 저희가 변호받기를 밤낮 구하는 것이 아니로소이다.

 그런데도 자기가 기적을 행하려고 하는 그릇된 일 가운데 빠지는 경우가 참으로 많이 있는 것을 저희가 이제 다시 느끼옵나이다. 주여, 주의 손이 친히 엘루마를 치셨나이다. 주의 손이 병자를 낫게 하시고 주의 손이 앓는 자를 일으키시고 주의 손이 어두운 자를 밝게 하시고 주의 손이 죽어 있는 자에게 그리스도의 새로운 생명을 주시는 것이요, 저희가 주는 것이 아니로소이다. 그런데 자기가 기적을 행하려고 하는 그릇된 생각 가운데 많은 사람이 방황할 때, 여기서 저희가 분명히 주께서 행하신다는 큰 사실을 보나이다. 그러나 주께서는 아무것도 없는 데서 홀로 하시지 않고, 그 사랑하는 종을 보증인으로 세우시고 입증자로 세우시고, 혹은 차라리 그를 변호할 대상, 곧 피고로 세워 놓으시고 그를 변호하시면서 하시나이다. 주께서 사랑하시는 종들을 변호하실 때 그 변호하시는 효과는 어떤 방식으로든 항상 역연(歷然)하게 나타나나이다. 반드시 기적이라야만 그가 변호되는 것이 아니고 주님의 보호는 어떤 방식으로든지 나타날 것이로소이다.

 이 교회가 가는 길에서 주께서 진리의 길을 굽혀 다른 길로 돌려놓으려고 하는 장해와 모든 암매를 파쇄하실 때는 주의 손이 친히 하실 것이지만, 교회가 충실히 순종하고 저 끝까지 간 후에 비로소 하실 것이요, 가기도 전에 주께서 친히 홀로 하시지는 않는 것을 아나이다. 그러므로 저희 교회는 충실히 자기의 갈 길을 가게 하시옵소서. 그다음의 문제는 주께서 친히 주의 손으로 그것이 적이면 엘루마를 치시듯이 치실 것이요 그것이 바다이면 홍해를 가르시듯이 가르실 것이로소이다. 주여, 그러므로 저희는 믿고 주께서 인도하셔서서 가라고 하는 거기까지 갈 뿐이로소이다. 바울은 총독 서기오 바울 앞에 서서 그를 향해서 그러한 선언을 했나이다. 그 다음에 치시는 주님의 손을 보았고, 보는 동시에 그것을 선고했나이다. 주님, 저희들도 주님의 거룩하신 손이 어떻게 움직이는가를 보고 주님의 손이 이렇게 움직인다는 것을 선포할 때 그것이 역연한 역사적 사실로, 희한하고 능력 있는 사실로 나타나는 것을 변증케 합소서. 저희는 다만 그것을 세상 앞에 선포하는 자요 저희가 스스로 그것을 행하는 자가 아닌 것을 확실히 아옵고, 이제 주께서 저희와 함께하시며 저희를 인도하시사 거룩한 권능을 나타내 주시기를 기도하옵나이다. 역사의 궤도 위에 올라선 이 교회가 가는 길을 주의 손이 앞서 가시며 이끄시고 인도하시며 말씀을 선포케 하시옵소서. 불의한 전통적인 종교의 암매와 이교적인 암매 가운데서 주의 길을 굽게 하는 마귀의 자식들이 여러 가지로 선지자의 탈을 쓰고 나타나서 활동할 때 주께서 이것을 파쇄하시나이다. 그리고 지혜로운 자, 진리를 알고자 하는 자를 마침내 사로잡아서 깨닫게 하시옵나이다. 이 일을 이루시옵소서. 이 교회를 주께서 영광 있게 쓰시옵소서.

 예수 이름으로 기도하옵나이다.

1966년 3월 23일 수요일

제4강

구브로에서 복음의 능력을 나타냄 (2)

사도행전 13:1-52

¹안디옥 교회에 선지자들과 교사들이 있으니 곧 바나바와 니게르라 하는 시므온과 구레네 사람 루기오와 분봉왕 헤롯의 젖동생 마나엔과 및 사울이라. ²주를 섬겨 금식할 때에 성신이 가라사대 내가 불러 시키는 일을 위하여 바나바와 사울을 따로 세우라 하시니 ³이에 금식하며 기도하고 두 사람에게 안수하여 보내니라. ⁴두 사람이 성신의 보내심을 받아 실루기아에 내려가 거기서 배 타고 구브로에 가서 ⁵살라미에 이르러 하나님의 말씀을 유대인의 여러 회당에서 전할새 요한을 수종자로 두었더라. ⁶온 섬 가운데로 지나서 바보에 이르러 바예수라 하는 유대인 거짓 선지자 박수를 만나니 ⁷그가 총독 서기오 바울과 함께 있으니 서기오 바울은 지혜 있는 사람이라. 바나바와 사울을 불러 하나님 말씀을 듣고자 하더라. ⁸이 박수 엘루마는 (이 이름을 번역하면 박수라) 저희를 대적하여 총독으로 믿지 못하게 힘쓰니 ⁹바울이라고 하는 사울이 성신이 충만하여 그를 주목하고 ¹⁰가로되 모든 궤계(詭計)와 악행이 가득한 자요 마귀의 자식이요 모든 의의 원수여, 주의 바른길을 굽게 하기를 그치지 아니하겠느냐. ¹¹보라, 이제 주의 손이 네 위에 있으니 네가 소경이 되어 얼마 동안 해를 보지 못하리라 하니 즉시 안개와 어두움이 그를 덮어 인도할 사람을 두루 구하는지라. ¹²이에 총독이 그렇게 된 것을 보고 믿으며 주의 가르치심을 기이히 여기니라. ¹³바울과 및 동행하는 사람들이 바보에서 배 타고 밤빌리아에 있는 버가에 이르니 요한은 저희에게서 떠나 예루살렘으로 돌아가고 ¹⁴저희는 버가로부터 지나 비시디아 안디옥에 이르러 안식일에 회당에 들어가 앉으니라. ¹⁵율법과 선지자의 글을 읽은 후에 회당장들이 사람을 보내어 물어 가로되 형제들아, 만일 백성을 권할 말이 있거든 말하라 하니 ¹⁶바울이 일어나 손짓하며 말하되 이스라엘 사람들과 및 하나님을 경외하는 사람들아, 들으라. ¹⁷이 이스라엘 백성의 하나님이 우리 조상들을 택하시고 애굽 땅에서 나그네 된 그 백성을 높여 큰 권능으로 인도하여 내사 ¹⁸광야에서 약 사십 년간 저희 소행을 참으시고 ¹⁹가나안 땅 일곱 족속을 멸하사 그 땅을 기업으로 주시고 (약 사백오십 년간) ²⁰그 후에 선지자 사무엘 때까지 사사를 주셨더니 ²¹그 후에 저희가 왕을 구하거늘 하나님이 베냐민 지파 사람 기스의 아들 사울을 사십 년간 주셨다가 ²²폐하시고 다윗을 왕으로 세우시고 증거하여 가라사대 내가 이새의 아들 다윗을 만나니 내 마음에 합한 사람이라. 내 뜻을 다 이루게 하리라 하시더니 ²³하나님이 약속하신 대로 이 사람의 씨에서 이스라엘을 위하여 구주를 세우셨으니 곧 예수라. (24절 이하 생략)

제4강

구브로에서 복음의 능력을 나타냄 (2)

사도행전 13:1-52

　오늘도 사도행전 13장을 다시 한번 생각하겠습니다. "안디옥 교회에 선지자들과 교사들이 있으니 곧 바나바와 니게르라 하는 시므온과 구레네 사람 루기오와 분봉왕 헤롯의 젖동생 마나엔과 및 사울이라. 주를 섬겨 금식할 때에 성신이 가라사대 내가 불러 시키는 일을 위하여 바나바와 사울을 따로 세우라 하시니 이에 금식하며 기도하고 두 사람에게 안수하여 보내니라"(1-3절). 이렇게 해서 선교의 길을 떠난 이야기가 있는 것을 잘 아실 것입니다. 지난 수요일 저녁에 이야기하고 생각한 것처럼 안디옥 교회는 참 훌륭한 교회입니다. 성신께서 그들에게 해야 할 일을 구체적으로 지시하신 사실이 여기 있는데, 문제는 그것을 올바로 깨달아 알고 그대로 순종해 나갈 성숙성과 지혜가 있던 교회라는 것이 중요한 일입니다. 주께서 교회에게 '무엇을 하라' 하시는 일에 대해서 교회가 눈을 떠서 볼 줄 알아야 하고, 또 방황하지 않고 딴 것을 쳐들고 야단 내지 않아야 하는 것입니다.

거짓 선지자 바예수

　이것과 비교해서 그다음에 나오는 중요한 이야기는 박수 엘루마의 이야기입니다. "두 사람이 성신의 보내심을 받아 실루기아에 내려가", 안디옥에서 해항(海港), 즉 바닷가에 있는 항구인 실루기아로 가서 "거기서 배 타고 구브로에 가서" 먼저 구브로 섬 동쪽에 있는 "살라미에 이르러 하나님의 말씀을 유대인의 여러 회당에서 전할새 요한을", 즉 마가 요한을 "수종자로 두었더라. 온 섬 가운데로 지나서" 섬 저쪽에 있는 "바보에 이르러 바예수라 하는 유대인 거짓 선지자 박수를 만나니 그가 총독 서기오 바울과 함께 있으니 서기오 바울은 지혜 있는 사람이라. 바나바와 사울을 불러 하나님 말씀을 듣고자 하더라"(4-7절). 이것은 바보에서 일어난 일입니다. 구브로 총독인 서기오 바울이 바나바와 바울에게 하나님의 말씀을 듣고자 할 때 그 곁에 거짓 선지자가 있었습니다. 그러니까 총독의 아문(衙門)에 드나들 만큼 굉장한 영향력과 세력이 있는 사람입니다. 이름이 바예수인데, 아람 방언으로 '예수의 아들'이라는 말입니다. 예수라는 이름이 여기에 붙어 다닙니다. '그 사람은 예수의 아들이라' 하는 것입니다. 바여슈아를 히브리 말로 하면 벤여슈아(בן ישוע)가 될 것입니다. 이 바예수는 유대인인데 거짓 선지자요 박수입니다. 신통력을 가진 듯이 이상한 술수를 가지고 사람을 가장 그럴듯하게 속이는 사람입니다. 그런데 그는 총독 서기오 바울과 함께 있을 만큼 유력한 사람이라는 것입니다.

그런데 "서기오 바울은 지혜 있는 사람이라"(7절 상)고 했습니다. 그 사람이 지혜 있다는 것은 분별력이 있어서 바울과 바나바의 이야기가 귀담아 듣고 주의해야 할 만한 것이라는 사실을 얼른 깨달아 알고 그들을 오라고 해서 하나님의 말씀을 듣고자 한 것입니다. "이 박수 엘루마는", 엘루마라는 이름의 뜻도 박수인데, "저희를 대적하여 총독으로 믿지 못하게 힘쓰니 바울이라고 하는 사울이 성신이 충만하여 그를 주목하고"(8-9절). 자, 여기서 총독 서기오 바울을 앞에 놓고 그의 정청(政廳) 혹은 관저에서 바울이라고 하는 사울과 바나바가 엘루마와 대결을 하는 것입니다. 사울의 이름이 바울이라는 로마 식 이름으로 고쳐진 것이 여기에 처음 나옵니다. 사울이라는 히브리 이름이 이제 로마 식으로 바뀝니다. 그때 로마 천하에서 훨씬 더 보편성이 있는, 바울이라는 이름을 가지고 부르게 되는 것입니다. "가로되 모든 궤계(詭計)와 악행이 가득한 자요 마귀의 자식이요 모든 의의 원수여, 주의 바른길을 굽게 하기를 그치지 아니하겠느냐. 보라, 이제 주의 손이 네 위에 있으니 네가 소경이 되어 얼마 동안 해를 보지 못하리라 하니 즉시 안개와 어두움이 그를 덮어 인도할 사람을 두루 구하는지라. 이에 총독이 그렇게 된 것을 보고 믿으며 주의 가르치심을 기이히 여기니라"(10-12절).

 이것은 바보에서 일어난 이야기입니다. 이 이야기에서 우리가 한 가지 생각하고 넘어갈 것은 이 총독의 정청이나 총독의 아문이 되었든지 관저가 되었든지 간에 어찌 되었든 총독 신변에 가까이 왕래할 수 있을 만큼 세력이 있던 자가 바예수라는 사실입니다. 그 이름을 바예수라고 해서 잘 모르는 사람에게는 예수와 무슨 관계가 있는 이름과 같이 얼른 들립니다. '하필 이름이 어찌 바예수냐' 할 만큼 되었습니다. 그것도 우리에게는 하나의 힌트라고 할는지 무엇을 하나 생각하게 하는 재료가 됩니다. 첫째, 이 바예수라고 하는 사람은 그 이름만 보더라도 예수라는 이름과 붙어 다니는데, 그때 그런 이름이 더러 있으니까 특별한 의미를 가진 것은 아니라고 할지라도 좌우간 생각은 하게 하는 것입니다. 이러한 종류의 인간이나 이러한 종류의 종교적인 활동 현상은 반드시 명확하게 자체가 별다른 것이라는 사실을 처음부터 선언하고 나서지 않고, 역사를 통해서 흘러나온 기독교의 정통적이고 전통적인 어떤 부분과 붙어 다니면서 어떤 부분을 이용하고 있는 것입니다. 그래서 전통과 역사가 있는 기독교의 어떤 부분과 관계가 된 것으로 생각하기가 쉽습니다. 자세히 생각지 않는 일반

대중이나 신자나 기독교인이라고 하는 사람들의 그 세밀하지 않고 막연하고 구체적으로 명확한 판단을 하지 않는 심사를 잠식해 들어가기가 쉬운 것입니다.

오늘날 한국에도 여러 가지 이상한 유사(類似) 종교들이 나타났지만, 계룡산 속에 들어가서 자기 멋대로 딴소리하는 것은 칠 것도 없고, 심지어 목사였던 어떤 사람들이 혹은 그렇지 않으면 적어도 성경을 해석한다고 하면서 기독교의 이름을 가지고 이상한 교(敎)를 만들어서 사람에게 퍼뜨리면 우매한 사람만 따라가는 것이 아니라 유명한 사람, 학문이 있다는 사람들도 많이 따라가는 것을 다 보셔서 아실 것입니다. 어디서 돈을 그렇게 모으는지 몰라도 국내에서뿐만 아니라 외국에까지 가서 사방에 선전을 하고 떠들고 다니고 또 어떤 연령층의 사람들을 미혹해서 추종하게 하는 것입니다. 그러한 일들이 지금 많이 있습니다. 오늘날 1960-70년대로 들어와서 세계의 기독교 국가, 특별히 프로테스탄트 국가에 현저하게 나타난 특이한 종교 현상은 소위 특별한 은사와 능력을 가진 사람이 '교회의 그 침울하고 고식적(姑息的)이고 아주 완고한 구각(舊殼)을 두들겨 파쇄하고, 생기 있고 능력 있고 희망 있는 기독교의 어떤 능력을 드러내고 신적인 권위를 드러낸다' 해서 보통 일이 아닌 비교적 무슨 신통력이 있는 듯한 초자연적인 일에 호소하고 그것을 나타내기에 주력하는 이런 운동들이 과거 어느 시대에 볼 수 없을 정도로 굉장하게 많이 일어난다는 사실입니다.

적어도 전통적으로 위대한 하나님의 나라의 흐름 가운데 나타났던, 말씀을 거룩하게 전파하던 선지자들의 탈을 쓰고 하나님의 말씀을 가지고 무엇을 하는 것입니다. 첫째로, 말씀을 다루고 나가는 데에 그들이 선지자의 위치에 올라서고자 하는 강력한 경향이 있습니다. 말씀을 가지고 다루지 않으면 호소력이 없기 때문입니다. 말씀이 아니고 다른 것으로 한다면 완전히 이단(異端)입니다. 아니, 이단인 정도가 아니라 그냥 다른 종교입니다. 특별히 이단이라고 할 것도 없습니다. 이단이 되려면 적어도 말씀이라는 기초가 있어야 하고 공통점이 하나 있어야 합니다. 말씀을 그릇되고 잘못되고 괴상하게 해석하는데, 무엇보다도 그리스도에 대한 논(論)과 구원에 대한 논을 그릇되게 할 때는 이설(異說)이 아니라 이단(異端)이 되는 것입니다. 그런데 그런 일을 감행한다는 점에서 선지자의 권위와 지위를 욕되게 하는 것입니다.

이런 점에서 이 바예수라는 사람도 '거짓 선지자'라고 했습니다. 단순한 요술쟁이가 아니고 거짓 선지자입니다. 총독의 아문에 들어갔다 나왔다 할 수 있을 만큼 권세를 가지게 되었다는 것을 볼 때, 총독이 아주 미신을 숭상하는 사람이라서 그 앞에 요술을 부리고 미신을 부려서 신임을 얻었느냐 하면 서기오 바울은 '지혜 있는 사람'이라고 했습니다. 대체 서기오 바울이 지혜 있는 사람인데도 그 사람의 집이나 그 사람 신변에 바예수가 늘 가까이 접근할 수 있었다면, 지혜 있는 서기오 바울에게 무엇인가 생각하게 하고 그런 그에게 접근할 수 있는 요소를 바예수가 지녔기에 그런 것이지, 아무것도 없었다면 바예수가 서기오 바울과 같은 지혜로운 사람 가까이에 접근하기가 어려웠을 것입니다. 그리고 이렇게 권세 있는 사람, 말하자면 행정가로서 권력자인 사람에게 접근한다 할 때는 그 사람의 권력 행사나 사회적 영향이나 높은 명예나 직위에 어떤 상당한 영향이나 도움을 줄 것이라고 이해되는 까닭에 지혜롭다는 서기오 바울도 그를 가까이했던 것입니다.

만일 같잖고 되지 않은 요술쟁이를 늘 가까이하고 있었다면 모두가 비난할 것입니다. '어떻게 총독이라고 하는, 모든 민중의 관장으로 앉은 사람이 저런 요술쟁이 말을 듣고 이러고저러고 한단 말이냐' 하고 비난의 대상이 될 것입니다. 구브로의 총독은 단순히 일철(一轍)한 군인이 아닙니다. 로마의 총독 가운데 특별히 빌라도 같은 유대의 총독은 수리아 총독의 휘하에서 활동하는 사람으로서 무인(武人)입니다. 로마 황제가 군대를 통솔하는 권력하에서 직접 임명해서 보낸 사람인 까닭에 일종의 군정관(軍政官)인 것입니다. 그래서 일일이 세밀하게 법조문을 따지면서 일하는 것이 아니라 어느 정도만큼 칙령이나 명령에 의해서 다스릴 수가 있었습니다. 그러나 그렇지 않고 로마의 다른 식민지라는 이런 특수한 지대의 총독들은 원로원의 승인을 요하는 관리들로서 원로원 자체가 탄핵을 할 수 있었고, 또 책임을 황제에 대해서뿐 아니라 원로원에 대해 지고 있는 까닭에 일종의 문관(文官)인 것입니다. 그래서 훨씬 고급이고 또 법에 의해서 로마의 시민을 직접 다스리는 권한을 가지고 있었습니다. 식민지 속주(屬州) 백성을 억압하고 마음대로 좌지우지하는 군정관이 아니었습니다. 다른 말로 하면 그만큼 아주 지적인 사람이라야 하고 인텔리여야 하고 또 무엇을 잘 아는 사람이라야 한다는 말입니다. 일철의 군인이어서 그냥 막되게 마구 해 버리는 그런 사람이 아닌 것입니다. 그런 사람에게 접근해서 중용될 수 있었다면 필시 이 사람이 아무래도 상당히 무슨 이론이 있던 사람이고 종교적으로 영향력을 끼칠 수 있는 식견도 있고 언변도 있고 또 그러한 풍도(風度)도 있었던 사람인 것입니다. 그런 점에서 서기오 바울 같은 사람이 항상 그 권력 있는 위치에 앉아 있으면서 친근히 가까이해서 자연스럽게 그 권력의 배경을 만들어 줄 수 있을 만큼의 영향력이나 능력을 가지고 있는 괴물입니다. 어떻게 말하면 좀 신비스러운 데가 있는 사람이라는 말입니다.

1900년대 이래의 세계 교회의 흐름과 여러 운동들

이런 것은 오늘날의 독특하고 이질적인 말류(末流) 은사 운동(charismatic movement)보다는 훨씬 고도적인 위치에 있는 것입니다.

오늘날 미국 사회에서 많이 일어나고 있는 무슨 운동, 무슨 운동 하는 여러 운동은 반드시 다 일고(一考)의 가치가 있는 훌륭한 것들은 아닙니다. 가령 냉철하게 합리적으로 자꾸 따져 보면 별로 들어 볼 가치가 없는 것들이 많이 있습니다. 그런데도 우맹(愚氓)이나 우중(愚衆)은 따라가는 것입니다. 어리석은 대중이라고 할 때는 한국이고 미국이고 유럽이고 세계 어디이고 큰 차이가 없습니다. 어리석은 사람들은 어리석은 것입니다. 그리고 다수는 역시 그러한 선동과 사람들의 요구에 대답하는 정도에서 끌려 다니는 것입니다. 그 요구라는 것은 '시끄럽고 불안한 세상, 불안한 세대에서 어딘지 안심할 수 있고 어딘지 희망이 있고 어딘지 이상에 도달할 수 있는 무엇이 있다' 하는 것을 보면 그것을 찾아 나아가는 것입니다. 이렇게 해서 지금 일어난 소위 특수 은사 운동이라고 하는 여러 카리스마 운동들을 보면 대체로 어떤 유토피아적 아이디어를 늘 품고서 가르칩니다.

그래서 '지상에 예수님이 재림하셔서 천국을 건설하신다' 하는 아이디어를 1900년대에 한동안 굉장하게 선전하고 떠들어 대서 그것이 굉장히 인기 있게 받아들여졌는데 그때는 선동 자체가 훨씬 적극적이었던 까닭에 그렇게 되었습니다. 19세기 말에 영국에서부터 미국으로 들어온 이런 극단적인 목세공(木細工)처럼 자세히 구분해서 꾸며 놓은 종말론은 원래 주로 영국에서 횡행했고, 또 서서(瑞西, 스위스)에서도 상당한 세력을 가지고 퍼져 나가다가 독일에도 일방 영향을 끼쳤는데, 독일 사람들이 좀 더 자기들이 좋아하는 방식으로 전개시켜서 그것이 또 철학적인 의미를 가진 별다른 방향으로 전진했습니다. 그랬다가 그것이 미국으로 건너와서는 하나의 큰 운동으로서 1900년대에는 무슨 '예언 대회'라는 것도 있었고, 또 '예수님의 재림'이라는 것이 굉장히 인기 있는 제목이 되어서 『예수님의 재림』(Jesus is comming)이라는 블랙스톤(W.E. Blackstone)

인가 하는 사람의 책이 굉장하게 많이 팔렸습니다. 그런 시대가 있었습니다.

그때 우리 한국에는 선교사가 들어와서 막 교회를 수립해서 조직하고 독노회(獨老會)와 총회 같은 것들이 형성되어 나가던 과정에 있던 때인 까닭에 그것이 그냥 또 한국으로 마구 홍수와 같이 휩쓸려 들어왔습니다. 그래서 건실하게 교회를 세우고 건실하게 생활을 건설하고 지상에서의 현 생활의 목표를 확립해야 할 시기에 그것보다는 당장에 재림으로 뛰어들어 가서 자꾸 재림 강론을 하는 재림 강조 운동이 한쪽에서 일어났습니다. 그래서 사방에 부흥회다 무엇이다 하면서 두 가지 문제를 주로 이야기했습니다. 하나는 '민족이 어떻게 하면 하나님의 복을 받고 잘살 수 있겠느냐' 하고 민족주의에 호소하는 열정이었습니다. 이것이 교회 안에 있던 열정이었습니다. 그래서 교회 안에 흥사단 운동이 한목 굉장한 세력을 가지고 뻗어 있었습니다. 또 하나는 현실의 불안에 대해서 어떻게 할 길이 없으니까 '어서 예수님이 오셔서 어서 평안하고 좋은 나라가 건설되어야지' 하고 예수님이 어서 오시기를 바라는 그 간절한 요구에 대해서 '주는 지금이라도 오실는지 모른다' 하는 강력한 이론이 제시되어서 그런 이론들을 사방에서 강해하게 된 것입니다. 아직도 묵시록 목사님들이 있습니다. 대를 이어서 묵시록만 전공한 목사님들이 있어서 묵시록을 외는 것을 보면 굉장하게 잘 외웁니다. 1장부터 22장까지 조르르 거꾸로도 외고 바로도 외고, 몇 장 몇 절을 대라고 하면 금방 조르르 대고, 그래서 판자에 물 붓듯이 주(注)를 하는데, 그것이 무엇을 의미하는가에 대해서는 별로 이야기가 없고, 천편일률(千篇一律) 같은 이야기를 했습니다.

그러한 것들이 그때 한번 일어났다가 중간에 자유주의적 신학과 특별히 유럽에서 강력하고 팽배하게 일어났던 바르트(Karl Barth, 1886-1968)의 신학 운동과 그들이 가지고 있는 성경에 대한 견해가 또한 미국을 굉장히 휩쓸었습니다. 자유주의 신학 운동과 함께 특별히 진화론이 사상적으로 굉장한 영향을 미치고 휩쓸며 왔는데, 그 후에는 교회가 주로 어느 편으로 흘러갔는가 하면 '사회에 대한 책임이라는 것을 차츰차츰 의식하는 것이 좋다' 하는 이론이 한쪽에서 대두하고, 다른 한쪽에서는 보수 교회가 '이러면 안 된다. 종래에 믿던 대로 믿자' 해서 예배당을 건실하고 착실하게 세우고 열심히 교회에 다니고 믿는 사람으로 생활하는 것을 강조했습니다. 즉 믿는 사람답게 종교적인 색채를 강력하게 가지고 살자는 것입니다. 지금 우리가 볼 수 있는 보통 잘 믿는다는 사람들의 스타일이 그렇습니다. 교회의 목표라든지 구원의 크신 목적을 각성한 것이 아니고, 그것보다는 오히려 몇 가지 종교적인 방도에 주력하는 것입니다. 열심히 기도하고 교회에 열심히 근실하게 출석하고 생활에서 좀 더 건실하게 자기 일을 충실하게 해 가면서 사는 그런 스타일의 신자인 것입니다. 그것도 하나의 스타일입니다. 아주 압도적으로 많은 스타일이 그런 것입니다. 그런고로 '하나님의 나라의 거룩한 사상이 무엇이다' 하는 깊은 데까지 마음이 돌아가는 것은 아닙니다. 그들은 무슨 일이 있을 때에는 예를 들면 경제적으로 볼 때는 미국의 자본주의를 극력으로 옹호하는 경제적인 프로그램을 가진 사람들입니다. 그것 이외에는 모르는 까닭에 그렇습니다. 그렇다고 해서 또 한쪽에서 사회주의를 주장하는 사람이 없는 것은 아닙니다. 특별히 미국의 감리교도(Methodist) 가운데 그것이 강력하게 대두했던 것을 보았습니다. 그러니까 이 세상의 경제 기구에 대해서나 산업 발전의 프로그램에 대해서도 어떤 일정한 형을 딱 가지고 있습니다. 그러나 교회가 독립해서 그런 것에 대해 별달리 비판적으로 가르친 것이 아니고 있는 현실을 그대로 받아들인다는 그 점이 강력합니다.

그러한 스타일 가운데 있는 사람들이 한참 서로 대립하고 있다가 오늘날에 와서 큰 문제는 두말할 것 없이 '사회의 구원' 이라 해서 지금은 '사회에 대한 교회의 책임' 이야기가 가장 강력하게 대두하는 시대 아닙니까? 그런데 그렇게 사회의 구원을 이야기할지라도 그것은 일방의 이야기이고, 많은 대중은 결국 '이 불안한 세대에서 우리가 건짐을 받아서 안심할 수 있는 사회로 들어가야겠다' 하는 마음과 심정의 요구가 있는데, 거기에 대한 대답은 '예수님이 오셔서 땅 위에 지상(地上) 천국을 건설하시고 결국 그 찬란한 왕국으로써 통일해 나가실 것이다. 그것이 유일의 대답이다' 해서 '예수님이야말로 모든 갈등과 고민과 괴롬의 대답이다' 하는 그런 식의 프로그램을 가지고 지금 떠드는 것입니다.

이것이 이 불안한 전후(戰後) 시대에 무엇을 일으켰습니까? 전쟁 직후는 혼란이었고, 그래도 전쟁의 종지(終止) 때문에 일어나는 정돈과 새로운 질서에 대한 요구가 있었지만, 이제 전후로 한 세대가 다 되어 가는데 그렇게 한 10년이나 한 세대가 지나가고 보니까 그것에서 큰 소망을 찾지 못할 때 새로운 질서의 도입에 대한 무언의 요구라는 것이 모두 다 있었습니다. 이 무언의 요구에 대한 대답으로서 '예수님이 금방 지상에 재림하셔야 할 텐데 재림하시기 전에 일어날 정치 프로그램은 이러한 것이다' 하는 것입니다. 그 정치 프로그램이 무엇인가 하면 '지중해를 본거지로 삼아서 유럽에서부터 먼저 혼란이 일어나 하나의 거대한 세력을 형성해서 한번 기독교에 대한 강력한 반대 세력이 움직일 때 예수님이 오셔서 그것을 타파하신다. 또 하나의 현상으로 유대 사람을 중심 삼아서 그 좌우에서 일어나서 유대를 압박하는 이런 큰 현상이 일어난다' 하는 것입니다. 이 둘째 이야기는 말하자면 너무 조묘(粗妙)한 이야기입니다. 그리고 이론적 근거가 심오하지 않습니다. 첫째 이야기는 좀 더 이론을 하는 이야기로서 정론(政論), 즉 정치론을 하는 것입니다. 그런 방면에 대한 이론이라는 것이 과거부터 벌써 굉장했습니다. 1900년대에서부터 1910년대에 찬란하게 한바탕 떠들어 대던 것이 그것입니다. 그런 방면에 대한 과거의 이론이 되살아났습니다. 오늘날에는 그런 식으로 이론을 하지만, 옛날에는 어떻게 했는가 하면 로마 제국의 부흥이라는 프로그램으로 이야기했던 것이고, 또 옛날에는 '이방 기약이 찬다' 하는 말로 명백하게 제시되었던 이론입니다. 이것이 되살아났습니다. 지난번에 말씀드린 대로 미국에서 지금 인기 있게 2백만 부나 3백만 부씩 팔린다는 책이 그런 것입니다. 계속해서 그 방면의 사람들이 써서 내놓은 책이 팔려서 최근에는 여기까지 와서 돌아다녀서 그것을 본 적이 있습니다.

지금의 카리스마 운동, 말하자면 특별한 은사 운동 가운데에는 그런 요소가 공통적으로 다 있는 것입니다. '이것은 안 된다', '저것은 안 된다' 하고서는 마치 고대 히브리의 선지자 그룹과 같이 재를 머리에 쓰고서 혹은 삼베옷까지는 안 입을지라도 히피같이 더러운 옷이나 떨어진 옷을 입고 거리에 돌아다니면서 '화 있을진저! 화 있을진저!' 하고 돌아다니는 그런 그룹이 또 생겨났다고 「타임」지가 그것을 자세히 보도했습니다. '이것은 옛날의 선지자 그룹의 재판(再版)이다' 하는 것입니다. 그런 그룹들이 일방 나와서 왕왕거리면서 돌아다니고 울고 야단 내고 '이제는 아메리카에 화(禍)가 온다' 하고 마치 옛날 선지자들이 일어나서 무슨 예언을 하고 선언을 하고 하나님의 경륜과 산업이 멸망해 나가는 상태를 이야기하는 그 스타일을 본받아 가지고 일종의 모방을 하는 것입니다. 이렇게 해 나가는 일이 있습니다. 그리고 또 '우리는 하나님의 자녀이다' 해서 '자녀 운동'이라는 것이 일방에 있는데, 그렇게 굉장히 이설적(異說的)이고 이단적인 것을 떠들고 돌아다니는 한 파가 있습니다. 그런가 하면 한쪽에서는 여러분이 요새 듣는 대로 '예수 혁명'이니 하는 이상한 소리까지 해 가면서 야단들을 내고 떠들어 대는 사람들도 있습니다.

이런 모든 운동들은 항상 현실의 불안에 대한 무슨 해답을 주기 위한 방도로서 어떤 특이한 종교 현상을 드러내는 것입니다. 그러나 그중의 대부분은 참으로 냉정한 인텔리겐치아에게 호소할 만한 것이 아니고 그냥 대중이 바쁜 가운데서 '이 불안 가운데 무슨 희망이 없을까?' 할 때 거기에 대해서 확 호소하는 정도의 이야기이지만, 어떤 것들은 '과연 그래야 하지 않을까?' 하고 교묘하게 인텔리겐치아들의 생각을 잡아끄는 것들도 있는 것입니다. 그 가운데 제일가는 것이 '사회에 대한 교회의 책임'이라는 이론에서부터 시작하는 것들입니다. 복음주의라고 하지만 사실은 복음의 진수에서 벗어나서 복음이라는 몇 가지 강령의 토대에 이상한 다른 집을 세운 것같이 가작(假作)해 나가는 운동들입니다. 이런 것은 훨씬 교묘하고 위험성이 많은 것입니다.

거짓 선지자라고 할 때, 어떤 한 사람이 나와서 굉장하게 이상한 소리를 하고 굉장히 찬란한 일을 하고 굉장한 기적을 행해서 어떤 것을 기대하는 것보다도, 이런 것들이 일어나서 어떤 큰 운동이나 어떤 큰 종교적인 사실이 거기에 사람을 충분히 매료시킬 만한 요소를 지니고 있으면, 하나님의 말씀의 깊이 가운데 확호히 서 있지 않는 사람들은 상당히 끌려 들어갈 수 있는 여러 가지 요소를 가지고 있는 것입니다. 그러면서 결국은 참된 도리와 하나님 나라의 정당하고 능력 있는 현현(顯現)이나 현출(顯出)을 외면케 할뿐더러 딴것으로 대치하게 만드는 쪽으로 이끌고 나가는 그것이 진짜로 거짓 선지자의 세력인 것입니다.

선지자라고 할 때는 사람을 먼저 생각하는 것입니다만, 그러나 그냥 사람이 아닌 것입니다. 사람을 생각할지라도 사람이라는 점에 중요점이 있는 것이 아니라 특이한 하나님의 임무라는 점에 중요성이 있는 것입니다. 선지자가 가진 특이한 하나님의 임무는 무엇인가 할 때 하나님이 전하시는 하나님의 나라의 거룩한 말씀이나 그 거룩한 말씀의 오의(奧義)를 전달해 주는 데 그 책임이 있는 것입니다. 그런고로 하나님의 산업의 활동과 진행에 대고 말씀에 대한 어떤 특이한 해석과 주장을 하면서 '이것이 오늘날 생각할 기독교의 가장 심오한 정신적 내용이다'하고 사람들에게 제시한다면 그것은 거짓 선지자가 나타낼 효과를 충분히 나타내는 일이 되는 것입니다. 거짓 선지자를 어떤 한 개인으로만 기대하지 말아야 합니다. 거짓 선지자가 개인이 되었든지 집단이 되었든지 사회 세력이 되었든지 간에 좌우간 중요한 문제는 말씀입니다. 말씀을 다루는 것이 선지자이기 때문입니다. 그래서 이 말씀이 그들의 손에서 별다른 내용과 주장과 별다른 목표로 바뀌면서도 교묘하게 그것을 은폐하면서 사람들에게 호소해 나갈 때 거기에 거짓 선지자의 오류와 위험이 그대로 재현되는 것입니다.

사이비 종교의 특징인 돈에 대한 탐욕

이 엘루마라고 하는 사람은 박수라고 했으니까 무슨 이상한 이야기를 하고 사람의 장래에 대한 것도 이야기하고 운명을 이야기하는 사람인데, 그것을 이야기할 때 보통 점쟁이들이 말하는 식으로 무식한 소리를 하는 것이 아니고, 지혜 있다는 총독 서기오 바울이 귀를 기울이고 자기의 권좌가 있는 데 늘 가까이 접근시켜 가면서 자기가 배경이 되어 줄 만큼, 그를 자꾸 가까이할 만큼 매력 있는 이야기였다는 것입니다. 바나바와 사울이 거기에 가니까 감연히 대적할 만큼 벌써 전통적인 권위를 수립하고 있었습니다. 그리고 그것이 종교적이라는 점에서, 상당히 신비하고 초자연적인 무엇을 풍긴다는 점에서 그것은 하나의 전형이 되는 것입니다. 오늘날 일어나는, 특별한 은사가 있다는 여러 운동도 특별한 은사라는 점에서 이상한 신적인 능력이나 초자연적인 능력을 다소간 과시하려고 하고 특이성을 과시하려고 하는 것입니다. 그리고 그것은 어떤 점에서 어떤 부류 사람에게는 매력이 있는 것입니다. 지혜로운 사람이 아니라면 어리석은 대중에게라도 매력이 있는 것입니다. 그런 점에서 공통점이 있습니다.

셋째는 진리가 들어가면 반대하고 나서는 것입니다. 바울과 바나바가 가서 서기오 바울에게 진리를 말할 때에 그것을 못 믿게 하려고 방해를 했습니다. 서기오 바울 앞에서 쟁론을 한 것입니다. 이런 점에서도 마찬가지입니다. 오늘날 참된 것을 올바로 가르치면 오히려 그것을 박해하고 그것을 외면하게 하고 딴 데로 끌고 가는 여러 가지 운동의 내용을 우리가 다 주의해야 합니다. 또 하나의 중요한 문제는 거짓 선지자는 무엇을 목표로 삼고 오는가 하는 점입니다. 참선지자가 목표로 삼는 것은 하나님께서 전달하라고 하신 말씀을 신실히 전해서 그것이 이 땅 위에 이 세상 위에 빛이 되고 인도하는 길잡이가 되도록 해 나가는 것입니다. 그러나 거짓 선지자의 길은 사람으로 하여금 오류와 미망(迷妄)으로 빠져 들어가서 흑암의 세력으로 그냥 휩쓸려 들어가 포로가 되게 한다는 것만이 최후의 목적이 아니고, 항상 그런 말을 하는 사람 자체의 이익을 위해서 하는 것입니다. 그런고로 거짓 선지자는 참선지자와 달리 항상 물질에 대한 탐욕이 강력하게 움직여 나간다는 것을 보편적으로 보는 것입니다. 세상의 점쟁이를 볼지라도 늘 돈을 가지고 따집니다. 무당을 볼지라도 돈을 많이 놓으면 신의 영검이 크고, 적게 놓으면 신의 영검이 적다는 식으로 합니다. 돈에 대한 점쟁이의 탐욕이라는 것은 언제든지 사람을 오류와 미망 가운데 방황하게 하고 잘못된 가운데 이끌려 들어가게 하는데, 거기서 헤어나기까지는 자기가 지금 잘못 속에 들어 있는지도 모르고 취(醉)해서 막 나가는 것입니다. 그러면서도 자기가 가장 잘 믿는 것같이 생각합니다. 종교적인 어떤 권위가 그 세계 가운데 있는 것으로 자인하고 있습니다. 물론 그런 것이 있기는 있습니다. 그러나 그가 들어가 있는 이런 종교라는 것은 거짓된 종교요 거짓된 정신인 것입니다.

　이처럼 돈이라는 것이 무서운 동기가 되어 있습니다. 성경 말씀은 '돈을 탐하는 것이 일만 악의 뿌리가 된다' 고 가르칩니다. 이렇게 돈을 탐하는 탐심이 생겨서 '어떻게 하면 이 돈을 좀 불려서 나를 유익하게 할까?' 하면 그냥 거기에서 일만 악의 뿌리가 다 나오는 것이고 일만 가지 악이 거기서 막 솟아나기 시작하는 것입니다. 그러면서도 일만 가지는 그만두고 한 가지 악도 스스로 발견하지 못하는 것입니다. 그러나 성경은 "돈을 사랑함이 일만 악의 뿌리가 되나니 이것을 사모하는 자들이 미혹을 받아 믿음에서 떠나 많은 근심으로써 자기를 찔렀도다"(딤전 6:10) 하고 말씀하고, "부하려 하는 자들은 시험과 올무와 여러 가지 어리석고 해로운 정욕에 떨어지나니 곧 사람으로 침륜(沈淪)과 멸망에 빠지게 하는 것이라"(딤전 6:9) 하고 말씀합니다. '탐심이라는 것은 뭐냐?' 할 때 '우상 숭배'라고 했습니다(골 3:5). '귀신 앞에 나가서 절하는 것과 탐심이 무엇이 다르냐?' 하는 것입니다. '탐심이 그런 것이다. 탐심이라는 것은 맘몬(Mammon)이라는 우상, 돈 귀신이라는 우상 앞에 절하는 것이다' 하는 것입니다. 그런데 이 엘루마 같은 사람들은 무엇을 섬기는가 하면 탐심을 섬기는 것입니다. 돈, 권력, 명예를 섬깁니다. 서기오 바울과 같은 권력자에게 접근해서 그것을 자기 울타리와 배경으로 삼고 권력에 붙어 있습니다. 남들이 다 알아주고 신문에 늘 크게 날 만한 그런 위치에 붙어 있으니까 명예입니다. 그 당시에 날마다 신문을 발행한 것은 아니지만, 오늘날로 말하면 신문에 크게 날 그런 위치에 있는 것입니다. 그러나 더 중요한 것은 항상 탐욕입니다. 돈에 대한 탐욕인 것입니다.

그러나 항상 신령한 생활을 하는 사람으로서 돈에 탐심을 가진 사람은 없습니다. 돈에 탐욕을 가진 사람으로서 돈의 포로가 되면 신령한 생활을 할 길이 도저히 없는 것입니다. 그런데 오늘날 미국에서 일어난 여러 카리스마 운동을 보도가 되는 대로 하나씩 주의해서 읽어 보면 기이한 이야기가 있습니다. 굉장히 돈을 많이 번다는 이야기입니다. 최근에 문선명의 이야기가 「타임」지에 난 것을 아시지요? 맨해튼(Manhattan)에 상륙

(landing)했다는 이야기입니다. '맨해튼 등륙(登陸)'이라 해 놓고서 '메디슨 스퀘어 가든(Madison Square Garden)에 사람을 굉장히 모아 놓고 연설을 했는데 그것 하나 하는 데 30만 달러를 썼다'고 합니다. 그런데 거기에서만 쓴 돈이 그 정도입니다. 미국의 수십 군데의 도시를 다 돌고 마지막에 그리로 가서 대회를 한 것인데, '돈이 대체 어디서 나는가?' 하면서 「타임」지는 자세히 '이렇게 돈을 번다더라. 길가에 서서 땅콩 장사도 하고 무엇 장사도 하면서 그런 것을 판다'고 합니다. 하지만 그런 것을 해서는 그 돈이 나올 리가 없다는 것입니다. '그런데다 굉장한 저택을 가지고 있다고 한다'고 합니다. 미국에 들어온 비자와는 달리 이렇게 장사하고 돈을 벌고 그러니까 미국 이민국에서는 전부 추방을 한다고 명령을 내렸습니다. 거리에서 장사하고 돌아다니는 그룹들도 「타임」지에 났는데, 돈이 어떻게 해서 나오는지 몰라도 굉장한 돈을 들여서 신문에 전면 광고를 턱턱 낸다는 이야기를 썼습니다. 몇 만 달러를 들여서 신문에 전면 광고를 내고 또 얼마를 들여서 내고 하는데 돈을 물 쓰듯이 써 가면서 내는 것입니다. 대체 돈에 대해 무슨 기묘한 방법을 쓰지 않았으면 큰 기업을 하지도 않는 사람에게 돈이 그렇게 들어올 리가 없습니다. 그러니까 '제일 이상한 물음표는 어디서 그 돈을 얻느냐 하는 문제라고 한다'고 합니다.

처음부터 돈에 대해서 기묘한 욕망을 가진 사람들이니까 그렇습니다. 돈을 탐하면서 그것을 종교적으로 가장 아름답게 해석하려고 할 때에는 굉장한 허위와 미망 가운데 빠지는 것입니다. 돈을 탐해서 차라리 '나도 세상 사람과 같이 돈을 탐하고 사는 그런 부류의 하나'라고 솔직하게 인정하면 세상 사람이 가는 길로 가는 것이지만, 그것을 종교적으로 각색을 하면 괴상한 인물이 되는 것입니다. 이렇게 해서 모든 이설(異說)이나 특별히 이설보다도 이교(異敎) 혹은 괴상한 유사 종교나 이종교(異宗敎)

운동 가운데는 항상 돈이 붙어 다닙니다. 과거에도 우리 한국에는 여러 가지 유사 종교가 많이 있었는데, 그 유사 종교마다 붙어 다니는 이야기는 돈 이야기입니다. 어떻게 해서 돈이 그렇게 많이 들어오는지 모르겠다는 이야기인 것입니다.

진리가 신장해 나갈 때에는 그릇된 것이 나타나기 마련임

또한 우리가 주의해야 할 것은 이런 박수 엘루마 같은 괴상한 거짓 선지자의 행동이 바울과 바나바가 하나님의 거룩한 나라의 참된 자태를 바르게 수립해 가면서 전진하는 어구에 나타났다는 사실입니다. 맨 처음에 수리아 안디옥을 떠나서 바다의 항구인 실루기아에서 배 타고 맨 처음에 도달한 곳이 살라미와 바보입니다. 살라미를 지나서 바보로 갔을 때 여기에서 이런 일이 생겼습니다. 전도를 시작하자마자 당장에 딱 맞서고 나타난 사실이 이런 괴상한 사이비적인 그러나 대단히 유사한 어떤 종교적인 제시였던 것입니다. 항상 진리가 신장해 나가려고 할 때에는 그릇된 것이 나타나기 마련입니다. 그릇된 것이 나타나서 반대도 하고 뒤섞이기도 하고 혹은 진리에 붙어 다니기도 합니다. 우리가 성경을 계속 읽어 가면 나중에 보겠습니다만, 이번에는 시몬 마구스(Magus)의 이야기와는 전연 별다른 이야기인 것을 여러분이 아실 것입니다. 시몬 마구스 이야기에서 우리가 별다른 것을 다 보았지만 그러한 일이 이 기독교의 초대(初代)의 역사 가운데서 나타난다는 것을 다 볼 수 있습니다.[6] 특별히 여기에 나타난 이 엘루마의 이야기는 하나의 이상한 것을 우리에게 가르칩니다. 바울 선생이 처음으로 교회의 보편성이라는 거룩한 성격을 명확하게 수립해서 참된 교회의 거룩한 자태를 차곡차곡 세워 나가고, 보편성이 있으니까 필

---

[6] 참조. 김홍전, 『나는 네가 핍박하는 예수라』(사도행전 강해 3), 제10-11강, 성약출판사, 2006년.

연적으로 팔레스타인 한 귀퉁이에서만 일하지 않고 여기에도 저기에도 교회를 세워 나가는데, 그렇게 교회를 세워 나가는 관문(關門)에서 당한 일입니다. 맨 처음에 시작하는 행보의 첫 걸음에서 딱 이런 일을 당한 것입니다. 그러니까 역사적으로 보면 하나님의 나라의 거룩한 신장이라는 역사의 시초에 벌써 사이비적인 것과 그릇된 세력이 거기에 대립해서 뿌리를 박으면서 일을 하려고 하는 것입니다. 여기에서도 그런 것이 나타납니다. 맨 처음에 하나님께서 에덴동산을 만드시고 사람을 두셔서 사람이 가장 정당한 일을 하려고 할 그때에 당장에 마귀가 탁 나타나서 그 일과 대결을 한 것입니다.

여기서 우리가 무엇을 또 하나 볼 수 있는가 하면, 하나님의 뜻에 합당한 가치 있는 위대한 역사의 걸음을 걸으려고 할 때에는 먼저 시련이라는 것이 어떤 형식으로든지 오는 것인데, 그 시련은 그때마다 형태를 달리할지라도 분명히 반(反)세력으로, 괴악한 흑암의 세력으로 거기에 나타난다는 사실입니다. 그것이 마귀의 도구인 가라지입니다. 알곡을 해치려고 알곡과 더불어 같이 뿌리를 박고 자라나는 그런 형태입니다. 물론 가라지의 비유에 나타난 것이 그 이야기인 것만은 아니올시다만, 그러나 가장 그럴듯한데 실은 알곡이 아닌 이상한 가라지가 교회 안에 이렇게 쑥 꾸부리고 들어와 있는 일이 있습니다.

그런 것을 우리도 스스로의 생활 가운데에서나 우리 교회의 자취 가운데에서도 때때로 생각하는 것입니다. 우리 교회가 10년을 한결같이 항상 순결하고 아름다운 세력으로만 이렇게 자라 온 것이 아닙니다. 때로는 공연한 세력이나 공연한 감정이나 공연한 사실들이 들어와서 교회의 건실한 행보를 해치려고 하고 교란을 일으키기도 한 것을 우리가 다 경험해서 아는 것입니다. 그러나 우리가 그것을 처음부터 다 알았던 것이 아닙니다. 누가 그런 사람일는지, 누가 어떻게 나중에 작해(作害)를 해서 교회를 시끄럽게 하고 괴롭게 줄는지 우리가 알 수 없는 때가 있습니다. 그러한 까닭에 새로 교회에 들어오는 사람이라든지, 또 교회에서 생활하는 사람들 가운데 어떤 사람의 신앙 상태가 온당치 않다든지, 또 어떤 이상한 자기만의 현상 가운데 있으나 그것이 별로 나타나지 않는 일에 대해서는 민감하게 주의해 나가야 하는 것입니다. 사랑하는 우리 교회에, 지금까지 함께 거룩한 하나님 나라의 길을 걸어오신 여러분들께 제가 부탁하는 것이 그것입니다. 주께서 우리에게 은혜를 주셔서 우리가 10년의 길을 한결같이 그냥 잘 걸어왔지만, 이렇게 돌아보면 평탄하게 늘 아무 일 없이 온 것만이 아니라 마음 가운데 때로는 '이렇게 했어야 했다', '저렇게 했어야 했다', 또 '교회를 순결하게 보존하기 위해서는 우리가 그렇게 했어야 했다' 하는 것을 느끼는 것이 있습니다. 그러나 우리가 그것을 다 알고 미리 다 예방하는 것은 아닙니다. 가라지를 뿌렸을 때는 다 잠잘 때여서 가라지는 모르는 사이에 들어오는 것이라고 했습니다. 와서 기정사실로 존재하는 것도 있는 것입니다.

교회의 권징과 권위

그런 일에 대해서 우리는 항상 민감하고 명민하게 생각해야 합니다. 교회다운 특성은 진리에 입각해서 정상적으로 다 이해하고 '과연 그것이 진리이다' 하고 깨달은 바에 의해 생활하는 것입니다. 그러나 수긍할 수 없게 이상하게 나간다든지 단순히 자기의 인간 종교를 형성하고 꾸려서 맞춰 나가는 그런 일이 있을 때에는 교회가 무엇을 하도록 우리의 선배들이나 역사 위에 있는 참되고 거룩한 교회들이 가르쳤는가 하면 그것을 책망하는 것과 제재하는 것과 또 그에 대해 올바로 가르치는 것이 교회에 있어야 한다고 했습니다. 이것을 소위 권징(勸懲, discipline)이라는 말로 우리가 해석하는데, 권징이란 딱 절제를 해 주는 것입니다. 그냥 방치해

두지 않는 것입니다. 소위 교회의 권징을 하기가 쉬운 것이 아닙니다. 물론 교회의 교회 된 큰 특징이나 징표를 말할 때에는 무엇보다 말씀입니다. 말씀의 바른 공급이 있어야 합니다. 들리는 형식과 방법으로, 즉 강대(講臺)에서 하나님의 말씀을 전하는 것이 있어야 하고, 또한 성례를 베풂으로써 보는 데서 상징적으로 우리에게 생각하고 깨닫게 하는 것이 있습니다. 그래서 성신님이 그것을 쓰셔서 은혜를 베푸시는 것이 있지만, 그와 더불어 성신께서는 '떼 놓을 것은 떼 놓아라. 책망할 것은 책망해라. 버릴 것은 버려라. 제척(除斥)할 것은 제척해라' 하시는 것입니다. 결국 떨어져 나갈 것은 언제고 떨어져 나가는 것입니다. 하지만 그러기까지는 진통을 겪는 것입니다.

그런 까닭에 미리부터 항상 주의해서 단속해 나가는 것이 교회의 권위입니다. 친절과 겸손으로만 대하는 것이 아니라 교회의 그 거룩한 권위를 어떤 방식으로 우리가 나타내야 할 것인가 하는 것이 중요한 일입니다. 그것은 치리상(治理上)의 권위뿐만 아니라 치리상의 권위가 있기 전에 교회에는 말씀의 능력으로서의 권위가 서야 합니다. 그 말씀이 엄격하게 '이것이 진리이다' 할 때 이것이 진리라고 한 그 말씀은 권위 있게 하나님의 말씀이요 진리인 것을 자증(自證)해 나가는 것입니다. 그런데 대체로 우리가 경험한 대로는 진리가 아닌 것을 진리인 것같이 오해하고 자기 스스로 진리에 도달한 것같이 생각하는 데서 그릇된 것이 싹트는 것입니다. 진리가 아닌데 자기는 진리라고 생각한다고 하고 또 그것이 진리인 양 스스로 변호하고 나가는 데서 문제가 생기는 것입니다.

그런 점에 대해서는 지금까지 우리 교회에 같이 나오신 여러분들, 즉 교회의 사명을 함께 느끼고 지금까지 정성껏 떠받쳐 나오신 교우들이 그런 것을 주의해서 확호하고 공고하게 결속해서 이에 대처하셔야 할 것입니다. 그렇게 나아가면 하나님께서 항상 우리를 보호하셔서 항상 건실하게 병 없이 나아가게 하실 것으로 믿습니다. 하나님께서 우리에게 은혜를 주셔서 지금까지 큰 질병을 앓은 일은 없습니다. 바깥에서 무엇이 와서 붙었을지라도 결국은 그것을 털어 버릴 수 있도록 우리를 보호하셨습니다. 그러니까 앞으로도 계속 공고하게 결속해서 진리가 무엇인가에 대한 이해가 공통으로 있도록 하는 것이 첫째로 제일 중요한 일입니다. 진리에 대한 이해를 공통으로 가진다는 것은 요컨대 누가 혼자만 다 깨달은 체하는 것도 우스운 것이고, 자기 혼자 아는 체하는 것도 우스운 것이고, 우리가 공동으로 나눠서 같이 '이것이 진리이다' 하고 생각해야 하고, '이렇게 해석한다. 이렇게 우리는 배웠다' 하는 것이 중요한 것입니다. 교회의 신앙이라는 것은 사람마다 깨달음이 달라서 여러 층이라고 할지라도 늘 공통의 이해가 있어야 합니다. 그런 점에서 같이 앉아서 같이 공부한다는 것은 중요한 일입니다. 혼자만 앉아서 혼자만 다 알아 버리고 마는 일은 없습니다. 공동의 이해를 가지는 것이 교회 자체의 신앙, 즉 교회를 한 단위로 보고 가지는 신앙의 소위(所爲)인 것입니다. 그래서 그것이 표준이 되면 거기에 이르지 못하는 사람의 경우는 항상 가르치거나 이끌거나 깨우치거나 바른길을 제시해 주어야 합니다. 이런 것들이 중요한 일이고, 앞으로 우리 교회가 깊이 생각할 문제입니다. 그런고로 앞으로 우리 교회가 그렇게 나아갈 것을 당부하고 그렇게 나아가기를 기대합니다.

여기에서는 아직 그런 문제까지 이야기하는 것은 아닙니다. 이 바보에서 일어난 일은 단순히 사이비 선지자, 즉 거짓 선지자의 일입니다. 이러한 일종의 사이비 종교는 괴상한 종교이지만, 가장 그럴듯하게 나타났던 종교입니다. 그 거짓 선지자는 유대인입니다. 그런고로 상당히 유대교적인 계시에 입각한 무슨 일을 했을 것입니다. 유대인인 까닭에 그렇게 했을 것입니다. 그렇게 하지 않고 어디서 딴 경전을 들고 와서 한 것은 아닙니다. 그래서 문제가 있었던 것입니다. 그러한 까닭에 서기오 바울이란 사람은 적어도 유대의 경전인 구약이 중요한 말씀이라는 것을 깨닫고 주의했던 모양입니다. 그런고로 바나바나 바울도 그 성경에 의지해서 증명해 나간 것입니다. 그런 점에서 위험성이 있었던 것입니다.

기도

거룩하신 주님, 저희들에게 은혜를 베풀어 주셔서 주님의 말씀 가운데 올바로 서게 하시고, 또한 특별히 저희 교회가 지금까지 주님의 거룩한 은혜를 받게 하여 주셨으며 이 교회를 거룩한 교회로서 신실하게 받들고 나온 주의 종들, 곧 주의 사랑하는 자녀들을 여기에 주셔서 10년의 길을 하루같이 한결같이 같이 나올 수 있게 하여 주신 것을 생각할 때, 명확하게 누가 하나님께서 선택하신 자녀로서 이 거룩한 도리에 서 있는가를 이미 저희에게 깨우치시고 깨닫게 하셨사옵나이다. 저희들 모두가 주님 앞에서 이 거룩한 도리에 올바로 굳게 서게 하시고, 사이비적인 것이 와서 들러붙을 때 그런 것을 시정하고 제척하고, 또한 하나님 앞에 마땅히 취해야 할 바른 절제를 취하고, 그리하여 교회가 항상 순결하게 하시고, 모든 잡된 것이 여기에 터를 두고 발전해 나가는 일이 없도록 주께서 보호하시고 지켜 주시기를 기도하옵나이다. 모든 그릇된 세력들이 주님의 거룩한 교회를 좀먹고 해치려고 할 때 결국은 마음 가운데 있는 심한 탐욕 때문에 이런 일이 발생하고, 마귀는 사람의 탐욕을 가장 유효하게 이용해서 흑책질을 하며 해를 끼친다는 사실을 저희가 다 알고 있사옵니다. 주님께서 은혜를 주셔서 이런 일에 대해서 저희 교우들을 하나와 같이 탄탄하게 보호하여 주시고 은혜 가운데 굳건히 세워 주셔서 모든 그릇된 것을 버리게 하시고, 주님의 은혜 가운데 건실히 서서 주의 말씀 가운데 착실히 자라 나가게 하시고, 또한 거룩한 사명에 대한 각성에 따라서 적극적으로 전진해 나가게 해 주옵소서.

우리 주 예수 이름으로 기도하옵나이다. 아멘.

1974년 10월 30일 수요일

제5강

바울의 비시디아 안디옥 설교 (1)

사도행전 13:13-43

¹³바울과 및 동행하는 사람들이 바보에서 배 타고 밤빌리아에 있는 버가에 이르니 요한은 저희에게서 떠나 예루살렘으로 돌아가고 ¹⁴저희는 버가로부터 지나 비시디아 안디옥에 이르러 안식일에 회당에 들어가 앉으니라. ¹⁵율법과 선지자의 글을 읽은 후에 회당장들이 사람을 보내어 물어 가로되 형제들아, 만일 백성을 권할 말이 있거든 말하라 하니 ¹⁶바울이 일어나 손짓하며 말하되 이스라엘 사람들과 및 하나님을 경외하는 사람들아, 들으라. ¹⁷이 이스라엘 백성의 하나님이 우리 조상들을 택하시고 애굽 땅에서 나그네 된 그 백성을 높여 큰 권능으로 인도하여 내사 ¹⁸광야에서 약 사십 년간 저희 소행을 참으시고 ¹⁹가나안 땅 일곱 족속을 멸하사 그 땅을 기업으로 주시고 (약 사백오십 년간) ²⁰그 후에 선지자 사무엘 때까지 사사를 주셨더니 ²¹그 후에 저희가 왕을 구하거늘 하나님이 베냐민 지파 사람 기스의 아들 사울을 사십 년간 주셨다가 ²²폐하시고 다윗을 왕으로 세우시고 증거하여 가라사대 내가 이새의 아들 다윗을 만나니 내 마음에 합한 사람이라. 내 뜻을 다 이루게 하리라 하시더니 ²³하나님이 약속하신 대로 이 사람의 씨에서 이스라엘을 위하여 구주를 세우셨으니 곧 예수라. ²⁴그 오시는 앞에 요한이 먼저 회개의 세례를 이스라엘 모든 백성에게 전파하니라. ²⁵요한이 그 달려갈 길을 마칠 때에 말하되 너희가 나를 누구로 생각하느냐? 나는 그리스도가 아니라. 내 뒤에 오시는 이가 있으니 나는 그 발의 신 풀기도 감당치 못하리라 하였으니 ²⁶형제들, 아브라함의 후예와 너희 중 하나님을 경외하는 사람들아, 이 구원의 말씀을 우리에게 보내셨거늘 ²⁷예루살렘에 사는 자들과 저희 관원들이 예수와 및 안식일마다 외우는 바 선지자들의 말을 알지 못하므로 예수를 정죄하여 선지자들의 말을 응하게 하였도다. ²⁸죽일 죄를 하나도 찾지 못하였으나 빌라도에게 죽여 달라 하였으니 ²⁹성경에 저를 가리켜 기록한 말씀을 다 응하게 한 것이라. 후에 나무에서 내려다가 무덤에 두었으나 ³⁰하나님이 죽은 자 가운데서 저를 살리신지라. ³¹갈릴리로부터 예루살렘에 함께 올라간 사람들에게 여러 날 보이셨으니 저희가 이제 백성 앞에 그의 증인이라. (32절 이하 생략)

제5강

바울의 비시디아 안디옥 설교 (1)

사도행전 13:13-43

바울 일행을 떠난 마가 요한

　우리가 지금 사도행전을 공부해 나가는데, 지난번에 배운 대로, 바울 선생의 제1차 여행의 노정 가운데에서 구브로 섬에서 일어난 사실을 기록한 것을 간략히 보았습니다. 이제 구브로 섬을 떠나서 다시 소아시아의 대륙으로 올라가서 어디로 갔는가 하면 밤빌리아의 버가로 갔습니다. "바울과 및 동행하는 사람들이" 구브로 섬에 있는 로마의 수도인 "바보에서 배 타고" 북행해서 "밤빌리아에 있는 버가에 이르니, 요한은 저희에게서 떠나 예루살렘으로 돌아가고"(13:13). 13:5을 보면 "살라미에 이르러 하나님의 말씀을 유대인의 여러 회당에서 전할새 요한을 수종자로 두었더라" 했습니다. '요한을 수종자로 두었다' 할 때 '수종자'라는 말은 '종'이라기보다는 '직원'이라는 말이라고 배웠습니다. 바나바의 생질인 마가 요한인데, 구브로를 떠나서 겨우 밤빌리아 버가에 이르렀을 때 거기서 요한은 저희에게서 떠나 예루살렘으로 돌아갔다는 이야기입니다. 요한이 왜 떠나갔는지 그것은 알 수 없습니다. 사람들이 여러 가지로 추측을 합니다. 이때의 이 바울 선생 일행의 노정은 하나님의 성신의 인도하심을 받아서 특별히 성신의 은혜 가운데 하나님의 거룩하신 지시와 능력으로 동행하는 여행길인데, 그러한 은혜의 길에서 마가 요한이 떠난 것으로 볼 때 아마 마가 요한에게 무슨 결함이 있었는지도 모릅니다. 좌우간 이것 때문에 나중에 바나바와 바울이 요한을 다시 또 데리고 가자는 둥 그러지 말자는 둥의 이야기가 있어서 그것을 계기로 해서 서로 갈렸다는 이야기를 여러분도 잘 아실 것입니다(참조. 행 15:36-41).

어떻게 되었든지 지금까지는 요한이 시중들고 오다가 떠나 버렸으니까 바울 선생이 또 누구를 데려갔는지 알 수 없으나 몇 사람이 같이 갔을 듯합니다. 물론 바나바와는 같이 갔습니다. 그래서 거기서부터 비시디아의 안디옥으로 갔습니다. 이 비시디아의 안디옥은 수리아의 안디옥이라는 이름과 같이 안티오코스(Antiochos)와 무슨 관계가 있는 이름입니다. 헬라의 마케도니아의 유명한 장군이었던 셀레우코스(Seleucos)의 후예 중에는 안티오코스라는 이름을 가진 사람이 많이 있습니다. 알렉산더 대왕이 죽은 다음에 유명한 네 나라의 대장들로서 카산드로스(Kassandros, 마케도니아), 리시마코스(Lysimachos, 트라키아), 셀레우코스(Seleucos, 시리아), 프톨레마이오스(Ptolemaeos, 이집트)가 있습니다. 그중에 셀레우코스가 수리아 일대를 다 차지하고 거기에 셀레우코스 왕조를 세웠는데, 그들 가운데 안티오코스라는 이름을 가진 사람이 참 많습니다. 미친 사람으로서 적그리스도적인 행태를 드러냈던 안티오코스 에피파네스(Antiochos IV Epiphanes)라는 사람도 안티오코스입니다. 안디옥이라는 이름 자체가 벌써 헬라적입니다. 헬라의 무슨 문물과 연관이 있는 이름이라는 말입니다. 또 이 도시의 연원을 보면 헬라 사람들이 맨 처음에 이 도시를 시작했습니다. 헬라 사람들의 식민지(colony)로 시작한 것입니다.

우리가 13:43까지 보았는데 41절까지에 나타난 이야기는 주로 사도 바울 선생이 회당에서 강설을 하신 이야기입니다. 바울 선생이 강설한 기록으로서 사도행전에 나타나 있는 것으로는 이것이 첫 기록입니다. 물론 사도 바울 선생이 이때 처음으로 강설했다는 말은 아니지만, 강설 내용이 기록된 것으로는 이것이 첫 기록으로 나타나 있습니다. 바울 선생은 회개 직후에 다메섹으로 들어가서 주로 유대 사람들과 변론하면서 그 유대적인 고집과 편견에 대해서 논박한 일이 있습니다. 그때 벌써 바울 선생은 많은 이야기를 했습니다. 그 후에 예루살렘에 가서는 주로 그 헬레니스트(Hellenist)들, 즉 헬라 파 유대인과 많은 변론을 했습니다. 그 후에 그는 예루살렘을 떠나서 길리기아 다소로 갔는데 거기에서도 가만히 있지 않고 전도했을 것으로 압니다. 그때 바나바가 바울을 찾으러 다소로 갔습니다. 어디에 있는 줄을 알고 간 것이 아니라 여기저기 두루 찾아서 결국 만난 다음에 그를 데리고 수리아 안디옥으로 와서 거기에서 함께 목사 노릇을 했습니다. 바나바는 아마 원(元)목사였을 것이고, 사울은 그때 부(副)목사같이 되어서 바나바와 같이 일했을 것입니다. 그러면 그동안에 그는 많이 말하고 가르치고 했을 것입니다. 실지로 그가 길리기아 다소에서 전도해서 교회를 세웠으리라는 것도 짐작할 만한 이야기입니다. 물론 전에도 말씀드렸지만, 여러 가지로 고고학적인 탐사를 하여 발견된 대로 보면 다소 부근에서 아주 오래된 교회의 자리들이 있어서 일찍이 거기에 교회가 많이 섰었다는 것을 우리가 발견하는데, '이것은 분명히 바울 선생이 다소에 있을 때 전도한 것이 아니겠느냐' 하고 생각할 수 있는 것입니다.

그다음에, '마가가 어째서 갔는가?' 하는 데 대해 사람들은 이 생각 저 생각을 하지만 우리가 알 수가 없습니다. 이때 마가가 떠난 자리는 밤빌리아의 버가입니다. 먼저 앗달리아로 들어왔고, 여기에서는 밤빌리아의 버가에서 비시디아 안디옥으로 갔다고 간단하게 이야기하고 자세한 노정을 기록하지 않았지만, 그때 제1세기의 바울 선생의 여행의 노정으로 볼 때 버가에서부터 비시디아 안디옥까지의 길은 참으로 굉장히 험난한 길입니다. 그런 험로를 가게 되었는데도 '험로였다. 무엇이 어떠했다' 하는 것은 아무것도 기록하지 않았습니다. 그러나 여러 가지 기록대로 보면 이 길은 굉장한 험로로서 고린도후서 11:26을 보면 바울 선생이 자기가 당한 여러 가지 고생을 이야기하는 가운데 '강도의 위험'이라는 말을 썼는데, 그런 강도의 위험을 만날 개연성이 가장 많은 곳이 이 버가에서부터 비시디아 안디옥까지의 노정입니다. 그렇게 험한 곳을 갔습니다. 전로(前路)가 험하고 앞길이 갈수록 어렵고 하니까 아직 청년인 마가로서는 견디기가 어려웠던지도 모릅니다. '가기가 어렵다. 돌아다니면서 자꾸 이방 사람을 만나서 무엇을 한다고 하는데, 지금 팔레스타인에서 유대 사람을 찾아 전도할 일도 많이 있을 텐데 여기에 와서 이렇게 해야 할 까닭이 있나?' 하고 생각했을 수도 있습니다.

　마가는 베드로를 많이 따라다니면서 베드로에게 감화를 받고 한 사람인 까닭에 그만큼 베드로적인 영향을 많이 받은 사람이고, 그 후에도 베드로와 함께 다니면서 일을 한 사람입니다. 바울적인 영향, 즉 참된 보편의 교회(a catholic church) 혹은 보편적인 교회를 세우려는 보편성(catholicity)이 강하게 있는 사상이나 그런 보편적인(catholic 또는 universal) 영향보다는 아직도 유대적 우월감(Jewish superiority)이 잔존해 있는 베드로에게 받은 감화가 만일 그에게 불식되지 않고 그냥 남아 있었다면 그런 것도 자기의 전로(前路)에 중요한 지장이 되었을 것입니다. 감연히 그것을 타파하고 나아가 이방 사람을 접촉해서 전도하는 데에서 그에게는 조금 지장이 되었을지도 모릅니다. 이런 것은 다 짐작이지만, 그럴듯한 짐작입니다. 그렇게 생각해 보는 것입니다. 마가라는 사람의 생각이나 소양(素養)을 생각해 볼 때 그럴듯합니다. 왜냐하면 베드로에게 영향을 받은 사람은 베드로적인 사상의 감화가 있을 것이기 때문입니다. 베드로적인 감화는 바울적인 감화, 즉 보편적인 감화가 아니고 유대주의적인 감화인 것입니다. 그런 것들이 있는데다가 앞길은 험난하고 기질은 아주 유약하다 보니까 그렇게 험난한 길을 다니면서 두 선교사가 가는 길의 모든 사무를 보살펴 가면서 다 주선해 가는 힘이 약했는지도 모릅니다.

어찌 되었든지 마가는 거기서 떠났고, 이것 때문에 나중에 15장에 가서 보면 제1차 선교 여행 이후에 다시 여행을 하려고 할 때에 바나바는 자기 생질인 마가 요한을 다시 데리고 가자고 하고 바울 선생은 안 된다고 해서 서로 갈라선 일이 나옵니다. "수일 후에 바울이 바나바더러 말하되 우리가 주의 말씀을 전한 각 성으로 다시 가서 형제들이 어떠한가 방문하자 하니 바나바는 마가라 하는 요한도 데리고 가고자 하나 바울은 밤빌리아에서 자기들을 떠나 한가지로 일하러 가지 아니한 자를 데리고 가는 것이 옳지 않다 하여 서로 심히 다투어 피차 갈라서니 바나바는 마가를 데리고 배 타고 구브로로 가고 바울은 실라를 택한 후에 형제들에게 주의 은혜에 부탁함을 받고 떠나 수리아와 길리기아로 다녀가며 교회를 굳게 하니라"(15:36-41). 이것이 두 번째 여행 때의 이야기입니다.

이렇게 두 번째 여행을 하다가 "바울이 더베와 루스드라에도 이르매 거기 디모데라 하는 제자가 있으니 그 모친은 믿는 유대 여자요 부친은 헬라인이라. 디모데는 루스드라와 이고니온에 있는 형제들에게 칭찬받는 자니 바울이 그를 데리고 떠나고자 할새 그 지경에 있는 유대인을 인하여 그를 데려다가 할례를 행하니 이는 그 사람들이 그의 부친은 헬라인인 줄 다 앎이러라. 여러 성으로 다녀갈 때에 예루살렘에 있는 사도와 장로들의 작정한 규례를 저희에게 주어 지키게 하니 이에 여러 교회가 믿음이 더 굳어지고 수가 날마다 더하니라"(16:1-5) 해서 바울 선생이 두 번째 여행에는 마가를 데리고 가지 않고 대신 실라를 택해서 가다가 한 일이 나옵니다. 루스드라에 이르러 디모데라고 하는 청년을 택해서 그를 데리고 다녔습니다. 실라에 대해서는 그렇게 자세하게 더 깊이 많이 알 기록이 없지만, 디모데는 그 후 사상(史上)에 이름을 현저하게 드러낼 만큼 알려진 인물입니다. 그것은 무엇보다도 바울 선생의 편지 때문에 그렇게 되었습니다. 그리고 사랑하는 아들로서 마가를 대신하여 마가의 자리를 채운 것, 즉 바울을 추종하고 따라다니면서 여행의 모든 것을 뒤에서 보살펴 줄 동반자로서의 일은 말하자면 디모데가 한 셈입니다. 실라를 보면 두 번째 여행길에서 바울과 실라가 옥중에서 찬송을 한 것을 보면 아마 둘이 주동적으로 전도를 한 모양입니다. 그러면 디모데는 수종을 들었을 것입니다. 마가 요한이 하던 그 직원(officer)의 직분, 즉 수종자의 자리를 디모데가 계승한 것이고 혹은 디모데로 바꾼 것입니다. 우리가 바울의 둘째 여행에서 이러한 일을 보는 것입니다.

그 후에 바울 선생은 마가 요한에 대해서 어떻게 했습니까? 디모데에게 두 번째 편지를 쓸 때는 바울 선생이 두 번째로 로마의 옥에 갇혀서 순교를 기다리던 때였습니다. 대개들 생각하기로는 이 사도행전의 끝은 바울 선생이 첫 번째로 로마의 옥에 갇힌 데까지의 이야기이고, 그 후에 놓여나 다시 여기저기 다니면서 여행을 하다가 네로의 큰 박해 때 잡혀서 또 로마로 가서 주후 65년이나 66년에 순교했을 것이라고 합니다. 네로가 로마에 불을 지른 것은 주후 64년입니다. 불을 지른 다음에는 광패(狂悖)해져서 기독교인에게 모든 책임을 전가했고, 유명한 사도 바울도 그때 순교하게 되었다는 것을 대개 우리가 사기(史記)에서 봅니다. 그렇게 순교를 기다리면서 옥중에 있을 그때에 디모데에게 두 번째 편지를 보냈습니다. 그 편지를 보내면서 무슨 이야기를 했는가 하면 "네가 올 때에 마가를 데리고 오라. 저가 나의 일에 유익하니라"(딤후 4:11) 하고 말했습니다. 전에는 '싫다. 일이 없다. 다시는 너를 안 데리고 가련다' 하고 두 번째 여행을 할 때 탁 털어 버리고 간 마가를 끝까지 털어 버리고 끝까지 서운하게 생각하고 쓸데없는 사람으로 생각지 않고 나중에는 그를 유용한 인물로 여겨서 데리고 오라고 했습니다. 그리스도의 사랑과 그리스도 안에 있는 거룩한 교제라는 것은 때때로 이런 식으로 나타나는 것입니다.

하나님 나라의 일을 맡았을 때에 반드시 모든 사람이 다 잘 감당하는 것은 아닙니다. 그 일을 하다가 시험을 받았든지 자기의 욕망에 의해서든지 혹은 자기의 다른 생각에 의해서 탈락하는 수가 있습니다. 그렇게 대열에서 탈락해 나갈지라도 하나님의 성신이 그들에게 각각 역사하셔서 어떠한 시기가 지나면 다시 서로 마주쳐서 다시 붙들고 나가는 그런 일이 때때로 생깁니다. 지금 여기에서도 그렇게 한 것입니다. 이때 마가가 어디에 있었는지 우리가 잘 알 수 없지만, 역사를 연구해 보면 '마가를 데리고 오라' 하던 그때쯤은 마가가 골로새 부근에 있지 않았는가 하고 생각합니다. 그때 마가는 물론 에베소에는 없었을 것입니다. 마가에 대해서 이야기한 것이 골로새서 4장에 있는데, "나와 함께 갇힌 아리스다고와 바나바의 생질 마가와 (이 마가에 대하여 너희가 명을 받았으매 그가 이르거든 영접하라) 유스도라 하는 예수도 너희에게 문안하니 저희는 할례당이라"(골 4:10-11 상) 하였습니다. 이것은 디모데후서보다도 2년 전에 쓴 편지입니다. 이때 디모데는 아마 소아시아나 그 근처에 있었던 듯합니다.

이와 같이 디모데에게 '마가를 데리고 오라' 하는 편지를 했는데, 그 '데리고 오라'는 말뜻은 '그를 붙들어 오라' 하는 말이라기보다는 '그와 동반해서 함께 여행을 해서 오너라' 하는 뜻입니다. 그러면 그다음에 자세한 여러 가지 이유가 있을지라도 디모데에게 이 마가의 일에 대해서 이야기하고 그를 데리고 오라고 한 데에는 또 한 가지의 무슨 이유가 있었을 듯합니다. 즉 바울 선생이 마가 대신 디모데를 중용해서 썼는데, 마가가 버리고 간 그 자리에서 지금까지 충실하게 봉사해서 신임과 사랑을 받고 지낼 때 디모데가 자칫 빠지기 쉬운 하나의 콤플렉스(complex)가 생길 수 있습니다. '저 사람은 그 일을 버렸고, 저 사람은 버림을 받았다. 그러나 나는 저 사람이 버린 자리 혹은 저 사람이 버림을 받은 자리에 들어가서 그의 사랑을 받고 중용을 받고 끝까지 그 길을 잘 갔다' 하는 생각이 들 수 있는 것입니다. 그때 바울 선생이 '너, 그렇게 생각하지 말고 마가를 데려오너라. 그 사람은 나에게 유익하다. 너 혼자만 오지 말고 같이 여행해서 오너라' 하고 말하는 것을 들었을 때, 디모데로서는 마가를 그냥 무시한다든지 '너는 버림받은 자이다' 하거나 '너는 한번 그렇게 했으니 어디에 쓰겠느냐' 하는 콤플렉스가 자연히 제압을 당하거나 적어도 제재를 당하고 거기에 대해서 깨달음을 얻었을 것입니다.

좀 더 명료히 말하자면 '나야말로 바울 선생님의 중한 신임을 입어서 잘 봉사하고 같이 동역을 하고 나아가는 은혜를 받았으니 감사하다' 하고 은혜를 감사하는 것은 좋지만, '나야말로 그런 은혜를 받았다' 해서 '그것은 내 특권이요 그런고로 나는 이러한 높은 경지에 올라섰다' 하고 자기의 가치를 높이기 시작할 때는 소위 자기 자신 가운데로 빠져 들어가는 것이고, 그것은 일종의 착오 가운데 빠져 들어가는 것입니다. 그에 대해서 '마가도 내게 유익한 사람이다. 너만 혼자 와서 내게 봉사하려고 하지 말아라. 그것이 네 특권인 줄 알고 너만 독점적으로 봉사하지 말고 마가를 데리고 같이 오너라. 지금 순교를 기다리고 있는 내게는 마가야말로 필요한 사람이다' 하고 부른 것입니다. 그래서 '너도 중요하지만 마가도 중요하다. 그러니 나는 중요한 사람이고 그는 이 일을 버리고 간 사람이다 하는 생각을 할 것이 아니다' 하고 분명히 말한 것은 아니지만, 적어도 그런 시사(hint)는 강하게 한 것입니다. 골로새서 4:10을 보면 마가는 로마에서 바울과 같이 있었던 것을 우리가 짐작할 수 있습니다. 이렇게 마가가 한번 떠났지만 바울 선생이 나중에 자기의 마지막 시기에 마가를 불러서 같이 은혜를 나누고 사랑을 나누었던 것을 생각할 때에, 마가가 버리고 갔다는 사실이 불행하고 슬픈 일이고 탈락이지만, 또한 하나님이 회복해 주신 은혜를 여기서 이런 정도로 보고 넘어가는 것입니다.

비시디아 안디옥의 분위기

여기에서 중요한 문제는 바울 선생의 강설입니다. "비시디아 안디옥에 이르러 안식일에 회당에 들어가 앉으니라. 율법과 선지자의 글을 읽은 후에", 율법인 토라(תּוֹרָה)와 선지자의 글인 느비임(נְבִיאִים)을 읽었다고 했으니 성경을 읽었다는 말씀입니다. "회당장들이 사람을 보내어 물어 가로되 형제들아, 만일 백성을 권할 말이 있거든 말하라 하니 바울이 일어나 손짓하며 말하되"(13:14-16상), 이것은 바울 선생이 비시디아 안디옥에 이르러 설교하는 이야기인데, 여기서 먼저 우리가 알아보아야 할 한 서너 가지 것이 있습니다. 첫째 문제는 비시디아 안디옥의 분위기입니다. 바울 선생이 강설을 할 때 어떠한 공기나 분위기 가운데 처해 있던 자리에서 했는가 하는 것을 우리가 좀 생각해 볼 필요가 있습니다. 둘째는 어떻게 바울 선생이 그 말씀을 해 나갔는가 하는 문제입니다. 셋째는 거기에서 가장 중점적으로 호소해 나가는 것은 무엇인가 하는 것입니다.

먼저 왜 이런 소위 분위기라는 것을 우리가 생각할 필요가 있느냐 할 때, 어디에 가서든지 전도할 때에는 전도를 받는 그 사람과 또 전도하는 내가 처해 있는 환경에 대해서 민감해지지 않을 수 없는 것입니다. 지금 어떠한 사람들이 모여 있느냐 하는 데 의해서 전도하는 방식이나 말을 전달하는 방식을 취하는 것입니다. 만일 그 사람들의 상태나 자격을 무시하고 그 사람들이 지금 처해 있는 특수한 환경이나 그들이 지금 압도당하고 있는 어떤 사상적이고 정서적인 특성을 무시해 버리고 그냥 도르르 말하면 아주 간단한 기본적인 몇 마디밖에 할 수 없는 것입니다. '예수님을 믿으십시오. 예수님은 우리를 위해서 십자가에 달려 돌아가시고 우리 죄를 속(贖)하시고 또한 부활하셨습니다', 아마 이런 소리나 할 것입니다. 그러나 적어도 이러한 정도의 긴 강설을 하려고 하고, 또 그 강설에 의해서 하나님의 말씀, 즉 복음의 내용을 전하려고 할 때에는 무엇이 필요한가 할 때 저 사람들이 어떠한 배경이나 어떠한 정신이나 어떠한 영향 가운데 처해 있는가 하는 것을 먼저 민감하게 고려하게 되는 것입니다.

사실상 바울 선생이 때때로 당신의 여행 가운데 어디서 특별한 설교를 한 자리를 보면, 그는 그 자리의 그때 상태와 분위기에서 항상 어떤 말을 선택하고 또 말을 운전해 나가거나 진행시켜 나갈 중요한 재료나 조건들을 취해 나갔던 것입니다. 이런 것이 또한 중요한 문제입니다. 여러분은 바울 선생이 어느 때는 신론(神論)을 주로 이야기하다가 나중에 복음을 전하는 것을 보았을 것입니다. 또 어느 때는 그것 말고 다른 것을 가지고 처음부터 이야기를 시작해 나가는 것을 보았을 것입니다. 우리는 그동안에 큰 설교를 몇 개 보았습니다. 오순절 때에 사도들이 일어나 베드로가 했던 설교를 우리가 보았고, 그다음에는 스데반이 죽기 전에 했던 그 대설교를 벌써 보고 지나왔고, 또 그다음에는 고넬료의 집에서 베드로가 한 설교도 보았습니다. 이 경우는 설교를 끝내지도 못하고 중간에 하다가 만 것이지만 그대로 할 이야기는 다 한 것인데, 그것도 보았습니다.

그러면 바울 선생이 여기서 말씀을 전하는데 첫째, 어떠한 분위기에 처해 있는 누구에게 전했느냐 하는 것부터 우리가 생각하면, 비시디아 안디옥이라는 큰 도성에서 어떤 유대인의 회당에 들어가 거기에 모인 사람들에게 이야기한 것입니다. 비시디아 안디옥은 앞에서도 말씀드린 대로 마그네시아(Magnesia)의 식민지입니다. 식민(植民)들이 와서 거기에 도시를 건설한 것으로서 다른 말로 하면 헬라적인 연원을 가진 도시입니다. 그들이 어디서 왔든지 그 역사는 중요하지 않습니다. 좌우간 거기에 헬라적인 사상이 강하게 있습니다. 그러니까 이 도시는 소아시아에 일반적으로 강한 헬레니즘이 주장하는 일반적인 상태에서 벗어나지 않았던 것입니다.

그러나 비시디아 안디옥은 소위 프로칸슬(proconsul)이 다스리는 곳이었습니다. 지난번에 본 서기오 바울이라는 사람도 프로칸슬이었습니다. 프로칸슬은 빌라도라든지 벨릭스라든지 베스도와 같은 사람들과는 달리 로마의 원로원에서 승인해서 만든 총독이라고 했습니다. 황제가 직접 임명해서 반란 직후라든지 불안한 땅에 군정(軍政)의 대표자로 세워 두는 빌라도 같은 총독과는 달리, 비시디아 안디옥은 말하자면 민간인 총독의 정청(政廳)이 있는 자리입니다. 그러므로 이곳은 로마적인 정치와 로마의 권력이라는 상징이 있는 도시입니다. 다른 데보다도 그런 것이 있다는 말씀입니다. 우리 한국에서도 지금은 상상하기가 어려울지 모르지만 우리 모매(母妹)님들이나 나이 많이 드신 분들은 일본 시대를 겪을 때에 서울에 오면 평양이나 대구나 혹은 중소 도시로 간 것과는 분위기가 다르다는 것을 느끼셨을 것입니다. 무엇이 다르냐 하면 서울에는 총독부가 있어서 아주 숭엄하게 소위 그때 일본 제국주의가 강한 관료주의와 군국주의적인 색채로 꽉 누르고 있던 것을 늘 느꼈을 것입니다. 비시디아 안디옥 같은 데도 로마의 정치적인 세력과 정치적인 상징들이 여기저기에 있어서 거리나 혹은 사람들이 있는 데서는 어디든지 보기 쉬운 자리입니다. 그에 따라서 그러한 분위기가 그 도시에 상당히 영향을 끼쳤습니다. 이것이 둘째의 로마적인 요소입니다.

그러나 거기에는 또한 유대인들이 많이 살았고 유대교인들도 많이 살아서 유대인들과 유대인이 아닌 유대교인들이 모두 합해서 유대적인 헤브라이즘(Hebraism)의 중요한 의식과 사상을 그대로 보유하기 위해서 회당을 만들고 안식일마다 회당에 모여서 그들의 종교를 그대로 여행(勵

行)했습니다. 그런고로 그때 헬레니즘이 팽창하던 소아시아의 여러 도시에 흔히 있기 쉬운 3대 세력의 요소, 즉 로마적인 것, 헬라적인 것, 그리고 히브리적인 것들이 다 주입되어 있는 곳이 이 비시디아 안디옥입니다. 이곳은 로마적인 권력과 군대와 법과 질서의 심벌이 강하게 대두한 도시이고, 또한 헬라적인 철학과 문화의 역사를 가지고 그 전통 위에서 자라난 도시이고, 거기에 다시 강한 헤브라이즘을 그대로 보존하려는 유대인들의 히브리적인 운동이 그대로 계속해서 일어났던 곳입니다. 단순히 유대인들뿐만 아니라 나중에 보면 "폐회한 후에 유대인과 유대교에 입교한 경건한 사람들이 많이 바울과 바나바를 좇으니"(행 13:43상)라고 해서 '유대교에 입교한 사람들' 이 나옵니다. 즉 로마인이나 헬라인 같은 이방 사람으로서 유대교에 입교한 사람들까지 거기에 있는 것입니다. 이러한 데에 바울 선생이 처해 있습니다.

둘째로, 어디에서 이야기했느냐 하면 무엇보다도 종교적인 성격이 강한 집회 장소이자 여호와 하나님을 공경하는 예배 처소인 회당에서 모인 것입니다. 안식일에 유대인의 회당에 갔습니다. 말하는 사람은 누구입니까? 말하는 사람은 바나바가 아니고 여기서부터는 바울입니다. 바울이 일어나서 손짓을 하면서 말했습니다. 왜 손짓을 하면서 말한 줄 아십니까? 히브리 사람들의 독특한 몸짓(gesture)이 있습니다. 히브리 사람들은 말할 때 그냥 가만히만 말하지 않고 막 손짓을 해 가면서 이야기하는 경우가 있습니다. 한국 사람도 감정이 격한 사람들이나 센티멘털(sentimental)한 사람들은 말을 가만히 차곡차곡 하지 않고 나중에는 손짓을 해 가면서 이야기하는 것입니다. 혈기가 왕성하고 다혈질인 라틴 아메리카 사람들이나 또 라틴계나 에스파냐 사람들을 보면 말만 가만히 하지 않고 손짓을 잘합니다. 이탈리아 사람도 손짓을 잘합니다. 북구라파로 올라갈수록 손짓은 그만두고 딱 버티고 서서 말만 탁탁 쏘는 것이 여간

음흉해 보이지 않습니다. 그런데 히브리 사람들이 주로 말할 때는 손짓을 해 가면서 자기의 표현을 충분히 하려는 그런 열정을 보입니다. 바울 선생은 헬라적인 전통을 받은 사람인 까닭에 사색적이고 논리적인 사람입니다. 그리고 로마의 시민권을 가진 사람입니다. 로마의 시민권을 가진 만큼 로마의 정치와 법률에 대해서 소상히 알았고 거기에 대한 식견을 가지고 있는 사람입니다. 이렇게 로마적인 요소가 그에게 있고 헬라적인 교양도 깊게 있는 것입니다. 그러나 무엇보다도 그 사람은 히브리인 중의 히브리인입니다. 히브리의 모든 제도나 문물에 대해서 정통했고 산헤드린의 한 공회원이었고 바리새인이었고 바리새인의 아들이었던 사람입니다. 헤브라이즘의 한 대표자이면서도 헬레니즘의 모든 풍요한 교양을 가졌고 또 로마적인 모든 요소가 생래적(生來的)으로 자연히 훌륭하고 아름다운 교양으로 붙어 있는 그가 이제 여기에 서서 손짓을 해 가면서 이야기하는 것입니다. 자기 자신이 하고 싶은 말, 호소하고 싶은 말을 명확하게 열정적으로 하고 싶다는 표시로서 손짓하면서 말한 것입니다. 누가의 기록에 이런 묘사(description)는 사실주의적인(realistic) 묘사로서 아주 멋있는 표시법입니다. '바울이 아주 열을 내서 열렬히 이야기했노라' 하고 말한 것이 아닙니다. '열렬히' 라고 표현하는 것은 보는 사람이나 듣는 사람이 할 소리이고, 나는 그 사람이 하는 모양만 하나 그리면 그만이다' 하고 잘 묘사해서 손짓하며 말했다고 아주 객관적으로 기술했습니다. 바울이 키가 컸는지 작았는지는 모르나 체용(體容)은 작았을 것이라고 말씀드렸습니다. 남 보기에 몸이 시원치 않다고 했습니다. 여기에 그런 데 대한 묘사는 없으나 이런 간단한 한마디가 바울 선생이 비시디아 안디옥에 서서 말하는 상태나 모양과 방불한 것입니다.

그 말을 들은 사람들은 누구입니까? 들은 사람들은 안식일에 예배를 드리러 온, 하나님을 공경하는 경건한 사람들입니다. 무신론자나 잡다한 사람이 강연을 들으러 온 것이 아닙니다. 하나님을 공경하러 온 사람들입니다. 그런데 그 사람들은 순전히 유대 사람들인 것만은 아닙니다. 여기 보면 "바울이 일어나 손짓하며 말하되" 했는데, 누구를 불렀느냐 하면 "이스라엘 사람들과 및 하나님을 경외하는 사람들아, 들으라"(13:16) 했습니다. '이스라엘 사람들아' 한 것은 히브리 사람들을 가리킵니다. '및 하나님을 경외하는 사람들아' 한 것은 유대교에 입교를 했든지 하지 않았든지 좌우간 안식일에 예배를 드리려고 온 헬라 사람이나 로마 사람들을 가리키는 이야기입니다. 그러니까 이 말은 '이스라엘 사람들과 이스라엘 사람이 아닌 사람들아, 다 같이 들어라' 하는 말입니다. 그 아래를 보면 13:26에 '형제들' 하고 불러 놓고 '아브라함의 후예와 너희 중 하나님을 경외하는 사람들아' 해서 나누어서 말했습니다. 또 13:43 같이 '유대인과 유대교에 입교한 경건한 사람들'이라고 해서 거기에는 분명히 유대적인 혈통을 가진 사람만 있었던 것이 아니라는 것을 표시하는 것입니다. 이런 사람들이 쭉 모여 앉아 있는 데에서 바울 선생이 서서 하나님의 말씀을 전해 나가는 것입니다.

그다음에 우리가 이러한 분위기 가운데서 다시 무엇을 보느냐 하면 여기에 새로운 형태의 선교사 혹은 새로운 형태의 하나님의 사자(使者)가 섰다는 것을 느끼는 것입니다. 그는 일방적인 종교인이 아니었다는 말입니다. 그는 히브리적인 전통만을 가지고서 그것을 기독교적인 것으로 환치(換置)해서 가르치려는 어떤 사도들과 같지 않았습니다. 그는 풍요한 헬레니즘의 교양 가운데 서 있으면서 그러한 사상에 능통한 사람이고, 또한 로마적인 교양과 로마적인 모든 훈도(薰陶)가 배어 있고 나면서부터 로마의 시민이고, 그러나 무엇보다도 가장 본질적인 것은 히브리인 중의 히브리인입니다. 이런 가장 강력하면서도 폭이 넓고 훨씬 여유가 있고 한층 깊은 하나님의 사자가 여기에 서서 이제 이야기하는 것입니다.

청중은 앞에서 본 그런 사람들이지만 이 청중 가운데에는 특수한 사람들이 없습니까? 그리스도의 교회는 어디에 있습니까? 비시디아 안디옥에는 지금 교회가 없습니다. 비시디아 안디옥에는 유대 사람이나 유대교인들 혹은 적어도 하나님을 공경하는 사람들이 있을 뿐입니다. 말하자면 구약적인 체제(order) 안에 있는 구약의 올드 이코노미(old economy)는 있습니다. 그러나 지금 새로 시작된 거룩한 하나님의 새로운 교회, 새로운 형태의 이코노미 혹은 오이코노미아(οἰκονομία)는 없습니다. 그렇지만 새로운 형태의 오이코노미아가 옛날의 용기(容器)에 담겨서 여기에 앉아 있는 것을 우리가 또한 생각할 필요가 있습니다. 그 사람들이 누구냐 할 때 바울 자신이 그렇고 바나바가 그렇고 거기에 같이 있는 일행이 그럴 것입니다. 그 일행에 유대인이 있었는지 우리가 알 수 없습니다. 그러나 적어도 험난한 비시디아의 길을 걸어왔을 때는 둘만 달랑 걸어올 까닭이 없습니다. 거기에는 어떤 종자(從者)도 있고 같이 붙들고 나간 사람이 있었을 것입니다. 그들이 같이 앉아 있는 것입니다. 이들이 누군가 하면 이미 구시대의 오이코노미아 속에 들어 있으면서 하나님의 부르심을 받아서 거룩한 공동의 교회라는 가톨릭의 교회 가운데 지금 들어 있는 사람들인 것입니다. 보편의 교회 가운데 들어 있는 그런 인물들이 몇 명 앉아 있었다는 말입니다. 이 몇 사람이 그 속에 있는 핵심이 될 것입니다. 이러한 청중을 향해서 이제 이야기하는 것입니다. 히브리 회당 안에 거룩한 새 시대의 새 교회가 서 있다는 사실을 생각해 보시기 바랍니다.

스데반의 강설과 비슷한 바울의 강설

다음에 우리가 바울 선생이 강설한 내용을 생각해 보면 그 내용이 우리가 지금까지 보아 온 강설 가운데 누구의 것과 비슷하다고 생각하지 않습니까? 강설한 것이 스데반의 것과 같지만, 베드로의 오순절 강설과는 같지 않고 고넬료의 집에서 한 강설과도 같지 않습니다. 스데반이 했던 강설 같은 데에는 연고가 없지 않을 것입니다. 바울 선생이 스데반과 관계가 없는 사람이 아니지요? 스데반을 죽일 때 사울이라는 청년의 발 앞에 옷을 가져다 놓아서 그를 증참(證參)으로 세워 놓았습니다. 스데반이 죽을 때의 마지막 장면(scene)이 아마 모르긴 몰라도 사울에게는 강한 인상으로 남았을 것입니다. 그는 그 강한 인상과 더불어 갈등해 가면서 분노를 일으켜서 '한 하나님 여호와 이외에, 즉 아도나이(אֲדֹנָי) 외에 다른 신이 어디에 있겠느냐? 이것은 참람(僭濫)한 것이니 도말(塗抹)할 수밖에 없다' 하고 하나님께 대한 강한 열심이 그로 하여금 일어나 교회를 핍박하게 했을지라도 그것은 그것이고, 그에게 남아 있던 스데반의 죽음의 모양은 처참하게 부르짖던 모양이 아니고 숭고하고 천사와 같이 아름다운 모양이었을 것입니다. 하늘을 바라볼 때 빛나던 그 얼굴이 그에게 남아 있었을 것입니다. 그리고 일단 다메섹 노상에서 주님께 한번 잡힌 다음에는 환하게 그 의미를 알았을 것입니다. '아, 무엇 때문에 그가 그랬었는지 이제는 알겠다' 하고 알았을 것이라는 말입니다. 전에는 하나의 강한 인상이었겠고, 지울 수 없는 무섭고 강한 인상이었겠지만, 이제는 한 인상에 불과한 것이 아니고 강한 인식의 내용으로 존재했을 것입니다. 그런 그에게는 스데반의 강설이라는 것이 중요한 문제였을 것입니다. 그에게는 잊을 수 없는 기념적인 강설이었을 것입니다. 스데반이 이야기한 것은 또한 바울 선생이 즐겨 쓰는 재료에 많이 입각한 것이었습니다.

　바울 선생은 풍요한 지식과 심오한 사상을 가진 인물인 까닭에 말을 할 때에 간교한 이야기나 무의미한 이야기 속에서 밤낮 맴돌고 저회하고 있지 않았습니다. 가령 일단 아레오바고에 가면 거기에 해당한 대로 웅혼한 강설을 했고, 아덴에 가면 민감하게 아덴적인 배경을 중심으로 삼아서 거기의 신에 대한 신론(神論)으로 강설을 시작했고, 만일 스콜라 지역을 간다든지 하면 거기에서는 에피쿠로스학파나 스토아학파와 이야기했을 것입니다. 그런 풍요한 지식과 함께 무엇보다도 헤브라이즘에 정통한 그로서 자기 민족의 역사가 살아 있는 교회의 역사요 하나님 나라가 땅 위에 진행하는 역사이지만, 어디에서 실패했으면 어디에 바른 빛이 있는가 하는 큰 대조(contrast)를 보여 주었습니다. '사람은 이렇게 실패했지만, 하나님은 끝까지 이렇게 일을 이루셨다' 하는 이 설교도 스데반의 이야기와 마찬가지입니다. '우리의 조상들은 이렇게 끝없이 실패해 왔다. 마지막에는 구주를 잡아 죽이지 않았느냐. 그렇지만 하나님의 자비와 하나님의 엄위는 결국 일을 이루시고 만 것이 아니냐' 하는 것도 스데반적인 주제요 일종의 스데반적인 화법입니다. 아마도 강한 인상이 나중에는 강한 인식으로 바뀌었던 모양입니다. 아마도 그는 그것을 연구(study)했는지도 모릅니다. 연구하지는 않았을지라도 적어도 그것이 머리에 남아 있는 까닭에 일단 입을 벌린즉 그의 웅변과 달변은 그것을 차례차례 섞기 시작했을 것입니다. 이것이 바울 선생이 말하는 태도이고 이렇게 설교를 해 나아간 것입니다.

스데반의 강설에는 어떤 내용이 있었습니까? 스데반의 강설은 무엇보다도 이스라엘의 역사를 엮어 나간 것입니다. 그러나 이스라엘 역사를 평면적인 연대기로, 즉 단순히 사실의 기록을 연결한 것으로 이야기한 것은 아닙니다. 스데반이 말한 것이야말로 참된 의미의 역사, 즉 게쉬히테(Geschichte)입니다. 역사는 단순히 연대적으로 일어난 사건들을 배열한 것이 아닙니다. 거기에는 맥박이 흘러야 하고 최후에 가서는 어떤 철학적인 것이나 적어도 어떤 명제적인 것이 차츰차츰 명료하게 드러나고 그것을 향해서 전체의 이야기가 집중되어야 하는 것입니다. 그 결과 역사적으로나 시간적으로 흐른 이야기를 어떤 중요한 명제나 원칙적이고 환연(渙然)히 빛나는 사실을 중심으로 이야기해 나가는 것입니다. 스데반은 결국 메시야의 왕국을 중심으로 이야기한 것입니다. 그리고 '예수 그분이야말로 우리가 기대하던 그 메시야이다' 하는 것을 강조했습니다. '너희의 전통적인 사상에 의해서 너희 생각에는 메시야가 안 죽을 것으로 보았다. 그러나 너희의 오류를 고쳐라. 그분은 돌아가셨지만, 돌아가신 그분이야말로 메시야이시다. 메시야가 안 죽는다는 너희의 생각은 옳은 것이 아니다. 메시야는 일을 이루기까지, 즉 도덕적이고 정치적인 왕국을 건설하기까지 안 죽는다는 것은 사람의 생각이다. 그러나 죽음으로써 일을 이루고 삶으로써 다시 일을 이루는 메시야는 너희가 기대하고 생각하던 것과는 훨씬 차원을 달리하는 고도적이고 참된 메시야이시다. 너희는 지금까지의 저회적이고 현상적이고 항상 제한적인 범주 안에 갇혀 있던 그 메시야 사상에서 벗어나야 한다.' 스데반의 강조점이 그런 데 있는 것같이 여기의 바울 선생의 이야기도 그런 데에 근거를 두었습니다.

강설의 주제: 하나님의 통치 대권과 은혜

한마디로 말하면, 바울 선생은 크게 두 가지의 사상을 여기서 이야기했습니다. 첫째는 하나님의 거룩한 정권(政權)을 가르쳤습니다. 하나님의 거룩하신 통치의 대권을 이야기합니다. 둘째는 '그 통치의 대권은 어디까지든지 은혜로서 나타나는 것이다' 하는 것을 강조합니다. 이것이 지금 바울 선생의 설교 전체의 큰 도리 혹은 큰 테마가 됩니다. 물론 그는 그 내용으로서 무엇을 이야기했는가 하면 두말할 것도 없이 십자가를 말하고 부활을 이야기했습니다. 십자가를 말하고 부활을 말한 점에서는 오순절 강설도 그랬고, 스데반의 강설도 마찬가지이고, 고넬료의 집에서도 십자가와 부활을 피력했습니다. 그러나 이 십자가와 부활을 제시하는 방식과 그 의의를 부연해 가면서 가르치는 방식이 학문적인 이야기에 불과한 것이 아니었습니다.

그리고 '하나님의 거룩한 정권 혹은 하나님의 통치의 대권은 어떠하다' 하거나 '그 통치 대권은 늘 은혜로서 나타났다' 하는 것은 우리가 결론적으로 정리한 내용이지만, 여기서 바울 선생이 이 강설을 해 나갈 때는 늘 이스라엘이라든지 이방이라든지 하는 어느 한편에 들어가서 이야기하지 않고 비교적 냉정하게 객관적으로 제시합니다. 이것이 바울 선생이 가지고 있는 이상형(ideal type)입니다. 항상 강설을 할 때 자기가 어느 편에 들어 있지 않습니다. '우리는 이런데 너희는 저렇다', 흔히 이렇게 말하기가 쉽습니다. 특별히 논쟁적이거나 변증적인 것을 이야기할 때는 자기의 입각지(立脚地)를 확실히 세우려니까 '나는 이런 생각을 하는데 저 사람들은 저런 생각을 한다' 하고 대척적(對蹠的)으로 이야기하기가 쉬운 것입니다. 물론 바울 선생에게 전연 그런 것이 없는 것은 아닙니다. 때때로 자기를 어느 쪽에 포함해서 이야기를 하되 그러나 비교적 이쪽이냐 저쪽이냐 하는 문제에 대해서 초연한 상태에서 항상 이야기를 제시했다는 말씀입니다. 이러한 것들이 여기에 나타나 있는 한 특성입니다.

첫째, 하나님의 거룩한 통치의 대권과, 둘째, 하나님의 거룩하신 은혜가 어떻게 그 통치 대권에 구현되어 있느냐 하는 것을 바울 선생이 설교로 말했는데, 대체로 누가는 이 바울 선생이 설교한 내용을 자세히 다 받아서 기록한 것이 아니고, 중요한 것만을 딱딱 따서 이야기해 놓은 것입니다. 이 설교가 좀 긴데, 긴 것을 분석해 가면서 공부하려면 너무 시간이 많이 가니까 돌아오는 시간에 다시 공부할 텐데, 교우 여러분들은 돌아가셔서 이 강설을 한 번이든지 두 번이든지 읽어 보시고 조금 생각해 보시기 바랍니다. 제가 지금 큰 제목을 드렸습니다. 하나님의 통치의 대권이라는 점에서는 어디에 강조를 두고 무엇을 이야기했는가를 살펴보시기 바랍니다. 하나님의 정부(政府) 혹은 하나님의 정권(政權)이라고 말해도 괜찮습니다. 그는 자유자재로 시편을 인용해 가면서 그 이야기를 하고 있습니다. 여기를 보면 하나님의 통치의 대권을 발휘하는 시를 잘 이용해서 이야기하고 있습니다. 하나님의 은혜가 이 통치의 대권과 어떻게 접촉해 가면서 나타나는가를 생각해 보시기 바랍니다.

　바울 선생의 이 설교 혹은 강설의 내용이 나중에 신약에 있는 여러 가지 많은 글들을 통해서 크고 웅혼한 사상으로 차츰차츰 계시되는 것을 우리가 다 배워 가면서 하나님의 나라라는 큰 사상을 자꾸 터득해 나가고 있습니다. 하나님의 나라의 거룩한 양상을 이야기할 때 구시대적인 이코노미의 관념 가운데 그냥 잠재해 있던 이들에게 깨우침을 주기 위해서는 이런 것이 필요합니다. 왜 필요한가 하면 대체로 유대 사람들이 기대하고 있는 사실이 있고 그 사람들이 당하고 있는 현실의 문제라는 것이 있기 때문입니다. 히브리적인 사상의 큰 특색은 종교적인 것이라고 보통 이야기하지만, 히브리 사상이 보통 이 세상에서 말하는 그런 의미에서 종교적인 것은 아닙니다. 오늘날의 유명한 유대 민족주의자(Zionist)나 유대교도(Judaist) 같은 히브리주의자들도 마찬가지로 그런 생각을 합니다. 제가 일찍이 요셉 클라우즈너(Joseph Gedaliah Klausner, 1874-1958)를 만난 이야기를 말씀드렸습니다. 우리가 만났을 때 그런 이야기를 서로 했는데, 클라우즈너 같은 훌륭한 석학도 강조하는 이야기가 무엇인가 하면 '천하에 어떤 민족이 히브리 사람들과 같이 독특한, 종교적이면서도 동시에 정치적인 사상을 가졌는가' 하는 것이었습니다. 그래서 제가 그것을 승인했습니다. 어떤 점에서 그러한가 하면 세상의 모든 민족은 자기의 황금시대를 이야기할 때 '위대한 황금시대가 저기 먼 앞에 있다'고 이야기하지 않고, '우리의 민족사에는 과거 어떤 시대에 위대하고 아름다웠던 나라가 있었다. 우리는 그것을 표준(standard)으로 하고 살아간다' 하고 말합니다. 동양에서는 항상 공자(孔子)가 무슨 이야기를 할 때나 맹자(孟子)의 그 굉장한 정론(政論)에도 이상(理想)이 무엇이냐 하면 요순(堯

舜)의 시대입니다. 그것은 과거의 시대입니다. 적어도 고대에 있었던 요·순·우·탕(堯舜禹湯)이거나 그렇지 않으면 주(周)나라의 이야기인 것입니다. 앞으로 어떤 나라를 어떻게 건설하고 그것은 반드시 오고야 만다는 것을 믿으려면 필연적으로 무엇을 요구하느냐 할 때 정치적인 대권으로 역사를 지배하시는 하나님을 믿어야만 그것을 생각하게 되지, 안 믿고 운명이 저절로 가져다준다는 것은 사상으로는 형성되지 않는 것입니다. 그것은 막연한 미신으로나 혹은 막연한 감정으로 존재하는 것입니다. 그것이 하나의 사상으로 체계가 있으려면 논리적인 근거가 있어야 하고, 논리적 근거라고 하면 '지금은 이러할지라도 앞으로 역사의 대권을 움직여서 최후에 그것을 이루시고야 말 그분이 계셔서 그분이 하실 것이 아닌가' 하는 그런 이론적인 기준이 생겨야 하는 것입니다.

그런데 그런 것이 없는 동양적인 유교의 사상은 만일 그것을 종교적인 관점에서 엄격하게 분석하면 무신론입니다. 무신론의 사상 가운데는 그런 것이 없습니다. 이 사람들의 신이라는 것은 현실적인 것입니다. 귀신이라든지 일반적인 신에 대해서 말하기를 꺼리는 것이 공자의 태도이고, 어느 때는 천(天)이라는 말을 썼지만 그것은 막연한 것입니다. '천은 무엇이냐' 할 때 어느 때는 '천(天)은 개인야(皆人也)라', 즉 천은 뭇사람이라고 했습니다. 일종의 민주주의입니다. 많은 사람의 소리가 곧 하늘의 소리라는 말입니다. 그런고로 하늘의 영광이나 혹은 신의 영광을 위해서 무엇을 한다는 것보다는 많은 사람 앞에 자기를 나타내거나 그렇지 않으면 가장 현실적인 자기 부모나 자기 혈통의 위(位)를 나타내는 것을 중시했습니다. 그래서 언제나 입신행도(立身行道) 해서 이현부모(以顯父母) 하는 것이 효지종야(孝之終也)라고 한 것입니다. 그 이현부모(以顯父母)라는 것이 그 사람들이 가지고 있는 일종의 종교적 입장입니다. 그것이 나중에는 조선(祖先) 숭배라는 종교적인 형태를 아주 강하게 취하고 나가게 된 것입니다. 이것은 물론 동양 사상이지만, 다른 나라의 여러 가지 이야기에서도 가장 논리적인 것을 가지지 못한 사람들로서는 꿈과 같은 비기(祕記)를 이야기하는 것입니다. 우리 한국 사람이 논리라는 것은 무시해 버리고서 감정적으로 말할 때는 비기를 말하면서 정감(鄭鑑)이 이러고저러고 썼다고 해서 정감이 쓴 기록을 정감록(鄭鑑錄)이라고 해서 '계룡산에 무엇이 생긴다' 하고 밤낮 떠들기도 했습니다. 그러나 그것은 논리적 근거나 종교적인 체계를 하나도 가지고 있지 않습니다. 그저 막연하게 어떤 남국 사상을 가지고 있어서 남쪽에 무엇이 하나 나온다는 것입니다. 한국 사람에게는 옛날부터 남국 사상이 있다는 것은 널리 알려진 사실입니다. 북쪽에서 내려왔으니까 따뜻한 데가 그리워서 자꾸 남쪽으로 내려가려고 자연적인 지향으로 남국 사상이 생겨난 것입니다.

그러나 가장 합리적이면서 체계 있게 그 민족의 전(全) 정신이 거대한 종교적인 형태를 취하면서 장래를 바라고 그러면서도 단순히 종교적인 것에 그치지 않고 최후로 말할 때는 혼연히 정치적인 것으로 발전하는 이것이 히브리 사상입니다. 히브리 사상의 정점이라고 할 메시야는 결국은 정치적인 명제입니다. '메시야'라는 말 자체가 벌써 정치적인 용어입니다. '기름 부음을 받은 자'라고 할 때는 벌써 통치의 대권과 관계되어 있기 때문입니다.

바울 선생이 히브리 사람이 가지고 있는 이 정치적인 큰 사상에 대해서 설교를 할 때는 그것을 분석해 가면서 늘 이야기하되 그것이 그릇되었다는 것을 지적해 가면서 바른 것을 세워 주는 것입니다. 저들이 가지고 있고 저들에게 회자(膾炙)하는 친숙한 사상 체계의 그릇된 것을 바로잡아 주기 시작합니다. 그래서 '너희가 기대하는 메시야는 이렇게 오는 것이다' 하고 거기에 결핍되어 있고 결여되어 있는 중요한 사상을 강조합니다. 분명히 그들은 '종교적인 속죄'라는 사상과 '메시야적인 왕국'의 사상, 이 둘을 통합하는 데 여러 가지로 지장이 많았습니다. 그전에 쿰란 두루마리(Qumran scroll), 즉 사해 축서(死海軸書)를 보더라도 그 사람들은 '이 둘을 어떻게 하면 조화할까' 하고 애를 쓰다가 결국 메시야를 두 개로 만들어 놓았습니다. 둘 다 메시야는 메시야일 텐데 서로 착오를 일으키면 안 되겠으니까 먼저 종교적인 메시야 하나가 있어야겠다고 해서 메시야 벤 아론, 즉 아론의 자손 메시야가 하나 있고, 그다음에 메시야 벤 다비드라고 해서 다윗의 자손 메시야가 하나 있습니다. 이렇게 두 개의 메시야가 있습니다. 제가 그것을 다 훑어보니까 메시야가 두 개여서 그 두 개를 다 끄집어내서 두 개로 나누어서 전부 썼습니다. 한번은 단편(斷篇)이 나왔는데 두루마리 전부가 아니고 끊어진 것이었기는 해도 상당한 단편이었습니다. 그것을 전부 읽어 보니까 무슨 이야기냐 하면 잔치하는 이야기입니다. 무슨 잔치냐 하면 메시야가 거기에 임재해서 잔치를 하는데 모두 차서(次序)를 따라 죽 앉아 있고 메시야가 거기에 임해서 축복을 하는데 누가 앞서느냐 하면 아론의 후예인 메시야 앞서고 다윗의 후예인 메시야가 뒤따릅니다. 아론의 후예인 메시야가 먼저 손을 들어서 복을 빌고, 그러면 다윗의 자손 메시야도 거기에 같이 앉아서 잔치를 한다는 그런 이야기입니다. 그 사람들이 가지고 있는 생각이 그렇습니다. 그것이 예수님 당시의 히브리 사람들의 글입니다. 사해 변에서 발견했다고 해서 사해 축서라고 하지만 물속에서 나온 것은 아니고, 이런 이야기를 더 할 것은 없으나 거기를 보면 그 사람들이 두 개의 메시야를 조화하려는 노력을 볼 수 있습니다.[7]

그런데 그것이 기묘하게 조화되었다는 것을 바울 선생은 딱 표현했습니다. '메시야 그분은 자신이 친히 제사장이 되실 뿐 아니라 친히 희생의

---

[7] 참조. 저자의 박사 학위 논문, 「The Messiah Idea in the Dead Sea Scrolls」, 미국 버지니아 주 유니온(Union) 신학교, 1956년.

제물이 되셔서 돌아가신 것이다' 함으로써 속죄의 사실을 완성하신 것을 말하고, '속죄의 사실만 완성하신 것이 아니라 그는 다시 살아나심으로써 너희들이 기대하던 다시 죽을 수 없는 영광의 그 나라를 여기에 건설하셨다' 하는 것을 가르친 것입니다. 이렇게 해서 '그 나라' 라는 것이 중요한 것이고 '그 은혜' 라는 것이 중요한 것입니다. '나라' 라는 관점에서는 '하나님의 통치의 대권이 역사 위에서 흐르고 있다. 그냥 실망스럽게 끝나는 것이 아니다. 단순히 하나의 종교인이 아니고 그 교(敎)를 가르치는 하나의 랍비에 불과한 것이 아니다. 그는 메시야이시다. 그런 그가 왜 죽어야 하느냐? 너희의 희생의 제물이 죽듯이 죽어야 했던 것이 아니냐?' 하는 사상의 근거를 그는 척척 이야기해 나가는 것입니다. 누가가 이것을 자세히 기록했으면 우리가 아마 거기서 터득할 것이 더 많았을 것입니다. 그러나 간략하게 쓴 데에서도 벌써 그런 자취를 보는 것입니다. '굉장한 설교를 했겠구나. 굉장한 강설을 했겠구나' 하는 생각이 듭니다.

둘째로, '하나님의 은혜' 라고 할 때 결국 은혜와 하나님의 통치의 대권이 언제나 조화 있게 움직인다는 것입니다. 다른 말로 하면 하나님의 거룩한 엄위와 하나님의 사랑의 은혜는 언제든지 조화되어서 움직인다는 것입니다. 사상상으로 볼 때 하나님의 거룩하신 통치의 대권에 나타나는 공의와 하나님의 은혜에 나타나는 사랑이 하나의 조화 있는 것으로 나타나서 거룩한 나라를 땅 위에 건설하시고 그 위에서 속죄의 은혜와 통치하시는 그 거룩하신 역사(役事)가 동시에 움직이는 것을 이야기하는 것입니다. 이만한 개요(outline)를 가지고서 자꾸 읽어 보시기 바랍니다.

기도

거룩하신 아버지시여, 아버님께서는 크신 사랑을 베푸시사 저희에게 거룩한 말씀을 통해서 그 나라를 보이시고 가르쳐 주시며, 하나님의 통치의 대권이 권능의 왕국과 은혜의 왕국으로 땅 위에 역사 위에 임재하시고 진행하시며, 메시야께서 오셔서 속죄의 크신 일을 이루시고 부활하시고 승천하심으로 이미 영광을 입으셨고 또한 저희를 그와 같은 이상향의 영광의 위치에 도달시키시기 위하여 그와 같은 영광을 향해서 나아갈 목적을 확실하게 보이셨고, 저희가 거기를 향해 진행하는 동시에 땅에 있는 동안에 거룩한 교회, 곧 하나님의 나라의 아름답고 능력 있는 용체(容體)를 세우시고, 이를 통해서 인류의 역사 위에서 하나님 나라의 통치의 대권이 어떻게 능력 있게 그러나 은혜로 사랑으로 나타나는 것인가를 증시(證示)케 하셨사옵나이다.

일찍이 아버님께서 귀히 쓰시던 종 바울이 비시디아 안디옥에 가서, 헬라적인 것과 로마적인 것과 또한 헤브라이즘의 강한 심벌이 다 조화 있게 움직이는 거기에서 아버님께서 자신에게 이미 주신 모든 은혜를 가지고 무엇보다도 성신의 충만함을 입어서 주님의 거룩하신 복음을 전하되, 아버님의 나라의 그 아름답고 귀한 대권의 움직임을 이야기하면서 그러나 또한 하나님의 사랑이 어떻게 예수 그리스도의 은혜라는 사실로 나타났는가를 전달한 것을 지금 생각했사옵나이다. 저희가 전할 것이 또한 이것이므로 이러한 확호한 사상 위에서 그저 공리적(功利的)인 종교 가운데 자기의 죄를 속(贖)함 받고 천당 간다는 데 멎어 버리는 사상의 단편(斷片)에 머물러 있지 않게 하시고, 하나님의 나라의 거룩한 능력과 영광이 그리스도의 은혜를 통해서 땅 위에 역사 위에 건설되고 나타난다는 사실과 그것은 예수 그리스도의 재림으로 찬연히 완성된다는 것을 확호히 믿고 나아가면서, 저희 시대에 처하여 인류의 역사에 대해서 역사의 진행에 대해서 저희가 확실히 할 말이 있고 제시할 선지자의 소리가 있고 또한 거기에 대한 저희의 책무가 있다는 책임감을 또한 느끼옵나이다. 사람들이 방황하고 절망하고 헤맬 때에 거기에 대해서 이런 거룩하고 웅혼한 사상이 1세기나 지금이나 다름이 없이 여전히 진행하고 여전히 나타난다는 사실과, 하나님의 말씀은 역사적인 현실에 응해서 분명히 대답을 하시며 하나님의 능력은 어느 때든지 어떤 현실 앞에서든지 거기에 적응하게 그것을 극복하고 승리하는 찬연한 빛으로 늘 나타나는 것을 저희 자신을 통해서 이 거룩한 교회를 통해서 증시해야 할 것을 이제 다시 느끼옵나이다. 주께서 이 교회를 이런 거룩한 영광을 위해서 세우셨사오니 영광을 위해서 쓰시옵소서. 하나님 나라의 거룩한 능력과 속성과 영광을 구체적으로 이 역사의 진행 위에 구현할 수 있는 교회가 되게 하시고 그러한 저희들이 되게 하시기를 기도하옵나이다. 그렇게 하시기 위하여 저희를 뽑으시고 세우셨사오니 저희에게 힘을 주시고 깨닫게 하시고 확호히 서게 하시고 저희의 비전(vision)이 깊게 하시고 하나님 나라의 오묘의 깊이를 통찰할 수 있게 더욱 지혜를 주시며 성신님께서 역사하시고 기르시옵소서. 이리하여 저희 교우들이 아버님 앞에 더욱 신령한 은혜를 받고 더욱 깊은 지혜를 받고 더욱 형형(炯炯)한 안광(眼光)이 있어서 하나님 나라의 아름다운 것과 깊은 것과 웅혼한 것과 영광스러운 것과 능력적인 것을 볼 수 있게 하시고, 저희의 생활을 통해서 이 교회의 거룩한 진행을 통해서 그 나라의 대권과 그 영광스러운 통치권이 땅 위에 구현되는 것을 저희가 생활로서 증험하고 생활로서 실현케 하시옵소서. 주님, 이와 같은 것이 저희 위에 절실하게 깊이 자리 잡으며 거의 본능적으로 저희 속에 같이 움직일 수 있게 확실한 인식으로 심어 주실 뿐 아니라 각성으로 존재케 하시고 확신으로 저희 안에 거하게 하여 주시옵소서. 이 거룩한 믿음을 저희 안에 심어 주시옵소서.

　예수님 이름으로 기도하옵나이다. 아멘.

1966년 3월 30일 수요일

제6강

바울의 비시디아 안디옥 설교 (2)

사도행전 13:16-41

¹⁶바울이 일어나 손짓하며 말하되 이스라엘 사람들과 및 하나님을 경외하는 사람들아, 들으라. ¹⁷이 이스라엘 백성의 하나님이 우리 조상들을 택하시고 애굽 땅에서 나그네 된 그 백성을 높여 큰 권능으로 인도하여 내사 ¹⁸광야에서 약 사십 년간 저희 소행을 참으시고 ¹⁹가나안 땅 일곱 족속을 멸하사 그 땅을 기업으로 주시고 (약 사백오십 년간) ²⁰그 후에 선지자 사무엘 때까지 사사를 주셨더니 ²¹그 후에 저희가 왕을 구하거늘 하나님이 베냐민 지파 사람 기스의 아들 사울을 사십 년간 주셨다가 ²²폐하시고 다윗을 왕으로 세우시고 증거하여 가라사대 내가 이새의 아들 다윗을 만나니 내 마음에 합한 사람이라. 내 뜻을 다 이루게 하리라 하시더니 ²³하나님이 약속하신 대로 이 사람의 씨에서 이스라엘을 위하여 구주를 세우셨으니 곧 예수라. ²⁴그 오시는 앞에 요한이 먼저 회개의 세례를 이스라엘 모든 백성에게 전파하니라. ²⁵요한이 그 달려갈 길을 마칠 때에 말하되 너희가 나를 누구로 생각하느냐? 나는 그리스도가 아니라. 내 뒤에 오시는 이가 있으니 나는 그 발의 신 풀기도 감당치 못하리라 하였으니 ²⁶형제들, 아브라함의 후예와 너희 중 하나님을 경외하는 사람들아, 이 구원의 말씀을 우리에게 보내셨거늘 ²⁷예루살렘에 사는 자들과 저희 관원들이 예수와 및 안식일마다 외우는 바 선지자들의 말을 알지 못하므로 예수를 정죄하여 선지자들의 말을 응하게 하였도다. ²⁸죽일 죄를 하나도 찾지 못하였으나 빌라도에게 죽여 달라 하였으니 ²⁹성경에 저를 가리켜 기록한 말씀을 다 응하게 한 것이라. 후에 나무에서 내려다가 무덤에 두었으나 ³⁰하나님이 죽은 자 가운데서 저를 살리신지라. ³¹갈릴리로부터 예루살렘에 함께 올라간 사람들에게 여러 날 보이셨으니 저희가 이제 백성 앞에 그의 증인이라. ³²우리도 조상들에게 주신 약속을 너희에게 전파하노니 ³³곧 하나님이 예수를 일으키사 우리 자녀들에게 이 약속을 이루게 하셨다 함이라. 시편 둘째 편에 기록한 바와 같이 너는 내 아들이라. 오늘 너를 낳았다 하셨으며 ³⁴또 하나님께서 죽은 자 가운데서 저를 일으키사 다시 썩음을 당하지 않게 하실 것을 가르쳐 가라사대 내가 다윗의 거룩하고 미쁜 은사를 너희에게 주리라 하셨으니 ³⁵그러므로 또 다른 편에 일렀으되 주의 거룩한 자로 썩음을 당하지 않게 하시리라 하셨느니라. ³⁶다윗은 당시에 하나님의 뜻을 좇아 섬기다가 잠들어 그 조상들과 함께 묻혀 썩음을 당하였으되 ³⁷하나님의 살리신 이는 썩음을 당하지 아니하였나니 ³⁸그러므로 형제들아, 너희가 알 것은 이 사람을 힘입어 죄 사함을 너희에게 전하는 이것이며 ³⁹또 모세의 율법으로 너희가 의롭다 하심을 얻지 못하던 모든 일에도 이 사람을 힘입어 믿는 자마다 의롭다 하심을 얻는 것이라. ⁴⁰그런즉 너희는 선지자들로 말씀하신 것이 너희에게 미칠까 삼가라. ⁴¹일렀으되 보라, 멸시하는 사람들아, 너희는 놀라고 망하라. 내가 너희 때를 당하여 한 일을 행할 것이니 사람이 너희에게 이를지라도 도무지 믿지 못할 일이라 하였느니라 하니라.

제6강

바울의 비시디아 안디옥 설교 (2)

사도행전 13:16-41

바울이 비시디아 안디옥에서 설교함

오늘 저녁에도 사도행전 13장에 나타나는 바 바울 선생 일행이 제1차 전도 여행 가운데 비시디아 안디옥에 이르렀을 때 한 설교를 다시 잠깐 더 생각하고자 합니다. 이것은 성경에 처음 기록되어 있는 바울 선생의 강설입니다. 바울 선생이 안식일에 비시디아 안디옥의 유대인의 회당에 나가서 같이 예배를 드릴 때 "율법과 선지자의 글을 읽은 후에 회당장들이 사람을 보내어 물어 가로되 형제들아, 만일 백성을 권할 말이 있거든 말하라"(13:15) 하니까 바울이 일어나 손짓을 하며 말을 했는데, 거기까지는 대개 우리가 이미 상고(詳考)한 바입니다. 바울 선생이 지금 강설을 하는 이 비시디아 안디옥이라는 도시가 어떤 분위기 가운데 싸여 있었던가, 즉 어떠한 점에서 자연적으로 바울 선생의 관심을 끌었던가 하는 것과 관련해서 비시디아 안디옥이 가지고 있는 여러 가지 복합적인 성격을 우리가 지난번에 상고했습니다.

그다음은 바울 선생이 일어나 안식일에 비시디아 안디옥에 있는 회당에 나온 사람들에게 이야기하는 것인데, 첫째, '형제들아' 하고 불러 놓고, 그 '형제들'에 대해 '아브라함의 후예'와 '너희 중 하나님을 경외하는 사람'이라고 분해해서 말을 했습니다. 이것이 13:26에 나타난 말인데, 이것은 맨 처음에 부른 말인 '이스라엘 사람들과 및 하나님을 경외하는 사람들아'(13:16) 하는 것과 마찬가지의 분해입니다. 안식일에 회당에 나와서 예배드리는 이 사람들은 첫째는 이스라엘 사람들이고, 둘째는 이스라엘 사람은 아니지만 하나님을 경외하는 사람들입니다. 안디옥은 안티오코스(Antiochos)의 이름을 따라서 안디옥이라고 한 헬라적인 근원을 가진 도시였고, 그러면서 또한 로마 사람들의 특별한 행정 관청을 두어 두는 로마적인 도시였습니다. 이렇게 로마적인 요소와 헬라적인 요소가 섞여 있을뿐더러 유명한 헬레니즘 운동의 중요한 거점 가운데 한 군데였습니다. 또한 헬레니스트(Hellenist), 즉 헬라 파에 속한 유대 사람들이 많이 살아서 회당을 가질 만하게 되어 있었습니다. 이러한 요소들이 섞여 있는 이 땅에 온 설교자 혹은 강설자인 바울 선생도 히브리 사람 중의 히브리 사람이면서 헬레니즘이 난숙한 땅에서 자라나 공부했고, 또한 헬라 파 유대인(Hellenist Jew)의 한 사람인 동시에 나면서부터 또한 로마의 시민이었습니다.

그런 그가 서서 이제 무엇을 이야기합니까? 헤브라이즘과 헬레니즘의 충돌에 대한 것을 여기에서 분해해 가면서 이야기합니까? 지금 우리가 바울 선생의 강설의 말씀을 죽 읽었을 때, 헤브라이즘과 헬레니즘의 충돌에 대한 이야기를 하거나, 헬레니즘적인 위치에서 헤브라이즘을 공격해 가면서 새로운 종교를 강조하는 일을 하지 않았고, 그렇다고 하여 순수한 유대주의자적인 해석을 내려서 전통적인 것을 주장하거나 보통 말하는 전통적인 유대교적 강해를 한 것도 아닙니다. 그는 헬레니즘이라든지 헤브라이즘이라는 사실을 떠나서 차라리 전연 새로운 점에서 일종의 전형적인 강설(model sermon)이라고 할 강설을 했습니다.

그러면 여기서 이 강설을 한마디 한마디씩 이야기하기보다는, 지난번에 돌아가셔서 한번 잘 읽어 보시라고 했으니까 다 읽으셔서 이 강설의 내용이 무엇인가를 대개 아시는 것으로 알고, 그것을 분해해 가면서 몇 가지를 이야기하겠습니다. 자세한 설명보다는 대강대강 추려서 생각해 보려는 것입니다.

첫째, 여기서 우리가 볼 수 있는 특성을 생각해 볼 때, 이 강설은 지난번에 말씀드린 것같이 사도행전에 기록되어 있던 이전의 다른 강설과 다른 데도 있고 유사한 데도 있습니다. 다르다 할 때 오순절의 베드로의 강설과는 많이 다릅니다. 그렇지만 오순절의 베드로의 강설과도 같은 점이 없는 것은 아닙니다. 같은 점이 무엇인가 할 때 강조하는 점이 같습니다. 사실(fact)로서 가장 중요하게 제출하는 점, 즉 예수 그리스도를 변증하는 점에서 같고, 그의 죽으심과 그의 다시 사심이라는 것을 중요한 제목으로 들었다는 점에서 같습니다. 그러나 그것을 떠나서 강설을 엮어 가는 것은 전혀 다릅니다.

이 강설을 볼 때 얼른 느끼는 것은 오히려 누구의 강설과 유사성이 있는가 할 때 지난번에 말씀드린 대로 죽을 임시(臨時)에 스데반이 했던 강설과 비슷한 데가 있습니다. 스데반은 이스라엘의 과거 역사를 들어 가면서 이스라엘 백성을 책망하고 하나님의 거룩하신 은혜를 변증해 나갔습니다. 그렇게 소위 역사적인 사실을 재료로 해서 서술해 나간 점에서 같습니다. 그러나 여기에는 또한 스데반이 강설한 것과는 달리 특성 있게 나간 것이 있습니다. 물론 스데반을 모방했다고 할는지 혹은 스데반의 강설이 그에게 강한 인상을 주었으리라는 것은 우리가 다 생각할 수 있습니다. 스데반이 죽을 임시에 바울 선생이 전에 일찍이 느끼지 못했던 찬란하고 숭엄한 저 피안의 참된 아름다움을 그의 용모에서까지 발견할 수 있었던 사실로 인해서, 민감한 바울은 그의 말 자체 안에서 또한 여러 가지 새로운 사실을 인식했을 것입니다. 그러나 바울 선생이 스데반의 강설을 중심 삼아서 새로 엮어 낸 것은 아니고, 여기에서 말한 이것은 기독교 역사상 처음으로 명료하게 형식을 취하고 나온 것입니다. 그러한 특성이 여기에 하나 있습니다. 지난번에 말씀드린 대로 이야기하는 방식을 보면 그런 특성들을 차례차례 자꾸 나타내기 시작하는 것을 알 수 있습니다.

이야기를 어떻게 했는가 할 때 강설의 전체 내용은 이렇습니다. "이스라엘 사람들과 및 하나님을 경외하는 사람들아, 들으라. 이 이스라엘 백성의 하나님이 우리 조상들을 택하시고, 애굽 땅에서 나그네 된 그 백성을 높여 큰 권능으로 인도하여 내사 광야에서 약 사십 년간 저희 소행을 참으시고, 가나안 땅 일곱 족속을 멸하사 그 땅을 기업으로 주시고 (약 사백오십 년간), 그 후에 선지자 사무엘 때까지 사사를 주셨더니, 그 후에 저희가 왕을 구하거늘, 하나님이 베냐민 지파 사람 기스의 아들 사울을 사십 년간 주셨다가 폐하시고, 다윗을 왕으로 세우시고 증거하여 가라사대 내가 이새의 아들 다윗을 만나니 내 마음에 합한 사람이라. 내 뜻을 다 이루게 하리라 하시더니, 하나님이 약속하신 대로 이 사람의 씨에서 이스라엘을 위하여 구주를 세우셨으니 곧 예수라. 그 오시는 앞에 요한이 먼저 회개의 세례를 이스라엘 모든 백성에게 전파하니라. 요한이 그 달려갈 길을 마칠 때에 말하되 너희가 나를 누구로 생각하느냐? 나는 그리스도가 아니라. 내 뒤에 오시는 이가 있으니 나는 그 발의 신 풀기도 감당치 못하리라 하였으니, 형제들, 아브라함의 후예와 너희 중 하나님을 경외하는 사람들아, 이 구원의 말씀을 우리에게 보내셨거늘, 예루살렘에 사는 자들과 저희 관원들이 예수와 및 안식일마다 외우는 바 선지자들의 말을 알지 못하므로 예수를 정죄하여 선지자들의 말을 응하게 하였도다. 죽일 죄를 하나도 찾지 못하였으나 빌라도에게 죽여 달라 하였으니, 성경에 저를 가리켜 기록한 말씀을 다 응하게 한 것이라. 후에 나무에서 내려다가 무덤에 두었으나, 하나님이 죽은 자 가운데서 저를 살리신지라. 갈릴리로부터 예루살렘에 함께 올라간 사람들에게 여러 날 보이셨으니, 저희가 이제 백성 앞에 그의 증인이라. 우리도 조상들에게 주신 약속을 너희에게 전파하노니, 곧 하나님이 예수를 일으키사 우리 자녀들에게 이 약속을 이루게 하셨다 함이라. 시편 둘째 편에 기록한 바와 같이 너는 내 아들이라. 오늘 너를 낳았다 하셨고, 또 하나님께서 죽은 자 가운데서 저를 일으키사 다시 썩음을 당하지 않게 하실 것을 가르쳐 가라사대 내가 다윗의 거룩하고 미쁜 은사를 너희에게 주리라 하셨으니, 그러므로 또 다른 편에 일렀으되 주의 거룩한 자로 썩음을 당하지 않게 하시리라 하셨느니라. 다윗은 당시에 하나님의 뜻을 좇아 섬기다가 잠들어 그 조상들과 함께 묻혀 썩음을 당하였으되, 하나님의 살리신 이는 썩음을 당하지 아니하였나니, 그러므로 형제들아, 너희가 알 것은 이 사람을 힘입어 죄 사함을 너희에게 전하는 이것이며, 또 모세의 율법으로 너희가 의롭다 하심을 얻지 못하던 모든 일에도 이 사람을 힘입어 믿는 자마다 의롭다 하심을 얻는 이것이라. 그런즉 너희는 선지자들로 말씀하신 것이 너희에게 미칠까 삼가라. 일렀으되 보라, 멸시하는 사람들아, 너희는 놀라고 망하라. 내가 너희 때를 당하여 한 일을 행할 것이니 사람이 너희에게 이를지라도 도무지 믿지 못할 일이라 하였느니라 하니라"(13:16-41).

　이것이 바울 선생의 설교입니다. 물론 설교한 그대로를 다 적은 것은 아니지만, 설교한 대강을 그의 그 음조(tone)대로 적었지, 그것을 뒤집어서 제멋대로 해석해서 붙인 것이 아닙니다. 요새는 무슨 설교를 하면 신문 기자들이 갖다 적는다고 하면서 실제의 음조와는 전연 다른 음조로 전하면서도 뜻만 전하면 된다고 하지만, 원래 설교에 어떤 조자(調子)나 음조를 쓸 때에는 그러한 설교의 스타일이 그 설교의 내용과 붙어서 심히 중요한 까닭에 함부로 변경하면 안 되는 것입니다. 그런데 기자들은 제 마음대로 대강만 추리면 되는 줄 알고 추려서 쓰다 보니 메시지가 제대로 전달되지 않는 것입니다.

이 설교를 나눌 때 청중을 부른 것이 세 번 있습니다. 맨 처음에 '이스라엘 사람들과 및 하나님을 경외하는 사람들아, 들으라' 하고 16절에 한 번 불렀습니다. 또한 26절에 '형제들, 아브라함의 후예와 너희 중 하나님을 경외하는 사람들아' 하고 이번에는 중요한 것을 서술하기 위해서 또 한번 주의를 환기했고, 세 번째로 38절에 가서 '그러므로 형제들아, 너희가 알아야 할 것은 이것이다' 해서 이렇게 세 번 나누었습니다. 그리고 맨 마지막에 가서 무엇이라고 했는가 하면 40절에 "그런즉 너희는 선지자들로 말씀하신 것이 너희에게 미칠까 삼가라" 하는 경고로 끝냈습니다. 만일 이 설교의 내용을 해석하지 않고 그냥 말한 것만을 딱딱 나눈다면 이렇게 중요한 네 부분으로 갈라서 생각할 수 있습니다. 이처럼 맨 처음에 '이스라엘 백성들과 또 하나님을 경외하는 사람들아' 하고 불렀습니다. 그러고서 한 이야기가 있습니다. 다음에는 '형제들, 아브라함의 후예와 너희 중 하나님을 경외하는 사람들아' 하고서는 한 이야기가 있습니다. 그리고 마지막에 결론적으로 '그러므로 형제들아' 하고 불러서 강조한 것이 또 하나 있습니다. 그리고 마지막에 가서는 '그러나 만일 너희가 이것을 불청종(不聽從)하면 어떻게 되느냐' 하는 경고가 하나 마지막으로 40절에 따라가는 것입니다.

역사의 주인이신 하나님

그러면 첫 부분을 보겠습니다. 첫 부분은 무슨 이야기냐 하면 역사적인 서술입니다. 사기적(史記的)인 내용을 가지고 이야기하는 것입니다. 맨 처음에 이스라엘 백성이 어떻게 해서 구성되어서, 어떻게 광야를 지나서, 어떻게 마지막에 가나안 땅에 들어가서, 어떻게 신정(神政)의 통치를 받았다가, 어떻게 사람들이 하나님께 왕을 요구하고 자기네의 정체(政體)

를 어떻게 해 주기를 요구해서, 하나님은 그것 때문에 어떠한 사람들을 보내서 어떻게 왕 노릇을 시키셨는가 해서 누구까지 이야기했는가 하면 다윗까지 이야기하고 말았습니다. 역사를 다 서술한 것이 아니고 다윗까지만 이야기하고 솔로몬서부터는 뺐습니다. 솔로몬서부터 그 후에 오는 모든 유대의 통치자들과 이스라엘의 통치자들에 대해서는 남조(南朝)고 북조(北朝)고 간에 최후의 느헤미야 총독에 이르기까지라도 말을 한마디도 안 했습니다. 말라기 선지자가 있을 때까지에 대해서는 일절 언급이 없고, 거기서 뛰어서 그다음에는 다윗의 씨인 예수 그리스도로 넘어갔습니다. 이처럼 다 아는 역사 이야기를 죽 내리 꿰려고 하는 것이 그의 본지(本旨)가 아니고, 역사의 어떤 부문만을 취하여서 말씀하되 그가 강조한 것은 그 역사적인 사실을 재론하는 데 있는 것이 아니고, 역사의 성격과 역사의 동인(動因)과 역사를 지을 수 있는 근본적인 능력의 문제를 여기에 끼워서 이야기한 것입니다.

우리가 만일 이 강설 전편(全篇)을 외국 말로 번역한다고 할 경우에, 어떤 말을 외국 말로 번역한다면 번역하는 사람으로서 무엇에 관심이 가느냐 하면 소위 구문(構文, syntax)이라는 것, 즉 문장의 구성에 관심이 가는 것입니다. 번역을 하려면 문장의 구성에 대해서 치밀하게 관심을 가져야 합니다. 더군다나 그 뜻이나 말을 함부로 변경하지 않고 번역하려면 참으로 문장의 구성에 주의를 해야 하는 것입니다. 동양의 말을 서양의 말로 번역할 때는 처음부터 그 문장 구성법이 다르고 문장 구조(sentence construction)가 아주 많이 달라서 앞으로 올 것과 뒤로 올 것이 막 뒤섞이게 됩니다. 그러나 그렇다고 해도 우리가 바꿀 수 없는 것이 있습니다. 그것은 뭐냐 하면 문장의 제일 기본적인 주어를 중심 삼아서 만들어진 주부(主部)와 술어를 중심 삼아서 만든 서술부를 함부로 뒤섞지 않는 것입니다. 그러면 이 강설에서 전체 이야기의 주어가 무엇이겠는가 한번 따져 보시기 바랍니다. 여러분이 생각하기에 여기서 무엇이 제일 많이 주어로 사용되었습니까?

역사 이야기를 할 때는 그때의 역사의 주인공을 주어로 삼고 이야기합니다. 우리가 로마 제국사를 이야기한다면 '율리우스 시저(Julius Caesar, 100-44 B.C.)가 일어나서 이러고저러고 했다' 하고 이야기합니다. '그가 삼두 정치(三頭政治)를 했다. 나중에는 원로원에서 그를 파면하고 군대를 해산시키려고 하니까 자기 군대를 해산하지 않고 루비콘 강 앞에서 혼자 방황하고 말을 타고 왔다 갔다 하다가 '이제 주사위는 던져졌다. 건너가자' 하고 군대를 몰고 로마로 들어가서는 요즘 말로 하면 쿠데타를 일으켜서 로마를 점령했다. 그런 다음에는 로마 제국의 기반을 세웠고, 그의 양자인 옥타비아누스(Octavianus, 27 B.C.-14 A.D. 재위)가 임페레이터(imperator)라는 이름을 가지고 황제가 되었다' 하고 말합니다. 그러는 사이에 벌써 주어가 변경되었습니다. 율리우스 시저에서 옥타비아누스로 넘어간 것입니다. 이렇게 주어가 차례차례 넘어가서 그다음에는 티베리우스(Tiberius, 42 B.C.-37 A.D.)의 이야기를 또 해야 합니다. 이렇게 자꾸 넘어가는 것입니다.

여기서는 어떻게 되었습니까? '형제들아, 우리의 조상이 맨 처음에 갈대아 우르에서부터 하나님의 부르심을 받아서 오지 않았느냐. 그는 갈 바를 알지 못했지만 하나님이 인도하시는 대로 갔다' 하고 이야기했습니까? 부르심을 받은 곳이 밧단아람 혹은 하란이라고 말하는 사람도 있지만, 처음에는 갈대아 우르에서부터 시작했을 것입니다. 그런데 바울 선생이 어떻게 이야기를 했습니까? 그의 화법이 어떠한가 하는 것입니다. 여기에서는 무엇이 중요한 이야깃거리냐 하면 항상 '누가 이렇게 시켰다' 하는 이야기입니다. '아브라함이 하나님의 지시를 받아 왔다' 하고 아브라함이 주어가 되고 주인공이 되어서 움직인 것이 아니라 여기에 늘 주인공이 하나 있습니다. '그가 이렇게 시켰고, 그가 이제는 이렇게 시켰다' 하고 말합니다. 그 주인공이 누구냐 하면 하나님이십니다. '누가 하나님의 명령을 받고 어디에 갔다' 하고 말하지 않고, '하나님께서 누구를 어디로 보내셨다' 하는 식으로 이야기했습니다. 늘 누가 주인이 되었느냐 하면 하나님이십니다. 왜 이런 서술법을 쓰는 것입니까? 같은 이야기를 하더라도 '아브라함이 하나님의 명령을 받고 갔다' 하고 말하는 것과 '하나님께서 아브라함을 부르셔서 가게 하셨다' 하는 것은 무엇이 다릅니까? 행동에서나 현상에서나 역사를 만들어 내는 데에서는 같을 테지만, 역사를 해석하는 것이 다른 것이고 또 일의 해석이 다른 것입니다.

'아브라함이 하나님의 명령을 받고 갔다' 할 때는 '그는 경건한 사람이고, 그는 신과 통한 사람이고, 그래서 그는 계시를 받고 참으로 용단 있게 용기 있게 위대한 족장답게 민족을 창시했다' 하는 말을 할 수 있지만, '하나님이 아브라함을 부르셔서 내보내셨다' 할 때는 '하나님의 계획과 경영은 이렇게 움직이는 것이다' 하고 하나님의 나라의 이야기를 하는 것입니다. '하나님이 인류 역사 위에서 어떻게 역사하셔서 무엇을 어떻게 창조하시고 무엇을 어떻게 이루어 나가시느냐' 하는 것을 가르치기 시작하는 것입니다. 한마디로 말하면 하나님의 거룩한 정치(government) 혹은 하나님의 정사(政事)를 가르치는 것입니다. 여기에서 그것을 가르치기 시작합니다. 이스라엘 민족사를 이야기하는 것이 아니라, '하나님은 이스라엘이라는 도구를 어떻게 쓰셨느냐' 하는 것과 한걸음 더 나아가 '하나님이 무엇을 하시려고 인류의 역사 위에 이스라엘 백성을 택해 내신 줄 아느냐' 하는 데로 들어가는 것입니다. 요컨대 여기에 나타난 사관(史觀)은 '모든 역사의 큰 주역 혹은 유일의 주역은 누구냐 하면 하나님이시다' 하는 것을 가르치는 것입니다. 바울 선생이 여기서 한 이 강설은 간단한 강설 같지만, 이후에 올 기독교의 거대한 역사를 올바로 해석하도록 하나의 중요한 시사(示唆)를 하는 것입니다. 이 강설 가운데 우리는 몇 가지의 기이한 일들을 봅니다. 지금까지 우리가 별로 보지 않았던, 기독교 역사상 효시(嚆矢)가 되는 것들을 처음으로 이 강설에서 나타내 보인 것입니다. 이것이 중요한 이야기입니다.

하나님의 절대 대권과 예수님의 속죄의 필요성

그리고 둘째의 문제로 넘어가자면, 이야기는 다윗까지 왔고 다윗에서 예수 그리스도로 넘어왔습니다. 그 후에 오는 허다한 임금들의 이야기는 하지 않았습니다. 그것은 계속적인 실패와 반역의 기록입니다. 그런 것은 이야기하지 않습니다. 그런 것을 이야기하지 않는 대신, 역사에서 간단한 이야기를 재료로 취해서 하나님의 나라의 진행을 말할 때 '하나님께서는 어떻게 그 공의를 나타내시고 어떻게 그 사랑을 나타내시는가, 한마디로 하나님의 만세 전의 경영과 도략은 그 공의와 사랑을 어떻게 적극적으로 반영해 나가는가 하는 것에 대해 다윗까지 이스라엘의 맨 처음 역사로서 몇 가지 중요한 예시(例示)를 한다' 하고 이야기했습니다.

왜 이런 이야기를 했습니까? '형제들'(13:26) 하고 두 번째 부분으로 들어가서 '결국 하나님의 이 거룩한 공의와 사랑의 역사(歷史)는 하나님의 은혜라는 정점을 땅 위에 인류의 역사 위에 계시했다' 하고 말합니다. 하나님의 은혜라는 정점을 세울 때 일어난 사실은 여기에서 잠깐 음조(tone)를 변경한 것입니다. 마치 교향곡(symphony)을 들을 때 테마들이 나와서 한참 움직이다가 악장을 딱 지어 놓으면서 다른 테마가 쑥 나오는 것과 같습니다. 그 테마는 무엇이냐 하면 이제 예수 그리스도가 쑥 나오기 시작하는 것입니다. 두 번째 부분에서 '형제들' 하고 부른 데부터는 소위 예수 그리스도의 이야기를 하는데, 예수 그리스도의 이야기를 할 때에는 하나님께서만 일하셨다고 하기보다는 예수 그리스도와 그와 배치된 인간들의 이야기를 대립해서 이야기해 놓았습니다. 바울 선생은 위대한 강설자입니다. 바울 선생이 강설을 조직하거나 말을 제시하는 방식을 보면 참 변화무쌍하고 훌륭합니다. 그대로 그냥 한 주어를 가지고 쭉 밀고 나가지 않고 슬쩍 변경하면서 예수님을 더 부각(close-up)시키며 이야기를 시작합니다. 거기에서 예수님의 수난과 죽으심과 다시 사심에 대한 것을 선언했습니다.

또한 그에 대한 대조로 무엇을 이야기했는가 하면 '죽일 죄를 하나도 찾지 못했지만 죽인 사람도 있다' 해서 '사람의 무참한 죄악과 암매는 이런 일까지 한다. 사람의 죄, 그것이 그렇게 한 것이다. 사람의 죄가 쌓여서 예수님을 죽이는 일까지라도 한 것이다' 하고 이야기합니다. '그러한 죄, 예수님을 죽이는 일까지라도 한 그 죄에서 건져 내시려고 그가 은혜로써 덮어 주시려고 오신 것이다' 하고 말합니다. 이렇게 제시하는 방식이 아주 기묘하고 대단히 교묘하고 정묘합니다. 이렇게 정묘하게 이야기를 잘했을뿐더러 또한 그것을 요약해서 기록한 누가 역시 참 기묘하게 잘 써 놓았습니다. 죄의 무서운 것을 이야기하면서 '죄로 인해 너희가 예수님을 그렇게 했지만, 여기에 중요한 것이 있다. 이 모든 것은 하나님께서 하신 일이다' 하는 이야기가 거기에 붙어 있습니다. '죄가 그렇게 했다. 너희는 안식일마다 외우는 선지자의 말이 무엇인지도 모르니까 선지자가 확실히 예언하고 약속했던 그 사실이 왔는데도 그것을 파괴할 뿐 아니라 도말해 버리지 않았느냐' 하고 죄를 지적합니다. 그렇지만 거기에 직접적인 직설법을 쓰지 않고 결국 자꾸 생각해 나가면 그 결론으로서 '아, 그러면 그것 자체도 하나님의 무한하신 지혜와 도략 가운데 된 것이구나' 하는 것을 깨닫게 만들었습니다. 그러면서도 '너희들이 그렇게 했다' 해서 죄의 책임을 조금이라도 경감해 주지 않았습니다. '그러나 예수님이 힘이 없어서 너희 손에 잡혀 죽은 줄 아느냐? 그것은 아니다' 하는 것입니다.

"나는 버릴 권세도 있고 다시 얻을 권세도 있으니"(요 10:18)라고 말씀하신 대로 예수님이 대권을 가지고 이렇게 하셨다는 것입니다. '그런고로 사람의 죄는 사람의 죄로서 책임을 져야 하지만, 너희의 죄가 아무리 크다 한들 그렇다고 해서 너희가 하나님의 일을 실패하게 했다든지 차단했다든지 할 수 있는 것은 아니다' 하는 것입니다. 이 말은 무슨 뜻인가 하면 '하나님의 절대의 대권과 그 대권의 행사는 사람이 아니라 사람의 몇 배가 되는 모든 악한 자들이 일어나서 모든 악을 다 행할지라도 그것을 저해하지 못하는 것이다' 하는 것입니다. 여기에 신의 절대의 대권에 대한 강조가 있습니다. 신의 절대의 대권은 모든 사람의 모든 실패와 결핍과 죄와 암매보다도 더 크다는 것입니다. 그것이 여기에 강하게 나타납니다. 이렇게 신의 대권을 가장 강하게 강조해 나간 신학자들은 어거스틴이나 아타나시우스, 그리고 개혁 시대 이후에는 칼빈 선생 같은 인물들입니다. 위대한 개혁주의 신학자들이 하나님의 대권을 강조하고 강조했습니다. 물론 칼빈 선생은 어거스틴을 권위자로 인용해서 때때로 그것을 강조해 나갔습니다.

   그런데 여기에서 이 문제에 곁들여 잠깐 우리가 생각해 볼 것은 칼빈 선생이나 어거스틴 선생이나 아타나시우스 선생 같은 분들이 하나님의 대권을 강조하고 강조한 이 사상을 바로 받아서 강조한 나머지 무슨 이야기까지 하게 되었는가 하는 것입니다. 아마도 이런 이야기까지는 할 필요가 없을는지도 모릅니다. 그러나 우리 교우들에게는 필요 없는 이야기가 아닙니다. 일반적으로는 예수 믿는 사람이 자꾸 그런 이야기까지 할 필요는 없으나, 우리 교우들은 그런 것도 잘 알고 계시면 좋겠습니다. 무슨 이야기까지 했는가 할 때 속죄의 문제에서 '속죄가 절대적이냐 아니냐' 하는 문제까지 이야기한 것입니다. '예수 그리스도의 속죄는 하나님의 절대적인 방법이었느냐 아니었느냐' 하는 것입니다. '그것이 절대적인 것이라고 해야 할 것이냐' 할 때 어거스틴 선생이나 아타나시우스 선생이나 칼빈 선생은 '그렇게 이야기할 수 없다. 하나님의 전능과 대권하에서 속죄를 꼭 절대적이라고 할 것이 있느냐? 하나님이 그렇게 예수님을 육신의 몸으로 땅에 보내서 사람을 구원하시지 않으면 도무지 구원하실 수가 없었다는 그런 말로 하나님의 대권을 제한하는 태도는 좋지 않다. 그런고로 그렇게 절대적으로 말하는 것은 좋지 않다' 하는 이야기입니다.

그렇게 하나님의 대권을 강조하고 하나님의 전능을 강조하고 완전을 강조한 나머지 '하나님의 전능하심으로는 무엇이든지 못하실 것이 없는데, 하나님께도 이 길밖에는 없다 하고 어떤 길 하나만 내놓고 제한하면 되겠는가' 하는 생각을 했다는 말씀입니다. 물론 거기에 대한 이론이 많이 있습니다. 그 후에 칼빈주의자(Calvinist)라고 하는 후대의 개혁 신학자들은 그 일에 대해서 여러 가지 논란을 했습니다. 논란을 한 결과, '하나님이 이미 계시하신 사실에 대해서는 그렇게 받아들이는 것이 좋다. 하나님께서 그 일밖에는 절대로 하실 수 없다고 단정적으로 말해서는 안 되겠지만, 하나님께서 그 길 외에 다른 길을 취하시기를 원치 않으셨다면 그것이 또한 하나님의 의사(意思)인 까닭에 절대적이라고 보아야 한다' 하고 결론을 내렸습니다. '그렇게 생각하는 것이 정당하다' 하는 말씀입니다. 여러분들도 그렇게 생각하시는 것이 좋을 것으로 생각합니다. 이렇게 개혁 신학자의 이론이 생겼습니다. 그래서 후대에 나타난 개혁 신학자들은 '하나님께서 예수님을 보내시지 않고서라도 구원하실 수 있었다고 하면 계시 가운데 그러한 방법에 대한 가능성을 보이시거나 혹은 원래의 방법을 보류하신다는 조그마한 시사라도 하시지 않았겠는가. 그런 까닭에 그럴 수가 있다고 그저 가상만 해 놓고 예수 그리스도의 속죄의 사실의 절대성을 약화시켜서 말하면 그것은 동시에 예수님이 안 오셨더라도 우리의 죄는 사유(赦宥)하실 수 있는 길이 있다 하는 식으로 죄의 가치를 경감하는 말이 되기가 쉽다. 성경은 언제든지 예수님이 육신의 몸을 입고 오셔서 십자가에 달리시지 않으면 안 된다는 것을 강조했는데, 성경의 계시에 없는 사실을 가설(hypothesis)로 내놓고 그렇게 주장하는 것은 좋지 않다' 하고 말한 것입니다. 이런 까다로운 이론을 자꾸 너무 길게 이야기할 것은 없으니까 그런 정도로 알아 두시면 되겠습니다.

교우 여러분도 그렇게 알아 두시는 것이 좋습니다. 제가 여러분께 증언하고 싶은 것은 제 자신이 믿는 바는 무엇인가 할 때 '하나님은 절대자이신 까닭에 하나님께서 자신의 의사를 보이신 것은 완전한 의사이다. 하나님의 절대의 속성하에서 나타내신 거룩한 의사는 그것도 완전하고 절대적인 까닭에 하나님의 무한한 절대에 대해서 우리의 추리(reason)가 함부로 상고(詳考)하지 못하는 것이고 그것은 하나님께 맡겨야 한다. 거기에 대해서 하나님께 다른 길이 있다든지 없다든지 하고 자꾸 이야기할 것이 없는 것이다. 하나님은 그 길을 보이셨고, 하나님이 보이셨으면 그것은 절대이다. 그런 줄로 알고 우리가 받는 것이다. 그러니까 자꾸 논리로써 이것이 절대적이라면 다른 상대적인 길이 없다는 말이 아닌가, 그 길밖에 없다는 말이 되고 말지 않는가, 하고 생각할 일이 아니다. 그 길밖에 없다고 보이셨으면 그 길밖에 없다고 우리가 받아들이는 것이 좋다. 하나님이 그 길을 가지고 구원하신 것은 하나님 자신의 뜻이다. 하나님이 쓰시려면 쓰시는 것이고 쓰시지 않으려면 안 쓰시는 분도 하나님이시지 않은가. 그러니 하나님의 거룩한 의사 표시는 그 자체로 언제든지 절대적인 것으로 받아들이는 것이 좋다' 하는 태도입니다. 제가 원하는 것은 우리 교우들 역시 제가 믿는 대로 그렇게 믿어 나가시는 것입니다. 언제든지 그런 것이 건실하고 건강한 태도인 줄 압니다.

잘못해서 하나님의 대권을 제한하는 것도 옳지 않고, 잘못해서 예수 그리스도의 속죄의 그 무한한 값을 제한해도 안 되는 것입니다. 어느 편이나 다 존중해야 합니다. 하나님이 나타내 보이시는 거룩한 의사는 절대적인 것입니다. 그리고 지금 이것은 우리가 인간의 논리(reason)의 형식의 범주 안에서 하는 이야기이니까 논리의 형식의 범주 안에서 상고할 수 있는 그것만 생각해야지, 그 이상에 대해서 우리가 모르는 것을 자꾸 이야기할 필요가 없습니다. 둘째로, 성경에 나타나지 않은 가설을 자꾸 꺼내서 한쪽을 자꾸 약화시키는 것은 부정당한 일입니다. 그리고 이와 같은 태도를 가지고 이러한 이론을 이런 식으로 정확하게 쓴 사람을 아직은 보지 못했으나, 적어도 후대의 개혁 신학자들은 이와 비슷한 방향으로 나갔습니다. '우리는 하나님이 보이신 것만을 유일의 길로 받아들이자' 하는 태도로 대개 기울었습니다. 칼빈 선생이 하나님의 절대 주권을 강조했다고 하지만, 그렇다고 해도 칼빈 선생 자신은 예수님의 속죄의 공효(功效)의 절대성을 조금이라도 경감하려는 공산이 없었던 사람입니다. 다만 말을 하다 보니까 거기까지 이르고 만 것입니다. 분명히 그는 『기독교 강요』에 그 말을 썼습니다. '이것이 절대적이냐 하는 문제에 대해서는 차라리 나는 이렇게 생각하겠다' 하고 이야기했습니다. '나는 이렇게 생각하겠다' 한 것뿐이지 '이렇게 믿지 않으면 안 된다' 하고 주장한 것은 아닙니다.

요컨대 그러한 사상의 큰 근거로서 하나님의 대권이 전체 사상의 중심이 되는 큰 계시 혹은 일종의 예비적인 계시라고 할 만한 것이 여기 이 설교 가운데 나타나 있습니다. 이것은 바울 선생이 아주 웅혼한 설교를 한 것을 처음으로 요약해 놓은 것입니다. 물론 이것이 바울 선생이 처음 한 설교는 아닙니다. 그러나 요약해서 기록한 것은 이것이 처음입니다. 이 설교는 어디에 늘 중점을 두고 이야기했는가 하면 '하나님이 모든 것의 중심이시고 하나님이 모든 것의 주인이시고 하나님이 전부이시니까 하나님이 이렇게 이렇게 이렇게 하셨다. 모든 것은 하나님께로 돌아갈 것이

다. 너희가 이렇게 하고 인류가 이렇게 해서 역사가 이렇게 되었다고 하는 것은 의미 없는 것이다. 하나님이 이렇게 만드신 것이다. 하나님이 이렇게 하신다는 것은 천계(天界)에서 하신다는 이야기일 뿐만 아니라 땅 위에서 인류의 역사 위에서 이렇게 하신다는 것이다' 하는 것을 이야기했습니다. 거기에 무엇이 분명히 나타났는가 할 때 '하나님 한 분이 주역이시다' 하는 것뿐만이 아니라 '하나님은 주역이신데 하나님의 통치의 대권은 역사 위에 이렇게 분명하고 명료하게 나타나 있다' 하는 것입니다.

하나님의 통치 대권이 인류의 역사 위에 나타날 때 그것은 그전에도 늘 말씀드린 대로 하나님의 권능의 왕국이 인류의 역사(歷史) 위에서 역사(役事)하는 것입니다. '역사'라는 말이 둘이나 쓰이니까 좀 재미없습니다. 다른 말로 하면, 인류의 역사 위에서 작용하는 것이라는 말입니다. 영어의 워크(work)에 해당하는 좋은 우리말이 없습니다. 작용이란 말도 그렇게 썩 좋은 말은 아닙니다. 일본 사람들이 만든 말입니다. 하나님의 권능의 왕국이 인류의 역사(human history 혹은 the history of mankind)에서 워크 아웃(work out) 한다, 로트(wrought) 했다는 말입니다.

그러나 여기서 권능의 왕국만을 표시했는가 하면 그것이 아닙니다. 그동안 하나님의 거룩한 왕국의 형태와 그 왕국의 내용에 대해서 늘 말씀드렸습니다. 두 번째 부분에서 '형제들' 하고 이야기할 때는 하나님의 은혜의 왕국이 여기에 나타나 있다는 사실을 기억해야 합니다. 제가 여기에서 다 설명해 버리면 공부할 것이 하나도 없으니까 돌아가셔서 여러분이 공부하시기 바랍니다. 이것만 가지고 이야기하려고 해도 여러 시간이 필요하니까, 지금은 그냥 생각의 실마리만 드리는 것입니다.

사죄와 의롭다 하심

셋째로 중요한 문제를 보겠습니다. 다시 '형제들아' 하고 부르는 데서부터입니다. "그러므로 형제들아, 너희가 알 것은 이 사람을 힘입어 죄 사함을 너희에게 전하는 것이며"(13:38)라고 했는데, 여기서 강조하는 것은 '이 사람 예수 그리스도를 힘입어서 사죄함을 받는다' 해서 첫째로 사죄를 강조했습니다. 둘째는 "또 모세의 율법으로 너희가 의롭다 하심을 얻지 못하던 모든 일에도 이 사람을 힘입어 믿는 자마다 의롭다 하심을 얻는 이것이라"(13:39) 하였습니다. 베드로의 설교에서도 분명히 사죄를 강조했습니다. 예수님으로 말미암아 혹은 예수님을 힘입어 사죄함을 받는다고 말했습니다. 그러나 여기에서 바울 선생은 한걸음 더 나아가 그 후에 나타날 신학상 가장 중요한 문제의 하나를 딱 선언했습니다. 그리고 그 후에 바울 선생은 자신이 쓴 편지, 즉 나중에 성경이 된 편지 가운데 그 사상을 아주 자세하고도 좀 더 웅혼하게 발전시켰습니다. 이 설교를 하는 시간에도 그것에 관해 어떤 이야기를 했을는지 우리가 알 수 없습니다. 그러나 누가는 간략하게 제목만 탁탁 내놓았습니다. 여기에서 말한 것이 첫째는 사죄이고, 둘째는 무엇입니까? '이 사람을 힘입어' 첫째는 사죄를 받고, 둘째는 의롭다 하심을 입는다는 이야기입니다. 이것은 단순히 사죄의 이야기가 아닙니다. 의롭다 하심을 입는다는 이야기가 새로운 사상으로 여기에 처음 나타나기 시작합니다. 적어도 이렇게 분명하게 복음을 전하는 데에 붙어서 처음으로 기록되어 나타났다는 말입니다. '의롭다 하심, 곧 디카이오쉬네(δικαιοσύνη)가 이 사람을 힘입어 된다' 하는 말을 가르쳤습니다. 의롭다 하신다는 것은 단순한 사죄(remission)가 아닙니다. 죄를 용서하신다든지 속(贖)하신다든지 하는 거기에만 그치는 것이 아닙니다. 의롭다 하심을 입는다는 사실은 나중에 로마서에 훨씬 명료하게 나타납니다. 그리고 여기에서는 '어떻게 그 의롭다 하심을 얻는가' 하는 방도에 대해서 가르쳤습니다. '이 사람을 힘입어' 얻는다는 것입니다. '예수 그리스도를 믿음으로 의롭다 하심을 얻는다' 하는 이 새롭고 중요한 사상이 여기에서 설교로 턱 드러나기 시작하는 것입니다.

의롭다 하심을 얻는다는 것은 무엇을 의미합니까? 우리 교회에서 아직 의롭다 하심에 대해서 자세하게 배운 일은 없지요? 간간히 배우긴 했지만, 그것을 제목 삼아서 강설을 계속해 나가지는 않았습니다. 물론 우리가 과거에 중생(重生)이라는 것을 배웠고 또 지금 배우기도 하고, 그다음에 변개(變改) 혹은 에피스트로페(ἐπιστροφή)라는 것을 배워 나갔습니다. 그다음에 또 길게는 하지 않았을지라도 성화(聖化) 혹은 거룩하다 하는 문제에 대해서 대강 배웠습니다. 의롭다 하심을 입는다는 말은 칭의(稱義)라고 하는데, 일본 사람은 옳을 의(義) 자와 인정한다는 인(認) 자를 써서 의인(義認)이라고 합니다. 그 사람들은 이랬다저랬다 자꾸 변경하기도 하고, 또 '의인'이라고 하면 의로운 사람이라는 말같이 들려서 재미가 없습니다. 그러니까 칭의라고 하겠습니다.

칭의(justification)는 앞에서 말씀드린 중생이라든지 변개라든지 성화와는 아주 다릅니다. 중생이나 변개나 성화는 항상 그 사람, 곧 죄인의 내부에 발생하는 이야기를 말하는 것입니다. 하지만 의롭다 하심을 얻는다는 것은 그의 내부에 발생한 문제라기보다는 그의 외부에서 일어나는 이야기입니다. 그러니까 그것은 도덕적인 문제에 속한 것이 아니라 하나님 앞에서의 그의 법적인 지위를 규정하는 말입니다. 하나님은 엄위로우신 재판장이셔서 죄를 추호(秋毫)만치라도 그냥 간과하실 수가 없습니다. 그러한 까닭에 죄에 대해서는 철두철미하게 도무지 남김이 없이 털끝만치라도 가릴 것이 없이 전체에 대해서 심판하시는 것입니다. 그 심판을 예수 그리스도께서 친히 다 담당하시고 당하신 까닭에 그에게 내리신 그 정죄 때문에 이제는 예수 그리스도로 덮여 있는 그 사랑하시는 자, 즉 그리스도 안에 있는 자에 대해서는 하나님의 거룩한 재판정에서 '내가 너를 의롭다고 한다'고 하시는 것입니다.

의롭다고 하실 때는 죄를 용서한다는 말로만 끝나는 것이 아닙니다. 물론 첫째는 죄의 용서에 중점이 있습니다. 칭의의 중요한 요점은 죄의 용서라는 점에 있습니다. 그러니까 먼저는 사죄라는 요소에 대해서 잘 알아야 의롭다고 하신다는 말의 뜻을 잘 아는 것입니다. 의롭다고 하신다는 칭의의 두 가지 중요한 요소의 하나는 사죄입니다. 죄를 용서한다는 것입니다. 이것은 하나님의 용서입니다. 어떠한 터 위에서 용서하시는가 할 때 예수님의 속죄의 터 위에서 용서하신다는 것입니다.

이 말 때문에 어떤 사람은 반대하기를 '사람은 무슨 속죄의 대가를 받지 않고도 용서하지 않느냐? 그런데 하나님은 꼭 대가를 받으셔야만 용서하신다니, 그러면 하나님은 사랑이 사람만 못하구나' 합니다. 그런 식으로 생각하는 사람이 있습니다. 하나님께서 사랑하시는 까닭에 용서하시는 것이지만, 그냥 용서하시는 것이 아니라 하나님의 의를 일호(一毫)도 희생시키지 않으시는 까닭에, 말하자면 하나님께서 전부 대가를 치르시고 용서하시는 것입니다. 내가 대가를 치르고서 용서받는 것이 아닙니다. 그런데도 어떤 사람은 하나님이 대가를 받으시고야 용서하신다고 해서 예수님과 하나님을 서로 분리시키고 따로따로라고 생각하는 것입니다. 예수님은 하나님의 품위(品位)의 한 분이십니다. 하나님께서 하나님의 아드님이신 하나님이 친히 대가를 지불하게 마련하시고 그 마련하신 것에 의해서 용서하시는 것입니다. 다른 사람이 죄를 범했을 때 내가 용서한다고 하면 나도 어떤 대가를 지불하는 것입니다. 예를 들어 그 사람이 잘못해서 무엇을 깨뜨렸다고 할 때 '그러나 용서한다. 그 대신 복구는 내가 한다' 하는 것입니다. 그것 없이는 용서가 안 되는 것입니다. 복구하지 않는다고 해도, 내가 그것을 복구하지 않은 것만큼이라도 그냥 참고 견디는 희생을 감수하는 것입니다. 언제든지 내가 그를 대신해서 다 지불하는 것입니다. 내가 그의 죄를 용서해서 그를 책하지 않고 벌하지 않을 때 다른 대가를 받지 않았다면 최소한도로 내 마음의 분노를 스스로 참는 대가라도 지불하는 것입니다. 그런데 그것을 무시하고서는 신학자 가운데 '하나님이 사람만 못하다' 하는 이론을 하는 사람도 있습니다. 그러나 그런 것은 말이 아니고 여기에서 그런 변론이나 변증적인 것을 자꾸 이야기할 것은 없겠습니다.

그전에 늘 말씀드린 대로, 문제는 하나님께서 죄를 용서하시되 속죄라는 터 위에서 하시는 까닭에 속죄의 공효가 미치는 범위를 알아야 한다는 것입니다. 속죄의 공효가 미치는 범위란 무엇인가 할 때 죄를 철저히 용서하신다는 것입니다. 용서하신 것을 다시 물으시는 법도 없는 것이고, 용서해 주셨다가 나중에 다시 잘못하면 그전에 용서한 것까지 다시 들추어서 '이번에는 내가 너를 배(倍)로 뚜들기고 매로 때리련다' 하시는 법이 없다는 말입니다. 사람은 그럴 수 있습니다. '음, 이번만은 내가 용서해 준다. 그렇지만 네가 또 한번 잘못하면 그때는 전에 용서한 것도 소용이 없이 그냥 다 토죄(討罪)하련다' 하는 식이 있다는 말입니다. 그것이야말로 사람의 방식입니다. 그러나 하나님의 용서는 철저한 것입니다.

둘째로, 하나님의 용서는 철저할 뿐 아니라 영구하다는 것을 알아야 합니다. 영구하다는 말은 시간적으로 제한이 없다는 것입니다. 이 말은 다시 무엇을 의미하는가 하면 과거의 죄와 오늘의 죄뿐 아니라 나의 모든 결핍으로 말미암은 미래의 죄까지 용서하신다는 것입니다. 이러한 사실의 터 위에서만 칭의라는 것이 가능한 것입니다. '너, 오늘날까지의 죄만은 용서해 주마. 앞으로의 죄는 네가 주의해라. 주의하지 않으면 너는 탈락한다' 하는 것은 아르미니안(Arminian)들이 생각하는 방식입니다. 여기에 대해서는 우리가 주의할 것이 여러 가지가 있습니다. '나는 기왕 죄를 다 용서받은 것이니 이제는 무슨 죄를 지어도 괜찮다' 하는 식으로 생각할 수가 있습니다. 그러나 바울 선생은 "은혜를 더하게 하려고 죄에 거하겠느뇨. 그럴 수 없느니라"(롬 6:1-2) 하고 말씀합니다. '네가 참으로 죄를 용서받았다는 확신이 있다면 그렇게 해서는 안 된다' 하는 것입니다.

　이것은 무엇과 통하는가 할 때 칭의의 실효(實效)가 어떻게 미치는가 하는 것과 통한다는 것을 생각해야 합니다. 하나님이 아무리 자신의 법정에서 우리를 의롭다고 칭하셨을지라도 그것이 내게 인식되지 않았을 때는 나로서는 그것을 직접 인식한 사람과 같은 실효를 가지지 못하는 것입니다. 실효를 가지지 못한다는 말은 마음에 그만한 평안과 기쁨을 가지지 못한다는 말일뿐더러 죄에 대해서 그만큼 강한 반발력을 가지지 못한다는 말입니다. '하나님이 나를 의롭다 하셨는데 내가 다시 이렇게 죄를 지을 수 있겠는가' 하는 강한 반발력을 가지지 못하는 것입니다. 만일 어떤 사람이 자기가 참으로 일생 입고 싶은 깨끗하고 아름답고 좋은 옷을 입었다면, 그 옷을 입은 것 때문에라도 다시 더러운 데 가서 더러운 것을 둔히고 아무렇게나 주저앉으려고 하지 않는 것입니다. 자기가 그런 좋은 옷을 입었다는 사실을 모르고 있는 동안에는 여전히 자기가 더러운 남루(襤褸)를 입은 줄 알고 아무 데라도 주저앉고 아무 흙탕에라도 들어가고 그러는 것입니다. 깨끗한 옷으로 깨끗하고 아름답게 입혀 주고 '봐라, 좋지 않으냐' 하면 '아이고, 내가 이렇게 좋은 옷을 입었으니 이제는 주의해야겠다' 하고 어디에 앉으려 해도 거기에 먼지가 있는지 없는지 보고 먼지가 있으면 털고 참 주의하는 것입니다. 그것이 일반적인 경향입니다. 이와 같이 만일 우리가 예수 그리스도로 말미암은 용서의 철저함을 깨달아서 칭의라는 사실이 나의 내부에 현실적으로 실효 있게 유지되었을 때는 절대로 죄에 더 거하지 않으려는 강한 반발이 생기는 것입니다. '이렇게 나를 의롭다고 세워 주셨는데 다시 죄를 짓는단 말인가. 그럴 수 없다. 그 더러운 죄의 구덩이에 한번 건져 주셨는데 어떻게 거기에 또 들어간단 말인가. 그럴 수 없다' 할 것입니다. 누구든지 그럴 것입니다.

　이 세상에서 가장 추악하고 악한 생활 가운데 빠졌던 사람을 건져서 갱생(更生)시켜서 그가 바랄 수 없는 행복한 위치에 딱 놓아 주었다든지 탕자와 같은 사람을 아버지가 다시 안아 들여서 좋은 옷을 입혀 주었다면, 또 다시 재산을 가지고 나가서 허랑방탕하고 돼지우리에 들어가서 돼지처럼 먹고살려고는 안 할 것입니다. 어떤 창녀가 '이제 나는 죽었다' 하고 자포자기해서 점점 타락의 길로 들어갈 때 어떤 참으로 갸륵한 이가 그를 건져 주어서 그가 생각지도 못하게 자신이 사랑하고 사모하던 사람과 혼인해서 좋은 가정을 이루어서 깨끗하고 아름답고 아주 고도적인 생활을 한다고 할 때, 그가 다시 예전의 창녀의 생활로 돌아가려고 한다면 그것은 그런 고귀한 생활의 가치를 도무지 인식하지 못한 사람이나 하는 짓입니다. 자기 생활의 고귀성과 남이 존경하는 것의 가치를 알았을 때는 다시 그런 데로 빠져 들어가지 않는 것입니다. 이런 것이 칭의의 실질적 효과입니다.

　이렇게 해서 칭의에 대한 확실한 인식이라는 문제로 들어가는 것인데, 하나님께서 자신의 법정에서 우리를 의롭다고 하셨다 하는 데에만 중요성이 있는 것이 아니라 또한 그 뒤에 심히 중요한 요소가 있는 것입니다. '내가 너를 법적으로 자식이라고 선언했다' 하시는 것은 도덕적으로 '그가 실질상 내 자식이다' 하는 말과는 조금 구별되는 말입니다. 요한복음 1:12-13에 "영접하는 자, 곧 그 이름을 믿는 자들에게는 하나님의 자녀가 되는 권세를 주셨으니 이는 혈통으로나 육정으로나 사람의 뜻으로 나지 아니하고 오직 하나님께로서 난 자들이니라" 하고 말씀했습니다. 거기에 보면 그 두 가지가 다 있습니다. 소위 도덕적인 자권(子權)과 법적인 자권이 둘 다 나오는 것입니다. 자녀는 자녀인데 도덕적으로 하나님의 자녀입니다. 즉 실질상 그에게 생명으로 연결되어서 그의 자식인가 하는 문제가 도덕적인 자권입니다. 이것은 실제로 피가 서로 연결되었는가 하는 말입니다. 그것과 함께 법적으로 자식인가 하는 문제가 있습니다. 이 두 가지에 대한 대답이 다 그 두 구절에 나타납니다.

첫째로, 법적으로 자식이라는 것을 선언했습니다. "영접하는 자, 곧 그 이름을 믿는 자들에게는 하나님의 자녀가 되는 권세를 주셨으니" 했는데, '권세'에 해당하는 엑쑤시아(ἐξουσία)라는 것은 법적인 용어입니다. 그런 권위의 위치, 즉 하나님의 자식이라는 권위의 위치에 놓아 주셨다는 말씀입니다. 본질은 어떻게 되었든지 좌우간 그런 위치에 놓으셨다는 것을 먼저 이야기하는 것입니다. 그런데 그것뿐만이 아니라 이 사람이 어디서 나왔는가 할 때 '나기는 세상에서 났는데 하나님이 양자(養子)로 삼으셨다' 하는 데에서 그친 것이 아니고, '사람이 스스로 난 것도 아니고 혈통으로 난 것도 아니고 육정으로 난 것도 아니다. 하나님께로부터 탄생한 것이다. 하나님이 직접 내신 것이다' 하는 것입니다. 그것은 하나님의 혈맥으로서 새로 지음을 받은 자라는 말입니다. 즉 직접적으로 하나님과 관계된, 실질상으로나 혈통상으로 하나님의 자식이라는 것입니다. 이 두 가지가 다 있습니다. 이래서 양자가 된다는 것, 즉 휘오쎄시아(υἱοθεσία)라는, 신약에 있는 이 중요한 사상이 무엇을 가르치는가 할 때, 먼저 그 근거는 물론 예수 그리스도의 속죄에 있는 것입니다. 예수 그리스도의 속죄로 말미암아서 하나님께서 그를 새로운 피조물로 지으셨다는 사실과 함께 예수 그리스도의 부활하신 그 생명으로 그를 다시 낳으신 까닭에, 부활하신 그 생명으로 태어난 그에게 이번에는 하나님이 무슨 법적인 지위를 주셨는가 하면 '내 자녀이다' 하시는 것입니다. "자녀이면 또한 후사(後嗣), 곧 하나님의 후사"(롬 8:17)가 되어 하나님으로부터 모든 좋은 것을 받습니다. "자기 아들을 아끼지 아니하시고 우리 모든 사람을 위하여 내어 주신 이가 어찌 그 아들과 함께 모든 것을 우리에게 은사로 주지 아니하시겠느뇨"(롬 8:32) 하는 말씀과 같이 모든 좋은 것을 주시는 높은 위치에 두신 것입니다.

이렇게 무엇을 받을 수 있고 상속할 수 있는 위치라는 것은 법적인 자권에서 받는 것입니다. 도덕적으로 그의 혈맥으로 낳으셨으니까 받는 것이 아닙니다. 특별히 성경이 기록되었을 당시의 로마 사람들의 법대로는 자식이 태어났더라도 법적으로 자식이라는 신임이 있을 때까지는 자기 집에 있는 종들의 수하에 둡니다. 종들 가운데 훌륭한 선생도 있고 지식이 있는 사람도 있으니까 그에게 맡겨서 교육하도록 두는 것입니다. '어렸을 동안에는 종과 다름이 없다'(갈 4:1) 하는 신약의 말씀대로입니다. 그러나 일정한 나이가 된 후에는 성인식을 행한다고 토가(toga)를 입히고 가락지를 끼웠는데 이 가락지라는 것이 '이제 너는 내 자식으로서 네가 이 집의 둘째 주인이다' 하는 확실한 징표요 도장입니다. 가락지를 딱 끼면 그다음부터는 권위를 가집니다. 무엇을 할 때 증서를 쓰거나 명령서를 쓰고 거기에 도장을 찍으면 지금까지 자기를 가르치던 선생도 '예, 주인님' 하고 복종하게 만들어 놓은 것입니다. 이런 식을 거행할 때는 자기 친지를 다 모으고 증참(證參)할 사람들을 많이 모아서 잔치를 베푼 다음에 '이 사람이 내 자식이다' 하고 선언합니다.

이것이 이 법적인 자권의 승인인데 칭의라는 것은 법적인 자권을 승인하는 하나의 예식입니다. 하나님이 천군 천사와 천지 만물과 모든 것 앞에서 '저 사람은 내 자식이다. 그런 줄 알아라' 하고 선언하시는 것입니다. '내 자식에 대해서는 아무도 함부로 할 수 없고, 만일의 경우에 내 자식의 권위에 저항할 때는 나에게 저항한 것인 줄 알아라' 하는 것입니다. 얼마나 위대한 권위를 주셨는지 알 수 없습니다. 하나님의 자식이 하나님의 자식으로서의 정당한 권위를 행사하는 데에 반항하는 자가 있기는 있습니다. 누구입니까? 마귀와 그 휘하에 있는 자들입니다. 또한 하나님의 자식이 하나님의 자식답게 진리를 사모하고 살고 하나님의 자식다운 거룩한 영광을 나타내고 살려고 할 때 세상 사람은 그것을 칭찬만 하는 것이 아니라 때로는 저해하고 무시합니다. 우리가 세상에 살면서 하나님의 자식으로서의 권위를 행사하고 나갈 때 그들이 그것을 저항하고 무시할 때는 곧 하나님을 무시하고 하나님께 저항하는 일이 되는 것입니다. 이것이 자권에 의한 특권입니다.

기도

천지의 대주재이신 하나님께서는 큰 경륜하에 이스라엘 백성을 두시고 온 세상 만방에 복의 기관으로 세우시고 제사장 나라를 삼으셨는데, 그 백성이 하나님을 배반하고, 땅에 오신 그리스도를 십자가에 달아 죽이기까지 한 책임이 있는 것을 보았나이다. 그러나 우리의 영원하신 주재이신 하나님은 그 모든 일을 다 그 대권하에 놓으시고 인류를 다스려 가시며, 예수 그리스도의 죽으심까지라도 다 그 권세하에 두셔서, 그것으로 모든 죄인들을 사죄하시며 의롭다 하시고, 의롭다 하실 뿐 아니라 양자의 영으로 후사가 되게 하셨사옵나이다. 이러한 아버지 하나님의 모든 대권과 그 절대의 대권이 오늘 저희에게도 임하여 주시기를 간절히 바라옵고, 저희도 다 양자의 영을 받아 후사로서 그 찬란한 영광에 들어갈 것을 믿고 감사하옵나이다. 이 같은 사실을 확실히 알고 믿어서 이 세상 사는 동안 허투루 살지 않고 참된 하나님의 자녀로 힘 있게 능력을 발휘하며 살게 하여 주셔서, 저희를 자녀로 세우신 본의가 있게 살게 하옵소서.

우리 구주 예수님 이름으로 기도하옵나이다. 아멘.

1966년 4월 6일 수요일

제7강

바울의 비시디아 안디옥 설교 (3)

사도행전 13:42-52

⁴²저희가 나갈새 사람들이 청하되 다음 안식일에도 이 말씀을 하라 하더라. ⁴³폐회한 후에 유대인과 유대교에 입교한 경건한 사람들이 많이 바울과 바나바를 좇으니 두 사도가 더불어 말하고 항상 하나님의 은혜 가운데 있으라 권하니라. ⁴⁴그다음 안식일에는 온 성이 거의 다 하나님 말씀을 듣고자 하여 모이니 ⁴⁵유대인들이 그 무리를 보고 시기가 가득하여 바울의 말한 것을 변박(辨駁)하고 비방하거늘 ⁴⁶바울과 바나바가 담대히 말하여 가로되 하나님의 말씀을 마땅히 먼저 너희에게 전할 것이로되 너희가 버리고 영생 얻음에 합당치 않은 자로 자처하기로 우리가 이방인에게로 향하노라. ⁴⁷주께서 이같이 우리를 명하시되 내가 너를 이방의 빛을 삼아 너로 땅 끝까지 구원하게 하리라 하셨느니라 하니 ⁴⁸이방인들이 듣고 기뻐하여 하나님의 말씀을 찬송하며 영생을 주시기로 작정된 자는 다 믿더라. ⁴⁹주의 말씀이 그 지방에 두루 퍼지니라. ⁵⁰이에 유대인들이 경건한 귀부인들과 그 성내 유력자들을 선동하여 바울과 바나바를 핍박하게 하여 그 지경에서 쫓아내니 ⁵¹두 사람이 저희를 향하여 발에 티끌을 떨어 버리고 이고니온으로 가거늘 ⁵²제자들은 기쁨과 성신이 충만하니라.

제7강

바울의 비시디아 안디옥 설교 (3)

사도행전 13:42-52

    오늘은 바울과 바나바가 비시디아 안디옥에서 당한 일의 마지막 부분에 해당하는 이야기입니다. 비시디아 안디옥에서 바울 선생은 거기에 있는 유대인들과 이방인들에게 큰 강설을 해서 그로 말미암아 저들에게 새롭고 거룩한 계시를 알려 주었는데 그 결과 어떻게 되었는가 하는 이야기입니다. "저희가 나갈새", 이제 안식일에 이 이야기를 다 끝내고 나가니까, "사람들이 청하되", 거기에 있던 이 말을 들은 사람들이 다시 말하기를 "다음 안식일에도 이 말씀을 하라 하더라"(13:42). '다음 안식일에 이 말씀을 다시 한번 해 주십시오' 하고 부탁한 것입니다. "폐회한 후에 유대인과 유대교에 입교한 경건한 사람들이 많이 바울과 바나바를 좇으니"(13:43상), '유대교에 입교한 경건한 사람들'이란 이방인으로서 유대교의 법규를 따라서 하나님의 말씀을 지키고 하나님께 경배하는 일과 하나님을 섬기는 생활을 같이하기 위해 입교한 사람들입니다. 유대교에 입교한 경건한 사람들이 많이 바울과 바나바를 좇았습니다. 그를 뒤따라서 그의 말을 더 듣기를 원하니까 "두 사도가", 여기에서는 바울도 사도라고 했고 바나바도 사도라는 이름으로 썼습니다. 주의 보내심을 받아서 주의 말씀을 전하는 이 두 사람이 "더불어 말하고", 이것은 전체를 놓고 크게 강설한 다음에 그 거룩한 도리에 대해서 좀 더 알고자 간곡히 원하는 이에게 이번에는 강설을 한 것이 아니고 그냥 가르친 것입니다. 모르는 것이라든지 어려운 것을 개인적으로 가르쳐 준 것입니다. 그렇게 하고서 결론은 "항상 하나님의 은혜 가운데 있으라 권하니라"(13:43하) 하는 것이었습니다. 가르치고 권고한 결론은 '이렇게 배워서 하나님의 은혜 가운데 잠시도 떠나지 말고 늘 하나님의 사랑 가운데 거하라' 하는 것이었다는 말씀입니다.

강설의 내용: 하나님의 대권과 은혜

이 강설의 내용은 첫째로, 한 하나님이 계신 것과 하나님의 거룩한 대권하에 하나님의 정부(政府)가 있어서 그 정부가 땅 위에 인류의 역사 위에 거룩한 대권을 나타낼 때에, 한 백성 이스라엘의 조상인 아브라함을 선택하셔서 그들을 지으시고, 그 후에 그들이 애굽에 있다가 하나님의 크신 구원의 손으로 건짐을 받아 애굽에서 나와서 가나안 땅에 들어가서 한 민족을 형성하고 민족 생활을 시작할 때에, 하나님께서 친히 그들을 통치하셨지만 저들의 마음이 완악해서 하나님께서 친히 통치하시고 거기에 나타내시려는 하나님 나라의 거룩하고 큰 계획에 대해서 알지 못하는 까닭에, 자기들이 가지고 있는 역사적 사명을 깨닫지 못한 그들은 다른 나라처럼 자기들도 왕국이 되기를 원했고, 다른 나라와 같이 이 세상에 하나의 왕국으로 서 있기를 바랬고, 특별히 전쟁이 있을 때 자기네를 스스로 방위하고 또 자기네 국가를 스스로 경영하겠다는 생각이 있었습니다. 즉 하나님이 친정(親政)하시는 사실을 깨닫지 못하고 자기의 손으로 그것을 취하겠다 할 때 하나님께서는 그들에게 왕을 주셨지만, 그 왕은 과연 이스라엘 백성의 타락의 상징이었습니다. 즉 하나님이 친정(親政)하시는 큰 사실에서 일개 왕정(王政)이라는, 인류 역사의 미미한 한 부분에 불과한 것으로 타락한 것이었고, 인류의 새로운 역사로서 하나님 나라의 역사를 창조해 나가는 변개(變改)를 하지 못하고 겨우 인간 세계의 연대기(年代記) 가운데 한 부분을 이루는 한 왕국의 형태로 타락한 것이었습니다. 그래도 하나님은 이 백성을 불쌍히 여기시고, 이 백성을 통한 거룩하신 경영, 결국 만민에게 복을 주시려는 복의 기관으로서의 경영, 즉 하나님의 은혜의 왕국을 땅 위에 건설하시는 그 경영을 포기하시지 않고, 마음에 맞으시는 다윗을 종으로 세우시고 그에게 항구한 왕위를 약속하시고 그로 인하여서 메시야의 왕국, 즉 은혜의 왕국이 항구하게 나타날 것을 말씀하셨습니다. 그런 다음에는 다윗 이후의 이야기는 없고, 아브라함의 자손이요 다윗의 자손으로서의 예수, 은혜의 왕국의 왕으로서의 예수 그리스도를 가르쳤습니다. 바울 선생은 이것을 이야기했습니다.

그런고로 하나님의 이 거룩한 정사(政事)는 공의의 정사요 하나님이 만세 전에 경륜하신 지혜의 대권이 친히 나타나신 것이지만, 동시에 그 가장 큰 특성은 은혜라는 점에 있다는 것을 강조하고, 그 은혜의 구현은 하나님께서 친히 말씀이 육신이 되게 하신 그 큰 은혜에서부터 시작한 것이라고 했습니다. '말씀으로서 육신이 되신 분이 예수 그리스도이시다. 그가 돌아가셨고 그가 다시 일어나셨다. 사람들이 제멋대로 하고 반항하여 사람들의 죄악이 거기에 있으나, 또한 하나님의 크신 경영이 그 속에 자재(自在)했다'하는 것을 말했고, '그런고로 누구든지 이 예수를 믿음으로 말미암아서 의롭다 하심을 얻는다'하는, 기독교 역사상 처음으로 나타난 크고 거룩한 계시를 가르쳤습니다. '그러나 너희가 의롭다 하심을 얻는다는 사실을 소홀히 하고 그것을 받지 않을 때는 선지자들에게 말씀하신 그것, 곧 하나님께서 놀라고 망하게 하신다는 중대한 일이 너희에게 미치게 될 우려가 있으니 그것을 삼가라'하는 경고를 하면서 이야기를 전했습니다.

온 성이 하나님 말씀을 들으려고 모임

　그런데 이 말에 대해서 속으로 불평한 사람이 거기에 분명히 있었습니다. 그러나 그 불평을 말하지 않았습니다. 그런데 이 사람들이 조금 있다가 그 불평을 터뜨렸습니다. 불평을 말하지 않고 속으로 가지고 있었던 사람들이나 혹은 거기에 있었던 다른 사람들, 즉 그 말을 마음으로 기쁘게 받은 사람과 그 말에 동정적이고 호감과 애착을 가진 사람이나 거기에 반감과 불평을 가진 사람들이 다 같이 '다음 안식일에도 이 말을 하라'고 하는 의사에 대해서 동의를 했습니다. '다음 안식일에 다시 이 말씀을 해 주시오'할 때, 강설을 들으면서 속으로 불평했던 사람들이 '아니, 그럴 것 없다. 무엇 때문에 그 소리를 밤낮 듣느냐' 하고 반대하지 않았다는 말씀입니다. 여기를 보면 아무 반대도 없었습니다.
　이렇게 바울 사도가 이야기했을 때 간절히 이 말을 받고자 하는 사람들이 두 사도를 쫓아와서 그 진리의 깊이를 좀 더 알고 진리의 현실적인 것을 좀 더 터득하기 위해서 말씀을 듣고자 할 때 또한 말씀을 가르치고 '그런고로 오늘 우리에게 주시는 이 은혜에 끝까지 꼭 붙어 있으라' 하고 하나님의 은혜 가운데에 늘 붙어 있어야 한다는 것을 강조했습니다. 그리고 그다음 안식일에는 큰 사건 혹은 하나의 큰 현상이 나타났습니다. "그다음 안식일에는 온 성이 거의 다 하나님 말씀을 듣고자 하여 모이니"(13:44)라고 해서 온 성이 다 모였다고 했습니다. 이것이 기이한 이야기입니다. 물론 '그 사람들이 그랬는가 보다' 하고 이 이야기를 지나치고 말면 그만입니다. 그러나 '왜 온 성이 모였는가?' 하고 우리가 자세히 따져야 할 이유가 있습니다. 무릇 우리가 어떤 역사적 사실을 보고 거기에 기이한 감이 있을 때 그것을 따져 보는 것은 흥미 있는 일입니다. 그러나 주의할 것은 우리가 공부를 흥미 때문에만 한다면 의미가 없는 것입니다. '온 성이 다 모였다는 것은 흥미 있는 일이다. 왜 그랬을까?' 하고 이유를 캐 보고 '그랬는가 보다. 아, 그 사람들이 그랬는가 보다. 그것이 역사적 사실인가 보다' 하고 그것으로 끝나면 의미가 없습니다.

  중요한 문제는 '그것이 오늘 나와 무슨 상관이 있느냐' 하는 것입니다. '온 성이 다 모였다니 그러면 그 사실이 오늘날 우리와 무슨 상관이 있느냐' 하는 것입니다. 나와 상관이 있는 이야기여야 온 성이 모인 것이 의미가 있지, 나와 상관이 없는 이야기라면 의미가 없는 것입니다. 그러면 오늘날 우리와 다 상관있는 것은 무엇입니까? 거기를 보면 온 성이 다 모였는데 왜 모였느냐 하면 온 성이 거의 다 '하나님의 말씀'을 듣고자 하여 모였다고 했습니다. 이것은 누가가 객관적으로 기록할 때에 '왜 그 사람들이 모였는가 하면 어떤 말을 들으려고 모였는데 그것은 무슨 말이냐 하면 하나님의 말씀이다' 한 것입니다. 그러나 그전 안식일에 모였던 사람들이 '하나님의 말씀을 다시 하라' 하고 말한 것은 아닙니다. 그들은 그냥 '이 말씀을 다시 하라'고 했을 뿐입니다. 그런고로 모였던 사람들이 지칭한 '이 말씀'을 누가는 '하나님의 말씀'이라고 한 것입니다. 그런데 그것은 무엇인가 할 때 성경의 말이 아니라 바울 선생이 한 이야기였습니다. 그런고로 바울 선생이 한 이 설교에 대해서 누가는 '그것은 하나님의 말씀이다. 즉 하나님께서 성신으로 그를 통해서 하신 말씀이다' 하고 주(註)를 붙였고, 들은 사람들은 그냥 자기들이 들은 말이니까 '이 말씀을 다시 하시오' 하고 말한 것입니다. 그러니까 결과적으로 하나님 나라의 위치에 서서 하나님의 관점으로 그것을 객관(客觀)할 때 왜 사람들이 다 모였는가 하면 저들이 그때 그것을 하나님의 말씀으로 인식했든지 하지 않았든지 간에 실제의 내용으로는 하나님의 말씀을 들으려고 모인 것입니다. 그런데 어찌하여 이 안디옥 사람들은 바울이 전한 그 말을 그렇게 다시 들으려고 했습니까? 그것을 우리가 오늘 자세히 알아보아야 할 필요는 무엇입니까?

이 안디옥 사람들의 태도와 그들에게 전달한 말씀은 오늘날 우리와 늘 관계가 있습니다. 첫째로, 말씀이라는 점에서 보면 안디옥 사람들에게 전달한 그 말씀을 우리도 전달받아서 우리가 그것을 보존하고 있다는 점에 공통성이 있습니다. 둘째로, 우리가 그 말씀을 전달받아 보유하고 있는 점에서만 공통성이 있는 것이 아니라 바울 선생의 위치와 공통된 점은 우리도 부탁을 받아 그 말씀을 또 전달하게 되어 있다는 사실입니다. 그런데 그때 안디옥 사람들은 그 말씀을 들으려고 온 성이 거의 다 모였지만, 오늘날 서울에서 우리가 이 말을 하면 서울 사람이 얼마나 와서 듣겠습니까? 그러니까 여기 안디옥의 태도와 오늘날 서울의 태도가 다르다는 것을 생각하는 것입니다. 대체 안디옥 사람들은 어째서 그 말을 들으려고 모였습니까? 이것은 하나님의 말씀이라고 했는데, 그 말씀이 가지고 있는 특성이 무엇인가 하는 이것이 또한 우리에게 중요한 문제입니다. 오늘날 우리가 서울 사람에게 이러한 말씀을 전할 때에 이미 예수를 믿었다는 많은 사람들은 그 감수성이 안디옥 사람과 같이 민감하지 않고 둔해서, 진리를 전파해도 진리에 대해서 반드시 호응하지는 않는 것입니다. 물론 여기에 있는 안디옥 사람들도 그 말씀에 다 호응한 것은 아닙니다. 들으려고 오기는 왔지만, 들은 결과 나중에 두 가지 사실로 분열된 것을 우리가 여기서 보는 것입니다.

하나님 나라를 깨닫지 못한 이스라엘의 타락

　그러나 적어도 안디옥 사람들이 강한 반응을 보인 이유, 즉 나중에 반대를 했든지 찬성을 했든지 간에 반응이 없고 무감각한 태도가 아니고 강한 반응을 노정(露呈)한 중요한 근저(根底)의 이유는 첫째로 그 말씀의 특이성에 있다는 것을 생각하는 것입니다. 앞에서도 말씀드린 대로 바울 선생은 한 하나님을 이야기했고, 한 하나님의 거룩한 정부를 이야기했고,

그 정치와 그 나라를 가르쳤고, 그리고 그 공의와 그 크신 경륜의 나라에 대해서는 한 이스라엘 백성을 선택하셔서 그 조상에게 약속하신 대로 애굽의 노예 상태에서 건져 내시고 가나안을 주시고 신정(神政, theocracy)을 세우셔서 인류의 역사 위에 한 민족이라는 개체를 세워 사람들이 신정의 역사를 확연하게 알 수 있게 만드셨다고 했습니다.

사실 그 이전에 하나님께서 이 땅 위에 사람을 두셨다는 것이 벌써 하나님의 신정의 큰 현현(顯現)입니다. 그런고로 아담과 하와를 창조하셨다는 사실을 볼 때 '하나님이 사람을 창조하셨는가 보다' 하는 정도로 창조주 대(對) 피조물이라는 관점으로만 해석할 것이 아닙니다. 신정(神政)이라는 관점에서 왕이 그 다스리는 백성을 거기에 두셨다는 데서부터 시작하는 것입니다. 그리고 이 왕이 다스리시는 백성을 두신 동시에 거룩하신 하나님께서 우주의 모든 것을 통재(統宰)하시는 레그눔 포텐티아에(regnum potentiae, 권능의 왕국)의 왕으로서의 거룩한 기능을 벌써 나타내시기 시작하신 것입니다. 그러면서부터 차례차례 내려온 인류의 역사 가운데 한 백성 히브리 사람을 빼내셨습니다. 물을 건너온 백성이라고 해서 '히브리'(עִבְרִי)라고 합니다. 그렇게 물을 건너 아래로 내려온 뒤에 하나님의 거룩한 신정의 좀 더 구체적이고 좀 더 사람들이 잘 알 수 있는 현실적인 사실을 팔레스타인에 수립하기 시작하셨고, 그 사실을 웅변으로 입증하시기 위하여 그때 세계의 최대 강국이라는 애굽의 노예 상태 가운데 빠져 있는 이 히브리 사람들을 또한 크신 손과 펴신 팔로 건져 내신 것입니다. '하나님의 거룩하신 신정의 대권은 세계의 막강의 대제국의 대권보다도 얼마나 위대하냐. 보아라!' 하고 크신 손으로 애굽을 치시고 그들을 건져 내실 때 '자연이 그들을 막지 못한다. 보아라!' 하고 홍해를 가르시고 그들을 건져 내셨습니다. 광야는 먹을 것이 없는 데지만, '하나님은 그들을 광야에 버리시지 않는다. 보아라!' 하고 신정의 사실을 하나하나 역력히 보여 주셨습니다.

그리고 가나안의 많은 백성들이 불의와 죄악과 가장 악질적인 우상 숭배와 그 우상 숭배로 인한 악질적인 부도덕으로 말미암아서 악질적인 병이 유행하고 또 악질적인 모든 행동이 그대로 계속되고 악습이 유행할 때 그것을 전부 쓸어버리셨습니다. 하나님께서는 이 땅에 사람을 두신 거룩한 본의가 있어서 본의에 합당치 않은 자는 하나님이 친히 제거하시기도 하고 또는 막대기를 쓰셔서 제거하시기도 하는 것입니다. 그래서 이스라엘 백성에게 '오늘날 내가 신정을 하되 네가 신정의 하나의 중요한 도구가 되어서 내가 친히 위에서 천변지재(天變地災)로 그들을 쓸어버리기 전에 네가 가나안에 들어가서 분명한 의식을 가지고 이 백성을 쓸어내 버려라. 그리고 그들과 똑같이 그렇게 하면 너도 쓸어버림을 당한다는 사실을 알아라. 마치 네가 죄지은 자를 돌로 쳐 죽일 때 너도 그런 죄를 지으면 돌로 맞을 것을 아는 것같이, 너도 책임 있는 정치를 해라. 그리고 그 책임이란 내 신정의 거룩한 경륜에서 일보도 떠나지 말고 분명히 붙어 있으라는 것이다' 하는 거룩한 계시를 주셨지만, 그 뜻을 알지 못하는 까닭에 가나안의 많은 사람들을 종으로 두어두고 부려 먹으니까 우선 좋다고 하고, 마치 하나의 새로운 민족이 이동해 들어가서 강제로 점령하고 늑탈(勒奪)하고 하는, 보통의 인류 역사상 민족의 이동과 점령과 착취라는 역사를 반복했지, 결코 신정의 거룩한 사자(使者)가 되어서 움직인다는 자기의식이나 사명 의식이 없었습니다.

그러나 하나님께서는 이러한 이스라엘 백성을 이방의 가나안 땅에 두신 후에도 다시 참으시고 사사의 정치를 통해서 자신의 거룩한 신정 왕국을 건설하시려고 하셨습니다. 그러나 이미 시작된 그들의 반역과 불순종과 심히 무자격한 사실은 마침내 하나님께 대해서 적극적으로 신정을 부인하는 호소로 들어갔습니다. 그들이 '우리에게도 남과 같이 왕을 주시옵소서' 할 때, 하나님께서는 사무엘의 근심과 기도를 들으시고 '그 말을 들어라. 저들이 너를 버린 것이 아니다. 나를 버린 것이다. 그 말을 들어라. 왕을 세워라' (참조. 삼상 8:7) 하셨습니다. 그리고 사무엘이 '왕이 서면 그가 너희들 앞에 하나님께서 계획하시지 않은 제국주의적인 체제를 세우고, 하나님의 거룩하신 정부의 형태와는 별달리 인간을 우상화하고 신화(神化)하는 일종의 절대주의적인 체제를 세워서 너희의 자녀를 노비로 삼겠고, 너희의 아름다운 딸들을 데려다가 제 첩을 삼겠고, 너희의 우양을 빼앗아 갈 것이고, 너희를 늑징(勒徵)하고 늑탈하며, 전쟁에 내몰 것이고, 자기를 지키고 자기의 호강을 위해서 너희를 쓸 것이다' 하고 경고했음에도, 그런 제국주의적이고 절대주의적인 체제 혹은 전제적인 왕국 체제를 하나님의 신정과 바꾸겠다고 했습니다. 그것은 정치를 보는 눈으로 보더라고 대단히 지혜가 없고 대단히 열등한 사람이 생각하는 방식입니다. 사사 시대에 그들이 통치받았던 현실과 왕국이 되었을 때 나타날 통치의 사실에 대해 하나님께서 그림을 보여 주셨는데도 그런 체제를 선택했다면 그처럼 형편없는 선택이 없는 것입니다. 왜 그렇게 했는가 하면 불신 때문입니다. 왕국 체제가 여호와 하나님의 통치보다 나을 것이라는 제멋대로의 해석과 하나님이 그렇게 그들에게 예고하셨는데도 그런 예고 같은 것은 귀에 들어오지 않은 까닭에 '안 그럴 테지. 그렇게 못하게 하자' 하는 생각으로 그쪽을 선택한 것입니다. 그래서 사울을 세웠습니다. 그들은 사울에게서 본때를 보았고, 하나님은 항구하게 그들을 포기하시지 않은 까닭에 사울을 폐하시고 마음에 맞는 다윗을 세우셔서 다윗을 거룩한 하나님의 신정의 한 도구로서 설 수 있게 만드셨습니다. 그런고로 다윗은 하나님의 종으로서 왕이 되어서 여호와의 종으로서의 가장 강한 심벌이 다윗에게서 나타나기 시작한 것입니다. '내가 제왕인 것이 아니라 통치자는 여호와시요 나는 그의 종으로서 그의 대행 기관이다' 하고서 자기는 여호와의 대행 기관으로 존재하려고 했습니다. 이러한 까닭에 다윗을 가리켜 '나의 마음에 맞는 자'(참조. 삼상 13:14)라고 하셨습니다.

 그러한 까닭에 결국 다윗 이후의 이야기는 하지 않고 건너뛰어 버렸습니다. 그 이후의 허다한 많은 왕들이 그릇된 정치사상과 그릇된 국가론 가운데 빠져 들어갔기 때문입니다. 그런고로 그릇된 국가론이라는 것이 토마스 홉스(Thomas Hobbes, 1588-1679)나 혹은 마키아벨리(Machiavelli, 1469-1527)에게서 시작한 것이 아닙니다. 또한 소위 중성 국가(Eine Neutraler Staat) 이론이라는 훌륭한 이론이 어디서 나왔는가 할 때 보통 독일 사람 카를 슈미트(Carl Schmitt, 1888-1985)에게서 나왔다고 합니다. 중성 국가라는 것은 말하자면 의회 정치를 중심으로 삼고 '절대적인 권위나 절대적인 결정이라는 것은 불가능한 것이다. 왜냐하면 우리는 절대라는 사실에 대해서 불가지(不可知)한 까닭에 그렇다' 하고 철학상 불가지론(agnosticism)을 취해서 만든 의회 정치의 한 전형(ideal)입니다. 그리고 그것을 가장 잘 이용했던 나라는 그로 말미암아 그만큼 기독교의 바른 정신을 많이 전파하게 되었습니다. 가령 영국의 찬란하던 의회 정치는 그런 정신 위에 있었습니다. 의회 정부를 세웠고 의회 정치하에서 극단적인 의견들을 조절하고 중재하면서 의회를 중심 삼아 국가를 경영하려고 한 것입니다. 이것은 정치론의 하나이지만, 문제는 이런 정치론이라든지 정치적인 현상을 볼 때 우리는 구약에서 벌써 하나님이 계신 그 백성의 정치 체제가 얼마나 우수했는가 하는 것을 늘 느끼는 것입니다. 하나님의 사사 정치가 소박한 정치 같지만 가장 우수한 정치였습니다. 그런 가장 우수한 정치 체제를 취하면서 이상을 향해서, 즉 거룩하신 하나님의 경륜의 목표를 향해서 진행시킬 수 있게 만들어 놓으신 것입니다.

 그러나 아무것도 깨닫지 못한 이스라엘 백성은 정치적으로 맹목이 되었습니다. 요컨대 하나님의 백성이 하나님의 나라를 모를 때에는 힐수할 수없는 하나의 종교적인 속물로 타락하는 것입니다. 그래서 문화의 체제 가운데에서 종교라는 하나의 분야 가운데로 들어가고 마는 것입니다. 참으로 종교라고 할 때는 전 세계의 역사의 성격을 포함해야 하는 것이지, 문화의 거대한 성격 가운데 부분을 취해서 종교라고 하면 그것은 타락한 것입니다. 그런고로 종교라는 말보다 하나님의 나라라는 말이 훨씬 포괄적인 것이고 좋은 것입니다. 그것은 하나님의 나라인 까닭에 거기에 종합적으로 하나님의 영광과 권력을 표시합니다. 그런고로 하나님의 권력과 영광을 종합적으로 표시하는 테두리 안에서 그러한 의미로 기독교를 생각해야지, 기독교를 종교라는 데서 해석하기 시작할 때에는 타락하는 것입니다.

 그런고로 역사 위에서의 하나님 나라의 큰 작용과 큰 경영을 생각하지 못하고 일개 종교로 타락한 것이 이스라엘 백성이고 유대교입니다. 그들은 종교적으로는 열렬했지만, 그러나 하나님의 크신 경영은 일개 종교를 세우는 데 있지 않다는 것을 생각하지 못했습니다. 그 사람들은 이렇게 큰 잘못을 했고 그 후의 역사에서 허다한 실패를 했습니다. 저들이 실패할 때 부르짖으면 하나님이 들으셨고, 그러한 역사의 실패를 통한 교훈으로 말미암은 하나님의 계시가 있었습니다. 그런 뒤에 마침내 하나님의 결론은 무엇인가 하면 징계입니다. 징계로 말미암아 바빌로니아에 넘겨 버리신 것입니다. 바빌로니아는 대제국입니다. 히브리 왕국에 대립한 제국입니다. '너희들은 일개 왕국을 건설했느냐? 보아라, 너희보다 강한 제국이 너를 병탄(倂呑)할 것이다. 너희는 이 세상의 일개 왕국으로 존재하려고 했느냐? 왜 하나님의 신정의 거룩한 도구로, 그러한 체제로 존재하지 않고 일개 왕국으로 존재하느냐? 일개 왕국으로 존재하면 나중에는 마침내 너보다 더 큰 왕국이나 더 큰 정치 체제인 제국이 와서 너를 점령할 것이다' 해서 제국다운 제국인 바빌로니아가 일어나서 집어먹은 것입니다. '거기에 하나님의 종교가 있을지라도 그것은 의미 없다. 너희가 너희 전체의 생활과 너희의 권력과 너희의 영광의 가장 구체적인 표현을 할 때 하나님 나라의 패턴과 하나님 나라의 계시에 의해서 하나님 나라의 능력으로 움직이지 않는 이상에는 아무리 여호와를 섬기는 종교를 가졌을지라도 제국이 와서 너희를 병탄하는 것이다' 하는 것을 가르친 것입니다. 이것이 중요한 역사적인 의의라는 것을 우리가 항상 주의해야 합니다.

여호와 종교를 가지면 법궤를 메고 나가서 블레셋과 싸울 때 이길 줄로 아는 그러한 종교적 관념이 이스라엘 백성에게 있었습니다(참조. 삼상 4장). 여호와 종교를 가지고 있고 성막을 가지고 있으니까 안 망합니까? 그러나 성막에 임했던 쉐키나(שְׁכִינָה) 구름도 떠나 올라가고 말았습니다. 언제 올라갔습니까? 바빌로니아에 포로가 되었을 때에 쉐키나의 구름이 올라가고 말았습니다. 그 이후에는 성막 위에 임했던 쉐키나의 구름이 다시 임한 일이 없습니다. '제국이 너희를 병탄한 이 사실이 하나님의 정치적인 거룩한 원칙인 줄 알아라. 마치 물리학적인 원칙이 하나님의 원칙인 것같이 그러한 원칙도 하나님의 원칙이다. 왜 그것을 깨닫지 못하느냐?' 하신 것입니다. 오늘날의 기독교가 생활이 아니고 종교로 타락하면 하나님은 여전히 거기서 영광을 떠나게 하시는 것입니다. 영광이 떠났다는 말이 '이카보드'(אִי־כָבוֹד)인데, '카보드'가 영광이라는 말이고 '이카보드'라고 하면 영광이 없다는 말입니다(참조. 삼상 4:21). 그런고로 오늘날 우리가 예수를 믿는다는 사실이 우리의 생활에 직면한 것이 아니거나 기독교의 참된 진수가 자기의 전체 생활 혹은 인간의 전체 생활을 포괄하는 것이 아니고 독특하고 괴이하고 괴상한 종교적 생활을 기독교라고 해서 그리로 사람을 몰아넣으면 거기에는 영광이 떠나는 것입니다. 바울 선생은 나중에 그 점을 강조해 나가는 것입니다. 그가 말씀한 기독교라는 것은 생활의 대종(大宗)을 가리키는 것입니다.

이 강설의 특이성: 기독교의 전모를 선포함

이제 다시 본론으로 돌아와서 왜 안디옥 사람들은 온 성이 이렇게 다시 모였는가 할 때 말씀이 가진 특이성에 의해서 모인 것입니다. 그 말씀의 특이성은 부분적인 이야기가 아니고 종교적인 이야기가 아니었다는 데 있습니다. 이 말씀을 주의해서 들으셔야 합니다. 부분적인 이야기가 아니라는 것은 첫째로, 현상 세계의 현상의 이야기가 아니라는 것입니다. 바울 선생은 현상 세계의 현상 이야기를 하지 않았습니다. 사회 개혁 이야기도 하지 않았고 혹은 집을 개혁하겠다든지 가정은 어떻게 만들어야 하겠다든지 옷은 어떻게 해야겠다든지 먹는 것은 어떻게 해결해야겠다든지 하는 문제를 이야기하지 않았습니다. 그것을 이야기하지 않았다는 것이 거기에 무관심하다는 이야기는 절대로 아닙니다.

둘째로, 어떠한 종교적 이야기를 한 것이 아닙니다. '너희는 이러한 형식과 의식(儀式)으로 이렇게 종교를 만들어야지, 그런 식으로 하면 안 된다' 하고 그런 것을 만든 것이 아닙니다. 이 이야기를 보면 통치하시는 하나님을 이야기했습니다. '하나님이 통치하시되 그분이 통치하시는 정권이 있고 정부가 있다' 하고 이야기했습니다. 정권 혹은 정부라는 것은 전체를 포괄하는 것입니다. 정부는 하나님의 권력과 영광의 가장 구체적이고 종합적인 표시입니다. 거기에는 문화가 있고 먹는 것이 있고 존재하는 방도가 있고 생활의 방편들이 다 있습니다. 그 모든 것을 포괄하는 것입니다. 그리고 이것은 항구한 이야기입니다. 물론 사람은 먹고사는 존재입니다. 그러나 사람에게는 먹고사는 것이 전부가 아닙니다. 왜 먹고사느냐 하는 문제에 대한 자기의 해답이 있어야 합니다. 그런고로 '하나님의 정부가 여기 있다' 하고 그 해답을 제시하는 것입니다. '하나님이 너희를 내셨고, 하나님이 너희를 먹고살게 해 주셨고, 너희로 하여금 목적을 가지고 살게 하신 것이다' 하되 바울 선생은 이것을 하나님의 정부라는 형태로 설명한 것입니다. 이 강설이 간략하기 때문에 우리가 그 한마디 한마디에 주의해야 이런 것을 추출할 수 있습니다. 이 강설을 쭉 읽어 보면 누가 이것을 기록할 때에 아주 요약하고 줄여서 집어넣은 것을 알게 됩니다.

그럼 하나님께서 직접 인류의 생활과 인생의 존재의 문제에 대해서 어떻게 관계하셨느냐 할 때에 그는 한 모델로서 대표적으로 이스라엘 백성의 생활을 들었습니다. 이스라엘 백성의 생활을 들어서 하나님이 그들을 선택하시고 하나님이 기르시고 하나님이 먹이셨다는 이야기를 합니다. 하나님이 이스라엘 백성 가운데 종교를 세우셨다고 이야기한 것이 아닙니다. '너희 조상을 부르셔서 애굽에서 건져 내셨다' 한 것은 정치적인 이야기입니다. '애굽이라는 거대한 제국, 곧 세계적으로 막강한 제국이 너희를 눌렀을 때 하나님은 그런 너희를 건져 내셨다. 하나님은 정치적으로 압제받고 괴로움 받는 너희를 자신의 목적을 위해서 이렇게 건져 내신 그런 하나님이시다' 하는 아주 명료한 아이디어에서 자꾸 이야기해 나가는 것입니다. 그리고 하나님이 광야에서 그들을 인도하셔서 가나안에 올라온 이야기를 했습니다. 가나안에 올라와서 가나안 이민족을 몰아내라고 하셨을 때 그 사람들은 거대한 갈등을 치르며 전쟁을 했습니다. '거기에도 하나님이 같이하신 것이다. 하나님은 기도하고 찬송하고 예배드리는 데에만 같이하시는 것이 아니다. 전쟁 중에도 같이하셨다' 하는 것을 가르치는 것입니다.

이렇게 바울 선생이 하신 강설을 하나하나씩 떼어서 분해해 보면 인생의 단면의 이모저모를 다 포함해서 이야기합니다. 그러한 까닭에 '하나님이 무슨 교(敎)를 만드셔서 그 교당(敎堂) 혹은 신당은 어떻게 지어야 하고, 거기에 모여서 어떻게 예배를 하고, 어떻게 기도를 많이 해야 한다는 것을 가르치셨다' 하고 이야기했다면 그것은 종교적인 이야기입니다. 바울 선생은 그런 이야기를 하지 않았습니다. '너희는 얼마나 기도를 많이 해야 하고, 너희는 어떻게 예배당을 지어야 한다' 하는 이야기는 없습니다. '어떤 의식(儀式)을 취해야 한다' 하는 말도 없습니다. 하나님께서 어떤 정부를 세우셨고, 그 정부가 어떻게 인류의 정부 위에, 역사를 창조해 가는 모든 인류 위에 친히 통재하시느냐 하는 것을 한 모델을 들어서 이야기해 나간 것입니다. 그러면서 그 목표를 나중에 분명히 일러 주었습니다. '왜 그렇게 하신 줄 아느냐? 그 거룩한 은혜를 구현하시려는 것이다. 그 거룩한 은혜의 구현이 예수 그리스도이시다. 그 예수 그리스도를 너희가 어떻게 했느냐? 잡아 죽일 죄를 찾지 못했지만 잡아 죽이지 않았느냐? 그렇지만 예수 그리스도의 죽으심이라는 것은 하나님께서 그 크신 경륜 안에서 만민을 구속하시기 위해서 하신 일이다' 하는 이야기입니다.

이렇게 해서 이야기의 정점은 어디로 가는가 할 때, 예수 그리스도의 구속이라는 사실은 사람을 어디로 이끌고 가고 무슨 결과를 내느냐 하면 공로 없이 의롭다 하심을 얻는 데로 이끌고 가는 것입니다. 의롭다 하신다는 것은 간단한 이야기 같습니다. 그러나 의롭다 하심이 무엇입니까? 의롭다 하심은 죄 없다 하시는 하나님의 선포에 불과한 것이 아닙니다. 둘째의 사실은 지난번에 말씀드린 것같이 이제는 하나님의 거룩한 권속(眷屬)이 되어서 하나님이 친히 먹이시고 기르시고 세우시며 생존의 목표를 세워 주신다는 것입니다. 휘오쎄시아(υἱοθεσία), 즉 양자(養子)로 삼는 일이 늘 거기에 붙어 있습니다. 그뿐 아니라 셋째로, '하나님께서 너희를 의롭다고 하시면서 너희를 세우시는 뜻은 최후에 너희를 만물의 후사로 세우시려는 것이다. 너희는 하나님의 상속자이다. 예수 그리스도를 아끼시지 않고 주신 하나님은 또한 만물을 너희에게 아끼시지 않고 주신다. 결국 이것이 하나님이 너희를 세우신 목표이다. 즉 하나님의 상속자로서 세우신 것은 우리의 영광의 위치만을 가르치는 것이 아니라 우리 인생의 목표가 어디에 이르며 우리의 행진이 어떤 목적지에 도달하는가를 가르친다' 하는 것입니다. 만물의 후사, 즉 하나님의 상속자로 서는 것입니다. 이것은 최고의 위치요 절정의 위치입니다. '그냥 하나님이 내신 중생에서만 끝나는 것이 아니라, 너를 또한 아들로 인정하셨고, 아들로 인정하신 까닭에 자신의 상속자로 삼으신다. 성자 예수 그리스도를 네게 주셨을 뿐 아니라 그를 아낌없이 주셨으므로 그 아들 예수 그리스도와 함께 만물을 네게 주신다. 왜 우주 만물을 창조한 줄 아느냐? 네게 주려고 창조한 것이다' 하는 말씀입니다. 이것이 얼마나 기막힌 은혜와 사랑의 사실인지 알 수 없습니다. 이렇게 의롭다 하심, 곧 디카이오쉬네(δικαιοσύνη)라는 것을 거기에 탁 선포한 것입니다.

이 이야기는 아주 요약된 이야기지만, 결국 인생의 가장 기본적인 이러한 문제에 대해서 말씀하신 까닭에 거기 사람들은 그 일에 대해서 깊은 관심을 가지고 '야, 이 말을 다시 듣자. 이것이야말로 전체를 포괄하고, 우리가 가는 길에 대한 명확한 이야기이다' 한 것입니다. 명확한 이야기이지 애매한 이야기가 아닙니다. 어떤 정도에서 멈추고 흐릿해져서 적당히 살아가는 이야기가 아닙니다. '열심히 기도하고 신당을 짓고 잘살면 된다. 너희들은 땅 위에서 잘 먹고 잘살고 복 받고 산다' 하는 그런 이야기가 아니라는 말씀입니다. 가는 길의 최후의 목표를 보여 주었습니다. 이러한 사실을 듣고 이러한 특이성이 있는 거룩한 메시지를 들을 때에 온 성이 다 모여서 그 말씀을 듣고 '결국 생이란 무엇인가? 어디로 가야 할 것인가? 하나님이 친히 통재하신다면 결국 우리의 역사의 행보와 오늘 나의 매일 생활의 한 걸음 한 걸음을 통재하시고 친히 다스리시는 것이 아닌가' 하는 결론에 도달하는 것입니다. 생각이 있는 사람이라면 그런 결론에 도달하지 않을 수 없게 이야기한 것입니다.

  우리가 기독교를 전할 때에 많은 경우에 일반적으로 밖에서 예수를 믿으라고 하면서 전도할 때는 이런 이야기를 다 할 수가 없습니다. 그러나 사람들이 모여서 일단 하나님의 말씀을 선포하기 시작할 때는, 즉 강설을 할 때에는 항상 기독교의 대종(大宗)을 이야기해야지, 부분적이고 지엽적이고 저변적인 이야기를 하고 또 하고 그것으로 끝나면 기독교의 전모를 파악하지 못하는 것입니다. 지엽적인 문제는 다 거두절미(去頭截尾)하고라도 언제든지 대종을 확실히 파악하게 만들어 주어야 합니다. 기독교의 대종을 파악하지 못하면 어디에서 주저앉는가 하면 종교적인 생활 문제에서 주저앉는 것입니다. 기독교의 종교라는 점을 자꾸 쥐고 앉아서 '기도를 많이 해야겠다. 성경을 많이 보아야겠다. 또한 예배당에 열심히 나가야겠다' 하는 데에 그냥 주저앉는 것입니다. 그렇지 않으면 사회 운동을 하는 데 뛰어들든지 기독교적 박애 운동을 해야겠다든지 무슨 운동을 해야겠다든지 그렇지 않으면 내가 어떻게든지 죄를 이기고 살아야겠다든지 하는 것을 최고로 생각하기가 쉽습니다.

  물론 그런 모든 것이 다 중요한 요점입니다. 그러나 그런 모든 것은 최고의 정점도 아니고 최후의 이야기가 아닌 것입니다. 최후의 목표를 잊어버리고 그런 이야기만 한다면 결국 사람들은 방황하는 것입니다. '그러니 어떻다는 말인가? 그래서 어떻게 된다는 말인가? 내가 기도를 많이 하고 죽어라 하고 나를 단속하고 밥을 굶고 단식해 가면서 기도했는데 그러니 어떻다는 말인가?' 하고 많이 생각하는 사람은 '그러니 어떻다는 말인가? 그렇게 해서 무엇이 되라는 말인가?' 하는 문제를 물어야 하는 것입니다. 그렇게 하면 하나님께서 그를 더 불쌍히 여기시고, 나중에 예수 잘 믿는 사람이 된다는 것입니까? '나는 기도를 많이 했으니 예수를 잘 믿는 사람이다' 하면서 은연중에 자기는 예수를 잘 믿는 사람이라는 자만과 그런 잠재의식 가운데 살아가는 맛에 그렇게 하는 것입니까? 그런 맛에 그렇게 지내는 사람이 허다합니다. 이것이 불행한 이야기입니다. '자기를 막 단속하고 열심히 믿어라. 열심히 무엇을 해라. 새벽에 잠자지 말고 나와서 기도해라. 무엇을 해라. 무엇을 해라' 할 때에 그 사람들이 왜 해야 하는가 하면 예수를 잘 믿으려고 그렇게 합니다. 그러면 예수를 잘 믿으면 최후에 어떻게 된다는 말인가 할 때 천당의 아랫목에 간다는 말입니까? 결국 생각이 항상 그런 식으로 공리적인 것입니다.

유대인의 비방과 바울의 결별 선언

그런 공식(formula)을 아주 강하게 가지고 그렇게 공리적으로 가르친 사람들은 바울 선생의 이 말에 대해서 어떻게 했습니까? 그들은 시기가 가득하여 변박(辨駁)을 하고 나중에는 모독까지 하고 훼방했습니다. '비방'(13:45)이라는 말은 훼방 혹은 모독이라는 말입니다. 바울 선생의 말까지 모독해 버린 것입니다. '그럴 리 없다. 어디 그렇단 말이냐' 하고 반응한 그룹이 있었습니다. 거룩한 대종을 가르치니까 그에 대해서 두 가지 반응이 나왔는데, 하나는 훼방하고 모독하고 변박한 자들이고, 다른 하나는 기뻐하고 말씀을 찬송한 사람들입니다. '그것 참 옳은 말씀이다. 찬양하자. 야, 이것이야말로 참도리이다' 하고 찬양하는 무리가 나왔습니다.

13:45을 보면 "유대인들이 그 무리를 보고 시기가 가득하여 바울의 말한 것을 변박하고 비방하거늘"이라고 했습니다. 거기에 사람들이 많이 모여 앉으니까 불평을 가졌다는 말입니다. 그러나 지난번에는 아무 말도 하지 않고 그냥 '이 말을 다시 듣자' 했는데, 몇 사람이 올 줄 알았더니 온 성이 통틀어 나온 것입니다. 왜냐하면 이것은 인생의 대도(大道)에 대한 이야기이고 가장 기본적인 이야기이며 보편적인 이야기이기 때문입니다. 누구나 들어야 할 이야기를 했다는 말씀입니다. 그러니까 와서 더욱

들은 것입니다. 그것을 보고서는 시기가 가득하여 바울의 말한 것을 변박하고 비방했습니다. 변박을 하려면 자기네 판단의 기준(criteria)이 있어야 할 것 아닙니까? 이 사람들에게 무슨 판단 기준이 있어서 변박을 했겠습니까? 분명히 유대교의 판단 기준을 가진 것입니다. 즉 자기네가 가지고 있는 번문욕례적(繁文縟禮的)인 종교적 방도를 가지고 변박을 했습니다. '모세의 율법이 이렇다. 이렇게 하라고 했다. 안식일은 어떻게 지켜야 한다. 2천 야드 밖으로 나가면 안 된다. 밥은 식은 밥을 먹어야지 따뜻한 밥을 먹으면 안 된다. 만일 소가 뛰어서 도망가더라도 2천 야드까지만 쫓아가다가 나중에 소가 더 가거든 가만히 있어야 한다. 손을 씻으려면 팔꿈치까지 씻어야지 손가락만 씻으면 안 된다' 하는 이런 식이 되었습니다. 이렇게 하루살이는 다 걸러 먹고 낙타는 통으로 삼키는 그런 식의 판단 기준 위에서 이야기했을 것입니다(참조. 마 23:24). '그럴 수가 없다. 어디 그러냐. 열심히 기도해야 하고 열심히 하나님을 섬겨야 하고 열심히 박하와 회향과 근채의 십일조까지라도 내야 한다' 하는 식으로 했을 것입니다(참조. 마 23:23). 예수님도 '화 있을진저' 하고 말씀하셨지만 그렇게 말씀을 들을 만한 모든 공식(formula)과 도그마(dogma)를 그냥 쥐고 있었던 것입니다.

 그 사람들만 그렇게 합니까? 오늘날도 그렇습니다. 만일 오늘날 그리스도교의 대종과 하나님 나라의 큰 철학과 큰 사상을 전달하면 '그럴 수가 있는가? 새벽 기도를 열심히 해야지. 열심히 나가서 무엇 무엇을 해야지' 하는 열심 이야기를 합니다. 그렇게 하면 어떻게 하겠다는 말입니까? '우리는 종교의 특권자이다. 예수만을 섬기는 사람이다' 하는 자부심(pride) 속에 들어앉아 있는 것입니다. 다른 것은 없습니다. 무엇을 이루었는가 하고 보면 밤낮 울고 매달려야 하고 밤낮 하나님 앞에 졸라야 하고 밤낮 하나님께 가까이 가서는 '불쌍히 여기소서' 하고 울고 애소(哀

訴)하면서 지내고 '이것이 예수 잘 믿는 것이다. 우리야말로 종교의 특권자이다. 우리야말로 가장 잘 믿는 그룹이 아니냐' 하는 교만이 마음에 가득 차 있고 그것을 향유하는 것으로 만족하는 것입니다. 그것은 불쌍한 만족입니다. 하나님 말씀의 대도를 취하고 있어야 하는데, 그런 것이 없습니다. '어떻게 살아야 하는가? 무엇을 향할 것인가? 그 목적을 향해서 우리는 어떻게 가야 하느냐?' 하는 것이 없습니다. 목적을 상실한 방황이 이런 것입니다. 이렇게 해서 바울 선생의 말을 변박했습니다. 변박이라고 할 때는 마음 가운데 시기가 가득해서 '아, 그렇지 않다. 우리가 전통적으로 믿고 있는 것은 그렇지 않은 것이다' 한 것입니다.

이것은 무엇인가 할 때 새롭고 거룩하고 위대하고 명확한 계시에 대해서 소위 전통이라는 것이 반대하기 시작한 것입니다. 전통은 이렇게 무서운 반대를 하는 것입니다. 그냥 반대만 한 것이 아닙니다. 만일 그 사람들이 퍽 지적이고 냉정한 사람들이었으면 변박이나 할 것이고, 변박을 하다가 잘 안 되어서 이론적으로 몰리면 그만둘 것입니다. 그러나 나중에는 비방을 했습니다. 이것은 감정적인 폭발인 것입니다. 비방은 모독인 것입니다. '네까짓 놈들이 무엇을 알기에 건방지게 너희들만 잘 안다고 그러느냐. 네가 말하는 것이 무슨 참말이냐. 다른 사람은 다 안 그러는데 너희만 그렇게 똑 불거지게 그렇게 한단 말이냐. 너, 어디서 이런 것 가지고 돌아다니느냐' 한 것인데, 이것은 모독입니다. 가부를 결정하는 것이 아닙니다. "내가 말을 잘못하였으면 그 잘못한 것을 증거하라. 잘하였으면 네가 어찌하여 나를 치느냐"(요 18:23) 하는 예수님의 말씀과 같이 그들은 권위를 가지고서 누르려는 것이고 대중을 가지고 누르려는 것입니다. '아, 우리가 큰 교단이고 보수이고 정통이다. 너희 몇 사람이 나가서 떠들어? 어림없는 소리 말아라' 하는 이것은 모독입니다. 안나스 일가 하속(下屬)은 예수께 무엇이라고 했습니까?(참조. 요 18:22) 자기 주인이 대제사장이니까 대제사장이라는 권위를 들어서 예수를 때린 것입니다. 원래 그 말만으로는 때릴 수 있는 것이 아닙니다. '내가 잘못했으면 잘못을 지적할 것이지 그렇게 칠 수 있느냐' 하고 예수님도 말씀하셨습니다. 왜 이렇게 되었는가 하면 결국은 어떠한 다른 정신이 지배한 것입니다. 성신께서 이방 사람의 마음을 열어 주시니까 그 사람들은 즐겁게 받아들이고 하나님의 말씀을 찬양했지만, 이 사람들은 마음이 닫혀 있는 까닭에 비방하는 정신이 있게 되었습니다. 시기가 가득하여 미움 때문에 나중에 바울을 때려 없애려고 했습니다. 이렇게 해서 그 미움은 살인을 감행할 수 있는 것으로까지 발전한 것입니다. 그것이 무슨 정신이겠습니까? 그것이 마귀의 정신이고 암매의 정신인 것입니다.

여기에 대해서 하나님의 성신에 충만한 사람들이 판단한 것을 13:46에서 표시했습니다. "바울과 바나바가 담대히 말하여 가로되 하나님의 말씀을 마땅히 먼저 너희에게 전할 것이로되", '우선적으로 너희에게 전한다. 왜냐하면 나도 유대 사람이고 또한 너희들은 여호와의 거룩한 종교를 받았다고 말하기 때문이다. 너희는 성경을 늘 쥐고 있는 사람들이다. 그러니까 먼저 너희에게 전해야 할 것이지만, 너희가 성경을 쥐고 앉아서 그렇게 한다면 이제는 더 이상 전할 것이 없다' 하고 말했습니다. "너희가 버리고 영생 얻음에 합당치 않은 자로 자처하기로 우리가 이방인에게로 향하노라." 무서운 이야기입니다. '너희는 하나님의 말씀을 버리고 영생 얻음에 합당치 아니한 자로 자처한다. 그런 것은 무엇을 표시하는가 하면 너희는 영생을 가질 자격이 없다는 것을 자증(自證)하는 것이다. 그런 사람에게는 하나님이 영생을 안 주시는 것이다. 그런 사람에게는 영생이 있다고 하나님이 증거하시지 않는 것이다' 하는 말입니다. 스스로 소위 자족과 자만과 교만과 전통 혹은 묵은 의식 가운데 빠져 있는 동안에 자신을 영생 얻기에 합당한 자로 여기는 것은 거짓입니다. 그것은 영생 얻기에 합당치 않은 자로 자처하는 일입니다. 하나님의 참되고 거룩한 계시와 바른 도리를 전할 때 유대적 전통, 곧 묵은 종교의 전통을 가지고 그것을 변박하고 비방한다는 것은 무엇을 의미하는가 하면 영생에 도달하지 못하고 영생과는 상관없다는 것입니다. 그런 사람도 영생을 얻었다고 하거나 구원받았다고 하는 것은 어림없는 이야기입니다. 저들은 구원이라는 말을 입버릇같이 하지만, 만일 하나님의 바른 도리가 왔는데도 거기에 대해 애착(affinity)을 보이지 않는다면 그것은 영생 얻기에 합당치 않은 자로 자처하는 것이고 자증하는 것입니다. 어떤 것이 영생 얻기에 합당치 않은 자로 자증하는 것인가 할 때 바로 이런 짓을 하는 것입니다. 그런고로 '너희는 영생 얻기에 합당치 아니한 자로 너희가 자처하고 있지 않으냐? 그래도 너희에게 하나님의 말씀을 끝없이 받으라고 하지 않는다. 나는 이방인에게로 간다' 하고 선언했습니다.

그래서 바울 선생은 이방인에게로 갔지만, 로마서 9장에 나타난 바울 선생의 태도를 보십시오. "내가 그리스도 안에서 참말을 하고 거짓말을 아니하노라" 하고 말합니다. '내 진정을 한마디 하마. 이 말을 하면 너희는 거짓말로 알 것이다. 그러나 내 진정을 이야기한다' 하는 것입니다. "내게 큰 근심이 있는 것과", '내게 큰 근심이 하나 있고', "마음에 그치지 않는 고통이 있는 것을 내 양심이 성신 안에서 나로 더불어 증거하노니"(9:1-2), 마음에 그치지 않는 고통이 있다고 했습니다. 근심 정도가 아닙니다. 이렇게 말하면 아마 '우리를 버린 네가 그럴 리가 있느냐. 너는 우리와 관계없다고 떠난 사람이 아니냐' 하겠지만, 바울 선생은 말하기를 "나의 형제, 곧 골육의 친척을 인하여 내 자신이 저주를 받아 그리스도에게서 끊어질지라도 원하는 바로라. 저희는 이스라엘 사람이라. 저희에게는 양자 됨과 영광과 언약들과 율법을 세우신 것과 예배와 약속들이 있고 조상들도 저희 것이요 육신으로 하면 그리스도가 저희에게서 나셨으니

저는 만물 위에 계셔 세세에 찬양을 받으실 하나님이시니라"(9:3-5) 하고 말했습니다. 이 심정이 무엇입니까? 여기에서 이스라엘을 포기했다고 선언하면서도 마음으로는 자기 동족에 대해서 끊임없는 슬픔과 고통을 가지고 있다는 것입니다. 뒤집어서 말하면, 그 백성에 대해서 끊임없는 슬픔과 고통을 가지고 있으면서도 하나님의 말씀의 진행을 위해서는 그들을 포기하는 것입니다.

여기에서 우리는 중요한 한 원칙(principle)을 발견하는 것입니다. 끝없이 이야기하는 것이 아닙니다. 물론 얼마만큼 반복하는가 하는 것은 깊이 생각해야 할 문제입니다. 단정적으로 '이만큼만 반복한 다음에는 더 이상 안 된다' 할 수는 없지만, 말씀을 전하고 전해도 바른 도리에 대해서 귀를 기울이지 않고 나중에는 심지어 자기의 그릇된 선입관을 가지고 반대하고 비방하고 나서면 그때는 포기하는 것입니다. 포기하지 않을 수 없는 것입니다. 포기하니까 발의 티끌까지 털어 버리고 떠나는 것입니다. '나는 티끌 하나라도 묻혀 가지 않겠다. 너희에게 조그만 누도 끼치지 않고 관계하지 않으련다' 하는 것입니다. 아주 깨끗한 서로의 단절을 의미하는 것입니다. 이렇게 깨끗이 단절하지만 그러나 무엇을 이야기했는가 하면 이렇게 티끌 하나까지 다 털어 버리고 깨끗이 떠나면서도 끝없이 그들을 생각했다는 것입니다. 다시 뒤집어서 말하면, '너희를 끝없이 생각했지만, 일단 하나님의 말씀의 전진을 위해서는 너희를 떠난다. 내가 너희를 언제까지나 기르고 있지는 않는다. 너희는 먼저 복음을 들을 우선권이 있는 사람들이다. 그래서 내가 먼저 너희에게 왔다. 와서 끝없이 이야기했지만, 그러나 너희들이 이렇게 하는 이상에는 나는 떠날 수밖에 없다' 한 것입니다. 그것이 보수요 정통이라고 해서 끝없이 붙드는 것이 아닙니다. 말씀에 대해서 애착을 보이는가 안 보이는가 하는 것이 관건입니다. 애착을 안 보이면 떠나는 것이지 언제까지나 붙들고 앉아 있는 것이 아닙니다. 언제까지나 붙들고 앉아서 못 떠난다면 자기도 그들과 같이 가겠다는 이야기일 뿐입니다. 이러한 까닭에 우리가 구별되고 성별된 생활을 할 때에는 명확한 태도를 취하는 것입니다.

오늘의 우리 교회가 깊이 생각할 문제

이런 점에서 우리 교회가 깊이 생각할 문제가 있습니다. 첫째로, 우리는 참으로 하나님의 말씀에 의해서 하나님 나라의 대도를 늘 파악하고 살아야지, 지엽적인 문제로 콩이야 팥이야 하고 논하는 태도를 버려야 합니다. 누가 하나님 말씀의 대도를 늘 파악하고 거룩한 목표를 향해서 자꾸 전진하고 나가는가 하는 것이 중요합니다. 가다가 넘어졌으니 못 쓰겠다든지 그 사람이 이러니 못 쓰겠다든지 하는 것을 가지고 너무 논란하지 않는 것이 정당합니다. 이런 것을 가지고 너무 논란하는 동안에 무엇에 빠지는가 하면 형해적(形骸的)이고 형식적인 종교인이 되고 마는 것입니다. 그러나 하나님의 말씀은 우리에게 종교인이 되라는 것이 아니라 하나님의 자식답게 역사 위에서 역사의 책임자답게 움직이라고 하십니다. 역사의 책임자란 무엇인가 할 때 하나님 나라의 거룩한 역사(history)를 땅 위에 구현할 책임자라는 말입니다. 이렇게 나아가는 것입니다.

둘째로, 우리가 과거의 어떠한 인연이나 과거에 가진 종교적인 관계로 인해서 무엇을 전하고 가르치고 작용도 했지만, 그것은 무제한하게 작용하지 못한다는 사실입니다. 전하고 가르치고 했지만 계속 안 듣고 나중에는 그것을 토해내면 그것으로 끝이고 다시 더 어떻게 할 수 없는 것입니다. 그때는 명확하게 태도를 취하고 나서는 것입니다. 오늘의 우리 교회가 처음부터 명확하게 기치를 들고 딱 나서는 그런 일은 하지 않았습니다. 그렇게 한 데는 이유가 있습니다. 그들에게 하나님의 말씀을 받는 수용력이 있는 동안에는 전하는 것입니다. 그들 가운데 그래도 하나님의 말씀에 애착이 있는 이들을 우리가 포기하는 것이 아니라는 것입니다. 그러나 그것은 그것이고, 항상 끝없이 진리를 전달하더라도 교회의 전체적인 태도나 일반적으로 가지고 있는 기조가 결국 거기에 대해서 반응을 일으키지 않고 차라리 점점 더 굳어지고 저락(低落)해 갈 때에는 끝없이 전하기만 하는 것이 아닙니다. 받는 사람에게만 전하고 나머지에게는 분명한 태도를 취하는 것입니다. 그것을 우리가 지난 부활 주일 오후에 같이 앉아서 이야기했습니다. 그리고 우리는 어떤 하나의 원칙을 서로 이야기했습니다. 그러면 우리는 언제 어떻게 명확하게 태도를 취합니까? 하나님께서 우리에게 은혜를 주셔서 벌써 그러한 상태 가운데 우리를 이르게 하신 것을 알고, 우리 성약교회 자체가 벌써 어떠한 위치를 가지고 어떤 태도를 취했다는 것을 점점 알 뿐 아니라, 이제는 우리가 불가부득 그냥 밀려 나오는 것같이 되어 있습니다. 우리가 앞에 서서 떠들고 북 치고 나팔 불 것이 없이 벌써 이렇게 밀려 나오기 시작했다는 말씀입니다. 이런 것은 우리가 역행하는 일이 아닙니다. 우리는 할 수 있는 일을 했고, 마음 가운데 슬픔을 가지고 '그래도 한 사람에게라도 더 역사해야지' 했지만, 무리하게 거기에 작용하려고 하거나 끝없이 붙어 있으려는 생각은 없는 것입니다. 이런 것을 여기서 우리가 생각합니다.

그러나 우리 자신이 가지고 있는 것이 하나님 말씀의 대도라야 하지, 대종과 대도를 떠나서 지엽적인 것을 이야기하면서 우리의 태도를 명백히 한다고 하면 무엇이 되냐 하면 항상 분열하는 분파(sect)에 불과하게 되는 것입니다. 이렇게 분열하는 분파가 되는 것은 그다지 좋은 것이 아닙니다. 분열하는 하나의 조그만 종파가 되어서 움직이는 것은 좋은 것이 아닙니다. 분열하는 것이 아니라 하나님 말씀의 대도를 전파하는 큰 능력을 늘 가지고 있어야 합니다. 하나님의 편에 확실히 서 있다는 확신이 있어야 하고, 그와 동시에 교만이나 신앙의 자만 가운데 빠져서는 안 됩니다. 좀 더 고행을 하고 좀 더 자기를 단속한 사람들은 흔히 '하나님이 야말로 내 편이다' 하는 이상한 교(教) 가운데 빠져 들어가는 것입니다. 그런 까닭에 '내가 어떻게든지 하나님을 꼭 붙들고 있다' 하는 태도를 버려야 합니다. '하나님이 나를 늘 붙들고 계신 그 품안에 있는가' 하는 것이 중요합니다. 내가 하나님을 붙들고 있는 것이 아니라 하나님이 나를 붙들고 계신 그 품안에 있는가 하는 것입니다. 내가 스스로 걸어가고 내가 붙들려고 하는 것이 아닙니다. 하나님과 유리(遊離)된 채로 내가 하나님을 붙들려고 하는 것은 할 수 없는 일이고 해서는 안 되는 일입니다. '내가 어떻게든지 하나님 앞에 잘 믿는 사람이 되겠다' 하는 것이 아닙니다. 하나님께서 나를 늘 하나님의 자식답게 나타내시는 위치 가운데 떠나지 않고 있어야 합니다. 경건하고 거룩한 생활 태도에서 벗어나지 않아야 합니다. 그러나 경건하고 거룩한 것을 자부심(pride)으로 알고 있을 때는 벌써 타락하는 것입니다. 그것을 대단하게 여기고 스스로 '바로 이것이다. 이것이 아니면 안 된다' 하고 다른 사람을 정죄할 때는 타락하는 것입니다.

문제는 판단의 기준이 어디에 있는가 하면 '그가 하나님 나라의 대도를 가지고 있는가 안 가지고 있는가?' 하는 거기에 있는 것이지, '나와 같은 신앙 태도를 취하고 있는가? 나와 같이 기도를 하는가 안 하는가?' 하는 데 있는 것이 아닙니다. 그 사람이 기도하는 것은 그 사람 개인의 문제입니다. 자꾸 '그 사람이 새벽 기도를 하느냐? 왜 밤새워서 기도하지 않느냐?' 하고 아무도 논란할 필요가 없는 것입니다. '나는 새벽 기도를 하니까 내가 저 사람보다 낫다' 하고 생각한다면 그것이 큰 타락인 것입니다. 잘 믿겠다고 하는 사람에게 이러한 타락이 늘 있습니다. 그 사람이 기도는 하지 않았어도 하나님 앞에 가까이 붙어 있다면 내가 왜 그 사람에게 기도하라고 강제하는 것입니까? 문제는 '그 사람이 하나님의 거룩하신 말씀의 대도에 가까이 있는가' 하는 것을 파악하고 '그 목적을 향해서 올바로 전진하고 있는가' 하는 것만을 보고 그가 동지인가 아닌가를 판단하는 것이지, '너는 어디 예배당 다니니까 못쓴다' 하든지 '너는 어떠니까 못쓴다' 하는 것이 아닙니다. 그의 장성의 분량에 따라서 교회의 소속에 대한 문제에서도 명백한 태도를 취하는 것입니다.

어저께 제가 친구 목사 한 분을 만났는데 그분은 세계 교회 협의회(WCC)에 가입하는 것을 지지하는 에큐메니컬(ecumenical) 교회의 목사입니다. 그가 어저께 놀랍게 분명한 태도를 취하는 말을 하는 것을 들었습니다. '이제는 공부를 하고 지식을 먹고 돌아가서 그것을 설교에 인용하는 것이 의미가 없는 줄로 압니다. 저는 분명한 태도를 취하겠습니다' 하고 말합니다. 그래서 '어디로 가겠는가?' 했더니 '지금은 갈 데가 없습니다. 갈 데가 없어서 이렇게 앉아 있습니다' 합니다. '소위 보수 정통이라는 데 간다 해도 거기도 마찬가지이니 어디로 가겠습니까? 그러나 이제 지표만 서면 저는 분명한 태도를 취하고 나서겠습니다' 하는 것입니다. 말 두 마디에 벌써 승순(承順)하는 태도를 탁 취하고 '저는 이런 각오를 하고 있었습니다' 하는 것입니다. 왜 그런가 하면 벌써 '우리는 이제 무엇이 참된 것인가 하는 것을 분별하고 나아간다' 하는 목표를 세웠기 때문입니다. '나는 에큐메니컬을 지지하는 측이 아니고 정통이다' 하는 사람들 가운데에도 완고와 완패(頑悖)를 버리지 않는 사람들이 또 많이 있습니다. 무슨 이야기를 해도 자기 식이 전부입니다. 모든 것에서 자기 식이 전부입니다. 오늘의 우리에게는 그러한 차원이나 그러한 테두리가 의미가 없는 것입니다. 하나님의 말씀이 이렇게 역사했기 때문입니다.

영생 얻음에 합당한 자와 합당치 않은 자

이방인들은 어떻게 했습니까? 13:48을 보면 "이방인들이 듣고 기뻐하여"라고 했습니다. "내가 너를 이방의 빛을 삼아 너로 땅 끝까지 구원하게 하리라"(행 13:47) 하신 말씀대로 바울 선생이 이제 이방인들의 사도로 자처하고 선언을 하니까 이방인들은 그 말을 듣고 기뻐했습니다. 기뻐했을 뿐만 아니라 "하나님의 말씀을 찬송하며", 하나님의 말씀을 한쪽에서는 변박하고 비방했고, 한쪽에서는 그 말씀을 찬송했습니다. 셋째는 "영생을 주시기로 작정된 자는 다 믿더라" 했습니다. '영생 얻음에 합당치 않은 자로 자처하는' 것에 대립해서 그 대조(contrast)로서 '영생을 주시기로 작정된 자'라는 말을 썼습니다. 여기의 '작정된 자'라는 말은 '예정된 자'라는 말뜻이라기보다는 '그런 처지에 놓여 있는 사람'(anyone who is disposed)이라는 뜻입니다. 아주 유명한 학자들 가운데 특별히 헬라어 학자 로턴 햄이라는 사람이 이 문제에 대해서 이야기할 때, 자칫하면 이 말을 '하나님이 이미 정하신 사람은 다 건지신다'하는 말로만 해석하기 쉬운데, 그것을 표시하는 말이 아니고, 가령 영어로 예정한다(predestinate)든지 혹은 결정한다(determine)든지 하는 그런 말이 아니고, 자기 자신이 영생을 받기에 합당한 처지에 놓여 있는(disposed) 그런 사람은 다 영생을 얻었다는 말이라고 했습니다. 왜냐하면 앞에서 영생을 받기에 합당치 않은 자로 자처한 사람들이 그런 처지에 서 있으니까 여기에서는 그 반대를 쓴 것이기 때문입니다. 자칫 잘못하면 '예정'이라는 의미로 해석하기 쉽습니다. '작정'이란 말로 번역한 이유도 그것이 '예정'과 같은 명확한 말이 아닌 까닭에 아마 그렇게 번역한 것으로 압니다. '영생을 받기에 해당한 그 위치'(that were disposed to the eternal life)라는 식으로 번역했는데, 그렇게 번역한 것을 제가 보고 '아, 그 번역이 좋다'고 생각했습니다. 왜냐하면 헬라어 원어가 그런 뜻을 많이 표시하고 있기 때문입니다. '하나님께서 영생을 주기로 작정하신 사람은 그 사람이 유대인이든지 헬라인이든지 덮어놓고 다 구원하신다' 하는 예정론적인 관점의 이야기가 아닙니다. 여기의 구분점은 이것입니다. 한쪽에서는 하나님의 말씀에 대해서 시기가 가득하고 변박하고 훼방까지 했습니다. 그러니까 그 사람들은 영생을 받기에 합당하지 못한 자로 자처한 사람들입니다. 자기를 그렇게 드러내(expose) 버린 것입니다. 그러나 다른 한쪽에는 영생을 받을 처지 가운데 처해 있는(disposed) 사람들이 있습니다. 물론 원인(遠因)을 따질 때는 분명히 하나님께서 그렇게 하신 것입니다. 그런 처지에 놓여 있게(disposed) 된 것은 하나님이 그렇게 놓으셨기 때문입니다. 그러나 그런 상태 가운데 놓여 있는 이상 그 상태는 현저하게 그 마음의 상태를 가리키는 것입니다. 이 구절은 하나님이 하신 작정을 위주로 해서 이야기하는 것이 아니라 '그 마음의 상태가 영생을 받기에 해당한 상태에 있는 사람은 다 믿더라' 하는 말입니다. 이런 말뜻이니까 이런 말뜻으로 생각해 보시기 바랍니다. 한쪽에는 영생을 받기에 해당치 않은 자로 그 마음의 상태와 그 병명(病名)을 노정(露呈)한 사람들이 있고, 여기에는 영생을 받기에 합당한 자로 마음의 상태가 노정된 사람들이 있습니다. 그런 사람들은 다 영생을 받았다는 것입니다. 그러면 그 마음의 상태가 영생을 받기에 합당한 자로 나타나 있는 사람은 어떠한 사람인가 할 때 하나님의 말씀을 찬송하며 하나님의 말씀을 믿고 기뻐한 사람입니다. 그 말씀을 듣고 기뻐하고 찬송한 사람들입니다. 그들은 이방 사람들이었습니다. 그런고로 하나님의 말씀이 이와 같은 두 그룹의 사람들에게 전파되었습니다.

그다음에 어떻게 되었는가 할 때 "이에 유대인들이 경건한 귀부인들과", '경건한 귀부인들'은 유대교에 입교되어 있는 사람들입니다. "그 성내 유력자들을 선동하여 바울과 바나바를 핍박하게 하여 그 지경에서 쫓아내니 두 사람이 저희를 향하여 발의 티끌을 털어 버리고 이고니온으로 가거늘 제자들은 기쁨과 성신이 충만하더라"(13:50-52) 하고 기록되어 있습니다. 그들은 갔지만 거기에 남아 있는 사람들은 기쁨과 성신이 충만했다는 말입니다. 그러면 하나님의 말씀은 더 이상 진행하지 못했습니까? 13:49을 보면 "주의 말씀이 그 지방에 두루 퍼지니라" 해서 말씀이 퍼졌습니다. 이제는 제자들이 퍼뜨린 것입니다. 두 사도는 핍박을 받아서 떠났을지라도, 그 말씀을 참으로 받은 사람들, 즉 영생을 받기에 해당한 자로 나타난 사람들은 말씀을 기뻐하고 말씀을 찬송하면서 말씀을 두루 전파하니까 말씀이 그 지방 일대로 두루 퍼진 것입니다. 이렇게 해서 하나님 말씀은 아무 몰락이나 정체나 그런 것이 없이 그대로 진행하고 나갔습니다.

여기서 우리가 잠깐 한두 가지 더 묵상하고 생각할 문제가 있습니다. '왜 비방하는가' 하는 문제에 대해서 한 가지만 더 생각해 보겠습니다. 그 사람들은 여호와를 섬기는 열정이 간절한 사람들이었는데 왜 비방했습니까? 과거에 사도 바울이 신자들을 핍박한 것과는 의미가 많이 다릅니다. 사도 바울이 한 말을 이지적으로 자세히 판단해서 그 말을 받기가 어려우니까 비방한 것이 아닙니다. 받기가 어려우면 비방하는 대신 물어보든지 혹은 변론할 수 있습니다. 말하자면 어떤 지적인 난점(難點)이 생겨서 비방한 것이 아닙니다. 비방이란 지적 난점에서 오는 것이 아닙니다. 지적 난점이 올 때에는 비방하는 것이 아니고 오히려 그 지적 난점에 대해서 질문을 붙여서 해결을 하려고 하는 것입니다. 그것이 누구든지 지식 있는 사람이 하는 행위입니다. 그 사람들은 관심을 가진 정도가 아니고 관심의 도가 지나쳐서 아예 비방을 했습니다. 적극적으로 감정적인 태도를 취하기 시작한 것입니다. 말씀을 거절하는 동시에 자기의 지적인 활동조차 정지해 버린 것입니다. 지적인 활동을 정지하지 않았다면 지적으로 판단을 하고 이해하려고 노력했을 것입니다. 그리고 더 알아보았을 것입니다. 말하자면 더욱더 논리적 추리와 추구를 했을 것입니다. 그런데 그들은 그것도 정지해 버리고 다만 마음 가운데 다른 동기하에서 감정이 폭발한 것입니다.

그러면 그들의 동기라는 것은 무엇입니까? 우리가 보건대 거기에는 두 가지가 있습니다. 첫째는 그릇된 전통적인 선입관입니다. '하나님의 교(敎)는 이런 것이다' 하고 자기 딴에 자기대로 이해한 것을 일보도 양보하지 않고 그냥 붙들고 앉아 있는 그것입니다. 둘째는 그릇된 이기주의적인 우월감입니다. 이 두 가지가 작용했습니다. 이방 사람에게 말씀을 전하고 이방 사람에게도 같은 기회와 특권을 준다고 이야기하는 것을 들으니까 마음에 화가 났다는 말입니다. '유대 사람에게만 좀 더 높은 특권을 주고 이방 사람은 2등이나 3등에 앉혀야지 그럴 수가 있느냐' 하는, 자기들이 하나님께 대해서 전매특허나 한 것 같은 유대인적인 우월감이 마음 가운데 지배하기 시작한 것입니다. '우리야말로 진짜이다. 우리야말로 보수 정통이다. 우리야말로 특권적인 위치에 있다'고 생각하는데, 다른 사람들에게 동일한 기회를 주고 그들도 동일한 태도로 동일한 영광을 받는다고 하니까 '아, 그럴 수가 있느냐. 안 된다' 한 것입니다. 이것은 물론 맹목적이고 암매한 것입니다. 한번도 하나님의 말씀의 깊이를 제대로 알지 못하고 자기 멋대로 그런 우월감을 만들어 낸 것입니다.

그런 까닭에 첫 안식일 날은 바울 선생의 말을 듣고 불평이 가득했지만 묵묵 불언(默默不言)하여 제 심중을 말하지 않고 '다음 안식일에 다시 말해 달라' 하는 청을 그들이 직접 했든지 간접으로 했든지 거기에 대해서 이의를 말하지 않았습니다. '다음 안식일에 다시 말해 달라'는 그 청에 대해 처음에는 아무 이의를 말하지 않았습니다. 그렇지 않으면 한쪽에서 이의를 말해서 못 오게 하고 '그럴 것 없다' 하고 떠들었을 텐데 그런 기록이 없습니다. 그러던 사람들이 다음 안식일에 와서 이렇게 비방을 한 것을 보면 지적인 난점이 있어서 그렇게 한 것이 아니라 그릇된 선입관이 있는 까닭에 그렇게 한 것입니다. 기독교의 심장이 되는 하나님의 크고 참된 경륜과 크신 계획과 크신 사랑과 그 정부와 거룩한 목적과 최후의 목표지를 설명했을 때, 그들의 묵은 전통에 입각한 선입관은 그 말씀을 거절했을 뿐만 아니라 비방을 하고 훼방을 했습니다. 그리고 나중에 그것이 격렬하게 되니까 핍박을 한 것입니다. 또한 이방인들에게도 동일한 기회와 동일한 특권이 선포되는 것을 보고 그 선입관과 이기주의가 발작해서 진리의 문제는 벌써 잊어버리고 자기의 우월감을 그대로 보수(保守)하려는 이기적인 강한 욕망 때문에 그만 마음을 딱 닫아 놓아서 그들의 상태가 영생에 합당치 못한 상태로 되어 버린 것입니다. 한마디로 말하면, 그 마음이 암매 가운데 딱 닫혀 있는 것입니다. 그 반대로 이방인들은 마음이 열려 있었습니다. 그렇게 해서 하나님의 말씀을 받고 기뻐한 것입니다. 이런 점을 생각할 때 우리는 항상 하나님의 말씀의 대도를 더 깊이 올바로 취하고 그것이 내 생활 가운데 능력 있게 나타나기를 바라지 않을 수 없는 것입니다.

기도

　거룩하신 아버지시여, 성신님이 늘 저희들의 마음에 밝히 빛을 비추어 주심으로 하나님의 말씀의 가장 중요한 것과 체계 있고 논리성 있게 그 말씀에 진술된 거룩한 큰 도리를 항상 잘 깨달을 수 있게 하여 주시고, 하나님의 계획의 전모에 대해서 저희가 그 깊이를 다 파악하지 못할지라도 대체로 늘 종합적으로 파악할 수 있도록 저희들을 이끌어 주시며, 또한 이 세상을 볼 때에도 항상 그 전체의 의의를 발견할 수 있게 저희의 마음을 길러 주시고 세워 주시며, 이 악한 세대에 저희들이 가는 이 길을 주께서 붙들어 주셔서 좌우로 치우치지 않게 하시고 그릇된 데로 들어가지 않게 하시고 오류와 미망과 그로 말미암은 자기주장과 독선과 교만 가운데 빠져 들어가지 않게 하시고, 항상 연약한 저희가 주님을 의지하며 자기 자신을 올바로 평가한 그 겸손한 위치에서 주님의 거룩하신 사랑의 품안에 늘 있고 그 은혜에 항상 거하게 하시옵소서. 그리하여서 저희로 하여금 주께서 저희를 세우시고 택하신 거룩하신 목적을 이루는 자식들이 되게 하시고, 그것을 딴것으로 변조해서 독선적인 자기도취와 독단 가운데 빠지는 일이 없게 하시고, 자칫하면 빠져 들어가기 쉬운 이런 사이비적인 열심과 경건에 빠져 들어가는 어리석음이 없도록 붙들어 주시기를 간절히 기도하옵나이다.

주여, 자유롭고 신령하다는 거룩한 도리가 저희에게 잘못 들어간즉 또한 세속적이고 분방하고 법이 없고 인간적이고 향락적이기가 심히 쉽사옵나이다. 주여, 저희가 다시 인간의 여러 가지 교묘한 현실 가운데 그대로 주저앉거나 타락하는 일이 또한 주님 앞에 얼마나 큰 잘못인 것을 깊이 깨닫게 하시고, 인간의 정열을 가지고 종교를 행하려고 하는 것도 잘못이지만 인간의 현실 가운데 주저앉아 있는 것을 마치 자연스럽고 자유로운 신앙의 생활인 것같이 오해하는 암매와 어리석음이 큰 것을 알게 하시고, 그런고로 항상 신령하고 거룩한 위치에 있게 하시고 참된 경건이 저희를 늘 지배하게 하시며, 참으로 하나님의 사랑과 은혜의 품에서 잠시도 떠나지 않게 붙들어 주시기를 간절히 기도하옵나이다.

예수님 이름으로 기도하옵나이다. 아멘.

1966년 4월 13일 수요일

제8강

이고니온에서 말씀을 전한 방식

사도행전 14:1-20

¹이에 이고니온에서 두 사도가 함께 유대인의 회당에 들어가 말하니 유대와 헬라의 허다한 무리가 믿더라. ²그러나 순종치 아니하는 유대인들이 이방인들의 마음을 선동하여 형제들에게 악감을 품게 하거늘 ³두 사도가 오래 있어 주를 힘입어 담대히 말하니 주께서 저희 손으로 표적과 기사를 행하게 하여 주사 자기 은혜의 말씀을 증거하시니 ⁴그 성내 무리가 나뉘어 유대인을 좇는 자도 있고 두 사도를 좇는 자도 있는지라. ⁵이방인과 유대인과 그 관원들이 두 사도를 능욕(凌辱)하며 돌로 치려고 달려드니 ⁶저희가 알고 도망하여 루가오니아의 두 성 루스드라와 더베와 및 그 근방으로 가서 ⁷거기서 복음을 전하니라. ⁸루스드라에 발을 쓰지 못하는 한 사람이 있어 앉았는데 나면서 앉은뱅이 되어 걸어 본 적이 없는 자라. ⁹바울의 말하는 것을 듣거늘 바울이 주목하여 구원받을 만한 믿음이 그에게 있는 것을 보고 ¹⁰큰 소리로 가로되 네 발로 바로 일어서라 하니 그 사람이 뛰어 걷는지라. ¹¹무리가 바울의 행한 일을 보고 루가오니아 방언으로 소리 질러 가로되 신들이 사람의 형상으로 우리 가운데 내려오셨다 하여 ¹²바나바는 쓰스라 하고 바울은 그중에 말하는 자이므로 허메라 하더라. ¹³성 밖 쓰스 신당의 제사장이 소와 화관(花冠)들을 가지고 대문 앞에 와서 무리와 함께 제사하고자 하니 ¹⁴두 사도 바나바와 바울이 듣고 옷을 찢고 무리 가운데 뛰어 들어가서 소리 질러 ¹⁵가로되 여러분이여, 어찌하여 이러한 일을 하느냐. 우리도 너희와 같은 성정(性情)을 가진 사람이라. 너희에게 복음을 전하는 것은 이 헛된 일을 버리고 천지와 바다와 그 가운데 만유를 지으시고 살아 계신 하나님께로 돌아오라 함이라. ¹⁶하나님이 지나간 세대에는 모든 족속으로 자기의 길들을 다니게 묵인하셨으나 ¹⁷그러나 자기를 증거치 아니하신 것이 아니니 곧 너희에게 하늘로서 비를 내리시며 결실기를 주시는 선한 일을 하사 음식과 기쁨으로 너희 마음에 만족케 하셨느니라 하고 ¹⁸이렇게 말하여 겨우 무리를 말려 자기들에게 제사를 못하게 하니라. ¹⁹유대인들이 안디옥과 이고니온에서 와서 무리를 초인하여 돌로 바울을 쳐서 죽은 줄로 알고 성 밖에 끌어 내치니라. ²⁰제자들이 둘러섰을 때에 바울이 일어나 성에 들어갔다가 이튿날 바나바와 함께 더베로 가서.

제8강

이고니온에서 말씀을 전한 방식

사도행전 14:1-20

주의 말씀이 비시디아 안디옥 지방에 두루 퍼지니까 거기에 있는 유대인들이 귀부인들, 즉 상류 계급의 부인들에게 말해서 그들을 충동했습니다. 좌우간 이 상류 계급의 부인들은 그곳의 관계(官界)나 세력 있는 사람들을 잘 알고 혹은 그들의 부인도 되는 까닭에 그들에게 영향을 끼쳐서 마침내 "바울과 바나바를 핍박하게 하여 그 지경에서 쫓아내니 두 사람이 저희를 향하여 발의 티끌을 떨어 버리고"(13:50-51) 갔습니다. 발의 티끌을 떨어 버린다는 것은 완전히 하나님의 심판과 판단에 맡긴다는 뜻입니다. "누구든지 너희를 영접도 아니하고 너희 말을 듣지도 아니하거든 그 집이나 성에서 나가 너희 발의 먼지를 떨어 버리라"(마 10:14; 참조. 막 6:11, 눅 9:5, 10:11) 하신 말씀과 같이, '내가 이제부터는 이 성의 운명에 공동으로는 조금이라도 관계하지 않겠다' 하는 일종의 절연적(絶緣的)인 표시입니다. '조금이라도 누를 끼치지 않고, 관계할 것이 없다' 하는 것입니다. 그 두 사도는 핍박을 받고 이고니온으로 갔지만, 복음을 들은 그곳 비시디아 안디옥의 "제자들은 기쁨과 성신이 충만하니라"(13:52) 했습니다.

바울 사도는 어떤 방식으로 무엇을 말했는가

이렇게 해서 이고니온으로 갔는데, 이고니온은 비시디아 안디옥의 동쪽에 있습니다. 즉 산악 지대에서부터 쭉 고원으로 내려가면 훤한 들인데, 그렇게 동쪽으로 한 2백 리를 가면 이고니온이 나옵니다. 거기서 전도를 한 다음에는 다시 루가오니아의 두 성(城)인 루스드라와 더베 근방으로 갔습니다.

사도 일행이 더베로 갔다는 14:1-20의 이야기는 우리가 이미 보아서 잘 아니까 오늘 여기에서는 중복해서 말씀드리지 않고 눈에 띄는 몇 가지만 보겠습니다. 첫째는 바울 선생이 전한 말의 내용과 전하는 방식입니다. 그리고 그와 함께 어떤 기이한 능력이 때때로 형태를 달리해서 나타난다는 사실이 눈에 띕니다. 형태를 달리해서 이렇게도 나타나고 저렇게도 나타나고 하는 그 거룩한 능력은 필연적으로 바울과 그 일행에게 또한 여러 종류의 새로운 사실들을 체험하게 하고 경험하게 합니다. 또한 동시에 거기에 위험이 외부로 혹은 내부로 늘 따라다닌다는 사실이 있습니다.

유대인에게서 점점 이방인에게로

먼저, 하나님의 말씀을 어떤 방법으로 전해 나갔는가 하면 한 군데에서 늘 전한 것이 아니고 장소를 옮긴 것이 첫째로 나타나는 현저한 사실입니다. 비시디아 안디옥에서 동쪽으로 한 50마일을 가면 거기에 큰 들이 나타나는데 거기에 이고니온이라는 도시가 있고, 이고니온에서 다시 서남쪽으로 20마일, 즉 한 80리 정도 쭉 내려가면 거기가 루스드라입니다.

그 당시 소아시아의 상태가 오늘날과 같이 교통이 편하고 모든 통신이 편해서 하나의 뉴스가 삽시간에 퍼질 수 없었다는 것은 물론 잘 아실 것입니다. 오늘날에는 라디오나 신문을 통해서 삽시간에 소식이 퍼져서 아무리 늦어도 하룻밤만 지나면 이야기를 다 알게 됩니다. 그러나 지금부터 백 년 전의 한국이 어떠했겠는지 상상해 보면 거기에는 라디오도 없고 신문도 없습니다. 백 년 전에는 라디오가 없었고 전화도 없고 전신도 없었습니다. 그런 것은 모두 그 후에 생긴 것입니다. 우정국(郵政局) 사건이라는 것이 갑신년(甲申年) 정변(政變) 때 일어났으니까 그때가 1884년입니다. 지금부터 백 년 전의 우정(郵政) 시설이라는 것은 현대적인 것이 아니고 옛날 것입니다. 항상 역말이 있어서 역말로 체번(替番)해 가면서 전하고, 무슨 큰 사건이 있으면 남산 봉화대(烽火臺)에서 봉화를 올리면 동쪽으로 서쪽으로 남쪽으로 사방에서 받는 식입니다. 서울의 봉화는 저 삼각산에서 띄우면 북쪽으로는 개성에까지도 봉화 불이 비칩니다. 말하자면 이런 일종의 원시적인 방식입니다.

또한 대궐에서 큰일이 일어나서 일반 무리에게 전해야겠다 할 때에는 소위 천아성(天鵝聲)이라고 해서 뚜우 뚜우 하고 나팔을 불어서 알리거나 큰 북을 울리거나 그렇지 않으면 인경을 울려서 이런 식으로 일반에게 시간을 주지시키든지 큰 사건을 알리는 신호로 삼았습니다. 그러나 이것도 들을 수 있는 사람들에게나 소용이 있는 이야기입니다. 지금 우리가 차를 타고 시내를 획 달리면 잠깐 사이에 한 30-40리씩 다 가 버리는데, 광나루 근방에 있는 사람은 그런 소리를 들을 수가 없습니다. 지금은 천호동도 다 서울시내이지만, 옛날에는 다리 건너에 있는 천호동은 시내가 아니고 서울도 아닙니다. 서울에서 무슨 일이 일어났다고 다리 건너에서 안달을 해도 접근하기가 쉬운 일이 아닙니다. 더군다나 산이 첩첩한 이 나라에서는 산 하나를 사이에 두고 이쪽과 저쪽이 전혀 딴 세상이고 별세상인 경우가 허다합니다.

그런 것을 생각할 때 지금부터 2천 년 전의 이 소아시아의 상태를 우리가 상상해 보면, 바울 선생이 험한 산길로, 어느 때는 국도로 혹은 대상(隊商, caravan)의 길을 따라 여행하면서 애를 썼는데, 도시와 도시가 아주 긴밀하게 연락되어 여기에 있는 길을 가다가 금방 저쪽으로 가고 그렇게 할 수 있었던 것이 아닙니다. 또 로마의 통치권이 미치되 로마가 그렇게 훌륭한 군대와 훌륭한 법을 가지고 있으면서 강력한 무력으로 통제를 한다고 했지만, 방방곡곡 산산촌촌(山山村村)에 다 들어가서 꽉 눌러 쥐고 있었던 것은 아닙니다. 대체로 그 나라 사람들의 일반적인 경향에 맡겨 두어 가면서 로마의 전체적인 방식과 로마 사람들의 경제적인 정책에 순응할 때에는 크게 문제 삼지 않는 일이 많았습니다. 그러나 문제가 많은 데에는 군대를 보내서 군대의 장으로서 빌라도나 베스도 같은 군정관(軍政官)들을 두었는데, 그것이 소위 총독 혹은 프라커레이터(procurator)입니다. 치안이 잘 유지된 데에는 프로칸슬(proconsul)을 두었다고 우리가 벌써 배웠습니다. 구브로의 서기오 바울 같은 사람이 그런 총독입니다. 그런 사람은 원로원에서 임명해서 문관으로 가서 정치를 한 사람입니다. 로마는 이런 식으로 아주 복잡하고 아주 잡다한 여러 민족들이 사는 대판도(大版圖)를 적응하게 통치해 나갔습니다.

그러니까 소아시아 지방의 지방색이라는 것을 그냥 유지하게 한 것인데, 어느 때는 지방에 따라 풍습이 달랐습니다. 로마의 국법에 저촉되는 문제가 아닌 가령 지방적인 문제나 종교상의 문제나 민속상의 문제로 인한 충돌이 있을 수 있는데, 바울과 바나바가 일어나서 당하는 충돌이라는 것은 유대 사람과의 싸움이니까 그런 문제와 관련해서는 한 지방에서 다른 지방으로 산을 하나 넘어 옮겨 갈 것 같으면 얼마 동안은 비교적 안전했다는 말씀입니다. 그렇게 옮겨 다닌다는 것이 그때의 한 중요한 방편이고 방법이었습니다. 오늘날 같으면 50마일 혹은 2백 리를 간다는 것이 옆집에 가는 것 같아서 전화 한 통이나 다른 통신 하나로 사람을 금방 획 잡아오거나 쫓아갈 수 있지만, 그때에는 어림없는 이야기입니다. 2백 리를 걸어가려면 아무리 빨리 걸어도 밤낮을 걸어야 하고, 그렇지 않고 밤에 자고 걸으려면 이틀 동안 걸어야 2백 리를 걷습니다. 이틀 동안 자기 혼자 가는 것이 아니고 여러 사람이 가려면 시간이 더 걸립니다.

그러한 환경에서 한곳에서 다른 곳으로 자꾸 옮겨 다녔는데, 그때 그 지방의 특색과 필요에 따라서 지방의 실정이 많이 달랐습니다. 이웃 동네로부터 영향을 강하게 받는 것이 아니고 거리가 가까워도 산이 있어서 교통이 두절되거나 어려운 천험(天險), 즉 자연적인 위험지가 있으면 그것 때문에 훨씬 두절되고, 평야에 있어서 서로 멀리 바라볼 수 있는 데 있으면 그만큼 서로 통신이 빠르고 그랬습니다. 그런고로 지상(地相)이나 토포그래피(topography)라는 것, 즉 그때 그 땅의 형상이 어떠했는가 하는 것도 바울 선생이 여행하는 데에 중요한 관계가 있습니다. 바울 선생은 어디에서는 핍박하니까 도망가고 어디에서는 핍박하니까 그냥 맞았습니다. 그렇게 곳에 따라 맞기도 하고 도망하기도 하고 그랬습니다. 어디는 그냥 내쫓는 정도로 핍박하고, 어디는 돌로 쳐서 막 해를 입히려고 하니까 도망해서 떠나 버렸습니다. 오늘 우리가 본 14:6을 보면 "저희가 알고 도망하여 루가오니아의 두 성 루스드라와 더베와 및 그 근방으로 가서"라고 했습니다. 그리고 나중에 루스드라에 가서는 어떻게 되었습니까? 돌로 치니까 바울 선생이 맞아서 죽었다가 일어났습니다. 이렇게 여러 가지 핍박의 형태가 있고, 그 핍박에 대한 대책이나 핍박을 대하는 태도도 여러 가지가 있습니다.

그런데 여기서 우리가 볼 것은 이와 같은 여러 환경이나 실정하에서는 도시라고 하더라도 오늘날과 같은 소위 도시 문명이 난숙(爛熟)한 도시를 의미하는 것이 아니고, 그냥 사람들이 모여서 집단적으로 살고 있는 곳들도 있다는 사실입니다. 그러니까 산속에 있는 큰 촌락으로서 자기네끼리 공동생활을 경영한다는 정도인 곳도 있다는 말씀입니다. 예를 들면 루스드라나 더베 지역의 사람들은 루가오니아 지방의 독특한 용어를 쓰고 독특한 지방색을 아주 강하게 가진 사람들입니다. 말까지도 자기네의 독특한 방언을 가지고 있는 사람들입니다. 그래서 루가오니아의 이야기도 오늘 보셨지만 기가 막히게 감탄스러운 일이 일어나니까 지금까지 써먹던 헬라 말 같은 것은 어디로 가고 나중에는 사람들이 루가오니아 방언으로 막 떠들었습니다. 그러한 여러 가지 특색이 있습니다.

또한 유대 사람들의 분포를 보더라도 유대 사람들은 원래 농사를 지으려고 들어간 사람들이 아니니까 그때 살기에 좀 더 적당한 도시에 가서 장사를 한다든지 해서 자꾸 방랑을 했습니다. 장사를 하기에 적당한 곳에는 유대 사람들이 많이 밀려가서 살았고, 출입하기에 비교적 교통이 편하고 문물을 섭취하기에 편하고 한 자리에는 많이 들어갔지만, 산골 속으로 들어갈수록 수가 적었습니다. 그러니까 비시디아 안디옥에는 유대 사람이 많이 살았습니다. 큰 회당이 있었습니다. 유대 사람들이 많이 살 뿐 아니라 그 사람들의 영향이 강해서 헬레니스트(Hellenist), 즉 헬라주의적인 유대 사람들도 많이 있었고, 또 헬라 사람으로서 유대교에 입교한 사람도 헬레니스트 그룹 가운데 많이 있었습니다. 그러니까 바울 선생은 그런 도시에 가서는 유대 사람들의 집단적인 장소인 회당을 찾아가서 거기서 유대 사람들의 회집일이나 안식일에 하나님의 말씀을 전했습니다. 자신도 같이 예배를 드리고 나서 하나님 말씀을 전했다는 말씀입니다.

그러나 비시디아 안디옥에서 동쪽으로 50마일을 가서 산험(山險)을 넘어 고원 지대로 혹은 들로 나가면 거기에 오늘 우리가 보는 대로 이고니온이라는 도시가 있는데, 여기는 비시디아 안디옥보다 유대 사람의 수도 더 적고 유대 사람의 세력도 작아서 그만큼 이교적인 풍습이 더 강한 데입니다. 유대인들이 와서 자기네 사람들만 선동하여 바울을 쫓아낼 수 있을 만큼 유대인의 세력이나 거류지(colony)가 크지 못해서 누구를 충동해서 쫓아냈느냐 하면 유대인들이 이방인들의 마음을 선동해서 형제들에게 악감(惡感)을 품게 하여 밀어낸 것입니다. 그런 것을 보면 이고니온은 이방 세력이 훨씬 더 짙고 농후한 도시라는 것을 발견할 수 있습니다.

거기에 가니까 "유대와 헬라의 허다한 무리가 믿더라"(14:1 하) 했습니다. 그러니까 여기에는 헬라 사람이 많이 산다는 것을 알 수 있습니다. 여기의 '헬라'라는 말은 원문대로는 '헬레니스트'이니까 유대 사람으로서 헬라주의를 신봉하는 사람도 되겠고, 헬라 사람으로서 유대교에 입교한 사람도 되겠고, 그렇지 않으면 그냥 순수한 헬라 사람이라는 의미도 될 것입니다. 어느 편이나 다 맞을 수 있습니다. 좌우간 '헬라의 허다한 무리'란 어느 쪽인가 하면 헬라적인 요소가 강한 사람들입니다. 그런 사람들이 많이 믿었다고 하는 것을 보면 이고니온은 헬라적인 분위기가 훨씬 강한 곳입니다. 그리고 여기를 떠나서 다시 루가오니아 지방의 루스드라에 가는데 거기에는 유대 사람의 회당이 없었습니다. 유대 사람이 하나도 없는 것은 아니었겠지만 회당을 만들 만큼 거류지가 크지 않았다는 말입니다. 그러니까 루스드라는 이고니온보다도 한발 더 이방적인 도시입니다. 말하자면 헬라적인 도시라는 말입니다. 이렇게 바울 선생은 그 일행과 함께 헬라적인 요소가 좀 더 짙은 이방 사회를 향해서 차례차례 자꾸 들어가는 것입니다. 이것이 바울 선생이 취한 한 방도라고 우리가 볼 수 있습니다. 유대 사람이 많은 데만 골라서 '유대 사람이 적으면 찾아가지 말자' 한 것이 아니라 유대 사람이 많든지 적든지 하나님의 말씀을 전하되, 나아간 경로를 보면 유대 사람의 영향이 강한 곳에서부터 점점 헤브라이즘(Hebraism)에 접촉이 적은 데를 향해서, 좀 더 이교적인 데를 향해서 자꾸 더 들어갔다는 말씀입니다.

같은 메시지라도 그곳의 실정에 맞게

둘째는 그렇게 이교적인 데를 향해 자꾸 더 들어가는 것에 따라서 전도

하는 방식도 그때의 분위기와 그때의 실정에 적응하게 고쳐 가면서 나갔습니다. 이것이 아주 전형적인 선교사의 방식입니다. 예를 하나 들면 여기에 이런 것이 있습니다. 14:1에 "이에 이고니온에서 두 사도가 함께 유대인의 회당에 들어가 말하니 유대와 헬라의 허다한 무리가 믿더라" 하는 것을 보면 헬라의 많은 사람이 거기에 왔습니다. 그들은 아마 주로 헬라의 입교인들이었을 것입니다. "그러나 순종치 아니하는 유대인들이 이방인들의 마음을 선동하여 형제들에게 악감을 품게 하거늘"(14:2), '이방인들'이라고 하면 이것은 완연히 입교하지 않은 사람을 말합니다. 만일 유대교에 입교한 사람 같으면 그때의 기법으로는 '헬라인'이라고 썼을 것입니다. 전혀 입교하지 않은 사람, 말하자면 유대교와 전혀 상관없는 사람은 '이방인'이라고 썼습니다. 그들의 마음을 선동하여 형제들에게 악감을 품게 했다고 했습니다. 핍박이 일어났다는 말입니다. 두 사도에게 악감을 품게 했을 뿐 아니라 거기서 주를 믿고 나온 형제들에게 다 같이 반감을 품게 했다는 이야기입니다.

"두 사도가 오래 있어 주를 힘입어 담대히 말하니 주께서 저희 손으로 표적과 기사를 행하게 하여 주사 자기 은혜의 말씀을 증거하시니 그 성내 무리가 나뉘어 유대인을 좇는 자도 있고 두 사도를 좇는 자도 있는지라"(14:3-4). 우리가 이 말씀 가운데서 어떠한 방식으로 전했는가 하는 방법과 무엇을 말했는가 하는 것을 찾아보는 것인데, 여기를 보면 이고니온에 오래 있어서 무엇을 전했는가 할 때 주를 힘입어 담대히 말했는데 '주께서 자기 은혜의 말씀을 증거하셨다'고 했습니다. 이들을 통해서 권능을 베풀게 하시고 말을 하게 하셔서 주께서 자신의 은혜의 말씀을 증거하게 하신 것입니다. '주께서 자신의 은혜의 말씀을 증거하게 하셨다' 하는 것이 이 두 사도들이 말한 내용이고, 그러니까 필연적으로 방법이 거기에 따라다니는 것입니다. '주의 은혜의 말씀'이 두 사도에게는 유일의 주제

(theme)입니다. 다른 말로 하면 이 두 사도가 말하는 방식을 바꾸어서 이렇게 말했든지 저렇게 말했든지 종합해 놓고 보면 늘 그 '은혜의 말씀' 이라는 하나의 범주(category)에 들어 있는 어떤 일정한 이야기를 했다는 말씀입니다. 이 두 사람은 새 장소로 옮길 때마다 새로운 강설을 한 것이 아니라 방도만 달리하고 제시(present)하는 법만 달리해서 항상 옛날의 이야기, 하나의 중요한 이야기를 전한 것입니다. 항상 옛날 것이었고 동일한 메시지였습니다. 제시의 방법은 그때그때 적당하게 적용했습니다.

그와 같이 루스드라에서도 다른 모든 곳에서와 동일한 그 메시지, 즉 옛날 예루살렘에서 했듯이, 수리아 안디옥에서 했듯이, 혹은 구브로의 살라미와 바보에서 했듯이, 그렇지 않으면 비시디아 안디옥에서 했듯이 동일한 내용의 메시지를 전한 것입니다. 그러면 그 메시지는 무엇인가 할 때 비시디아 안디옥에서 바울이 전달한 메시지의 기록이 있는 것을 우리가 보지 않았습니까? 거기서 우리가 본 것은 무엇입니까? 바울이 전달한 메시지는 한 하나님, 그리고 하나님의 거룩한 통치의 대권, 하나님의 정부, 그리고 그 정부가 하나님의 은혜를 땅 위에 나타내는 이야기입니다. 이와 같이 한 하나님을 늘 이야기했고, 하나님의 통치의 대권이 역사를 통해 나타나는데 하나님의 거룩한 은혜로 나타났다고 이야기했습니다. 즉 한 하나님과 하나님의 은혜라는 사실로 늘 말씀이 나타난 것입니다.

그렇게 말씀을 전한 바울 선생을 보고 아덴의 에피큐리안(Epicurean)들과 스토아 철학자들이 '이 말쟁이가 무슨 말을 하려고 하는가' (행 17:18) 하면서 '말쟁이' 라고 한 일이 있습니다. 얼마 있지 않아서 그것을 배우게 됩니다. '말쟁이' 에 해당하는 스페르몰로고스(σπερμολόγος)라는 말은 '말만 주절주절 늘어놓고 주둥이만 까는 놈'이라는 말뜻이라기보다는 '이야기꾼' 이라는 말입니다. 이렇게 바울은 스스로 이야기꾼으로 자처한 사람입니다. 그때 소아시아의 지경에는 우리 동양에도 있었던 직업적인 이야기꾼들이 많이 있었습니다. 굉장한 다수가 있었다는 말은 아니지만 직업적인 이야기꾼들이 있었던 것입니다. 옛날 우리나라에서도 이야기꾼이 이야기를 재미있게 잘하면 그 이야기를 잘 들은 사람 가운데에는 그 동네에서 떠들썩하게 먹고사는 사람도 있으니까 '아무 집 아무 집 할 것 없이 우리 집으로 갑시다' 하고서는 그 사람을 데리고 가서 닭이라도 한 마리 잡아서 잘 대접하는 것이 옛날 풍습이었습니다. 그렇게 이야기를 잘하는 덕분에 잘 먹는 것이고, 나중에 갈 때에는 노잣돈도 후히 받아서 보따리에 넣고 가는 것입니다. 옛날에는 그런 일이 많이 있었습니다.

그래서 '좌우간 사내가 어디 나갈 때에는 갓모 하나하고 거짓말 하나 잘하는 것은 가지고 다녀야 하는 것이다' 하는 말이 있었습니다. '거짓말 하나 잘한다'는 것은 입담 좋게 말을 잘하는 것을 말합니다. 옛날에 과객(過客)질을 나설 때 비가 온다고 해서 비를 맞으면 안 되니까 그럴 때 갓모를 써야 했습니다. 갓모라고 하면 요새 청년들은 잘 모를 테지만, 옛날에는 '차두(此頭)는 가단(可斷)이언정 차발(此髮)은 불가단(不可斷)이라'고 해서 '목은 잘라도 머리카락은 벨 수 없다'고 하여 제사 지낼 때 절하는 갓을 그 머리 위에 꼭 쓰고 다녀야 했는데, 비 온다고 그 갓에 비를 맞히면 안 되니까 유지(油紙)로 뾰쪽하게 갓모를 만들어서 펴면 어린아이들이 비행기 접듯이 접어 놓은 것이라 이렇게 펴지는 것입니다. 요새 같으면 비닐로 만들겠지만 옛날에는 유지로 갓모를 만들어서 갓을 싹 둘러씌우고 몸뚱이는 비를 다 맞으면서도 갓만은 비를 맞히지 않았습니다. 그렇게 기어코 갓을 쓰고 다녔습니다. 그러니까 '길을 나섰으면 갓모 하나하고 거짓말 한 자락은 잘 가지고 다녀야 한다'고 말한 것입니다. 그렇게 이야기를 한마디 잘하는 재주를 가지고 있어야 어디 가서 공밥을 안 먹는다는 말씀입니다. 머슴들이 김매다가 앉아서 잠깐 쉬는 때나 새 때가

되어 샛밥을 먹으려고 앉아 있을 때 긴 이야기 말고 짤막한 이야기를 한 마디 잘해 주거나 소리라도 한마디 잘해 주면 샛밥도 잘 얻어먹고 머슴들도 고맙다고 하고 '오늘 가지 말고 우리들이 자는 데 가서 쉬어 가시오' 하고서는 자기네 있는 곳으로 안내합니다. 그런 이야기꾼이 동서양 간에 있었습니다. 서양에서는 그런 사람을 배블러(babbler)라고 합니다. 헬라 말에서는 스페르몰로고스라고 했습니다. 헬라 시대에도 그런 사람이 있었던 것입니다. 그래서 스토아학파와 에피큐리안들이 바울을 보고 '야, 이 스페르몰로고스가 무슨 여러 소리를 하느냐' 하고 말한 것입니다. '이 말쟁이가 무슨 거짓말을 이렇게 잘 만들어 내는가' 하는 말입니다. 일본 사람들은 거기에도 스승 사(師) 자를 붙여서 강담사(講談師), 코우단시(こうだんし)라고 합니다. 그래서 「강담구락부」(講談俱樂部)라는 잡지도 내서 강담사들이 하는 이야기를 다 합니다. 말하자면 오늘날에는 라디오에서 야담(野談)을 하는 사람들이 이야기꾼입니다. 야담에 나오는 사실이 과연 있을는지 없을는지 모르지만, 라디오에 가서 아주 그럴듯하게 말해 놓고서는 돈을 받고 나오는 것입니다.

    그러니까 바울을 보고서는 그런 이야기꾼이라고 했습니다. 그러면 바울은 무엇을 했습니까? '옛날 옛적에 말입니다'(once upon a time) 하면서 그런 식으로 이야기를 하는 것입니다. 우선 나사렛 예수라는 한 인물을 소개합니다. '그가 지낸 일이 이렇고 이렇다'고 합니다. 헬라 사람들이 눈으로 보고 귀로 들을 때 결국 바울을 이리저리 따져 보아도 나사렛 예수 하나를 이야기하는 것입니다. 그러니까 '그것이 천생(天生) 별것 아니고 좀 특이한 이야기지만 결국 이야기꾼이구나' 하고 느꼈을 것입니다. 그래서 그 철학자들이 경멸하는 태도도 있고, 바울 같은 사람에게 철학자라는 이름을 붙이기도 마뜩찮고 하니까 '이 말쟁이' 혹은 '이 이야기꾼'이라는 말을 쓴 것입니다.

그러나 바울 선생이 옛날 아주 묵은 시대부터 내려오는 이야기를 자기가 딱 만들어서 어디에 가든지 같은 이야기를 조르르 한 것은 아닙니다. 때에 따라서 다르게 이야기했습니다. 예를 들면 비시디아 안디옥을 볼 때 유대 사람의 회당이 있고 유대 사람이 많으니까 유대 사람의 역사를 들어서 조상의 이야기를 쭉 시작했지만, 루스드라에 가서는 구약을 일 푼도 인용하지 않았고 구약은 한 군데도 이야기하지 않았습니다. 이처럼 거기의 그 사람들에게 적응한 이야기를 했다는 말씀입니다. 그러나 이야기인즉 항상 그때의 그 계기에 맞추어서 가장 적응하게 하되 늘 한 주제로 돌아갑니다. 즉 '주의 은혜의 말씀'을 늘 전하고 나아간 것입니다.

성신의 나타남과 능력으로

바울 선생이 어떠한 방식으로 무엇을 말했는가 하는 것을 알기에 적응한 말이 여기에 있습니다. 14:1에 "이에 이고니온에서 두 사도가 함께 유대인의 회당에 들어가 말하니"라고 했는데, 영어 성경을 보면 이 말을 명확하게 번역했지만, 우리 성경은 무슨 연고로 번역이 잘못되었는지 잘 알 수 없으나 아무튼 번역이 조금 미흡하게 되어 있습니다. 이런 경우에는 번역하는 사람들이 머리를 좀 썼어야 했는데 한 단어가 빠졌습니다. 그런데 그 한 단어는 넣기가 참 어려운 말입니다.

영어로는 여기의 '들어가 말하니'를 'They went······ into······, and so spake, that······' (KJV)이라고 이야기했습니다. 거기에 'so'라는 말 한 단어가 있습니다. 우리말로 하면 '이렇게' 혹은 '그렇게'라는 말입니다. 그렇지만 영어에서는 그 아래로 'so'와 동사를 붙이고 그다음에 'that' 이하를 썼습니다. 그래서 '결과로는 이렇게 되었다' 하는 것을 표시하는 말밖에 안 되어서, 'so'를 꼭 '이런 식으로' (in this way)라고 명확하게 표시하기가 어려우니까, 마치 'the'라는 관사를 번역하지 않고 남

겨놓듯이 '두 사도가 말하니 이런 결과가 생겼다' 하는 그 결과만을 써 놓았습니다. 그러나 '말하니'와 연결된 이 'so'가 그런 결과를 낼 말을 했다는 의미로만 한정된 것은 아닙니다. 그 'so'라는 말은 헬라 말로 '후토스'(οὕτως)인데, 후토스가 부사로 사용될 때에는 분명히 '그러한 방식으로'라는 말입니다. 그렇게 분명히 헬라어 성경에는 '바울 선생은 역시 그러한 방식으로 말하니'라는 뜻으로 후토스라는 말을 딱 붙여 놓은 것입니다. 기자(記者)이자 사가(史家)인 누가는 바울 선생이 거기에서 말한 내용을 다 쓰지 않고 그 간단한 한 단어로 휙 쓴 것입니다. 그것이 누가의 가장 간결한 방식인데, 그런 가장 간결한 방식으로 쓴 글은 한 단어 한 단어가 다 중요합니다. 그런데 번역하는 이들이 그 중요한 말을 한 단어만 빼먹어도 말의 의미가 많이 저하되는 것입니다. 여기에 그런 예가 하나 있습니다.

오늘 본문을 보아 나갈 때 그런 예가 적어도 두 개 나옵니다. 첫째는 '그러한 방식으로 말하니'라고 한 것을 그냥 '말하니'로 번역한 것입니다. 그래서 윌리엄스 같은 사람이 미국에서 현대어로 개역할 때에는 'so'라는 말을 안 쓰고 'in this way'라고 써서 붙였습니다. 'so'라고만 하면 떨어지기가 쉽고 잊어버리기가 쉬우니까 그렇게 한 것입니다. 그러나 영어에서는 'so'만 썼더라도 분명히 하나의 의사를 표시하는 것입니다. '이렇게 말했다', '이러한 방식으로 이렇게 말했다' 하는 뜻입니다. 그러면 어떻게 말한 것입니까? 비시디아 안디옥에서처럼 말을 한 것입니다. 그 결과로 유대인들과 헬라 사람들이 많이 믿도록 했습니다. 그러면 무엇을 말했는가 할 때 바울은 이고니온에 가서도 회당에 가서는 역시 비시디아 안디옥에서 말한 대로 말한 것입니다. 그런고로 이고니온에서 말한 내용은 기록하지 않았고, 이다음에 유대인의 회당이 없는 루스드라에 가서 말한 내용은 기록했습니다. 거기에서는 전연 말을 달리한 것을 간단하게나

마 기록했습니다. 그러나 언제든지 동일한 주제를 이야기한 것입니다.

　이와 같이 바울 선생이 어떻게 말을 했는가 하는 바울 선생이 말한 그 방도를 여기에서 가르친 것입니다. '바울 선생은 이러이러한 스타일로 말했다' 하는 것만이 아닙니다. 그가 말하는 방도를 깊이깊이 파고 들어가면서 들여다보면 그 스타일 자체가 우리에게 암시하는 것도 크고, 그가 무슨 말을 하든지 그렇게 말을 할 때 그는 어떠한 길 혹은 어떠한 한 방법을 늘 쓴 것을 알게 됩니다. 그것은 가장 고도적인 방법입니다. 그 방법이 무엇인가 하면 이런 방법입니다. "내 말과 내 전도함이 지혜의 권하는 말로 하지 아니하고 다만 성신의 나타남과 능력으로 하여 너희 믿음이 사람의 지혜에 있지 아니하고 다만 하나님의 능력에 있게 하려 하였노라"(고전 2:4-5). 그러면 그런 분명한 목적을 가지고 그러한 방도를 쓴 그의 마음자리는 어떠했는가 하면 "내가 너희 가운데에 거할 때에 약하며 두려워하며 심히 떨었노라"(고전 2:3) 하였습니다. 바울 선생은 누구에게서든지 하나님의 거룩한 능력이 나타나기를 바라고 말을 하지, 자기의 말이 그에게 설득되어서 자기가 그를 자기의 이론으로 정복하기 위해 말하지 않았다는 것을 이야기한 것입니다. 그러한 까닭에 자기의 말이나 자기 전도를 지혜의 권하는 말로 하지 않았다고 했습니다. 사람의 교묘한 방법, 가장 유효하다는 방법을 쓰지 않았다는 것입니다. '지혜의 권하는 말'의 지혜란 가장 유효한 방법의 지식입니다. 그러나 그런 것으로 하지 않았다는 것입니다. 그러면 어떻게 했습니까? 결국 '너희의 믿음이 사람의 지혜에 있지 않고 하나님의 능력에 있게 하려고 성신의 나타남과 능력으로 했다'고 했습니다. 성신이 나타나는 것이 바울 선생이 말한 유일의 방도이고 성신의 능력으로 말한 것이 유일의 방도입니다. 성신의 능력과 나타남이 자기에게서 하나님의 은혜의 말씀을 나타내게 하기 위해서 그의 마음자리는 약하고 두려워하고 심히 떨었다고 했습니다. 항상 마음이 송구했지, 마음이 교만하거나 '나는 그런 것은 문제없다. 열 번도 더 한 이야기이니까 문제없이 한다' 하는 그런 자신을 가지지 않았다는 말입니다. '아, 이것은 내가 벌써 부흥회에서 그동안 스무 번도 더 한 이야기이니까, 외우라고 하면 줄줄 따라 외우니까 걱정 없다' 하는 해이한 태도를 가지지 않았다는 말입니다. 언제든지 마음이 약하고 '혹여 내가 잘못 전해서 그리스도의 능력과 성신의 능력은 안 나타나고, 내 지혜와 내 훈련과 내가 그동안 연습한 그것만 나올까' 하고 두려워했습니다. 바울 선생은 그러한 방식으로 늘 말했습니다. '그렇게 말하니'(so spake)라고 썼을 때 누가가 쓴 '그렇게'라는 말은 결국 알고 보면 그런 뜻입니다. 비시디아 안디옥에서도 그렇게 말했고, 수리아 안디옥에서도 그랬고, 예루살렘에도 그랬고, 혹은 바보나 버가에서도 그랬고, 어디서든지 그렇게 말했습니다.

바울 선생은 데살로니가 교회에도 같은 말을 했습니다. "이는 우리 복음이 말로만 너희에게 이른 것이 아니라 오직 능력과 성신과 큰 확신으로 된 것이니"(살전 1:5). '내 말과 내 전도함이 다만 말로만 이른 것이 아니다. 능력으로 했고 성신으로 했고 큰 확신으로 너희에게 이르렀다' 하고 이야기했지, '나는 내가 할 수 있는 모든 지혜와 재주를 다 동원해서 가장 빈틈없이 논리적으로 너희에게 전했다' 하는 빛을 조금이라도 안 보였습니다. 오히려 그것을 반대한 데가 많이 있습니다. '나는 그런 지혜의 권하는 말로 하지 않았다'고 했습니다. 사람의 지혜로 '요렇게 하면 잘될 것 같다' 하는 생각이 날 때 그것을 따라가지 않고, '성신님이여, 저를 쓰셔서 무슨 말씀이시든지 이제 저들이 성신의 권능과 은혜 가운데 들어갈 수 있도록 원하시는 대로 하옵소서' 하고 그분께 의탁하고 말했다고 했습니다. 이것이 바울 선생이 말한 방도이고, 그 마음자리는 성신의 권능이 그들에게 나타나게 하기 위해 약하고 두려워하고 오히려 떨기까지 했습니다. 혹시라도 오만이나 그릇된 것이 나타날까 두려워했습니다. 우리가 여기서 이런 것을 봅니다. "회당에 들어가 말하니" 혹은 '회당에 들어가 그렇게 말하니' 할 때 어떻게 말했는가 하면, 약하고 두려워하고 심히 떨면서 사람의 지혜의 권하는 말로 하지 않고 오직 성신의 권능이 거기에 나타나도록 성신의 나타남과 능력으로 했고, 그렇게 해서 무슨 결과를 바랐고 무슨 목적이 있었는가 하면 그들로 믿게 하되 그 믿음이 사람의 지혜에 있지 않고 오직 하나님의 능력에 있게 하려고 했습니다. 이것이 중요한 것입니다.

핍박 속에서도 오래 있음

그다음에 또 보면 "그러나 순종치 아니하는 유대인들이 이방인들의 마음을 선동하여 형제들에게 악감을 품게 하거늘, 두 사도가 오래 있어 주를 힘입어 담대히 말하니"(14:2-3상) 하는 말씀이 있습니다. 여기에 또 하나의 말하는 방도 혹은 전도하는 방법이 있습니다. 3절을 보면 '두 사도가 오래 있어' 하는 말이 있습니다. 이고니온에 오래 있었는데 왜 오래 있었습니까? 거기에 핍박이 일어났습니다. 불순종하는 유대인들이 이방인들의 마음을 충동해서 거기에 있는 교우들, 즉 형제들에게 악감을 품게 하니까 '에이, 우리가 여기에 있어서 자꾸 다른 사람들에게 누(累)가 되고, 자꾸 다른 사람들에게 악감을 품게 해서, 미움을 안 받을 사람이 괜히 미움을 받게 한다' 하고 뒤로 물러난 것이 아닙니다. 이 구절은 일차적으로 두 사도가 미움을 받았다는 이야기가 아닙니다. 유대인들이 이방인들로 하여금 형제들에게 악감을 품게 했다는 말입니다. 그러니까 '우리가 안 왔으면 형제들이 다 서로 화목하고 잘 지낼 텐데, 아, 우리가 와서 이야기한 것 때문에 그냥 유대인들이 이방인들까지 충동해서 서로 반목하게 하고 질시하게 하고 그래서 악감을 품게 하니까 결국 분열이 생겼다'

하고 생각한 것이 아닙니다. 필연적으로 분열이 일어났습니다. 지금까지 서로 아주 화기애애하게 화목하고 지내던 그 사회에 분열이 생기고 서로 갈등이 생긴 것입니다. 한쪽에서 한쪽을 미워하기 시작했습니다. 왜 그렇습니까? 그 사람들은 '저 염병 같은 두 사람이 오더니 이렇게 되었다' 하고 말했을 것입니다. 그렇지 않겠습니까? '아, 지금까지 이렇게 정답고 재미있게 지냈는데 어디서 저런 것들이 들어와서 저 말쟁이가 와서 이야기하니까 그 이야기에 홀딱 넘어가서는 죽자 사자 거기만 쫓아다니니까 집구석도 말이 아니고 장사하던 것도 말이 아니니 저 사람이 환장을 했나 미쳤나' 하고 한쪽에서 욕을 했을 것입니다.

그러면 그것은 친구끼리만 그렇습니까? 예수께서 "내가 세상에 화평을 주러 온 줄로 생각지 말라. 화평이 아니요 검을 주러 왔노라"(마 10:34) 하셨고, '얼마만큼 서로 분열할 것인가 할 때 부자간에도 분열하고 형제간에도 분열하고 나중에는 내외간이라도 분열하는 것이다. 그렇게 가장 가까울 수 있는 사람이나 가장 가까운 자연적인 유대까지라도 극단적으로 끊어지는 것이다'(참조. 마 10:35-37) 하는 뜻으로 말씀하셨습니다. 이렇게 맹렬한 분열을 일으키는 이것이 기독교의 한 본질이고 복음의 본질입니다. 이 두 사람이 거기에 와서 이야기하니까 그런 일이 일어난 것입니다. 어떤 집에서는 시아버지가 지금까지 며느리를 참 귀하게 여겼는데 '어디서 염병 같은 놈이 와서 말을 하니까 홀딱 넘어가서 밤낮 거기만 죽기 살기로 쫓아다녀서 집안 살림 꼬락서니도 말이 아니고, 가지 말라고 해도 번번이 도망치듯 나간다' 하는 것입니다. 그렇게 되니 집안은 날마다 밤낮으로 큰소리이고 분란입니다. 분란이 나지 않을 수가 없을 것입니다. 그래서 '그것 참, 세상에 어디 이런 일이 있단 말이냐' 하고 악감을 품을 정도만큼 된 것입니다.

그럴 때 사도가 어떻게 했습니까? '미안하게 되었습니다. 내가 소위 신사의 도리를 못 지켜서 그렇게 되었습니다. 여러분의 사회에 조금이라도 분란이 일어나는 것은 다 내 죄이니 다 용서하시고 앞으로는 당최 그러시지 말고 평안히 사십시오. 나는 그동안 이 사회에 끼친 것은 무엇이든지 싹 쓸어 가지고 가렵니다. 용서하십시오' 하고 도망갔습니까? 도망간 것이 아닙니다. 적당히 끊고 간 것이 아니라 그럴수록 오래 버티고 앉아 있었습니다. 오래 버티고 그냥 자꾸 들어간 것입니다. 이것이 하나님의 말씀을 전하는 중요한 방식인 것입니다. 그러니까 "두 사도가 오래 있어 주를 힘입어 담대히 말하니" 할 때 왜 '담대히'라는 말을 쓰는가 하면 이제는 담력을 요구하는 판이기 때문입니다. 악감이 커 가니까 그렇습니다. 그전 같으면 그냥 평지에 무엇을 하나 던지니까 반대고 무엇이고 하는 것이지만, 이제는 참으로 반감을 일으켜 딱 버티고 있어서 서로 질시하고 야단 내는 사람들이 간접적으로나 직접적으로 차츰차츰 적대하기 시작하니까 '적대할 테면 해라' 하고서는 여기에서도 감연히 선전 포고를 하고 담대히 이야기를 해 나간 것입니다. 여기에서 주의 은혜의 말씀이라는 것은 이러한 결과를 사회 현상에 드러낸다는 것을 우리가 또 한번 발견하는 것입니다.

분열의 문제와 복음의 진리

주께서는 '내가 세상에 평화를 주러 온 줄로 생각지 말라'고 말씀하셨는데 오늘날의 위장적인 평화론자들은 '교회는 평안하고 단합해서 하나이어야 할 터인데 교회가 공연히 분열하는 것은 무엇 때문이고 무엇 때문이다' 하고 모두 이야기하는 것입니다. 물론 교회가 분열하는 것이 반드시 복음 때문인 것은 아닙니다. 그러나 복음도 교회를 분열하게 하는 중요한 요인이 됩니다. 참복음의 능력이 부패한 교회에 들어갈 때에는 분열하는 것입니다. 교회가 부패하지 않았을 때에는 전부를 싱싱하게 보강해 주지만, 교회가 부패했을 때에는 그 부패한 요소가 부패하지 않은 요소, 혹은 적어도 부패하지 않으려고 하는 요소, 그리고 복음을 따라가려고 하는 요소에 대해서 반감을 가지고 질시하기 시작하는 것입니다. 그런 반감과 질시가 있는 곳에는 필연적으로 분열이 생깁니다. 그러면 그런 분열이 악입니까? 악이 아닙니다. 예수께서 악을 행하려 오셨습니까? 예수님은 필요악을 행하러 오신 것이 아닙니다. 그런 분열은 악이 아닙니다. 세상에 악이 있는 까닭에 악이 필연적으로 선에 대해서 자체적으로 분열 작용을 하는 것뿐입니다. 분열 자체가 악이 아니고, 원래 악이라는 요소가 선의 요소 혹은 선할 수 있는 요소 혹은 선의 목표를 가지고 가는 요소를 못 가게 눌러서 강제로 위장적인 통일을 이루고 있을 때 그것을 다시 분열시켜서 선을 향하는 것은 제대로 선으로 향하게 만드는 것이 복음의 진리인 것입니다.

 암매한 세력과 암매한 교리와 암매한 교훈 가운데 그냥 젖어 있던 가톨릭교회에 대해서 루터나 칼빈이 일어나서 맹렬하게 하나님의 말씀을 올바로 가르치고 이야기했을 때 그 사람들은 큰 싸움을 하고 분열을 했습니다. 나중에는 무기를 들고 30년 전쟁까지 했습니다. 전쟁을 하되 자그마치 30년 동안 계속해서 쿵탕쿵탕 싸움들을 했습니다. 순전히 복음 때문에만 싸움을 한 것은 아니지만 복음이 아니었다면 그 전쟁이 그렇게 일어나지 않았을 것입니다. 그 전쟁이 복음을 계기로 해서 일어났으니까 복음이 거기에 대해 전연 책임이 없다고 말하지 못할 것입니다. 복음 때문에도 그 전쟁이 일어난 것입니다. 사실 30년 전쟁은 종교전쟁이고 프로테스탄트의 전쟁이었습니다. 그러면 교회가 조용하고 평안하고 온전히 통제되었던 데에서 이런 사실이 일어났을 때 '너희들이 일어나서 분열을 시키니 너희는 마귀의 자식들이다' 하고 저주를 하지 않겠습니까? 그렇게 기성의 권위는 프로테스탄트들을 가리켜 마귀의 자식이요 마귀 중의 큰 마귀라고 막 저주를 했던 것입니다.

그러면 오늘날의 프로테스탄트들은 어떻습니까? 오늘날의 프로테스탄트도 여전히 같은 짓을 합니다. 자기네의 교권적인 통제하에서, 명목상의 정통하에서, 정통적인 교리를 신봉한다는 명의하에서 얼마든지 부패를 자행할 수 있는 것이 오늘날의 교회의 역사적인 한 형태입니다. 지금까지 서양의 훌륭하고 크다는 교회들이 신조를 근본적으로 뜯어고친 일이 있었느냐 하면 없었습니다. 1967년에 미국의 연합 장로회도 신조 혹은 신앙고백서(confession)를 다른 것으로 대체한 것은 아니고 웨스트민스터 신앙고백서는 역사적인 문헌으로 놓아두고 하나 덧붙인 것뿐입니다. 이 사람들이 지금 하는 방식은 그것입니다. 최근까지라도 그 사람들은 웨스트민스터 신앙고백서를 다 가지고 있었으나 그 웨스트민스터 신앙고백서를 가지고 있던 모든 교회의 압도적인 다수가 얼마나 부패하고 저 아래로 내려갔습니까? 교리와 정통을 그냥 들고 앉아 있지만, 목사가 되면서 서약을 할 때는 '나는 성경이 정확 무오(無誤)한 유일의 신앙과 생활의 본분의 지침이라는 것을 믿습니다' 하고 선서를 합니다. 그런데 그렇게 선서한 목사의 반수 이상만이 아니라 압도적인 다수가 그 내용을 안 믿습니다. 총회에서 투표를 해 보니까 그것을 안 믿는 사람들이 구십 몇 퍼센트가 나왔습니다. 그러니까 다수가 그런 것을 안 믿으면서 목사가 되려고 서약을 할 때는 으레 거짓말을 하고 들어가는 것입니다. 요즘은 그것까지 문제가 생겼습니다. 이렇게 거짓말을 해서 목사가 될 바엔 차라리 그 조항을 빼 버리자는 것입니다. 그러니까 1967년의 신앙고백서에는 목사의 선서 내용까지도 고치는 조항이 들어 있습니다. '신구약 성경은 정확 무오한 하나님의 말씀으로서 신앙과 생활의 유일의 지침이다' 라고 할 것이 없이 '정확 무오하다' 는 말을 빼고 그냥 아마 '신구약 성경은 하나님의 말씀으로서 신앙과 생활에 기독교의 정통적인 지침이다' 하는 정도로 했을 것입니다. 그렇게 되면 그들은 잘했다고 할 것입니다. 빠질 것이 다 빠져서 자기들이 요리조리 다 피할 수 있기 때문입니다.

이런 짓을 하면서 그 부패에 대해서 감연히 지적하면 '우리가 왜 정통이 아니냐? 우리는 정통이다. 신조를 보고 우리 교회의 전체의 교령(敎令)을 봐라. 무엇이 정통이 아니냐'고 합니다. 그러나 교령과 신조가 정통을 만듭니까? 하는 짓과 해석하는 태도와 그 사람들이 실질상 믿는 바가 비정통일 때는 비정통인 것입니다. 그런 것을 가지고서 '그것이 아니다. 틀렸다' 하면 '단합해서 잘 나가야 할 텐데 왜 와서 평지에 풍파를 일으키고 공연히 쑥석쑥석해서 시끄럽게 하느냐? 너희는 어디 가든지 소란을 일으키는 분자이다' 하면서 욕할 것입니다. 소란을 일으키는 분자 정도가 아닙니다. 바울에 대해서는 '염병 같은 놈' (행 24:5)이라고 했습니다. 세상 어디를 가든지 염병을 묻히면서 돌아다닌다고 한 것입니다. 조금 뒤에 아덴에 가면 이야기꾼 혹은 강담사라고 했지만, 이제 얼마 더 지나면 염병이 되는 판입니다. 염병이라고 해도 할 수 없습니다. 결국 복음은 염병보다 더한 감화력을 갖는 것이기 때문입니다. 이것이 참된 복음의 능력이 나타나는 형태인 것입니다. 복음의 능력이 어떻게 나타납니까? 전에는 분열했던 사람이 복음의 능력으로 이제는 형제의 손을 잡고 '형제여, 내가 잘못했다. 용서하라' 하고 울고 화목하고 모든 것에 합심 합력(合心合力)하고 단합해서 일심동체가 됩니까? 말들은 다 참 묘한 말들입니다. '일심동체'니 '합심 합력'이니 '단합'이니 하고 과거 구시대에 있던 모든 도덕적인 좋은 소리는 다 갖다가 붙여서 '복음은 그런 것을 내는 것이다' 하고 그야말로 약장사나 이야기꾼같이 말할 수가 있지만, 미안하게도 성경은 그렇게 가르치지 않습니다. 성경을 보면 복음이 어디에 들어가면 이런 분열을 일으키는 것입니다.

왜냐하면 첫째로, 구별되고 거룩하다는 것이 가장 중요한 문제이기 때문입니다. 거룩하다 할 때는 그것은 무엇보다도 구별한다는 것입니다. '이제까지는 구별하지 않고 물렁물렁 한 덩어리가 되어 지냈지만 이제는 구별해야겠다. 하나님께 붙었느냐 안 붙었느냐 하는 것을 가지고 딱딱 구별해라. 그렇게 해야 하는 것 아니냐' 하는 것입니다. 다 같이 예수 믿으면 다 믿는 것이 아니라 넓은 데로 가는 사람이 있고 좁은 데로 가는 사람이 있으니까 '좁은 문으로 들어가라. 그래야만 생명으로 가는 것이다' (참조. 마 7:13; 눅 13:24) 하고 좁은 길을 취택(取擇)하라는 것입니다. 그러니까 이런 일이 있을 때에 바울 선생과 그 일행은 미안하다고 사과하지 않았습니다. 기왕 소란을 일으키러 간 사람들인데 사과는 왜 합니까? 전쟁을 하러 간 사람들이 거기에 대포를 펑펑 쏘고 총을 막 쏘고 폭탄을 던지고 나서 '아, 폭탄 던져서 미안하다' 하는 소리를 하겠습니까? 기왕 던질 바에는 끝까지 던지려고 자꾸 던지는 판에 사과를 하겠습니까?

여기를 보면 "두 사도가 오래 있어 주를 힘입어 담대히 말하니"(14:3상)라고 했는데, 헬라 말 원문을 보면 '그러므로 (두 사도가) 오래 있어'라고 해서 '그러므로' 라는 말이 있습니다. 물론 '그러므로' 라는 말이 없더라도 우리가 그 뜻을 찾을 수는 있습니다. 바로 앞부분부터 보면 "선동하여 형제들에게 악감을 품게 하거늘 두 사도가 오래 있어"라고 했는데, 이 말들을 하나하나씩 떼어서 읽으면 연결이 안 될 수 있지만, 우리말 번역에서는 앞 구절을 '품게 하였다' 로 끝내지 않고 '품게 하거늘' 로 해서 연결을 시켰습니다. 이 '그러므로' 에 해당하는 헬라 말 '운' (οὖν)은 명확하게 따로 있는 말이라기보다는 앞 말들에 붙어 있는 말입니다. 이렇게 헬라 말에는 독립해서 한마디로 놓여 있더라도 보통 앞 말에 붙여서 해석하는 말들이 있습니다. '그러므로 오래 있어' 에 해당하는 헬라 말이 히카논 멘 운 크로논(ἱκανὸν μὲν οὖν χρόνον)인데, 헬라 말 문법에 따라 '그러므로' 라는 말을 '오랜 동안' 이라는 말 사이에 집어넣었습니다. 그러니까 '그러므로 오랜 동안'이라고 하든지 '그렇게 하여서 오랜 동안'이라고 번역했으면 훨씬 더 좋을 뻔했습니다. 앞의 2절에 그 이유가 있기 때문입니다. 즉 선동해서 형제들에게 악감을 품게 하고 분열이 생기니까 그냥 더 오래 있었다는 말입니다. 분열이 생긴 것을 다시 화합시키고 가려고 그렇게 한 것이 아니라 거기에 끝까지 복음을 세우려고 그렇게 한 것입니다.

그다음을 보면 "그 성내 무리가 나뉘어 유대인을 좇는 자도 있고 두 사도를 좇는 자도 있는지라. 이방인과 유대인과 그 관원들이 두 사도를 능욕(凌辱)하며 돌로 치려고 달려드니 저희가 알고 도망하여"(14:4-6상)라고 해서 이번에는 도망했습니다. 먼저 있었던 비시디아 안디옥에서는 더 이상 있지 못하게 하니까 다리의 티끌을 털어 버리고 나갔고, 여기 이고니온에서는 도망했고, 앞에서 성경을 본 대로 루스드라에서는 돌로 맞아서 죽었습니다. 어디에 가서는 핍박을 당하고, 어디에 가서는 핍박을 피해서 도망하고, 어디에 가서는 그냥 쫓겨나는 이것도 하나의 중요한 방식입니다. 핍박을 당해야만 한다는 그런 원칙을 세우지 않았다는 말입니다. 나중에 우리가 핍박이라는 문제를 가지고 별도로 '그러면 어떻게 해야 하는 것인가' 하는 문제를 생각하겠지만, 핍박을 당하는 것 자체가 목적이 아닙니다. 핍박을 많이 받으면 공(功)이 더 커지는 것도 아니고 아무 것도 아닙니다. 문제는 언제든지 '어떤 것이 유효한가' 하는 그것만 찾는 것이고, '어떻게 해야 이 은혜의 말씀이 강하고 능력 있게 나타나겠는가' 하는 것만 자꾸 찾는 것입니다. 거기서 더 있지 못하게 해서 쫓아내면 쫓겨나는 것입니다. 그 자리에서 그냥 밀고 야단 내고 밀치락달치락하지 않고 쫓아내면 쫓겨나고 쫓겨났다가 한번 빙 돌아서 나중에 도로 가는 것을 우리가 봅니다. 보통 세상으로 보아서는 어떻게 할 수가 없는 사람들입니다. 팍 밀면 요만큼 물러나지만 나중에 또 도로 와 버리는 것입니다. 다시

와서 거기를 다 돌아다니면서 말씀을 전해 놓고 또 가는 것입니다. 이것이 바로 지혜는 뱀같이 한다는 식입니다(참조. 마 10:16).

여기 이고니온에서 핍박을 하고 막 죽이려고 하니까 죽어서는 안 되겠다고 생각했습니다. 덮어놓고 죽는 것이 대장이 아니라는 말씀입니다. 죽어서는 안 되겠으니까 도망가 버렸습니다. 루스드라에서도 돌로 맞고 싶어서 맞은 것이 아닙니다. 오도 가도 못하고 그냥 두들겨 맞은 것입니다. 그렇게 돌로 맞아서 죽었습니다. 그러니까 여기에 무슨 공로감이라든지 고행이라든지 고난을 많이 겪는 것을 자랑으로 안다든지 하는 것이 아무것도 없습니다. 고난을 백번 겪었어도 그것은 의미 없는 것입니다. 고난을 겪든지 안 겪든지 그것이 중요한 것이 아니고, '이 복음 안에서 그리스도의 영광과 그 능력이 우리 형제들에게 하나라도 더 나타나는가' 하는 것만 자꾸 찾는 것입니다. 언제든지 목적지가 아주 분명합니다. 여기에 이들의 한 특성이 있습니다. 그래서 이고니온에서는 마지막에 루가오니아로 도망한 것입니다. 이고니온에서 서남쪽으로 한 40마일 내려오면 루스드라 성에 이르는데 거기에는 유대인의 회당이 없습니다. 오늘은 바울 선생 일행이 도망하여 이고니온을 떠난 것까지 생각했습니다.

기도

거룩하신 아버지시여, 아버님의 종들이 옛날 아시아의 이 도시 저 도시를 찾아가 거기에 있는 이교와 대항하고, 또한 하나님의 거룩한 경륜의 내용으로 서 있는 자칭 선민(選民)으로서 하나님의 말씀을 보존하여 가지고 있다고 하면서 무서운 완고와 완패(頑悖)와 강한 자존심과 전통과 교만 가운데 빠져 있는 유대 사람들과 대립해 가면서 거룩하신 은혜의 말씀을 여기저기서 전할 때, 핍박이 있고 형제들에게 악감을 품게 하는 사건이 생겨 분열이 생기고 할지라도, 그런 것으로 인하여 일보도 후퇴하지 아니하고 착실히 일보씩 전진해서, 하나님의 거룩하신 은혜의 말씀이 거기에 분명하고 확실하게 뿌리를 박도록 아버님께서 주신 사명에 충실했던 이 사도들의 족적을 저희가 이제 잠시 생각하였사옵나이다. 주께서 저희에게 주신 거룩한 사명을 저희들이 수행할 때에는 그 사명이 무엇 때문에 존재하며 그 목표는 무엇인가를 저희가 확실히 알아서 목표를 향해서 타협이나 사과가 없이 일보씩 착실하게 전진하는 것이 중요하고, 여타 자기가 핍박을 받거나 자기 명예가 나거나 하는 것이 의미가 없는 것을 저희가 아오며, 때때로 오는 여러 가지 위험한 영향과 위험한 사실을 가장 지혜롭게 대비하면서 그것 때문에 거룩한 하나님 나라의 전진이 좌절된다든지 정지되는 일이 없게 한 이 두 사도의 큰 은사와 지혜에 대하여 아버님 앞에 감사드리오며, 이와 같은 지혜와 은사가 저희들에게도 있어서 저희들에게 주신 이 거룩한 사명과 목적을 분명히 의식하고 확실한 목적의식하에서 저희들의 행보가 건실하고 후퇴함이 없이 늘 전진하게 하시며, 비록 여러 가지 것이 때를 따라서 비난의 재료가 되기도 하고 몰이해한 자들이 함부로 말하는 대상이 되기도 쉽지만, 두 사도가 그런 데 괘념치 않고 어떻게든지 하나님의 성신의 큰 은혜와 능력이 저들 위에 나타나서 그 믿음이 하나님의 능력과 은혜 가운데 있게 하려는 그 큰 목적이 확실히 이루어져야 할 것을 간절히 바라고 원한 것처럼, 저희들이 나아가는 길에서도 매사에 하나님의 영광이 나타나고 주님이 원하시는 양들에게 성신의 능력과 은혜가 더욱 전달되는 사실들이 명확하게 더 드러나게 하여 주시며, 그렇게 되기 위해서 저희의 행진이 건실하게 나타나게 하시옵소서.

주님, 저희들을 주장(主掌)하시고 충만한 은혜로 보존하시며 성신님으로 충만케 하시고, 성신의 충만한 은혜가 저희 안에 가득 있기 위하여서 주께서 요구하시는 바 마음이 가난한 상태, 곧 두려워하고 마음이 약하고 하나님 앞에 심히 떨고 항상 송구한 태도를 취하며 자만이 없고 교만이 없고 함부로 하는 것이 없고 또한 사람의 교묘한 지혜에 의존하는 것이 아니고 건실하게 하나님의 능력이 임하여 거룩한 계시로 인도하시기를 기다리는 이 근본적인 태도가 이 교회 안에와 저희 교우들 가운데 충만하시옵소서.

주 예수 이름으로 기도하옵나이다. 아멘.

1966년 4월 20일 수요일

제9강

바울이 루스드라에서 앉은뱅이를 고침

사도행전 14:8-28

⁸루스드라에 발을 쓰지 못하는 한 사람이 있어 앉았는데 나면서 앉은뱅이 되어 걸어 본 적이 없는 자라. ⁹바울의 말하는 것을 듣거늘 바울이 주목하여 구원받을 만한 믿음이 그에게 있는 것을 보고 ¹⁰큰 소리로 가로되 네 발로 바로 일어서라 하니 그 사람이 뛰어 걷는지라. ¹¹무리가 바울의 행한 일을 보고 루가오니아 방언으로 소리 질러 가로되 신들이 사람의 형상으로 우리 가운데 내려오셨다 하여 ¹²바나바는 쓰스라 하고 바울은 그중에 말하는 자이므로 허메라 하더라. ¹³성 밖 쓰스 신당의 제사장이 소와 화관(花冠)들을 가지고 대문 앞에 와서 무리와 함께 제사하고자 하니 ¹⁴두 사도 바나바와 바울이 듣고 옷을 찢고 무리 가운데 뛰어 들어가서 소리 질러 ¹⁵가로되 여러분이여, 어찌하여 이러한 일을 하느냐. 우리도 너희와 같은 성정(性情)을 가진 사람이라. 너희에게 복음을 전하는 것은 이 헛된 일을 버리고 천지와 바다와 그 가운데 만유를 지으시고 살아 계신 하나님께로 돌아오라 함이라. ¹⁶하나님이 지나간 세대에는 모든 족속으로 자기의 길들을 다니게 묵인하셨으나 ¹⁷그러나 자기를 증거하지 아니하신 것이 아니니 곧 너희에게 하늘로서 비를 내리시며 결실기를 주시는 선한 일을 하사 음식과 기쁨으로 너희 마음에 만족케 하셨느니라 하고 ¹⁸이렇게 말하여 겨우 무리를 말려 자기들에게 제사를 못하게 하니라. ¹⁹유대인들이 안디옥과 이고니온에서 와서 무리를 초인(招引)하여 돌로 바울을 쳐서 죽은 줄로 알고 성 밖에 끌어 내치니라. ²⁰제자들이 둘러섰을 때에 바울이 일어나 성에 들어갔다가 이튿날 바나바와 함께 더베로 가서 ²¹복음을 그 성에서 전하여 많은 사람을 제자로 삼고 루스드라와 이고니온과 안디옥으로 돌아가서 ²²제자들의 마음을 굳게 하여 이 믿음에 거하라 권하고 또 우리가 하나님 나라에 들어가려면 많은 환난을 겪어야 할 것이라 하고 ²³각 교회에서 장로들을 택하여 금식 기도 하며 저희를 그 믿은 바 주께 부탁하고 ²⁴비시디아 가운데로 지나가서 밤빌리아에 이르러 ²⁵도를 버가에서 전하고 앗달리아로 내려가서 ²⁶거기서 배 타고 안디옥에 이르니 이곳은 두 사도의 이룬 그 일을 위하여 전에 하나님의 은혜에 부탁하던 곳이라. ²⁷이르러 교회를 모아 하나님이 함께 행하신 모든 일과 이방인들에게 믿음의 문을 여신 것을 고하고 ²⁸제자들과 함께 오래 있으니라.

제9강

바울이 루스드라에서 앉은뱅이를 고침

사도행전 14:8-28

　오늘도 바울 선생의 제1차 선교 여행에 대한 다음 기록을 계속해서 공부할 터인데, 이번에는 루가오니아 지방으로 간 이야기입니다. 비시디아 안디옥에서 이고니온으로 떠났다가 이고니온에서 반대하는 사람들을 인하여서 오히려 오래 거하면서 복음을 전하고, 거기서 많은 표적과 기사를 행하여 복음을 증거하기도 했는데, 그 성내 무리가 나뉘어서 유대인을 좇는 사람도 있고 또 두 사도를 좇는 사람도 있는 터에 이방인들과 유대인들과 관원들이 두 사도를 능욕하면서 돌로 치려고 하는 까닭에 저희가 알고서 도망해서 이고니온에서 루가오니아로 내려온 것입니다. 이고니온에서 상당한 거리를 내려왔습니다. 비시디아 안디옥에서 이고니온까지는 동쪽으로 한 50마일 혹은 2백 리나 가야 하고, 거기서 다시 남서쪽으로 조금 비껴서 한 20마일 혹은 80리 정도를 가면 루스드라에 이릅니다. 오늘은 루스드라에 와서 당한 이야기를 공부하려고 합니다.
　지난번에 우리가 이고니온이나 루스드라나 더베에서 발생한 전체의 기록을 볼 때 몇 가지를 생각하게 되었는데, 어떻게 봉사를 해 나갔는가 하는 방법을 거기서 찾았고, 그다음에는 그 방법에 의해서 복음을 전해 나갈 때 저들의 봉사에 여러 가지로 권능이 나타났다는 것을 보았고, 그다음에는 그 권능이 나타나는 양식이 하나가 아니고 여러 가지 형식이었다는 것을 보았고, 그다음에는 이 두 사도가 받은 경험이 한 가지가 아니고 여러 가지로 다양했다는 것을 보았습니다. 거기서 우리가 특별히 주의하고 넘어가야 할 몇 가지로서 바울 선생이 당한 위험들에 대해서 나눠서 공부해 나가고 있습니다.

루스드라 지역의 특색

비시디아 안디옥에는 유대인들이 많이 살고 있었고 히브리 사람의 큰 회당도 있어서 두 사도가 거기에 들어가서 강설을 했는데, 거기서 동쪽으로 한 50마일 거리에 있는 대평야의 도시 이고니온으로 갔을 때는 역시 회당을 발견하긴 했어도 히브리 사람이 굉장히 많은 것은 아니었습니다. 요컨대 여기는 비시디아같이 헤브라이즘의 영향을 받은 곳이 아니고, 오히려 헬라적이고 이교적인 풍습과 히브리적인 종교의 병립 혹은 혼효(混淆)가 나타나는 도시입니다.

바울 선생 일행이 이고니온을 떠나서 서남쪽으로 한 32km 혹은 80리쯤 여행을 하니까 루가오니아 지방의 루스드라라는 곳으로 들어왔는데 여기는 회당이 없었습니다. 물론 유대인이 전연 하나도 없다는 이야기는 아닙니다. 유대인들이 있기는 있으나 회당이 없었고 회당을 만들 만큼 그렇게 유대인의 세력이 있지 못했다는 말씀입니다. 그리고 그것은 작은 고을이고 미신적이고 이교적인 고을입니다. 말도 루가오니아 방언이라고 해서 독특한 방언을 쓰는데, 언어학상으로 연구해 볼 때 그것이 헬라 말의 변형으로서 나타난 것인지 그렇지 않으면 옛날부터 그 지대에 있던 특수한 종족의 언어가 그대로 내려와서 그냥 그것을 사용하는 것인지 잘 알 길이 없습니다. 그러나 어찌 되었든지 그것은 루가오니아의 방언입니다. 말하자면 지방 토속어를 쓰는 만큼 그 지방이 자체로 하나의 폐쇄적인 단위(block)가 되어서 하나의 단위로서의 결속력과 풍습을 유지하는 보수 세력이 퍽 강한 곳이었습니다.

그런 사회 형태는 무엇을 의미하는가 할 때 비교적 고립된 사회이고 비교적 자치적이고 자체의 특성을 유지하고 나아가는 보수적인 사회라는 것입니다. 그런 까닭에 그만치 아주 발랄하고 거대한 다른 문화의 조류 가운데 얼른 접촉하지 않는 좀 거칠고 소박하고 생소한 사회입니다. 루가오니아 방언이라는 말을 볼 때 그 지방의 독특한 방언이 주는 특성은 자연히 아마도 옛날 부족 사회의 잔영(殘影)이 현저하게 남아 있는 지방이라는 것입니다. 이러한 배경을 가진 사회적 터전에 지금 바울 선생이 들어간 것입니다. 그런고로 이곳은 좀 더 이교적입니다. 이렇게 바울 선생은 히브리적인 요소가 상당히 강한 도시인 비시디아 안디옥에서부터 유대적인 세력도 있지만 아주 이교적이고 이방적인 요소가 강한 이고니온으로 들어갔고, 거기에서 한발 더 들어가서 이번에는 루스드라로 갔는데 여기는 단순히 이방적인 곳이 아니라 아예 이교적이었습니다. 가령 이것을 영어로 말한다면 단순히 히든(heathen)이 아니고 페이건(pagan)이라는 말입니다. 그런 것이 강한 요소로서 드러나는 곳입니다.

누가의 기록은 아주 요약해서 쓰여 있는데, 간단하게 '사람들이 루가오니아 방언으로 소리 질렀다' 하는 말을 가만히 들어보면 참 묘미가 있는 말입니다. 가령 그곳은 그때의 문화의 용어인 코이네 그리스어(Koine Greek)를 민족적인 일반 용어로 쓰던 데가 아니고, 또한 그때의 정치 용어인 라틴 말을 할 턱도 없는 곳입니다. 여기는 아시아 땅입니다. 그러니까 이 루가오니아 사람들은 자기네의 독특한 용어를 가지고 있다가 일단 경악이 있든지 감정이 격발했을 때는 그것으로 표현하는 것입니다. 그만치 그 사람들은 말하자면 웅거(雄據)해 있는 사람들이고, 그 사회는 옛날의 부족 사회 같은 감을 그대로 존치하고 있는 그런 사회입니다.

예를 들어 제주도를 생각해 보시기 바랍니다. 지금은 제주도가 관광지가 되어서 별사람들이 다 들락날락하니까 문제가 없지만, 옛날의 제주도는 탐라국(耽羅國)이라는 하나의 국가였습니다. 그래서 말도 독특한 말을 썼습니다. 보통 육지 사람이 제주도에 가면 제주도 말을 알아들을 수가 없습니다. 요새도 제주도 본토 말을 하는 것을 들어보면 무슨 말인지 알 수가 없습니다. 한번은 제주도에서 온 어떤 부인네가 꿀을 팔러 와서 무엇이라고 말을 하는데 왕바리나 비바리라는 소리만 들리지 다른 말은 알 재주가 없었습니다. 그래서 왕바리는 무엇이고 비바리는 무엇이냐고 물어보니 왕바리는 결혼한 남자를 말하고 비바리는 처녀를 가리킨다고 이야기합니다. 그렇게 말하는 것을 우리가 알 재주가 없습니다. 그처럼 독특한 사회를 형성한 것입니다. '루가오니아 방언으로 말했다' 하면 그런 것이 강합니다. 그런 것을 자꾸 이야기하면 소위 문화 인류학적인 이야기가 되어 가는데, 그와 같은 언어의 독특성이 그 사회의 배타성과 독특한 존립성을 늘 만들어 낸다는 사실을 여기서 잠깐 기억하고 넘어가는 것이 좋을 것입니다.

이와 같이 바울 선생은 지금 헤브라이즘이 강한 도시에서 시작해서 점점 이방적인 요소가 짙어 가는 데로 들어가고 심지어 이교적인 데까지 들어간 것입니다. 이 루가오니아 지방의 루스드라 같은 데에는 옛날부터 내려오던 전설이 하나 있었는데, 옛날부터 내려온 그 전설을 곧이곧대로 믿는 소박한 사람들이 많이 있었습니다. 옛날부터 내려오는 그 전설이 무엇인가 하면, 하늘에는 모든 신들의 아버지요 모든 것을 주장(主掌)하는 신이 있고, 또 그 신을 시종(侍從)하면서 그를 대변하고 심부름을 하는, 말을 잘하고 아주 활동적인 신이 또 하나 있는데, 그 두 신이 하늘에서 그 루가오니아 지방의 루스드라에 내려왔었다는 것입니다. 그런 전설을 가지고 있었습니다. 물론 신들의 신인 주신(主神)은 제우스(Zeus)라는 신입니다. 헬라 말로는 제우스이지만, 라틴어로 말하면 주피터(Jupiter)입니다. 이것은 헬라의 신들이 나중에 라틴 족으로 들어가서 같은 신의 내용을 이야기할 때 단순히 라틴 말로 바꾸어 부른 것뿐입니다. 그래서 제우스에 대해서는 라틴어로 주피터라고 하고, 헬라의 헤르메스(Hermes) 혹은 허메라는 신에 대해서는 머큐리(Mercury) 혹은 메르쿠리우스라고 합니다. 오늘 나오는 것이 이 머큐리입니다. 그다음에 헬라의 아르테미스(Artemis)라는 신은 로마에서는 다이애나(Diana) 혹은 디아나라고 합니다. 그리고 또 헬라의 아테나(Athena)라는 신은 미네르바(Minerva)라고 합니다. 이렇게 이름이 하나는 라틴적으로 고쳐지고 하나는 헬라적으로 그냥 유지되었습니다.

좌우간 어떻게 되었든지 여기에 나오는 대로 보면 '쓰스라고 하고 허메라고 한다'고 해서 헬라적인 명의를 그대로 보존하고 있습니다. 즉 제우스와 헤르메스 혹은 주피터와 머큐리, 이 두 신이 나옵니다. 물론 제우스는 신들의 신이요 신들의 아버지이고 스스로 모든 것 위에 홀로 늠름히 군림하는 위대한 신으로 여겼고, 머큐리, 즉 헤르메스 혹은 허메라는 신은 그의 대변자 노릇을 하고 심부름을 하고 수반자(隨伴者) 노릇을 합니다. 그러니까 얼른 인생과 직접 접촉해서 활동을 잘하고 그렇습니다. 그런 전설이 있어서 그 사람들은 자기네 땅이야말로 신들이 거하는 집이라고 생각하고 성문 옆에 제우스의 사당 혹은 신당이 있어서 신관(神官)이 거기서 제사까지 드리고 늘 거기서 모시고 있었습니다. 그러니까 이곳은 단순히 이방적인 요소뿐 아니라 이방 종교, 즉 이교적인 요소를 강하게 가진 도시입니다. 그래서 무슨 어려운 일이나 무슨 감격스러운 일이 있을 때는 자기네의 독특한 지방어를 가지고 소리를 지르는 보수적이고 배타적이고 자기네끼리만 웅거하고 있는 이런 사회로 바울 선생이 지금 들어간 것입니다. 아마 옛날 외국 선교사들이 샤먼적이면서도 일방 유교적인 도덕률을 가지고 있는 한국 사회에 들어온 것과 비슷할 것입니다. 그래서 거기서 무엇과 충돌하게 되는가 할 때 단순히 이방적인 일반 생활 풍습과 충돌하는 것이 아니라 그 사람들의 강한 이교적인 종교 활동과 종교적인 표시와 충돌하게 되는 것입니다. 그것이 오늘 이 루스드라에 대한 공부에서 또 한 가지의 중점입니다.

바울 사도가 앉은뱅이를 고침

여기에 있는 이야기는 지금까지 쭉 읽어서 잘 아는 것인데, 루스드라에 가서 바울 선생이 아마 어디에 들어가 앉아서 이야기할 데가 없으니까 그냥 노천에서 이야기한 모양입니다. 그러니까 사람들이 많이 왔는데 거기에 나면서부터 앉은뱅이 된 사람 하나가 앉아서 쳐다보고 있었습니다. 바울 선생이 지금 한창 복음을 전하는 중입니다. '그러한 방식으로 복음을 전했다'(참조. 행 14:1)고 지난번에 말씀드린 대로 전에 비시디아 안디옥에서 전하던 그 식으로 예수 그리스도의 거룩한 복된 소식, 즉 그의 죽으심과 다시 사심에 대한 이야기를 전했습니다. 그리고 '말쟁이'라는 말도 지난번에 우리가 배웠습니다. 말쟁이란 말은 이야기꾼, 즉 강담사(講談師)라는 말입니다. 바울 선생이 말쟁이같이 자꾸 이야기를 시작했습니다. 물론 그 사람들이 알아듣기 쉽게 이야기했을 것입니다. 구약을 인용해 가면서 이야기하지는 않았을 것입니다. 어떤 한 분을 소개했을 것입니다. 이다음에 이 사람들이 일어나서 신으로 모시려고 막 야단 낼 때 바울 선생이 말한 것을 보더라도 알 수 있습니다. 전에 다른 큰 도시에서는 역사적인 것을 쭉 들어서 이야기했습니다. 히브리 사람들이 많은 데서는 그 사람들이 파악할 수 있는 이야기를 재료로 삼아서 이야기를 했습니다. 비시디아 안디옥에서는 마치 스데반의 강설과 비슷하게 이야기했습니다. 그렇지만 여기 와서는 그런 것이 없습니다. 여기를 보면 구약을 한 군데도 인용한 일이 없고, 그 사람들의 종교적인 관념에 기초를 두고 이야기를 시작해 나갔습니다. 말하자면 이렇게 독특하고 다양한 방법을 써 나가는 것입니다.

그렇게 이야기하다가 그 사람을 보았습니다. 여기를 보면 무엇이라고 했는가 하면 "바울이 주목하여 구원받을 만한 믿음이 있는 것을 보고"(14:9)라고 했습니다. 그 사람에게 구원받을 만한 믿음이 있는 것을 보았다는 말이 조금 독특한 용어입니다. 그 사람의 얼굴에 나타나는 바 바울 선생의 말을 듣는 태도를 볼 때에 그에게 무엇이 있는 것을 바울이 간취했다는 이야기입니다. "나면서 앉은뱅이 되어 걸어 본 적이 없는 자"(14:8하) 하는 사람이 앉아 있는데 그가 "바울의 말하는 것을 듣거늘 바울이 주목하여 구원받을 만한 믿음이 그에게 있는 것을 보고"라고 했습니다.

이 구절 말씀만을 볼 때 여기서 두 가지 사실을 찾아볼 수 있습니다. 여기서 우리가 알아볼 수 있는 두 가지 문제는 무엇보다도 여기에 한 사람이 가만히 앉아서 바울 선생이 말하는 것을 들을 때 그 마음 가운데 무엇이 하나 발생했다는 말입니다. 그것은 무엇인가 하면 바울 선생이 지금 부활하신 예수 그리스도를 이야기하는데 부활하신 그분의 그 희한한 이야기를 들은 다음에는 '아하, 그분이 그렇게 죽음에서 일어나신 그런 분이구나' 하고서는 구원받을 믿음이라고 할 만한 사실, 즉 구주의 부활의 큰 능력에 대한 신뢰감이 그에게 생겨났다는 이야기입니다. 그것이 그에게 생겨났을 뿐 아니라 자기가 그것을 믿고 의지하여서 자기 자신의 경우에 적용시키려고 하는 마음이 생겼습니다. 이것이 '구원받을 만한 믿음이 그에게 있다'는 말의 뜻입니다. 그렇게 자기 자신에게 그것을 적용시킬 마음이 생긴 까닭에 그는 간절한 마음으로 바울 선생을 쳐다보고 있었습니다. 그런데 또 한 가지 희한한 사실은 강설을 하던 바울 선생이 지금까지 쭉 해 나가던 강설을 갑자기 중단하고 큰 소리로 그 사람에게 외친 사실입니다. 아주 파격적인 강설을 했습니다. 보통 강설은 그렇게 할 턱이 없습니다. 그렇게 하기 전에 먼저 그를 자세히 주목하여 보았습니다. 마치 전에 구브로 섬에서 엘루마를 주목하여 보고 그다음에 큰 기적 혹은 성신의 크신 일이 나타난 것과 같습니다. 그를 가만히 들여다보고 그 사람의 눈을 들여다보았을 때 그 사람의 속에 있는 그 독특한 마음의 변화와 말을 받아들이는 갈구를 읽었고, 그 눈과 얼굴에 나타나는 그것으로 벌써 그 사람 속에 무엇이 있는가를 읽었다는 것입니다.

그런고로 이 기록이 간단한 기록인 것 같아도 말로 볼 때에는 간단한 이야기이지만 이것이 보통 이야기가 아닙니다. 대체 어떻게 바울 선생은 청중 가운데 어떤 사람 하나에게 구원받을 만한 믿음이 있는지를 알았습니까? 이런 것은 기이한 이야기가 아닙니까? 어떻게 강설을 하는 사람이 청중 가운데 한 사람의 얼굴을 자세히 주목하여 보고서는 '아, 구원받을 만한 믿음이 있구나' 하는 것을 확인하게 되었습니까? 이것이 기이한 이야기입니다. 사실은 이것이 기적인 것입니다. 뒤에 그 사람이 일어나는 기적이 있기 전에 먼저 이처럼 특별하고 신기한 사실이 거기서 발생한 것입니다. 이와 같이 바울 선생은 그를 보고서는 큰 소리로 그를 불러일으켰습니다. 마치 박수 엘루마를 주목하듯이 그의 눈을 자세히 꿰뚫어지게 쳐다보았습니다. 구브로 섬에서 바울 선생이 성신 충만해서 박수 엘루마를 보고 나중에 그에게 선언을 함으로써 그가 소경이 된 이야기를 우리가 전에 보았습니다(13:9). 그와 같이 여기에서도 바울 선생은 이 좌객(坐客)을 보았을 때 아마 구주 예수 그리스도의 치료의 큰 능력과 그 능력이 그에게 지금 임하고 있다는 사실을 생각하였을 것입니다. 바울 선생은 이 좌객이 자신의 설교를 마치 아주 목마른 사람이 물을 먹듯이 간절하게 받아들이는 사실을 보았고, 그 좌객이 자기의 처지를 구주님의 손에 부탁하려는 간절한 마음이 그 얼굴에 나타나는 것을 잘 간파했고, 즉 참신자가 될 믿음이 그 안에서 발휘되고 있는 것을 간파했을 뿐만 아니라, 만병의 의사이신 영광의 성신이 그 위에 임하고 계신다는 이 희한하고 능력적인 사실을 간파한 까닭에, 큰 소리로 "네 발로 바로 일어서라!"(14:10) 하는 말을 한 것입니다. 그러니까 그 사람은 기다렸다는 듯이 용수철같이 팔딱 도약해서 뛰어 일어나 걸었습니다.

이것이 큰 기적인데, 사람들은 거기서 무엇을 보았느냐 하면 그가 뛰어 일어난 것만 보았습니다. 그가 뛰어 일어난 것은 분명히 현상적인 기적입니다. 말하자면 물리적인 기적 혹은 물질적인 기적(material miracle)입니다. 그러나 이 물질적인 기적보다 더 중요한 것은 그 뒤에 있는 신령한 참된 기적입니다. 신령한 기적이라고 할 때 방금 설명한 대로 바울 선생이 그의 얼굴에서 믿음을 읽을 수 있었다는 것도 기이한 사실이고, 또한 바울 선생이 전하는 말을 들은 그 사람 속에서 그것을 꼭 붙들고 그 능력을 자기에게 적용하려는 정신이 일어나기 시작했다는 사실이 참된 기적입니다. 모든 기적은 거저 발생하는 것이 아니고 먼저 실재의 세계인 하나님의 나라에서 발생한 기적이 땅 위에 현상을 만들어 내는 것입니다. 모든 기적은 반드시 그렇습니다.

그러나 여기서 주의할 것은 '어떤 마음의 변화가 기적을 받는 사람의 속에서도 일어나야 하고 기적을 행하는 사람의 속에서도 일어나야 한다'는 공식을 세워서는 안 된다는 것입니다. 기적을 받는 사람이 전연 모르고 그것을 받을 수도 있습니다. 이 경우에는 바울 선생이 그 사람에게 구원받을 만한 믿음이 있는 줄을 알고 일어나 걸으라고 했지만, 성전 미문에 앉은 앉은뱅이의 경우에는 그런 것이 없었습니다. 성전 미문에 앉아 있던 앉은뱅이가 뛰어 일어난 경우는 그 사람이 구원받을 만한 특수한 믿음을 가졌기 때문이 아닙니다. 그 앉은뱅이가 '저 사람이 나를 걷게 해 주었으면 좋겠다' 하고 바란 것이 아닙니다. 돈 주기를 바란 것뿐입니다. 자기가 보통 하던 구걸 이상의 다른 심리를 가지지 않고 그 두 사람, 베드로와 요한을 대했던 것입니다. 이런 물리적인 기적이 발생하는 것은 하나님의 은혜로 오는 것입니다. 은혜라는 것은 그 사람이 어떻게 한 대가로서 오는 것이 아닙니다. 그러니까 '그 사람이 어떻게 한 대가로서 하나님이 물리적인 은혜를 주신다' 하는 공식을 내서는 절대로 안 되는 것입니다. 그 사람에게는 단순한 은혜, 즉 대가 없는 선물입니다.

그러나 그것을 주시는 방도로서는 내부에서 역사하시고 외부에서 역사하시는 것이 많이 있습니다. 먼저 내부에서 역사하는 신령한 기적 혹은 영적인 기적이라고 할 때는 지금까지 전연 그의 기능으로 조작하거나 바랄 수 없던 신앙이 그 사람 속에 발한 경우나 또한 그것을 간취한 바울 선생과 같은 경우를 말합니다. 바울 선생을 통해서 이 기적을 나타내시려니까 이 앉은뱅이에게 역사하신 동일한 성신께서 바울 선생에게도 역사하셔서 그 사실을 간취해서 알게 하신 것입니다. 성신께서 그 사실을 전달해(communicate) 주시니까 바울 선생은 성신께서 이제 그를 일으키시려고 한다는 그 거룩한 상정(想定) 혹은 예상하에서 '일어나라'고 한 것입니다. '네 발로 바로 일어서라' 하니까 그 사람이 뛰어 일어났습니다. 이런 것이 여기에서 일어난 중요한 이야기입니다.

루스드라 사람들의 반응과 바울의 만류

"무리가 바울의 행한 일을 보고 루가오니아 방언으로 소리 질러 가로되 신들이 사람의 형상으로 우리 가운데 내려오셨다 하여"(14:11). 여기서 무리가 무엇을 생각했는가 하면 '우리네 선조 대대로 내려오던 전설이 여기서 또 한번 실현되는 영광을 우리가 갖게 되었구나' 하고 생각했습니다. 자기네 선조들이 가르쳐 주기를 '주피터와 메르쿠리우스가 여기 루가오니아 땅에 왔다'고 한 것을 생각해서 거기에 신당을 세우고 제사장까지 둔 참입니다. 그러더니 '과연 여기에 두 사람이 나타났는데, 하나는 풍채가 당당하니까 암만 해도 저분은 제우스의 화신인 것 같고, 또 한 분은 말을 참 잘하니까 저분이야말로 올데갈데없이 헤르메스이다' 하는 생각을 해서 루가오니아 방언으로 막 떠들었습니다. '쓰스와 허메가 왔구나! 우리 선조들이 우리에게 가르쳐 주었던 전설대로 일찍이 여기는 신이 임했던 거룩한 땅 성지인데, 이제 다시 신들이 사람의 형상으로 여기에 나타났구나!' 하고서는 굉장하게 환호를 하고서 "바나바는 쓰스라 하고 바울은 그중에 말하는 자이므로 허메라"(14:12) 했습니다. 그래서 두 사람은 영락없이 단짝(pal)이 되었습니다. '옛날에 선조들이 말하던 제우스와 허메가 왔다'고 한 것입니다.

허메는 모든 경우에 제우스를 대신해서 말을 하는데, 여기도 보니까 하나는 말을 하고 하나는 위풍이 당당하고 점잖게 동행하면서 같이 전하고 있었습니다. 대변자처럼 주로 이야기하는 것은 항상 바울이었고 바나바는 풍채가 더 준수하고 잘생겼던 모양입니다. 크리소스톰(John Chrysostom, 347-407)의 기록을 보면 바나바는 그런 인물이라고 이야기했습니다. 그러면 바울 선생은 풍채가 어떠했겠습니까? 바울 선생은 말을 잘하는 이입니다. 그렇지만 바울 선생의 풍채가 어떠했다는 것은 신약 전서 아무 데에서도 안 나타납니다. 바울 선생이 말을 잘한다는 말은 여기에도 나왔지만, 고린도후서 10:1-10을 보면 "너희를 대하여 대면하면 겸비하고"(1절)라고 했는데, 이 말은 자기 스스로 자기를 겸비한 사람이라고 해서 겸비의 덕을 이야기한 것이라기보다는 아마 '나는 아주 그저 볼품이 없는 사람이다' 하는 뜻으로 이야기한 것입니다. 실제로 보면 바울의 적들은 바울을 가리켜 "그 몸으로 대할 때는 약하고 말이 시원치 않다"(10절) 하고 고린도에서 자꾸 말을 퍼뜨렸습니다. 그러니까 '고린도후서 10장에 있는 암시로 볼 때 바울 선생은 풍채가 시시했던가보다' 하는 생각을 많이 하는데, 실제로 신약에는 바울 선생의 풍채나 풍모에 대한 아무런 암시도 없습니다.

다만 2세기경에 전설이 있어서 바울 선생에 대해서 이야기했습니다. 전설이 둘인데, 하나는 이렇게 되어 있습니다. '바울 선생은 키는 보통 크기이고 몸집도 보통 크기였다. 머리는 곱슬머리이고 다리는 좀 휘었다. 눈은 푸르고 눈썹은 아주 짙고 미간이 좀 좁았다. 미간이 서로 꽉 연(連)한 것은 아니지만 조금 긴박하게 되어 있고 코는 좀 크다. 그 얼굴은 참 우아하고 주님의 은혜와 남을 불쌍히 여기는 심정이 언제든지 얼굴형에 현저하게 늘 드러난 인물이었다. 그래서 어떤 때는 사람의 모양만을 그냥 그대로 나타내고 있었지만, 어느 때는 그를 쳐다보면 마치 천사처럼 보였다' 하는 전설이 있습니다. 바울 선생의 얼굴에 나타나는 안광(眼光)이나 신광(身光)이 천사와 같이 풍요하고 아름다웠다는 그런 전설이 하나 있습니다. 또 하나의 전설은 '바울 선생은 보통 키와 보통 몸집이 아니라 몸이 조그마하고 키도 작고 머리는 대머리였고 다리는 휘었고 골격은 아주 완장(頑丈)하고 눈썹 역시 아주 짙고 서로 핍근(逼近)해 있고 또 코는 조금 현저하고 얼굴에는 항상 우아한 것과 은혜가 늘 가득하게 넘치는 그런 형이었다' 하는 것인데, 그것은 앞의 전설과 좀 비슷한 이야기입니다. 두 가지 전설 가운데 하나는 보통 키였다고 하고, 하나는 키가 보통이 아니고 좀 작았다고 합니다. 그러니까 키가 큰 사람은 아니었던가 봅니다.

또한 바울 선생에게는 그 몸에 찌르는 가시가 있다고 했는데, 그것이 무엇인지에 대해 이 사람은 이렇게 말하고 저 사람은 저렇게 말합니다. '두통이 심했다' 고도 하고 크리소스톰 같은 사람은 '무슨 간질 같은 병이 있었다' 고도 하지만 그것은 증명할 도리가 없습니다. 제일 그럴듯한 것이 안질(眼疾)이 있었다는 말입니다. 갈라디아서에도 "너희가 할 수만 있었더면 너희의 눈이라도 빼어 나를 주었으리라"(4:15)고 말하는데, 이것은 그때에 벌써 바울 선생에게 그런 안질이 있어서 갈라디아 사람들이 그가 눈 때문에 고생하는 것을 보고서는 참 안타까운 마음에 정성을 보이는 것을 보고서 그들의 사랑을 그런 말로 표시한 것일 것입니다. 그리고 "내 손으로 너희에게 이렇게 큰 글자로 쓴 것을 보라"(갈 6:11)고 해서 편지도 항상 대필(代筆)을 시키고 하는 것을 볼 때 '그가 안력(眼力)이 약하고 안질이 좀 있어서 그것 때문에 그의 용모도 그만큼 손해를 보았을 듯하다' 하는 이야기가 있습니다. 그렇지만 일단 서서 주님의 말씀을 전할 때는 형형(炯炯)하게 빛이 나고 무한한 은혜를 끼쳤던 것입니다.

바나바는 몸도 크고 훨씬 풍모와 풍신이 잘생기고 하니까 루가오니아 사람들이 보기에는 참으로 제우스에 해당하고, 바울은 몸은 자그마해도 말은 참 잘하고 빨리 다니고 동작도 빠르니까 '이야말로 주피터의 대변자인 머큐리이다' 해서 성 밖에 있는 제우스의 신당에 가서 예물을 가져오고 화관(花冠)을 가져오는 식으로 야단을 내리려고 했습니다. 좌우간 이 무식하고 소박한 사람들은 전설대로 거기에 제우스와 허메가 온 것으로 알고 시의 입구, 즉 시의 큰 대문에 있는 주피터의 신당에 가서는 그 야단들을 내고 "성 밖 쓰스 신당의 제사장이 소와 화관들을 가지고 대문 앞에 와서 무리와 함께 제사하고자 하니 두 사도 바나바와 바울이 듣고 옷을 찢고 무리 가운데 뛰어 들어가서 소리 질러 가로되 여러분이여, 어찌하여 이러한 일을 하느냐. 우리도 너희와 같은 성정(性情)을 가진 사람이라"(14:13-15)고 했던 것입니다.

같은 성정을 가진 사람이라는 말에서 번쩍 그 종교적인 편모(片貌)를 엿보는 것입니다. 종교적인 편모란 무엇인가 할 때 이 세상에 있는 인간들이 만들어 내는 종교의 신은 결국 무엇을 패턴으로 하고 그 신 개념을 구성하는가 하면 항상 인생을 패턴으로 하는 것입니다. 그래서 신이 인격신이라면 그 인격신을 무엇으로 생각해야 하는가 할 때 사람 이외에는 가장 구체적으로 생각할 만한 인격을 상상할 수가 없습니다. 신이 직접 자신이 인격자인 것을 계시하기 전에는 사람이 생각해서 구성하는 신 개념은 가장 현저하고 현실적인 인격인 사람을 카테고리로 해서 만들어 내는 것입니다. 그러니까 신이 진노한다 할 때 결국 사람이 진노한다는 속성을 가지고 있는 까닭에 그것을 외연(外延)으로 해서 신념을 구성하면서 그러한 개념을 거기에 부여하는 것입니다. 혹은 신이 자기 집안에 여러 가지 시끄러운 사실이 일어나니까 화가 나서 벼락방망이를 가지고 딱 때려서 벼락을 일으켰다든지 해서 그런 일이 초자연적이고 거대한 규모로 나타나는 환상을 그릴 수는 있어도 신의 인격성을 표시할 때는 요약해 놓고 보면 항상 사람입니다. 그런고로 사람의 성정하에서 신을 구성해 나가는 것이 소위 인간 종교의 신 개념입니다.

그런데 바울 선생은 '우리도 너희와 같은 성정을 가진 사람이다. 너희가 너희와 성정이 같은 사람을 섬긴다는 것은 일이 아니다' 하고 이야기한 것입니다. 한마디로 크게 말해서 이 말에는 '이방교(異邦敎)의 신 개념으로 구성한 것은 참신이 아니다' 하는 말뜻이 포함됩니다. 물론 루가오니아 사람들이 그 말을 그렇게 해석해서 아는 것은 아닙니다. 그러나 바울 선생은 '나도 너희와 같은 사람이고 같은 성정을 가진 사람인데, 왜 너희와 똑같은 성정을 가진 인격을 섬기려고 하느냐' 해서 이 말로 아주 간단하지만 명료하게 그들이 가지고 있는 이교적인 신 개념을 파쇄(破碎)해 버렸습니다. 하나님의 성신의 지혜로 이야기하는 까닭에 이렇게 명료하고 명쾌하고 쉬운 말로 말하게 되는 것입니다. 그다음에는 "여러분이여, 어찌하여 이러한 일을 하느냐. 우리도 너희와 같은 성정을 가진 사람이라. 너희에게 복음을 전하는 것은 이 헛된 일을 버리고 천지와 바다와 그 가운데 만유를 지으시고 살아 계신 하나님께로 돌아오라 함이라"

(14:15) 해서 한편으로는 그들의 그릇된 신 개념을 지적해서 '같은 성정을 가진 인격자를 섬기는 것이 아니다' 하고 부정적인 부분에서 이야기하고, '그러면 너희가 어떤 신을 섬겨야 할 것이냐' 할 때에 살아 계신 하나님은 창조의 신이시요 생명의 신이신 것을 가르쳤습니다.

이 간단한 이야기 가운데 즉각 이야기하는 것은 첫째로, '너희가 사람을 패턴으로 해서 생각해 내고 조작해 내고 구상해 낸 그러한 신을 숭배하면 안 된다' 하는 것입니다. 엄격하게 말할 때 이방 종교의 신 개념을 한마디로 말하면 인간의 신화(deification)입니다. '그러면 참신은 어떤 신인가' 할 때 너희들이 만든 신이 아니고 우리와 같은 이러한 성정을 가진 것이 아니고 천지와 바다와 그 가운데 만물을 지으신 분이다. 창조주이시요 살아 계신 하나님이시요 생명의 신이시다. 하나님은 생명이신 까닭에 생명을 주시는 것이고, 생명의 하나님이신 까닭에 그 생명이 작용해서 결국 창조로 물질계와 우주 만상을 나오게 하셨다' 하고 선포했습니다. 이것은 비록 소박하지만, 이교적인 신 개념을 가지고 있는 사람들에게 논증을 하지 않고 간단하게 선포를 한 것입니다. 복음은 논증하거나 간청하는 것이 아니고 선포하는 것입니다.

이 복음의 선포라는 것은 무슨 의미를 가졌는가 하면 첫째로, '결국 이것을 가지고 설득하고 신빙(信憑)하게 하시는 이는 하나님이신 까닭에 내가 내 힘으로 논변을 해서 신빙하게 하려는 것이 아니다' 해서 믿음은 하나님이 주신다는 것이고, 둘째로, '이것을 일단 전하면 그것은 너희에게 한 분기점(crisis)을 주는 것이다' 하는 말입니다. '이왕에 깜깜했을 때는 하나님이 묵인하셨지만, 너희에게 이것을 전해서 일단 계시가 너희에게 온 다음에는 너희가 분기점에 서는 것이다. 그 계시를 받든지 안 받든지 하는 것인데, 받으면 너희가 생명을 얻지만, 안 받으면 생명을 못 얻는 정도에 그치는 것이 아니라 멸망이다' 하는 것입니다. 그것은 당연한 일입니다. A를 안 받으면 당연히 반(反) A(anti-A)가 되는 것입니다. 그러한 까닭에 복음은 '너희가 안 받으면 당연히 멸망이다' 하고 분명하게 멸망과 생명의 분기점을 내놓는 것입니다. 그러니까 복음은 하나의 선언(declaration)이요 선고가 되는 것이고 포고(布告, proclamation)가 되는 것입니다. '이렇게 해라. 이렇게 안 하면 벌을 받는다' 하는 것입니다. 그런고로 항상 '예수 그리스도를 믿어라. 그러면 구원을 얻는다. 안 믿으면 멸망한다' 하고 복음을 선포하는 것입니다. 복음은 간청하는 것이 아니고 사과하면서 이야기하는 것도 아니고 선포하는 것입니다. 이런 거룩한 신 개념을 거기서 선포했습니다.

"하나님이 지나간 세대에는 모든 족속으로 자기의 길들을 다니게 묵인하셨으나"(14:16)라고 했는데, 이 말은 '하나님이 한 족속을 택하셔서 그들에게만 하나님의 거룩하신 나라의 특수한 계시를 역사의 발전 단계에 따라 주셨지, 아브라함이나 이삭에게 혹은 모세에게 계시하신 식으로 거룩한 계시, 곧 구원의 하나님의 생명의 계시를 세계의 다른 모든 민족에게 다 같이 동일하고 명료하게 주신 것은 아니다. 그런고로 계시를 명료하게 주시지 않은 대상자들에게는 어떻게 하셨는가 할 때, 그 사람들이 그렇게 명료하지 못한 가운데에서 돌아다녔을지라도 그것을 크게 책망하신 것은 아니다' 하는 말입니다. 그러나 그렇다고 해서 그 사람들이 죄를 짓고 멀리 하나님을 떠나도 그것을 그냥 용인하신다는 말은 아닙니다. 그래서 거기에 또 그다음 말을 분명히 붙였습니다. "그러나 자기를 증거하지 아니하신 것이 아니니 곧 너희에게 하늘로서 비를 내리시며 결실기를 주시는 선한 일을 하사 음식과 기쁨으로 너희 마음에 만족게 하셨느니라"(14:17). 이 말은 '그러나 너희의 인생의 본성의 빛으로 말미암아, 하나님이 창조하신 만물의 현상에 의해서 너희도 또한 하나님을 알 수 있게 하신 것이다. 그러므로 너희가 핑계하지 못하는 것이다' 하는 말입니다.

이것은 로마서 1:20에서 분명히 말씀한 것을 또 한번 이야기하는 것입니다. '사람의 본성의 빛이라든지 그렇지 않으면 하나님의 창조와 모든 섭리의 내용 가운데에 하나님을 알 만한 것이 다 있다. 그러므로 아무도 하나님의 심판대 앞에서 핑계하지 못하는 것이다' 하는 말입니다.

우리 교회의 신조이기도 한 웨스트민스터 신앙고백서의 제 1 장 1 절 가운데 해당되는 부분만 읽어 보면 이렇습니다. "본성의 빛 그리고 창조와 섭리의 일들이 하나님의 선하심과 지혜와 능력을 핑계할 수 없을 정도로 명백히 나타낸다." 비를 주시고 곡식들이 나게 하셔서 음식을 먹어 사람들이 기쁨을 얻는 것이 다 섭리의 일입니다. '본성의 빛' 혹은 '본체의 빛'이라는 것은 사람이 하나님의 형상으로 지음을 받아서 인간 본성 가운데 근본적으로 희미하게나마 가지고 있는 바 자기의 본체이자 자기의 원래의 패턴인 하나님을 향하는 구심적인 경향을 말합니다. 이 본성의 빛이나 또는 창조와 섭리의 일들이 하나님의 선하심과 지혜와 능력을 사람이 핑계할 수 없도록 나타낸다고 가르치는 것입니다. 사람이 핑계할 수 없게 나타내는 것이지만, 그렇다고 해서 그것이 구원에 필수적인 하나님의 뜻에 대한 지식을 다 주지는 않습니다. 구원에 필수적인 하나님의 뜻에 대한 지식을 주시기 위해서 하나님은 계시하셨습니다. 하나님의 거룩하신 계시는 첫째는 영감의 형태로서 나타났고, 혹은 직접 계시의 한 형태로서 묵시(apocalypse)의 형태로도 나타났고, 혹은 환상의 형태로도 나타났습니다. 이것이 전부 하나님이 내리신 큰 계시입니다.

그 계시를 나타내시기 위해서 하나님은 그것을 받을 수 있는 한 사람을 선택하시고, 그로 말미암아 한 부족을 세우시고, 형상과 모형을 가지고 그들에게 하나님의 구원의 거룩한 경륜과 계획을 가르치셨습니다. 이것이 이스라엘 백성이고 구약입니다. 그렇게 하시기 이전에는 다른 백성들에게는 그런 것이 없는 까닭에 모세의 율법적인 점에서 그 사람들에게 엄격하게 요구하시지는 않았습니다. 그러나 이방 사람들에게는 본성이나 자기 양심이 율법이 되어서 그 마음의 생각들이 서로 송사하거나 서로 변호해 가면서 자기가 자기에게 율법이 되는 것이지, '그들에게는 모세적 율법을 안 주셨으니까 그들에게는 법이 전혀 없다'고 하면 말이 안 되는 것입니다. 요새 우리는 주일 낮에 산상보훈에 나오는 '율법과 선지자'라는 말을 배웁니다.[8] 그런데 법 가운데 자연법은 모든 사람이 공유한 것이지, 꼭 히브리 사람에게 내리신 것만 의미하는 것이 아니라고 했습니다. 어떤 사람이든지 나면서부터 자연히 그 속에 본성의 광명이라는 것이 있어서 그것이 자연법에 대한 근본적이고 본능적인 경향을 가지는 것입니다. 그것은 하나님이 사람을 하나님의 형상으로 만드신 까닭에 하나님의 형상이 남아 있어서 그런 것입니다. 그래서 '하나님께서는 여러 시기에 여러 모양으로 자신의 교회에 자신을 계시하시고 자신의 뜻을 선언하셨다. 그래서 성경을 주신 것이다' 하는 말이 웨스트민스터 신앙고백서 제1장 1절에 나오는 것인데, 로마서 1:19-20을 보면 "이는 하나님을 알 만한 것이 저희 속에 보임이라. 하나님께서 이를 저희에게 보이셨느니라. 창세로부터 그의 보이지 아니하는 것들, 곧 그의 영원하신 능력과 신성이 그 만드신 만물에 분명히 보여 알게 되나니, 그러므로 저희가 핑계치 못할지니라" 했습니다. 핑계하지 못하는 것이라고 했습니다.

바울 선생은 아주 명백하게 그 사실을 이야기했습니다. '루가오니아 사람들아, 너희들이 산골에서 이렇게 미신을 섬기고 이렇게 이교적이고 암매해서 일찍이 참하나님이 누구신지 잘 알지 못했지만, 그렇다고 해서 너희들에게 죄가 없다고 할 수는 없고, 너희에게는 하나님을 알 수 있는 아무 조건이 없었다고 하지는 못한다.' 루가오니아 지방에는 비가 많이

---

[8] 참조. 김홍전, 『예수께서 가르치신 율법의 참뜻』(산상보훈 2), 제7강-10강, 성약출판사, 2002년.

안 옵니다. 그래서 특별히 비가 오는 것을 큰 은혜로 생각합니다. '비가 안 오다가 때때로 비가 많이 쏟아지면 너희가 아, 이것 참 단비로구나 하고 은혜롭게 생각하지 않느냐. 그렇게 비를 주셔서 오곡이 풍족하게 되어 음식을 만들어 먹으면 좋지 않으냐? 그렇게 해 주시는 분이 바로 천지와 바다와 그 가운데 만물을 지으신 창조의 하나님이시요 생명과 호흡을 주시는 생명의 하나님이시다. 그런고로 이제 너희는 그 하나님을 올바로 알아라' 하는 것입니다.

이러한 식으로 그들에게 누구를 섬겨야 할 것인가를 가르쳤습니다. '너희들이 인간을 전형으로 해서 구상하여 만든 신을 섬기면 안 된다. 참 하나님의 거룩한 속성이 결국 자신의 모양을 패턴으로 해서 인간을 만드신 것이지, 너희들이 사람의 모양을 전형으로 해서 구상하여 낳은 그런 신을 섬기면 되겠느냐' 하는 이 설교를 우리가 엄격하게 논리적으로 분석하면 결국은 모든 이방 종교에 대한 논단(論斷)이 되는 것입니다. 모든 이방 종교의 가장 중심이 되는 숭배의 대상의 핵심은 결국 인간의 인격성에서부터 구상해 나간 것인데, '그것은 참신이 아니다' 하고 한마디로 배제시켜(rule out) 버렸습니다. 이렇게 간단한 말 한마디로 큰 원칙을 이야기해 나가는 것입니다.

앞으로 계속해서 이 본문을 중심 삼아서 하나님의 거룩하신 능력은 어떻게 나타나는가 하는 것도 배워야겠고, 그다음에는 성신은 어떠한 방식을 쓰셨는가, 성신의 방식에 대해서 우리가 어떻게 생각하여야 하는가 하는 문제도 배울 것입니다. 그런 것들이 아직 많이 남아 있으니까 앞으로 몇 시간 더 공부하기로 하고 오늘 저녁에는 이만큼만 하겠습니다.

기도

거룩하신 아버지시여, 옛날에 아버님의 신실한 종 바울 선생과 바나바,

두 사도와 그 일행이 루가오니아 지방의 루스드라에 가서 하나님의 말씀을 전하다가 주께서 한 좌객(坐客)을 일으키시는 일에 도구가 되어 성신님의 크신 역사의 그릇으로서 활동한 결과, 그 루가오니아 사람들이 이교적인 사실을 현저히 노출하였을 때, 그들 앞에서 이방 종교의 본질이 무엇인가를 간단한 말로 규명한 주의 종의 거룩한 말씀을 이제 공부했사옵나이다. 사랑하시는 주께서 저희에게 은혜를 주셔서 항상 문제의 핵심을 잘 포착할 수 있는 지혜가 있게 합소서. 바울 선생이 삽시간에 문제의 핵심을 잘 포착해서 다른 긴 이야기를 하지 않을지라도 가장 중요한 요점을 쉬운 말로 곧 선언할 수 있게 된 이것을 볼 때에, 성신님이 그에게 충만하실뿐더러 그의 보는 눈이 범상하지 않고 평소에 깊은 준비와 깊은 연마가 그에게 있었다는 것을 또한 느끼게 하오며, 단순히 주님의 거룩하신 복음만을 알고 다른 것을 전연 알지 못하고 기계와 같이 전한 것이 아니라 복음을 전할 때에 비복음적인 것에 대한 명확한 판단이 항상 그에게 같이 있었다는 것을 저희가 여기서 다시 느끼옵나이다. 주께서 저희에게 은혜를 주셔서 이 거룩한 말씀을 배워 나갈 때마다 이 말씀 가운데 나타난 바 주님의 종들이 어떻게 맹렬한 불과 같이 담대하고 능력 있게 그러면서도 명철하고 주의 깊게 움직였는가를 깨닫게 하여 주옵소서.

또한 성신께서는 다양하게 일하셔서 사람들이 그릇된 패턴을 세우지 못하게 하신다는 것을 여기서 또한 저희가 느끼옵나이다. 여기에 나타난 여러 가지 특이한 현상들과 여기 나타난 여러 가지 사도적이고 전형적이고 원인적인 큰 사실들을 저희가 잘 배우게 하여 주셔서, 이 시대의 여러 오류와 여러 가지 그릇된 관념 가운데 방황하는 일이 많은 데서 저희를 확호히 지켜 주시고, 참으로 이 사도적인 교회의 원형을 따라 어떻게 하나님의 성신의 충만한 은혜 가운데 바른 전형을 세워 나가야 하는 것인가를 저희가 깨달아 알 수 있게 하시며, 그럼으로써 오늘날 많은 사람이 가장 경건하고 단정한 듯이 말하면서도 비원칙적이고 부분을 가지고 전체를 누르려고 하고 또한 하나님께서 원하시지 않는 것들을 마치 하나님의 성신의 표현 방식의 전부인 것같이 함부로 말해서 많은 형제들에게 고난을 끼치게 하고 하나님의 거룩한 도리를 혼탁하게 하는 암매의 현실에서 저희를 건져 내시사, 교회의 참된 전범(典範)이 무엇이며 하나님의 성신의 역사의 거룩한 방도가 어떻게 다양하고 어떻게 기묘한 것인가 하는 것과 또한 그것을 어떻게 기다려야 하는가 하는 데 대한 저희의 정당한 태도를 늘 올바로 깨달아 알게 하여 주시옵소서. 주님께서 저희와 늘 같이 하시고 늘 성신님으로 저희 속에서 크게 역사하셔서 저희들이 지혜 없는 자같이, 하나님의 거룩하신 도리를 모르는 자같이 함부로 행하지 않고 조심해서 올바로 깊이 깨닫고 나아가게 하시옵소서.

주 예수 이름으로 기도하옵나이다. 아멘.

1966년 5월 4일 수요일

제10강
바울이 루스드라에서 돌에 맞음

사도행전 14:8-20

⁸루스드라에 발을 쓰지 못하는 한 사람이 있어 앉았는데 나면서 앉은뱅이 되어 걸어 본 적이 없는 자라. ⁹바울의 말하는 것을 듣거늘 바울이 주목하여 구원받을 만한 믿음이 그에게 있는 것을 보고 ¹⁰큰 소리로 가로되 네 발로 바로 일어서라 하니 그 사람이 뛰어 걷는지라. ¹¹무리가 바울의 행한 일을 보고 루가오니아 방언으로 소리 질러 가로되 신들이 사람의 형상으로 우리 가운데 내려오셨다 하여 ¹²바나바는 쓰스라 하고 바울은 그중에 말하는 자이므로 허메라 하더라. ¹³성 밖 쓰스 신당의 제사장이 소와 화관(花冠)들을 가지고 대문 앞에 와서 무리와 함께 제사하고자 하니 ¹⁴두 사도 바나바와 바울이 듣고 옷을 찢고 무리 가운데 뛰어 들어가서 소리 질러 ¹⁵가로되 여러분이여, 어찌하여 이러한 일을 하느냐. 우리도 너희와 같은 성정(性情)을 가진 사람이라. 너희에게 복음을 전하는 것은 이 헛된 일을 버리고 천지와 바다와 그 가운데 만유를 지으시고 살아 계신 하나님께로 돌아오라 함이라. ¹⁶하나님이 지나간 세대에는 모든 족속으로 자기의 길들을 다니게 묵인하셨으나 ¹⁷그러나 자기를 증거하지 아니하신 것이 아니니 곧 너희에게 하늘로서 비를 내리시며 결실기를 주시는 선한 일을 하사 음식과 기쁨으로 너희 마음에 만족케 하셨느니라 하고 ¹⁸이렇게 말하여 겨우 무리를 말려 자기들에게 제사를 못하게 하니라. ¹⁹유대인들이 안디옥과 이고니온에서 와서 무리를 초인(招引)하여 돌로 바울을 쳐서 죽은 줄로 알고 성 밖에 끌어 내치니라. ²⁰제자들이 둘러섰을 때에 바울이 일어나 성에 들어갔다가 이튿날 바나바와 함께 더베로 가서

제10강

바울이 루스드라에서 돌에 맞음

사도행전 14:8-20

　바울 선생의 첫 번째 선교 여행길은 맨 처음에 수리아 안디옥에서 시작해서 바로 서쪽 해안에 있는 항구인 실루기아로, 그다음에는 배를 타고 바다를 건너 구브로에 가서 구브로의 동쪽에 있는 항구 살라미로 간 다음, 구브로 섬을 횡단해서 그 섬의 수도인 바보로, 거기서부터 다시 배를 타고 북쪽으로 올라가서 소아시아 땅에 있는 밤빌리아의 버가로, 버가에서 북쪽으로 올라가면 나오는 비시디아 안디옥으로 갔고, 그다음에는 다시 동남쪽으로 내려와서 이고니온과 루스드라와 더베로 차례차례 여행을 했습니다. 귀로(歸路)는 더베에서 다시 루스드라로, 이고니온으로, 비시디아 안디옥으로 갔고, 그다음에는 다시 밤빌리아 버가로, 앗달리아로 갔습니다. 앗달리아는 버가에서 조금 서쪽으로 가면 나옵니다. 앗달리아에서 다시 배를 타고 그냥 수리아의 실루기아로 들어왔습니다. 이것이 제1차 여행 선교 여행의 코스인데, 이런 것을 오랜 시간에 걸쳐서 조금씩 배우니까 잊어버릴 수 있습니다만, 일단 배운 다음에는 그 코스를 잊어버리지 말고 기억하시기 바랍니다. 1차, 2차, 3차, 4차 여행을 다 합쳐도 그렇게 많은 곳을 여행한 것이 아니니까 그 여행 코스를 기억한다는 것이 그다지 어려운 문제는 아닙니다. 제1차 여행 때는 유럽으로 간 일이 없고 소아시아 땅에서만 돌았습니다.

복습: 바울 사도가 말씀을 전한 방식

지금 우리가 배우는 것은 더베까지 간 이야기가 아니고 루스드라에서 일어난 이야기입니다. 바울 선생이 봉사를 해 나간 방법이 어떠한가 하는 문제를 우리가 너덧 가지로 나눠서 배우고 있습니다. 그 방법을 볼 때 지난번에 말씀드린 대로 비시디아 안디옥에는 히브리 사람들의 회당이 있어서 사도들이 거기에 가서 연설을 했습니다. 유대인의 회당에서 연설을 한 만큼 유대 사람이나 유대교에 입교한 사람들이 많이 와서 그 연설을 들었을 것입니다. 유대 사람들이 큰 회당을 짓고 지낸다는 것은 그만큼 거기에서는 유대주의 혹은 헤브라이즘(Hebraism)이라는 전통적 히브리 사상이 선전도 되고, 그러한 사상이나 신앙을 가진 사람들이 모이는 사회적 요소가 있고, 그런 사회적인 분자들이 거기에 있다는 것을 표시하는 것입니다. 그런고로 비시디아 안디옥은 헬레니즘이 강한 이 소아시아 땅에서 유대주의가 병존하고 있는 그런 도시입니다.

이 비시디아 안디옥에서 동쪽으로 2백 리 가량 쭉 내려가면 대평야인 이고니온이 있습니다. 이고니온에서도 회당을 발견했지만, 그곳에는 히브리 사람들이 그렇게 많지는 않았습니다. 이고니온 땅에서는 히브리 사람을 많이 발견하지 못했지만 거기서도 역시 하나님 말씀을 전했는데, 말씀을 전한 방법 면에서 보면 히브리주의가 강한 데에서 좀 더 이방적인 세력이 강한 데로, 좀 더 이방적인 분위기로 자꾸 들어갔습니다. 다시 이고니온을 떠나서 서남쪽으로 32km쯤, 우리 이수(里數)로 80리쯤 가면 루스드라가 있습니다. 그러니까 아마 여기 서울역에서 인천까지 가는 정도가 될 것입니다. 지금 우리가 배우고 있는 루스드라에는 아주 소박한 사람들이 살고 있고 미신이 있습니다. 즉 '제우스와 허메 같은 신들이 옛날에 이 땅에 내려왔다' 해서 바로 루스드라의 성문 앞에 주피터, 즉 제우스의 신당이 있고, 또 사람들이 감격하면 말도 자기네의 독특한 방언으로 이야기할 만큼 민속적이고 독특한 향촌풍(鄕村風)이 강한 도시입니다. 아주 큰 도시는 아니고 유대인의 회당은 아예 없습니다. 그러니까 훨씬 이교적이고 이방적인 곳입니다. 그러한 데로 들어간 것입니다. 이 루스드라에서 제우스의 신관(神官)들이 나타나서 바울과 바나바 두 사람에게 제사를 지내려고 한 것을 우리가 알고 있습니다. 이와 같이 헤브라이즘이 상당한 비시디아 안디옥에서 좀 더 이교적인 분위기가 있는 이고니온으로 갔고, 다시 루스드라라는 아주 이방적이고 이교적인 사회로 쑥 들어간 것입니다.

바울 선생은 이고니온에서 이방적인 분위기를 발견했을뿐더러 바울 선생 일행이 그곳에서 무슨 특별한 일을 했는가 하면, "두 사도가 함께 유대인의 회당에 들어가 말하니 유대와 헬라의 허다한 무리가 믿더라. 그러나 순종치 아니하는 유대인들이 이방인들의 마음을 선동하여 형제들에게 악감을 품게 하거늘 두 사도가 오래 있어 주를 힘입어 담대히 말하니"(14:1-3)라고 해서 유대인들이 형제들에게 악감을 품게 하니까 두 사도가 더 오래 있었습니다. 그것을 우리가 막 배웠습니다. 핍박을 하고 악감을 품었다고 해서 그냥 거기에서 얼른 떠나 버리지 않고 오히려 오래 있으면서 하나님의 말씀을 전하고 그 은혜의 말씀을 증거했습니다. '주 예수의 은혜의 말씀' 이 사도들이 전한 가장 큰 제목이었습니다. 악감을 품고 반항하는 세력이 있을 때 그것을 그대로 방치하고 얼른 떠난 것이 아니라, 어느 때는 신자들이 끝까지 은혜 가운데 붙어 있게 하기 위해서, 즉 신자들을 강하게 심기 위해서 심는 일과 튼튼하게 다지는 일이 끝나기까지 거기에 오래 있으면서 일을 한 것입니다.

그런고로 여기에서 볼 두 가지 사실은 사도 바울 선생은 새로운 장소에서 새로운 사람들을 만나더라도 이야기는 옛날의 이야기를 그대로 했다는 사실입니다. 루스드라에서도 더베에서도 다른 모든 곳에서도 동일한 메시지, 즉 주의 은혜의 말씀을 전했고, 나사렛 예수의 모든 사실들을 그대로 이야기했습니다. 그러나 그 이야기를 제시하는 방법은 새로운 사람들의 정도에 맞추어서 이야기하는 것이었습니다. 사도행전 17:18을 보면 바울 선생은 아덴에서 '말쟁이'라는 말을 그곳 철학자들에게 들었는데, '말쟁이'라는 말은 '강담사'(講談師) 혹은 '이야기꾼'이라는 뜻입니다. 마치 그때 헬라의 도시들을 다니면서 강담이나 옛날이야기만 하고 돈을 받고 사는 사람이 있듯이 '아, 무슨 이야기꾼이 와서 이야기를 하는구나. 이 말쟁이가 무슨 말을 하려고 하나' 하는 식으로 생각했고, 바울 선생도 그렇게 자처했다는 말씀입니다. 회당이 있는 곳에서는 회당에 들어가서 이야기를 했고 또한 늘 그런 식으로 이야기했습니다. 언제든지 비시디아 안디옥에서처럼 말하여 유대인과 헬레니스트(Hellenist)들이 그것을 믿도록 한 것입니다.

그다음에 이고니온에 오래 체류한 중요한 이유는 큰 성공을 거두었기 때문이라기보다도 유대인들의 핍박 때문이었습니다. 14:2-3을 보면 "유대인들이 이방인들의 마음을 선동해서 형제들에게 악감을 품게 하거늘 두 사도가 오래 있어"라고 했는데, 우리말로는 '하거늘'로 끝났지만, 헬라 말에는 여기에 '그러므로' 혹은 '그러한 까닭에'라는 뜻을 가진 '운'(οὖν)이라는 말을 여기에 집어넣었습니다. 영어의 'therefore'에 해당하는 말입니다. '악감을 품게 하니까 두 사도가 더 오래 버티고 있었다' 하는 말입니다. 이것이 또한 중요한 방식이었습니다.

그다음에 루스드라에서의 방법은 어떠했는가를 생각해 보면, 루스드라에서도 여전히 마찬가지의 메시지를 전했지만, 주의 은혜의 말씀을 제시하는 방법은 전과는 현저히 달랐습니다. 그전에 비시디아 안디옥에서는 구약을 인용해 가면서 스데반의 설교와 비슷하게 쭉 이야기했습니다. 그러나 루스드라에서는 그렇게 구약과 유대주의를 아는 사람들에게 하던 방식을 쓰지 않고, 구약을 인용하는 일이 전연 없이 그 사람들이 알고 있고 가지고 있는 일반적인 종교 관념 위에 터를 두고 이야기를 시작한 것입니다.

루스드라 사람들의 우상 숭배를 지적하고 만류함

이것이 대체로 우리가 지금까지 쭉 보아 온 사실인데, 그다음에 또 보아야 할 사실은 루스드라에서 발생한 이야기입니다. 거기에 전설이 있어서 무식하고 소박한 그들 중에는 그 전설을 믿는 미신자(迷信者)들이 많이 있었습니다. 사도 바울 선생과 바나바가 앉은뱅이를 일으킨 까닭에 옛날의 주피터와 머큐리, 즉 제우스와 허메라는 신이 다시 내려왔다고 생각했습니다. 제우스라는 것은 헬라 식 이름이고 로마 식의 라틴 이름은 주피터입니다. 허메라는 것도 헬라의 이름이고 라틴 말로는 머큐리 혹은 메르쿠리우스입니다. 마치 헬라 식 이름으로 아르테미스(Artemis)인 것이 라틴 식 이름으로는 디아나(Diana) 혹은 다이애나인 것과 같습니다. 또한 헬라 식 이름으로 아테나(Athena)인 것을 라틴에서는 미네르바(Minerva)라고 하면서 섬겼습니다. 동일한 신입니다. 말하자면 라틴에서는 헬레니즘이 가지고 있던 미신적인 종교와 그것이 가지고 있는 미적인 혹은 미학적(美學的)인 요소와 예술적인 요소도 함께 받아 그냥 그대로 습답(襲踏)하면서 이름만 라틴적으로 고쳐 놓은 것입니다.

이 루스드라 사람들은 제우스와 허메, 즉 주피터와 머큐리를 자기네 땅이 가지고 있는 아주 고귀한 특권과 영광으로 여겼습니다. 옛날 옛적에 그 신들이 자기네 땅에 내려왔다는 전설을 가지고 있었습니다. 허메는 제우스의 대변자이고 행동의 신이고 심부름꾼인 까닭에 모든 신들의 아버지인 제우스가 허메를 데리고 일찍이 한번 자기 땅에 내려왔다고 해서 성 입구의 대문 앞에 유명한 주피터의 큰 신사(神祠) 혹은 사당(temple)이 있었습니다. 사람들은 옛날의 헬라적 신화를 갖다 붙여서 무엇을 부르기를 좋아합니다. 그래서 별 이름에도 주피터라는 말을 붙입니다. 여러분이 잘 아시는 대로 목성(木星)에 주피터라는 별 이름을 붙였습니다. 아마 그 별이 가지고 있는 멋진 것 때문에 그러는가 봅니다. 훌륭하고 장대하고 신비로운 음악을 들을 때도 그렇습니다. 모차르트의 교향곡 제41번 C장조를 가리켜 '주피터 교향곡'이라고 이름을 붙여서 부릅니다. 그 교향곡이 주피터 혹은 제우스에게 바친 음악은 아니지만, 부르기를 그렇게 부르는 것입니다.

주피터는 신들과 인생의 아비라고 하고, 머큐리, 즉 허메는 주피터의 수종자로서 언제든지 그를 따라다녀서 서로 떨어질 수 없는 사이입니다. 허메는 주피터의 시종(侍從)이자 대변자로서 말을 잘하고 행동적인 신이고, 주피터는 초연자로서 모든 신 위에 엄연히 앉아서 묵묵 부동(默默不動)하는 신과 같이 보이는데, 바나바는 풍신이 좋고 조용하고 은은한 것이 그 태산 부동(泰山不動)하는 태도를 보니까 주피터를 연상하고서는 '아, 주피터가 이렇게 사람의 몸을 입고 왔구나. 과연 그렇다' 하고 생각한 것입니다. 그다음에는 바울 선생이 말을 참 잘하는 것을 보고서는 '아, 주피터가 있으니 주피터의 수종자인 머큐리, 즉 허메도 있어야 할 텐데 아, 이분이야말로 제우스의 허메요 주피터의 머큐리로구나' 하고 말했습니다. 그래서 '이렇게 해서 두 신이 옛날 옛 시대에 사람의 몸을 입고 내려왔다는 그 전설이 오늘날 다시 재현되었다. 여기에 그 주피터와 머큐리, 즉 제우스와 허메가 다시 사람의 몸을 입고 내려왔다' 하고서는 사람들이 일어나서 화관과 제물을 가지고 제사를 드리겠다고 와 하고 막 몰려왔습니다. 이렇게 루스드라 사람들은 단순하고 소박하고 어떻게 보면 열광적인 사람들입니다.

비시디아 안디옥에서 설교할 때에는 거기에 있는 회당에 어떤 사람들이 모였는가 할 때 유대 사람과 헬라 사람들이 같이 있었겠지만 그러나 적어도 유대교 회당에 모였으니까 유대교에 동정을 하거나 또한 유대교에 입교(入敎)한 사람들이 많이 모였을 것입니다. 그런고로 하나님께 대하여 간절히 무엇이든 알고자 하는 자들이었습니다. 그래서 거기에는 필연 헬라 사람이더라도 헤브라이즘으로 귀화(歸化)하고 유대교로 개종한 사람들이 있었을 것입니다. 거기에서 바울 선생이 하나님의 통치와 하나님의 품성의 통일성과 하나님의 은혜를 이야기했던 것을 아실 것입니다. '하나님께서 이렇게 하셨다' 하고 한마디로 하나님의 정부(政府)를 이야기했습니다. 그렇지만 여기 루스드라에서는 비시디아 안디옥 사람들이 알고 있는 하나님의 통치의 대권이라든지 신성의 통일성이라든지 하나님의 은혜라든지 하는 것을 이야기할 여지가 없는 까닭에 히브리 역사를 인용한 일도 없고 구약의 계시를 인용하는 일도 없었습니다.

바울 선생은 어디서부터 시작했는가 하면 루스드라 사람들이 서 있는 그 자리에서부터 이야기를 시작했습니다. 적어도 그 사람들이 열광적인 종교적 갈구를 가지고 그런 행동을 취했으니까 그 사람들이 가지고 있는 종교적 갈구의 근원을 캐서 가르치기 시작한 것입니다. 지난번에 우리가 그 내용의 어떤 부분을 자세히 공부한 대로, "우리도 너희와 같은 성정을 가진 사람이라"(14:15) 하는 말로 이방인이 가지고 있는 일반적인 종교의 성격에 대한 것을 이야기했습니다. 특별 계시를 가지지 않고, 일반적으로 자연과 섭리에 나타난 것을 사람의 본성으로 알 만하게 하신 대로 알고 있는 그들에게 그들이 알고 있는 것에서부터 가르치기 시작한 것입니다.

그렇게 해서 주 예수 그리스도의 은혜의 말씀을 가장 적절하게 그들에게 제시했습니다. 요컨대 저들에게는 종교의 경향이 있기는 있지만, 그것이 그릇 인도되어서 여일(如一)하게 암매와 암흑 중에 있으므로 저들이 생각할 수 있는 종교 개념에서부터 시작해서 어디로 끌고 갔는가 할 때 그 암매를 벗겨서 참하나님께 대한 것을 가르치기 시작한 것입니다. 인간의 종교의 신들이라는 것이 무엇인가 할 때, 인간의 종교의 섬광(閃光)으로 결국 인격신을 구상하게 될 때에는 어디에서 패턴을 구하게 되는데 그 패턴은 결국 가장 현실적인 인격인 사람입니다. 그런고로 인간이 만든 여러 종교의 신 개념의 내용이 어떻게 해서 구성되는가 하면 사람에 대한 사람들의 인식을 근거로 해서 늘 구성되어 나간다는 사실을 여기서 보는 것입니다. 인격신이라는 전체의 관념을 구성하려면 결국 인격이라는 것을 구상할 수 있는 구분 개념이 있어야 하는데, 인격이란 무엇인가 하고 인격에 대한 개념을 구상하려면 결국 그것을 사람에게서 얻을 수밖에 없는 것입니다. 그러니까 사람이 처음에 신에게서 개념을 얻어서 사람에게 적용한 것이 아니고, 사람에게 개념을 얻어서 신에게 적용해 나가는 것이 소위 인격신적 개념입니다. 그러나 그리스도의 참교회는 하나님의 말씀에 의해서 신에 대한 개념을 얻어야 하는 것이고, 사람을 보고 사람에게 있는 사실을 귀납해서 인격의 개념을 구성한 것을 가지고 신을 창제해 나가는 일을 할 수 없습니다. 여기에 기독교적인 신관(神觀)과 이교적인 신관 간의 근본적인 차이와 근본적인 상이(相異)가 있는 것입니다.

   그러한 까닭에 그것을 한마디로 배제하기 위해서 '우리도 너희와 동일한 성정을 가진 사람이다. 어찌해서 너희가 동일한 성정의 대상에게 예배를 하려고 하느냐' 한 것입니다. 여기에서 우리는 '사람과 동일한 성정을 가진 대상에게 신이라는 이름을 붙여서 예배를 하는 것이 그릇되었다' 하는 원리를 발견할 수 있습니다. '사람이 사람에게 예배하지 못하는 것이다' 하는 것은 '사람은 사람처럼 생긴 신에게는 예배하지 못하는 것이다'

하는 말과 같습니다. '사람은 인간의 범주(human category) 안에 있는 인격자에게는 예배하지 못한다' 하는 말입니다. 인간의 범주 안에 있는 인격자란 이방 종교의 신들을 말합니다. 사람은 신을 상정할 때도 사람이 으레 가지고 있는 소위 일반적인 범주라는 것을 늘 생각하지 않을 수가 없습니다. 가령 아리스토텔레스의 열 개의 카테고리를 생각하는 것이고, 그다음에는 그보다 좀 더 유효하게 만든 칸트의 열두 개의 카테고리를 생각하는 것입니다. 칸트는 그 열두 개를 네 가지 주제(subject topic)로 구분해서 첫째로 양과 질이 있고, 그다음에는 관계라는 것이 있고, 그다음에는 위치라는 것이 있고, 그다음에는 그것의 양상 혹은 모양이나 상태라는 것이 있습니다. 그리고 각 주제 아래 각각 세 가지 카테고리를 두어서 모두 열두 개의 카테고리를 말했습니다. 이런 열두 개의 카테고리 아래에서 비로소 모든 것을 생각해 나아가고 그러한 사고 추리에 의해서 형성한 개념이 곧 이방 종교의 신들인 것입니다. '너희가 그런 신을 경배한다는 것은 못할 일을 하는 것이다' 하는 말입니다.

　이렇게 간단히 말했어도 그 원칙은 언제든지 소소 명백(昭昭明白)해서 '사람은 인간의 범주에 있는 어떤 인격 대상물도 경배하는 것이 아니다' 하는 이야기입니다. '하물며 사람을 신화(神化)해서 경배한다면 그것은 절대로 안 된다' 하는 것입니다. 여러분은 사람을 신화한 경우를 많이 보셨을 것입니다. 과거 일제 시대에 일본 사람들이 한창 전쟁을 할 때에 일본 천황을 살아 있는 신이라고 해서 그때는 어떤 직장에서든 '텐노 헤이카와'(天皇陛下は) 하면 다 따라 합니다. 국책적(國策的)으로 다 그렇게 하도록 해서 도장(道場)에 무릎을 꿇고 허리를 딱 펴고 기착(氣着)하고 앉아서 '텐노 헤이카와, 텐노 헤이카와, 아라우토 카미나리(現人神なり), 아라우토 카미나리' 하고 따라 하게 했습니다. 천황은 살아 있는 신이라는 말입니다. 천황은 현존해 있는 사람으로서의 신이라는 것입니

다. 그것은 사람을 신화하는 가장 악질적인 사람들의 미망(迷妄)이었고, 반신적(反神的)인 요소에 의한 행동이었습니다.

그런 것이나 이렇게 인간의 범주 안에서 구성한 신을 향해서 절하는 것이나 동일하게 큰 죄악입니다. 단순히 암매한 행동에 불과하다고만 논죄하는 것이 아닙니다. 이 죄악은 어떠한 죄악이 되는가 할 때 하나님께 당연히 돌려야 할 것을 찬탈(簒奪)해서 하나님이 아닌 다른 피조물이나 가상(假想)의 대상에게 돌리는 것입니다. 하나님께만 돌려야 하는 것은 무엇입니까? 하나님께만 전담적(專擔的)으로 돌려야 할 것은 예배와 신뢰, 곧 전적인 신의(信依)입니다. 믿고 의지해 버리는 이런 것은 하나님께만 돌리는 것입니다. 하나님 이외의 다른 것에 자신의 전부나 자기 목숨을 전적으로 맡겨서도 안 되고 하나님 이외의 다른 어떤 대상에게도 경배를 하는 것이 아닌데, 그런 것을 다른 것에 돌리면 하나님께 돌려야 할 것을 다른 데로 돌리는 것입니다. 그것은 하나님의 것을 횡령하는 것입니다. 그리고 그것은 참람(僭濫)한 짓입니다. 어째서 참람한가 하면 그것은 하나님이 아닌 다른 것을 하나님으로 승인하는 아주 구체적인 태도이기 때문입니다. 다른 것을 하나님이라고 불러서 하나님이란 저러한 대상이라고 하여 신의 개념을 아주 저하하고 비하하는 것이 되기 때문입니다. 요컨대 그것은 신을 망령되게 대하는 것입니다. 그러한 까닭에 바울이나 바나바에게는 이와 같은 독신적(瀆神的)이고 모독적인 태도가 단순히 그렇게 해서는 안 되는 일 정도로 그친 것이 아니고 마음을 상하게 하는 일이 된 것입니다.

그래서 바나바와 바울이 그 소리를 듣자 옷을 찢고 무리 가운데 뛰어들어갔습니다. 얼마나 격렬하게 충격을 받고 마음이 상했으면 그렇게 했겠습니까. 가장 비참한 일을 당했을 때 하는 행동을 했습니다. '이것은 굉장히 슬프고 고통스러운 일이다' 하고서는 막 옷을 찢은 것입니다. 그냥 저냥 '그러지 마시오' 하는 정도가 아니었습니다. 막 옷을 찢고 들어가서 결사적으로 말렸습니다. 왜 그렇게 상심했습니까? 저들이 한 짓은 궁극적으로 볼 때 하나님께 대한 무서운 모독이었기 때문입니다. 이것이 옷을 찢을 만큼 그들을 상심하게 한 것입니다. 바벨론 포로기 이후로 유대 사람이 가장 두려워하고 미워하던 우상 숭배에 대한 증오나 공포보다도 더 큰 그리스도인의 심정을 품고 천부이신 하나님의 영예를 가리는 것에 대해 상심한 것입니다.

빌립보서에 그리스도의 고난에 참예한다는 말이 있습니다(3:10). 그리스도의 고난에 참예한다는 말뜻이 무엇인가에 대해 언젠가 주일에 한 번 강설을 한 일이 있습니다. 바울 선생은 '그리스도와 그 부활의 권능과 그 고난에 참예함을 알려 한다'고 했습니다. 그리스도의 고난에 참예한다는 것이 무엇인가 할 때 그리스도의 영원하고 독점적인 십자가의 고난에 동참한다는 말은 절대로 아닙니다. 아무도 십자가의 고난에 동참할 수 없습니다. 그리스도의 고난에 참예한다는 말은 그리스도의 상심과 괴로움에 참예한다는 것입니다. 그리스도는 누구를 보고 상심하시는가 할 때 이런 경우처럼 하나님을 오해할 뿐 아니라 하나님을 하나님으로 알지 않고 그릇된 다른 것을 하나님으로 알 때 가장 상심하십니다. 하나님의 가치를 올바로 인식하지 못하고, 자기가 다 인식하지 못했으면 인식하지 못한 만큼 겸손하게 그것을 깨달으려고 하면 좋지만 그렇게 하지 않고, 자기의 인식을 전부로 알고 함부로 가치를 폄하해 버리는 태도에 대해서 상심하시는 것입니다.

우리가 사랑하는 친구의 훌륭한 가치를 남이 다 인정하지 않고 그를 멸시하는 태도를 보일 때 마음 가운데 분노가 일어나고 괴로움을 느낄진대, 하물며 하나님께 대한 간절한 심정이 있는 사람은 필연 그런 괴로움을 느끼는 것입니다. '바울 선생이나 바나바 사도가 하나님을 얼마나 간절하게 느끼고 있었기에 하나님께 대해서 그렇게 암매하고 모욕적인 태도를 취하는 것을 볼 때 마음을 찢을 만큼 옷을 찢었는가' 하고 생각합니다. 이런 것이 우리에게는 먼 일입니다. 우리에게는 과연 그리스도의 고난에 참예할 만한 그런 장성의 분량이 없다는 말씀입니다. 예수 그리스도의 상심과 고통과 고심에 같이 참예한다고 할 때 거기의 '참예한다'는 말은 그전에 배운 대로 같이 교제한다(κοινωνίαν)는 말입니다. 그것을 같이 나눈다는 말입니다. 그런데 그것을 나눌 수 있는 성숙성이 우리에게는 없는 경우가 많다는 말씀입니다. 그리스도의 부활의 능력을 맛보지 못해서 그러한 것이고 그리스도의 부활의 능력에 대한 충분한 감상이 없어서 그러한 것입니다. 빌립보서에서 말한 순서는 그리스도의 부활 다음에 고난입니다. 그리스도를 알고 그 부활의 능력에 참여한 다음에 고난에 참여하는 것입니다. 그것에 대해서는 이미 한 시간에 걸쳐서 한번 충분히 강설한 일이 있으니까 아마 노트를 찾아보시면 있을 것입니다. 그러한 까닭에 그들은 상심하고 옷을 찢은 것입니다. 그것은 이들이 얼마나 간절히 하나님을 사랑하는 데에서 움직였던가 하는 것을 단적으로 나타내 보이는 것입니다.

  여기에서 이들이 이렇게 소박하고 무식하고 암매한 이방 사람들에게 분명하게 가르쳐 주고 증명한 새롭고 큰 신 개념은 첫째로 '살아 계신 하나님'이었습니다. 이것은 물론 구약적인 사상입니다. 구약에서는 늘 하나님을 생명의 하나님, 살아 계신 하나님, 즉 엘 하이(אֵל חַי) 혹은 엘로힘 하이(אֱלֹהִים חַי)로 가르쳤습니다. 가장 영광스럽고 구별된 하나님의 이름은 '살아 계신 하나님'입니다. 이교 문서의 신에 비하여 구약과 신약은 유일의 생명의 하나님을 보여 준다는 것을 우리는 늘 느끼는 것입니다.

  그러나 둘째로 그들에게 또 한 가지 중요히 가르쳐 준 것은 '너희가 어떠한 신을 믿어야 하는가 할 때 너희와 같은 성정을 가진 인격 대상을 신으로 생각할 것이 아니라 생명의 근원이신 하나님을 믿어야 하고 동시에 창조의 하나님을 믿어야 한다'하는 것이었습니다. 그래서 "천지와 바다와 그 가운데 만유를 지으시고 살아 계신 하나님께로 돌아오라"(14:15)고 했습니다. 하나님을 '창조의 하나님'이시요 '살아 계신 분'으로 가르친 것입니다. 이방인이 소박하든지 문화 민족이든지 간에 하나님을 이렇게 알지는 못합니다. 창조의 하나님으로는 모르는 것입니다. 그런 그들에게 하나님을 살아 계신 하나님으로뿐만 아니라 창조의 하나님으로 가르쳤습니다. '창조의 하나님'은 '살아 계신 하나님'이라는 사실을 실증적으로 표현한 것입니다. 이것이 또한 그들에게 중요한 내용이었습니다.

"하나님이 지나간 세대에는 모든 족속으로 자기의 길들을 다니게 묵인하셨으나"(14:16) 하는 말이 있는데, 이것은 아브라함과 그의 자손에게 주신 그 거룩한 계시들을 그들에게는 내리시지 않아서 이왕(已往)의 캄캄했을 때를 가리키는 것입니다. 사도행전 17:30을 보면 "알지 못하던 시대에는 하나님이 허물치 아니하셨거니와 이제는 어디든지 사람을 다 명하사 회개하라 하셨으니"라고 하셨고, 고린도전서 1:21에서는 "이 세상이 자기 지혜로 하나님을 알지 못하는 고로"라고 말씀하셨습니다. 자기 지혜로는 하나님을 알지 못한다는 것입니다. 그런고로 그때는 모든 족속으로 자기의 길들을 다니게 묵인하셨습니다. '그때는 너희에게 충분한 계시로써 비추시지 아니한 까닭에 충분한 계시를 받은 사람과 똑같이 너희를 다루시지는 않았다. 그러나 그렇다고 해서 너희가 전연 하나님을 몰라도 좋은 것은 아니다. 너희의 시발점에서부터 차례차례 나와서 하나님을 알아야 할 것이었다. 즉 계시를 받은 아브라함의 자손과 같이 특별 계시에 비추어 행동하는 일에 대해서는 책임을 묻지 않고 자기의 길을 다니게 묵인하셨지만, 그러나 그렇다고 할지라도 하나님의 존재와 하나님을 섬기고 살아가야 할 문제에서 전연 어둡게 두신 것은 아니다. 그러므로 하나님의 존재와 하나님을 섬기고 살아가는 일에 대해서 핑계할 수가 없다' 하는 말입니다.

"그러나 자기를 증거하지 아니하신 것이 아니니 곧 너희에게 하늘로서 비를 내리시며 결실기를 주시는 선한 일을 하사 음식과 기쁨으로 너희 마음에 만족게 하셨느니라"(14:17). '이렇게 비를 내리시고 결실기를 주신 다는 사실은 너에게 일반적인 은총을 주신 것을 뜻하고, 일반적인 은총을 주셨다는 사실은 섭리의 진행 가운데 너희에게 그만큼은 하나님을 나타내 보여 주신 것이다' 하는 뜻입니다. 로마서 1:19-20을 보면 "이는 하나님을 알 만한 것이 저희 속에 보임이라. 하나님께서 이를 저희에게 보이셨느니라. 창세로부터 그의 보이지 아니하는 것들, 곧 그의 영원하신 능력과 신성이 그 만드신 만물에 분명히 보여 알게 되나니 그러므로 저희가 핑계치 못할지니라" 해서 사람이 핑계할 수 없다는 것을 가르쳤습니다. 창세로부터 보이지 않는 것들, 곧 그의 영원하신 능력과 신성을 우리가 볼 수는 없습니다. 하나님의 신성을 볼 수는 없으나 '만드신 만물에 분명히 보여 알게 되나니' 라고 해서 '그 만드신 만물에 의해서 너희가 추리하고 귀납할 수 있는 것이다' 하고 말했습니다. '그러므로 저희가 핑계치 못할지니라' 해서 아무도 핑계하지 못하게 하셨다고 했습니다.

웨스트민스터 신앙고백서 제1장 1절을 보면 "사람의 본성의 빛이나 또는 창조와 섭리의 일들은 하나님의 선하심과 지혜와 능력을 사람이 핑계할 수 없도록 나타낸다" 하는 것을 맨 처음에 선언했습니다. 그런고로 사람은 그런 점에서 핑계하지 못하는 것입니다. 여기 사도행전 14장을 보면 자연계에 비를 내리시고 식량을 주셔서 먹고 기뻐하게 하신 것도 신이 실재(實在)하시고 통어(統御)하시는 증거라는 것입니다. 고대 저자들의 글을 보면 루가오니아 지방은 특별히 비가 희소해서 비를 주시는 것이 큰 은혜인 것을 저들로 하여금 절실히 깨닫게 하신 것입니다.

이와 같이 해서 저들이 예배하는 것을 말렸는데, "우리도 너희와 같은 성정을 가진 사람이라" 하는 말은 베드로가 고넬료의 집에 갔을 때 고넬료가 초면에 자기 발 앞에 엎드려 절하니까 "베드로가 일으켜 가로되 일어서라. 나도 사람이라"(행 10:26) 하고 말한 것과 같은 이야기입니다. 베드로도 '나도 사람이다. 사람에게 이렇게 절하는 것이 아니다. 사람에게 경배하는 것이 아니다' 한 것입니다. 그런데도 얼마 후에 교회에 사람을 섬기고 우상을 만드는 경향이 생기고 그것이 점점 조직화하여서 로마교회라는 거대한 제도로 발전했습니다. 베드로나 바울이 강력하게 옷을 찢고 말릴 만한 일들을 교회의 이름 아래에서 해 나가기 시작했다는 말씀입니다.

바울이 돌로 맞은 일과 디모데

이런 정도로 이야기가 끝났는데 그 후에 보면 "유대인들이 안디옥과 이고니온에서 와서 무리를 초인(招引)하여 돌로 바울을 쳐서 죽은 줄로 알고 성 밖에 끌어 내치니라"(14:19)고 했습니다. 바나바는 그때 바울과 함께 돌로 맞지 않은 것으로 압니다. 바나바도 돌에 맞았으면 둘 다 자빠졌을 텐데 이렇게 바울 혼자만 죽은 줄 알고 내쳐진 것을 보면 아마 바울이 가장 현저하고 중요한 행동자요 주연자(主演者)이고 늘 말을 하는 사람인 까닭에 그가 유대 사람들의 분노의 대상이 되었던 모양입니다. 그리고 유대 사람들은 바울이 과거에 유대교의 위대한 지도자가 될 것을 기대했는데 그 기대를 배반했다고 해서 유대 사람들의 눈으로 볼 때 배반자라고 하여 그렇게 쫓아다니면서 강하게 고난을 주었습니다. 유대 사람들이 와서 선동을 하고 또 그 지방 사람들을 매수해서 그 사람들이 함께 달려들어서 바울을 돌로 때린 것입니다. 이렇게 해서 바울이 성 밖에 내침을 받았지만, "제자들이 둘러섰을 때에"(14:20)라고 한 것을 보면 루스드라에 신자들이 있었습니다. 결국 바울이 전도한 것이 헛것이 아니어서 제자들이 생긴 것입니다. 이와 같이 루스드라에서 전도한 것이 아주 효과가 있었다는 말씀입니다. 그래서 제자들은 바울이 죽은 줄 알고 슬퍼하면서 모여서 둘러서 있었습니다.

바울 선생의 전도의 결과로 이 루스드라에서 나중에 아주 유명한 인물이 하나 나왔는데 그가 누구인지 잘 아실 것입니다. 그가 누군가 하면 아버지는 헬라 사람이고 어머니는 유대 사람인 루스드라의 디모데입니다. 아마 이 디모데가 그때 그 사실에 증참(證參)했던 모양입니다. 왜냐하면 바울이 두 번째 여행 때에도 루스드라에 갔는데 그때는 벌써 디모데가 제자로 있었기 때문입니다. 16:1-3을 보면 "바울이 더베와 루스드라에도 이르매 거기 디모데라 하는 제자가 있으니 그 모친은 믿는 유대 여자요 부친은 헬라인이라. 디모데는 루스드라와 이고니온에 있는 형제들에게 칭찬받는 자니 바울이 그를 데리고 떠나고자 할새"라고 해서 그때 벌써 디모데는 칭찬받는 제자였다고 했습니다.

바울 선생은 루스드라에서 더베로 갔다가 다시 루스드라로 돌아왔습니다. 14:20을 보면 "성에 들어갔다가 이튿날 바나바와 함께 더베로 가서 복음을 그 성에서 전하여 많은 사람을 제자로 삼고 루스드라와 이고니온과 안디옥으로 돌아가서"라고 했습니다. 그러니까 루스드라에서 이렇게 돌로 맞아서 죽은 줄로 알았는데 죽었다가 다시 일어나서 더베로 갔다가 더베에서 다시 루스드라로 와서 원래 출발했던 곳으로 돌아갔고, 제2차 여행 때 다시 루스드라에 온 것입니다. 바로 앞에서 본 16:1은 2차 여행 때의 일입니다. 그러니까 루스드라는 모두 세 번 방문한 셈입니다.

그러면 '어느 때에 디모데가 구원을 받았겠나 혹은 제자가 되었겠나' 할 때 물론 세 번째 방문 때는 아닐 것입니다. 그러면 두 번째 방문, 즉 더베에 갔다가 돌아오는 길에 제자가 되었겠는가 하면, 아마 모르기는 몰라도 대체의 어의(語義)를 볼 때 돌아오는 길에 제자가 된 것이 아니라 바울 선생이 맨 처음 루스드라에 들어갔을 그때 구원을 받은 것입니다. 그래서 '아마 바울이 돌에 맞아서 곤경을 당하고 고난을 받은 것도 디모데는 보아서 잘 알 것이다' 하고 우리가 생각할 수 있습니다. 디모데후서 3:10-12을 보면 "나의 교훈과 행실과 의향과 믿음과 오래 참음과 사랑과 인내와 핍박과 고난과 또한 안디옥과 이고니온과 루스드라에서 당한 일과 어떠한 핍박 받은 것을 네가 과연 보고 알았거니와 주께서 이 모든 것 가운데서 나를 건지셨느니라. 무릇 그리스도 예수 안에서 경건하게 살고자 하는 자는 핍박을 받으리라" 했는데, 여기에는 더베라는 말은 없고 여행한 순서대로 안디옥, 이고니온, 루스드라를 차례차례 들었습니다. 그리고 디모데가 루스드라에서 바울 선생이 어떠한 핍박을 받았는지를 보고 다 알았다고 했습니다. 그런데 1차 여행에서 루스드라에 두 번째 들어갔을 때, 말하자면 귀로에 들어갔을 때 핍박이 일어난 일은 없습니다. 루스드라에서 일어난 굉장한 핍박은 그들이 우상을 섬기려고 하는 것을 말리고 난 다음에 유대 사람들이 와서 사람들을 초인(招引)해서 돌로 쳐서 죽인 일입니다. 그것은 굉장한 핍박이었습니다. 그렇지만 하나님의 크신 능력으로 일어나서 성에 들어갔다가 더베로 갔고 귀로에는 루스드라를 그냥 지나갔습니다. 그런고로 더베에 갔다가 귀로에 루스드라에 들어갔을 때에는 핍박의 사건이 없었습니다. 그러니까 디모데후서 3:11은 분명히 1차 여행에서 처음으로 루스드라에 들어갔을 때 바울이 돌로 맞아서 죽게 된 그 이야기입니다. "핍박과 고난과 또한 안디옥과 이고니온과 루스드라에서 당한 일과 어떠한 핍박 받은 것을 네가 과연 보고 알았거니와 주께서 이 모든 것 가운데서 나를 건지셨느니라" 해서 어떠한 핍박을 당했는가를 디모데가 보고 알았다는 말씀입니다. 그러면 이때에 바울이 돌로 맞는 핍박을 당해서 죽게 된 것과 주께서 그를 죽게 되었던 데서 구원하셔서 "주께서 이 모든 것 가운데서 나를 건지셨느니라" 하고 고백할 만한 그 훌륭한 사실, 즉 제자들이 빙 둘러섰을 때 벌떡 일어난 기적적인 사실도 보아서 알았다는 말입니다. 사도행전 14:20에는 '제자들'이라고 간단히 썼지만, 그 속에는 장차 바울 선생의 위대한 계승자가 될 사람이 벌써 거기에 있었던 것입니다.

바울 선생은 루스드라같이 소박하고 무식한 사회, 단순한 야만(heathenism)이 아니고 그 무식한 이교(paganism) 속에 들어가서 가르쳤고, 우상을 섬기려고 하는 것을 간절히 뜯어말렸고, 그것 때문에 나중에는 이 무식한 사람들이 유대 사람들의 선동을 받아 일어나서 며칠 전까지 허메라고 해서 신으로 떠받들면서 화관을 드리고 제사를 지내려고 하던 대상을 이제는 돌로 때려서 죽였습니다. 그렇지만 그렇게 돌로 맞아서 죽기 전에 벌써 제자가 생긴 것입니다. 디모데는 무식한 루스드라 사람들이 야단 내는 속에서 바울 선생이 전도했을 때 그 말씀을 듣고 깨달았다는 말씀입니다. 그래서 제자가 되었습니다. 그런 것을 보면 여기의 이야기는 간단하지만 이 간단한 이야기 가운데에 장차 위대한 열매를 거둘 씨를 심었다는 것을 볼 수 있는 것입니다. 그러니까 여기에 '제자들 중에는 디모데도 있었다' 하는 말은 안 썼지만, 결국 우리가 이리저리 유추해서 새겨 보면 디모데가 그 속에 있었던 것입니다. 디모데가 그 둘러선 제자들 가운데 서서 보았습니다. 이러한 것을 여기서 우리가 생각할 수 있습니다.

바울 선생이 루스드라에서 발을 쓰지 못하는 그 앉은뱅이가 있는 자리에서 전도할 때 디모데가 간절히 듣고 그때 아마 제자가 되었을 것입니다. 왜냐하면 그 앉은뱅이가 일어난 것이 빌미가 되어서 와아 하고 달려들어서 제사를 지내야겠다고 한 것이고 제사를 못 지내게 말리니까 유대 사람들이 와서 선동하여 사기꾼이라고 해서 돌로 쳐서 죽여 버린 것이기 때문입니다. 그러니까 발을 쓰지 못하는 그 사람도 앉아서 간곡히 이야기를 듣던 때 강설을 하다가 강설을 그대로 계속하지 않고 갑자기 딱 중단한 다음에 그 사람에게 '네 발로 일어서라' 하는 말을 하던 그런 파격적이고 특이한 설교를 한 그때 디모데가 전도를 받고 제자가 되었을 것입니다. 그리고 그 후에 사람들이 와아 하고 몰려다니면서 막 제사를 지내려고 할 때에, 바울 선생이 그 신기하고 특이한 말로 지금까지 깨닫지 못하고 알지 못하던 이상한 새로운 힘을 자신에게 전달한 사실과, 사람이 처음으로 예수를 믿을 때 가지는 모든 감격과 큰 능력의 지배를 받은 사실을 느낀 디모데로서는 가만히 앉아 있지 않고 쫓아다니면서 보았을 듯합니다. 그 조그마한 고을에서 화관과 소를 가지고 제사지낸다고 막 소리를 지르고 야단 내는 사실을 디모데가 전연 모른 체하고 가만히 앉아 있을 까닭이 없는 것입니다. 그래서 가서 쭉 주목하여 보았을 것입니다. 그러니까 사람들이 와아 하고 몰려다니는 그 속에서 함께 따라다니면서 보았을는지도 모릅니다. 어찌 되었든 적어도 돌로 막 치는 핍박을 받는 것은 분명히 보아서 알았습니다. "어떠한 핍박 받은 것을 네가 과연 보고 알았거니와"라고 한 것을 보면 돌로 치는 그런 장면도 잘 안 것입니다. 디모데는 자기가 은혜를 받았으니 만큼 자기의 스승인 바울 선생의 그 간곡한 모든 태도에 대해서 무관심할 수가 없었을 것입니다.

  이것은 작은 고을에서 지금부터 2천 년 전에 일어난 이야기입니다. 오늘날같이 일이 많고 잡다한 소위 도시 문명(urban civilization)의 독특한 형태로 되어 있는 것이 아니고 차라리 민속 문화(folk culture)라고 할 만한 그런 형태를 가지고 있던 시대입니다. 그러한 까닭에 다른 사람의 일도 자기의 일같이 다 알고 있는 그런 시대입니다. 그런 시대에 디모데는 바울의 모든 일에 대해서 주의를 하고 생각을 했을 것이고 기회만 있으면 그에게 좀 더 듣고 더 배우고 더 깨닫기를 바랐을 것입니다. 그 후에 디모데의 발전을 보면 알 수 있습니다. 그는 그 인근의 모든 사람에게 다 칭찬을 받는 사람이 되었습니다. 그리고 나중에 바울 선생의 수종자가 되었습니다.

바울이 돌에 맞아 죽었다가 기적적으로 일어남

그다음에 생각할 것은 바울 선생이 돌에 맞아 죽었다가 다시 일어난 일입니다. 혹은 기절했다가 일어났다고 말할 수도 있을 것입니다. 그러나 그 사람들이 그때 바울 선생이 기절한 정도로 만족하고 그쳤을는지는 의문입니다. '기절했으니 이제는 상관없다' 하고 그냥 포기했겠는지 아니면 이왕 죽이려고 마음먹은 바에는 '기절한 놈이라도 더 쳐서 다시 못 일어나게 하자' 하고 돌로 더 쳤겠는지 그 사람들이 그때 열광적이고 무서운 살의를 가지고 덤빈 일로 보아서 우리가 짐작할 수 있는 것입니다. 거기에 둘러 있었던 유대 사람들이나 바울의 강한 적들이나 또한 거기에 있는 루스드라의 본토인들이 바울을 돌로 치다 보니까 죽은 것입니다. 다시는 더 살 여지가 없이 죽은 사람이라고 생각했고, 죽었으니까 성 바깥에 내친 것입니다. 그냥 기절만 한 정도 같으면 성 바깥으로 끌어다가 내치지 않았을 것입니다. 다시 살아날 것이기 때문입니다. 그러나 죽은 사람이니까 성안에 안 둔 것입니다. 요새 같으면 장사를 지냈겠지만 옛날이니까 죽은 사람을 갖다가 바깥에 내버린 것입니다. 시체를 성밖으로 끌어내쳤다는 말씀입니다.

그냥 집어 내던졌는데 제자들이 와서 그 시체를 삥 둘러섰을 때에 "바울이 일어나 성에 들어갔다가"라고 했습니다. 바울이 다시 벌떡 일어났다는 말입니다. 성에 들어갔다는 것도 보통 일이 아닙니다. 기절했다가 겨우 깨어났다면 벌떡 일어나서 성에 들어간다는 것이 퍽 무리한 일입니다. 돌로 그렇게 두들겨 맞아서 기절하게 되었을 것 같으면 벌떡 일어나서 성에 들어갈 만큼 힘이 있을 턱이 없습니다. 온몸이 상해서 겨우 목숨만 붙어 있는 정도일 테니까 다리를 절거나 제자들이 떠메고 들어갔을 것입니다. 그러나 자기가 자기 발로 벌떡 일어나서 담대하게 그 성으로 도로 들어간 것입니다. 얼마나 무서운 용기를 가졌는가를 보이는 말입니다. "이튿날 바나바와 함께 더베로 가서"라고 했는데 이것이 기절한 사람의 일입니까? 기절한 사람이 벌떡 일어나서 그 이튿날 다시 그 먼 거리를 여행하려고 더베를 향해서 떠났겠습니까? 더베는 루스드라에서 동남쪽으로 한 50km나 되는 데입니다. 하루 종일 가고도 남는 거리입니다. 거의 130리 길입니다. 그리고 오늘날같이 자동차를 가진 때가 아니고 걸어가는 때입니다. 하루 동안 걸어가면 몇 리를 갑니까? 하루 동안 걸어가면 100리를 걷습니다. 그런데 50km의 길을 걸은 것입니다. 그러니 기적적으로 일어난 사람이 아니고서는 그냥 자연적으로 기절했다가 일어난 정도 가지고는 안 되는 이야기입니다.

그러한 까닭에 이런 모든 기이한 현상에 대한 설명으로 볼 때 '바울이 죽었던 것은 참으로 죽은 것이고, 일어난 것은 하나님께서 그를 회생시키신 것이다' 하고 생각하는 것입니다. '기절했다가 그는 자연적으로, 자기 힘으로, 자기가 가지고 있는 생리적인 능력으로 다시 일어나게 되었다. 일어나서 다시 기운을 냈다' 하는 식으로 만일 소설을 그렇게 쓴다면 굉장한 무리라고 할 것입니다. 돌로 두들겨 맞아서 거의 죽게 된 사람이 기절했다가, 그러니까 까무러쳤다가 몇 시간 후에 벌떡 일어난 다음에는 턱턱 걸어서 성으로 들어갔고 그 이튿날은 또 50km 혹은 130리의 먼 길을 걸어서 다시 전도 여행을 하면서 돌아다녔다는 것이 가능한 이야기입니까? 더베에 쉬러 간 것이 아닙니다. 더베에 가서 다시 전도를 한 것입니다. 이렇게 다시 전도하며 나아간 것입니다. 이것이 그의 고귀하고 위대한 대담무쌍입니다. 영어로 말하면 단순한 커리지(courage)가 아니고 인

트러피더티(intrepidity)인 것입니다.

더베는 이고니온에서는 60마일, 240리나 되는 곳으로서 블랙 마운틴(Black mountains)이라는 산맥의 한 모퉁이 아래에 있고 타우르스 산의 밑뿌리 쪽에 있습니다. 지금 더베라는 확실한 지점이 어디인지는 알 수 없습니다. 대체로 타우르스 산 밑이지만 이쪽인지 저쪽인지 알 수가 없습니다. 디모데후서 3:11을 볼 때 더베에서는 무슨 핍박이 있은 것 같지 않습니다.

지금까지 바울 선생이 전도하는 방법(methodology)을 중심 삼아서 이야기를 해 왔습니다. 그다음에는 전도의 방법뿐 아니라 그것에 병행해서 나타났던 능력을 생각해 보고, 그다음에는 여러 가지 경험의 다양성과 뒤따라오는 위험들에 대해서 공부하겠습니다.

기도

거룩하신 아버지시여, 바울 선생이 아버님의 택하신 그릇이 되어서 모든 핍박과 위험 가운데에서라도 오직 주님만을 의지하고 나아가되, 주님을 사랑하는 사랑과 주님의 고난에 동참함으로써 교제를 나누려는 거룩한 심령을 가지고, 사람들이 주님을 모독하는 행동을 하든지 암매로 인해 주님 앞에서 참을 수 없는 모욕적인 행동을 일으켰을 때에, 오늘날 저희들은 무관심하게 지나치기 쉽고 그저 안되었다고 생각하고 미워할 정도에 불과할 일에도 단순한 미움을 가지는 것이 아니라 그리스도의 슬픔과 고통의 심정을 나누어 가지고 옷을 찢고 나아가서 그것을 만류하였사옵나이다. 그러나 동시에 유대인들이 사람들을 초인(招引)해서 돌로 쳤을 때 주께서는 그 모든 핍박 가운데에 그냥 두어두시고 핍박을 받게 하셨지만 핍박이 그를 극복하지 못하게 하시고 주께서 그를 다시 일으키셨나이다. 어떤 데서는 핍박을 전혀 당하지 않게 하시고, 어떤 데서는 핍박 일보

전에 그를 피난시키시고, 어떤 데서는 감연히 핍박을 통과하도록 하시며, 그러면서 결국에는 이런 다양한 방법과 형태를 통해서 주께서는 거기에 확실하고 착실하게 씨를 심게 하셨고 그 심은 씨는 확실하게 결실하게 하셨으며, 주님께 승순(承順)하여 하나님 나라에 이르게 한 사람들을 그런 핍박이 있는 괴악한 사회에서도 건져 내셨나이다. 루스드라 사람들이 가지고 있는 횡포와 미신과 암매가 불가피하게 그와 같은 제사와 박해와 핍박을 일으켰사오나 바울 선생이 루스드라에 가지 아니했다면 디모데와 같은 위대한 지도자를 못 얻었으리라고 가정해 볼 때, 그것은 필요한 여행이었고 불가결한 여행이었사옵나이다. 그러므로 주여, 주께서 사람 하나를 건지시기 위해서 어느 때는 어떻게 주님의 종들을 동원하시며 어떻게 많은 대가를 치르시는가를 여기서 또한 보나이다. 그러나 사람이 치르는 그런 고귀한 대가보다 더 중요하고 무엇과도 비교할 수 없이 위대한 것은 그리스도의 죽으심의 대가인 사실과 그 죽으심의 대가로써 저희를 건져 내셨다는 사실을 저희가 생각할 때 얼마나 귀한 대가를 주시고 저희를 사셨는지 알 수 없사오며, 그러므로 저희들이 주께 대하여 지고 있는 이 거대한 부채는 저희가 감히 갚을 수 있는 것이 아니요 천하가 다 일어나서 갚으려고 해도 갚을 수 있는 것이 아니옵니다. 그런고로 저희는 끝없는 감사와 주님께 대해 숭엄한 마음을 가지고 맡기신 일에 늘 주의하게 하시고 정신을 차리게 하시고 제멋대로 행하지 않게 하시며 교만하거나 건방진 마음을 가지고 제멋대로 움직이는 사람들이 되지 않게 하시옵소서. 주님 앞에 항상 겸손하여 주의 말씀에 주의하고 가르치심을 깊이 깨달아 알고 그런고로 말씀이 속에 있는 자답게 은혜 가운데 장성해 나가게 하시옵소서.

주 예수 이름으로 기도하옵나이다. 아멘.

1966년 5월 11일 수요일

제11강

바울의 경험과 고백

사도행전 14:8-21

⁸루스드라에 발을 쓰지 못하는 한 사람이 있어 앉았는데 나면서 앉은뱅이 되어 걸어 본 적이 없는 자라. ⁹바울의 말하는 것을 듣거늘 바울이 주목하여 구원받을 만한 믿음이 그에게 있는 것을 보고 ¹⁰큰 소리로 가로되 네 발로 바로 일어서라 하니 그 사람이 뛰어 걷는지라. ¹¹무리가 바울의 행한 일을 보고 루가오니아 방언으로 소리 질러 가로되 신들이 사람의 형상으로 우리 가운데 내려오셨다 하여 ¹²바나바는 쓰스라 하고 바울은 그중에 말하는 자이므로 허메라 하더라. ¹³성 밖 쓰스 신당의 제사장이 소와 화관(花冠)들을 가지고 대문 앞에 와서 무리와 함께 제사하고자 하니 ¹⁴두 사도 바나바와 바울이 듣고 옷을 찢고 무리 가운데 뛰어 들어가서 소리 질러 ¹⁵가로되 여러분이여, 어찌하여 이러한 일을 하느냐. 우리도 너희와 같은 성정(性情)을 가진 사람이라. 너희에게 복음을 전하는 것은 이 헛된 일을 버리고 천지와 바다와 그 가운데 만유를 지으시고 살아 계신 하나님께로 돌아오라 함이라. ¹⁶하나님이 지나간 세대에는 모든 족속으로 자기의 길들을 다니게 묵인하셨으나 ¹⁷그러나 자기를 증거하지 아니하신 것이 아니니 곧 너희에게 하늘로서 비를 내리시며 결실기를 주시는 선한 일을 하사 음식과 기쁨으로 너희 마음에 만족케 하셨느니라 하고 ¹⁸이렇게 말하여 겨우 무리를 말려 자기들에게 제사를 못하게 하니라. ¹⁹유대인들이 안디옥과 이고니온에서 와서 무리를 초인(招引)하여 돌로 바울을 쳐서 죽은 줄로 알고 성 밖에 끌어 내치니라. ²⁰제자들이 둘러섰을 때에 바울이 일어나 성에 들어갔다가 이튿날 바나바와 함께 더베로 가서 ²¹복음을 그 성에서 전하여 많은 사람을 제자로 삼고 루스드라와 이고니온과 안디옥으로 돌아가서.

제11강

바울의 경험과 고백

사도행전 14:8-21

복습: 바울 사도의 행로와 루스드라에서 있었던 일

　그동안 계속해서 상고(詳考)한 대로 사도들이 제1차 여행에서 지나간 역정(歷程)을 대체로 우리가 다 배웠습니다. 루스드라 다음에 더베가 나왔으나 더베에서는 특별히 무엇을 어떻게 했다 하고 자세히 기록지 않았습니다. "더베로 가서 복음을 그 성에서 전하여 많은 사람을 제자로 삼고"(행 14:20하-21상) 거기서 돌아서서 루스드라, 이고니온, 그다음에 안디옥을 지났고, 거기서부터 비시디아 한가운데로 지나가서 밤빌리아의 버가에 이르고 거기서 다시 서쪽으로 앗달리아 항구로 가서 앗달리아에서 배를 타고 바로 수리아 땅으로 돌아왔습니다. 우리 교우들은 지금쯤은 바울 사도 일행이 어떻게 제1차 여행을 했는가 하는 행로를 다 기억하실 줄 압니다.

　지도를 보시든지 안 보시고라도 가만히 눈을 감고 앉아서 거기의 글씨대로 눈으로 그려 가면서 생각해 보시기 바랍니다. 맨 처음에 시작한 데는 수리아 안디옥이고, 수리아 안디옥에서 서쪽으로 가서 오론테스(Orontes) 강 하구에 있는 항구인 실루기아로 가서 거기서 배를 타고 그대로 서행(西行)을 해서 구브로의 제일 동쪽에 있는 살라미로 갔습니다.

살라미에서부터는 그 섬을 동서로 횡단해서 서쪽을 향해 가서 그 섬의 수도인 바보로 갔습니다. 바보에서 일어난 유명한 사건을 다 아실 것입니다. 그것은 서기오 바울이라는 사람이 프로칸슬(proconsul)로 거기에 있었는데, 그는 로마의 원로원이 임명한 큰 권력을 가진 총독이었습니다. 빌라도나 베스도처럼 황제가 임명한 군정 장관과 같은 소위 프라켜레이터(procurator)가 아니고, 똑같이 총독이라고는 번역되었지만 프라켜레이터는 일종의 군정관이고 여기의 프로칸슬이 진짜 총독입니다. 그 앞에서 일어난 그 거짓 선지자 사건을 잘 아실 것입니다. 그 일이 끝난 다음에는 배를 타고서 북쪽으로 올라가서 육지인 소아시아 땅에 들어섰는데 그곳이 어디인가 하면 밤빌리아 땅의 버가입니다. 밤빌리아 버가에서부터 다시 북쪽으로 올라가면 유대 사람들이 많이 살고 회당이 있고 그래서 거기서 유대 사람들에게 복음을 전하여 특성 있는 전도를 한 중심지가 있는데 거기가 어디인가 하면 비시디아 땅의 안디옥입니다. 다시 비시디아 안디옥을 떠나서 그다음에는 동남쪽으로 자꾸 내려갔는데 그곳이 어디인가 하면 처음에는 이고니온이고, 그다음에 간 도시가 루스드라입니다. 루스드라는 큰 도시가 아니고 비교적 산골입니다. 산속에 콕 박혀 있는 깊은 고을은 아니지만, 비교적 소박하고 단순하고 조금 미신적인 사람들이 살고 있는 곳입니다. 루스드라에서 발생한 사건으로서 앉은뱅이를 일으킨 이야기를 우리가 최근에 공부했습니다.

거기서 바울과 바나바를 가리켜 하나는 머큐리라고 하고 또 하나는 주피터라고 했습니다. 그것은 로마 식 이름입니다. 헬라 식 이름으로 주피터는 제우스라고 하고 머큐리는 헤르메스라고 합니다. 헤르메스는 항상 제우스의 대변자 노릇을 하고 심부름꾼 노릇을 하면서 늘 붙어 다니는 수반자(隨伴者) 노릇을 합니다. 제우스는 모든 신들의 아버지요, 사람들이 '내 아버지이다' 하는 생각을 하는 데다가, '일찍이 이 두 신이 루스드라 땅에 내려왔었다' 해서 그 성문 옆 성 밖에 신당(神堂)이 다 있었고 신당에 제사장들도 있었습니다. 그런데 바울 사도가 앉은뱅이를 고친 까닭으로 그 루가오니아 사람들이 자기들의 지방 속어를 써서 크게 환호성과 찬탄의 소리를 발하고서 제사를 지내려고 하니까 그 제사를 못 지내게 강경하게 일어나서 말렸습니다. 그랬으면 그만인데 그 정도로 끝나지 않고 유대 사람들이 와서 거기 사람들을 선동하니까, 처음에는 신인 줄 알았던 두 사람이 신이 아니니까 이제는 그 열성이 뒤쪽으로 빗나가서 유대 사람들의 선동과 초인(招引)으로 그만 그중에 말을 잘하여 자기네가 헤르메스 혹은 허메라고 해서 굉장하게 존숭(尊崇)하던 그 신을 돌로 쳐서 죽은 줄 알고, 죽었으니까 끄집어다가 성 밖에 내쳤습니다. 그러자 그 성에 있는 제자들이 마음 가운데 슬픔이 있어서 쫓아가서 둘러서 있는 때에 바울이 벌떡 일어나서 담대하게 바로 다시 루스드라 성안으로 들어갔다가 이튿날 거기서부터 다시 하루 종일 여행길을 또 걷기 시작해서 더베로 내려갔습니다.

하나님 말씀을 전한 방식과 능력

여기에서 우리는 바울 사도가 비시디아 안디옥, 이고니온, 루스드라, 더베에 이르는 사이에 '어떻게 하나님 말씀을 전했는가', '거기에 따른 능력은 무엇이었는가' 하는 관점에서 생각할 수가 있습니다. 비시디아 안디옥에서뿐만 아니라 대체로 이번 제1차 여행을 통해서 '사도 바울 선생이 선교를 한 방도는 무엇이었는가', 또 그다음에 '그가 선교할 때 어떤 능력을 가지고 했는가' 하는 것을 생각할 수 있습니다. 목표는 늘 분명했습니다. 무슨 일에서든지 목표, 혹은 그 일을 해야 할 가장 근본적인 이유, 소위 원칙(principle)이라는 것이 있어야 하고, 그다음에는 그것을 어떻게 가장 유효하고 가장 선하게 이루어 나가느냐 하는 방도가 항상 중요합니다. '목적이 선 다음에는 방도 여하를 불구하고 목표에 도달하기만 하면 된다' 하는 것은 기독교의 정신이 아닙니다.

그러나 기독교 안에서도 오늘날 공산당이 흔히 쓰는, '목적을 위해서는 수단이나 방도를 가리지 않는다' 하는 태도를 취한 일단(一團)이 종교개혁 이후에 맹렬하게 활동했던 것을 여러분도 잘 아실 것입니다. 제수이트(Jesuit)라고 하는 예수회가 그렇습니다. 이그나티우스 로욜라(Ignatius Loyola, 1491-1556)가 맹주(盟主)가 되어서 유명한 전도자 프란시스 하비에르(Francis Xavier, 1506-1552)를 낳았고, 우리나라에도 제수이트 교단들이 들어와서 서강대학교를 세웠습니다. 그러니까 특별히 외국의 개신교도들은 그 사람들이 하는 일에 대해서 무엇이든지 늘 주의를 합니다. 어떤 일을 어떻게 할지 알 수 없기 때문입니다. 일단 목적을 세운 다음에는 아주 열렬하고 맹렬하게 행동해 나가고 아주 적극적으로 행동합니다. 법왕의 신성성을 절대로 승인할 뿐 아니라 거기에 절대 복종한다는 강력하고 통일된 일종의 독재적인 단체입니다. 그러나 바울이나 바나바와 같은 사도들이 취한 선교의 태도는 '원칙이 서 있으면 그 원칙의 성격을 가장 명료하게 드러내는 방도라야 정당한 방법이다' 하는 것이지 '어떤 방법이라도 써서 하면 된다' 하는 그런 태도는 없었습니다. 또한 그와 동시에 '어떠한 능력을 힘입어서 하느냐' 하는 것이 중요한 문제입니다. '하나님의 능력을 힘입었다' 할 때 그것이 구체적으로 어떻게 나타나느냐 하는 것을 제1차 선교 여행을 통해서 우리가 늘 보아야 할 것입니다. 능력이라는 문제가 중요합니다.

박해의 다양한 양상과 하나님의 인도

그리고 그다음에 오늘 저녁에 상고하고 싶은 문제는 '그들이 지나온 역로(歷露)에서 얻은 그 독특한 경험들은 또한 무엇을 가르치는가' 하는 것입니다. 그런 것을 또 한번 생각해 보려고 합니다. 특별히 여기서는 박해라는 문제를 우리가 생각하게 되는데, 곧 바울 선생이 박해를 받은 일입니다. 비시디아 안디옥에 이르러 안식일에 회당에 들어가서 거기서 '말을 하라' 하니까 마치 스데반의 강설을 생각나게 할 만한 그런 유명한 설교 혹은 강설을 한 것을 우리가 봅니다. 한 안식일에 강설을 하고 나니까 '다음 안식일에 또 하라' 했는데, 다음 안식일에는 온 성이 거기에 다 모이니까 유대 사람들이 그 무리를 보고 시기가 가득해서 그냥 일어나 바울이 말한 것을 변박했다고 했습니다. 이것이 하나의 경험입니다.

말을 했으면 말을 한 그대로 조용히 듣고 각각 돌아가서 생각하든지 한 것이 아니고, 전통적인 자기의 종교를 가진 사람들이 일어나서 바울이 말한 것을 맹렬하게 변박하고 비방했습니다. 바울 사도가 말을 하니까 처음에는 그 말이 신기하고 그 말의 의의를 신중하게 고려해서 다시 그 이야기를 해 달라고 했습니다. "다음 안식일에도 이 말씀을 하라"(13:42)고 한 것입니다. 그리고 "유대인과 유대교에 입교한 경건한 사람들이 많이 바울과 바나바를 좇으니"(13:43)라고 했습니다. 그러니까 두 사도는 그 강설을 한 후에 쫓아오는 사람들을 개별적으로 만나서 말을 했고, 항상 하나님의 은혜 가운데 있으라고 권고했습니다. 오늘날 같으면 상담(counselling)이라고 할 수 있을는지 모르겠지만, 그러나 상담보다 더 중요한 것입니다. 그 도리에 대해서 더 올바로 알기를 원하니까 그들에게 좀 더 풀어서 가르친 것입니다. 그다음 안식일에 사람들이 참 많이 모였습니다. "그다음 안식일에는 온 성이 거의 다 하나님 말씀을 듣고자 하여 모이니 유대인들이 그 무리를 보고 시기가 가득하여 바울의 말한 것을 변박하고 비방하거늘"(13:44-45). 이것이 또 하나의 경험입니다. 그저 변박만 한 것이 아닙니다. 즉 이론적으로 자기네 판단 기준(criteria) 위에 서서 일일이 비판만 한 데 그친 것이 아니고 비방을 했습니다. 무시했다는 말입니다. 그리고 욕질을 한 것입니다. 비방을 하는 것은 벌써 이론의 한계를 벗어나는 것입니다. 이것은 감정적인 발작입니다. 증오가 발생하기 시작하는 것입니다. 변박을 했으면 그것으로 그만입니다. 즉 반박을 하고 싶으면 반박하는 것입니다. '그것은 틀렸다' 하고 틀린 것을 논박(refute)했으면 그것으로 그만입니다. 거기에서 더 나아가서 그 개인을 들어 비방하기 시작하고 훼방하기 시작한다면 그것은 안 되는 일입니다.

그러니까 바울과 바나바가 거기서 웅장한 선언을 했습니다. "바울과 바나바가 담대히 말하여 가로되 하나님의 말씀을 마땅히 먼저 너희에게 전할 것이로되 너희가 버리고 영생 얻음에 합당치 않은 자로 자처하기로 우리가 이방인에게로 향하노라"(13:46). 그러고서 성경을 인용해서 "내가 너를 이방의 빛을 삼아 너로 땅 끝까지 구원하게 하리라 하셨느니라 하니 이방인들은 듣고 기뻐하여 하나님의 말씀을 찬송하며 영생을 주시기로 작정된 자는 다 믿더라"(13:47-48). 그리고 그들이 한 경험은 "주의 말씀이 그 지방에 두루 퍼지니라"(13:49) 하는 것이었습니다. 기성 종교인들은 이 일에 대해서 비방하고 나섰습니다. 왜냐하면 선입관(prejudice)이 강한 까닭에 늘 비방을 하고 나서는 것입니다. 언제든지 소위 이미 수립되어 있는 어떤 주의(主義, -ism)나 사상에 젖어 있어서 스스로 그것을 반성하고 반조(返照)해서 비판할 수 없는 사람들은 외부에서 그것을 시정하는 바른 도리가 들어올지라도 무섭게 보수적이어서 그러한 생각을 좀체 버리지 않습니다. 소위 문화의 정도가 얕은 사회에 갈수록 일종의 타성(mannerism)과 무리하고 무의미한 완고(頑固)가 지배하는 것입니다. 이것이 하나님께 향할 때는 완패(頑悖)로 나타납니다.

여러분은 아프리카 사람들이 가지고 있는 이교(paganism)가 얼마나 완패한 행동인가를 아실 것입니다. 또한 미개한 사회에 사는 사람들이 자기가 가지고 있는 약간의 도덕과 약간의 주의(主義)를 가장 중요한 것같이 쥐고 앉아서, 새로운 빛이 비치되 그것을 받기를 거부하는 소위 배타주의적이고 쇄국주의적인 과거의 한국의 전통을 잘 기억할 것입니다. 그와 같은 하나의 사회적인 경향과 사회 현상이 한국 교회의 보수주의를 형성할 때에 유력하게 작용했습니다. 우리는 왕왕 보수주의를 좋은 눈으로만 해석하기가 쉽지만, 보수주의라고 범괄적(凡括的)으로 이야기할 때에는 주의해서 생각해야 할 문제들이 늘 붙어 다니는 것입니다. 보통 지금 항간에 돌아다니는 '보수주의 교회'라 하는 말은 어떤 전제(premise)를 약(略)하고 하는 말일 뿐입니다. 가령 일반적인 전제를 거기에 놓았다고 한다면 '보수주의란 무엇인가'할 때 이른바 정통(orthodoxy)을 보수(保守)한다는 의미로, 즉 옳은 의견을 보수한다는 의미로 보수주의라고 이르는 것입니다. 그러나 진정으로 우리가 주의해서 살필 때 옳은 의견을 존중합니까? 그 보수주의 가운데에는 혼탁하고 혼효(混淆)된 여러 가지 내용이 섞여 있습니다. 즉 정통적인 입장 – '입장'(立場)이라는 말이 좋은 말이 아닙니다. 일본 사람 흉내를 낸 말입니다. – 혹은 정통적인 처지라고 하는 하나의 신학적인 프로그램을 지지한다고 하지만, 우리가 그 보수주의를 자세히 분석해 보면 정통적인 신학적 프로그램을 정확하게 다 지지하는 것이 아닙니다. 정통적인 것을 말할 때 오히려 그것을 배격하고 나서기 때문입니다.

한국에서 보수주의라고 하는 교단 가운데 가령 장로교라고 하면 그 장로교 안에 있는 보수주의적인 성격을 분석해 볼 때 정통을 지지하느냐 하면 몇 가지 강령(These)에서는 정통을 지지합니다. '성경은 정확 무오한 하나님의 말씀으로서 신앙과 본분의 유일한 지침이뇨?' 할 때는 '예'하고 지지한다는 말입니다. 그렇지만 그 성경이 가르친 바 참으로 전통적이고 역사적인 거룩한 사상을 개별적으로 따져서 자꾸 물어보면 '아니라'하는 것이 많습니다. 요컨대 지금 한 발자국 더 들어가서 가령 '소위 계율주의(nomism)라는 것과 반법주의(antinomianism)라는 문제 가운데 무엇을 지지하느뇨?' 하고 묻는다면 가장 보수를 자처하는 그룹은 '우리는 계율주의를 지지한다' 하는 것이 그 사람들의 정직한 고백이 되어야 할 것입니다. 그렇게 말은 안 할지라도 실제로는 그렇게 하는 것입니다. 만일 계율주의적인 것을 배격하면 당장에 '이것은 보수주의가 아니고 신령하지 않다' 하고서 누를 것이기 때문입니다. 또 한쪽에서는 '우리는 이른바 정감주의적(情感主義的)인 경건주의(pietism)를 지지합니다' 하고 말하는 것이 정직한 고백일 것입니다. 정감주의적인 태도에 대해 '그것은 잘못되었다' 하면 당장에 '이거, 큰일났다. 그것은 보수주의가 아니다' 할 것이기 때문입니다.

그런 것이 정통입니까? 그런 것은 원래 정통이 아닙니다. 역사를 통해서 흐르고 있는 정통이라는 것은 그런 정감주의적인 경건주의가 아닙니다. 요새 말하는 소위 근본주의(fundamentalism)가 아닌 것입니다. 동시에 요새 말하는 계율주의도 절대로 아닙니다. 계율주의는 정통적인 신학 체계상 절대로 배격해야 하는 것이고 있을 수 없는 이야기입니다. 고래(古來)로 계율주의자(nomist)는 언제든지 신학상 존재하고 또 그것이 하나의 유파(類派)로서 교회 역사상 특별히 개혁 시대를 한 중요한 정점으로 해서 흘러 내려오는 여러 줄기 가운데 늘 존재해 왔습니다. 그것을 받아서 그 계승자가 되었다는 사실이 보수주의는 아닌 것입니다. 그런 것을 계승했다면 벌써 전제(前提)가 달라집니다. 그런 경우에는 '아, 우리는 계율주의의 보수주의자요' 라고 해야 할 것입니다. 마찬가지로 소위 정감주의적인 경건주의도 절대로 역사적으로 흘러온 정통의 입장이 아닙니다. 정통의 처지에서는 그런 것을 원래 배격했습니다. 그중에서 극단적으로 나간 사람들이 재세례파(Anabaptist) 그룹들이고 그런 사람들은 나중에는 아르미니안(Arminian)적인 경향을 가졌기 때문에 그런 것은 절대로 이 개혁 신학(reformed theology)에서 주장하는 바른 전통이 아닙니다. 그런데도 그런 것을 그대로 유지하고 나가려고 할 뿐 아니라 만일 '그것이 틀렸다' 하고 지적하면 '큰일 났다' 하고 일어나서 오히려 변박하려고 할 것입니다. 물론 변박하는 내용이 제대로 된 변박도 되지 못합니다. 첫째, 논박을 하려면 이론이나 논리의 체계가 있어야 하지만 그들에게는 체계가 없습니다. 그런 것은 우리 교우들이 아마 많이 보고 들었을 것입니다.

 물론 우리 교회가 제일 중요하게 생각할 문제는 비본질적인 것, 혹은 역사적인 대종(大宗)과 본류에서 벗어난 정감주의적인 경건주의, 혹은 근본주의나 계율주의에 대한 반박과 파훼(破毀)가 아닙니다. 그것이 제일 중요한 문제는 아닙니다. 다만 우리가 현실을 자세히 올바로 고찰해 나갈 때 현실에서 발생하는 여러 가지 사실들을 지적하자면 결국 그런 것이 늘 현저하게 떠오른다는 말씀입니다. 이런 이야기를 우리 교우끼리 하는 것은 '그러면 우리 자신은 어떻게 해야겠느냐' 하는 것을 찾기 위한 것이지, 단순한 반박과 파괴 혹은 비판을 위해서 하는 이야기라면 의미가 없는 것입니다. 교회에서 중요한 것은 타 교회의 행동을 비판하는 것이 아닙니다. 가장 중요한 것은 자기가 바른 것을 늘 취득하는 것입니다. 그것이 더 중요합니다. 비판을 안 할지라도 바른 것을 취득하는 것이 더 중요한 것입니다. 바른 것은 취득하지 않고 비판만 하면 타락하는 것입니다. 바른 것은 취득하지 않고 비판만 하고 돌아다니는 근본주의자가 있는 것을 여러분이 잘 아실 것입니다. 그것이 지금 세계에서 하나의 운동으로 돌아다닌다는 사실을 알고 있습니다. 그들은 자기들이 가장 보수주의적인 것같이 생각하지만 그것은 부정당한 이야기입니다.

 우리 한국 교회 안에 있는 이 보수주의적인 경향에 대해서 우리가 이렇게 주의해야 하는 것은 우리 자신이 스스로 고식적(姑息的)인 것과 독선적인 것에 빠져 들어갈 위험을 늘 경계하기 위해서 그러는 것이지, 남을 헐어 내리는 데 쾌감을 느껴서 그러는 것은 아닙니다. '그러면 우리는 어떻게 해야 할 것인가' 할 때 만일 계율주의가 아니라면 그러면 반법주의(反法主義)입니까? 그것은 절대로 아닙니다. 반법(反法)이라는 것은 사실은 악법보다도 더 괴악한 것입니다. 아무 법도 없다면 그것은 부패하고 타락한 본성의 자유로운 욕망에 맡긴다는 이야기밖에 안 되기 때문입니다. 그것은 무서운 이야기입니다. 그런 반법주의는 안 됩니다. 그런고로 항상 그런 차원(plain)에서 높이 올라서서 참된 하나님의 법이 나의 생활의 준칙이 되어야만 하는 것입니다. 그것이 없고 이것도 저것도 다 없으면 그것은 결국 자기의 존재의 규범이나 존재의 형식조차 부인해 버리는 것입니다. 이런 것을 우리가 또한 주의해야 할 것이고, 만일 정감주의적인 경건주의를 배격한다면 경건도 배격하는가 할 때 그것이 아닙니다. 경건이라는 것은 하나님의 말씀입니다. 우리는 하나님의 말씀에 의한 경건한 생활과 경건이라는 확실한 위치를 늘 가지고 있어야 합니다. 사이비(似而非)를 참으로 지적하려면, 말로 논박하는 데 그치지 말고 '그러면 무엇이 진짜인가' 하는 것을 자기가 생활로 체득하고 체현하는 것이 더 중요합니다. 거기서 참된 의미의 거룩한 신앙과 생명이 있는 생활을 보는 것이고, 하나님 나라의 실질을 증시해야 할 중요한 이유를 우리가 보는 것입니다.

그래서 비시디아 안디옥에서 소위 보수주의자들에게 반박을 받고 비방을 받은 두 사도는 차라리 보수주의이고 무엇이고 할 것이 없이 이교(paganism)나 야만(heathenism) 가운데 그냥 빠져 있던 이방 사람들에게 적극적으로 복음을 전해 들어갈 때에 그들은 오히려 더 즐겁게 받아들이게 되었습니다. 오늘날도 비교적 완고한 여러 주의(-ism)에 물들지 않고 특별한 종교적 경향에 치우쳐 있지 않은 소박한 심령 속에 하나님의 말씀의 바른 도리를 전할 때에 오히려 그 지질(soil)이 곧 무르익어서 열매를 낼 수 있는 여러 가지 요소를 가지고 있는 경우를 많이 봅니다. 옥토는 그 아래에 바위가 깔려 있지 않은 땅입니다. 물론 보통 이 세상 사람의 마음은 가시덤불이나 엉겅퀴와 같은 재리(財利)나 일락(逸樂)이나 세상의 욕심이나 걱정 같은 것들이 지배하기가 쉽습니다. 그러나 편견이 있는 완고한 종교인들의 심정에는 바위 같은 단단한 것이 속에 깔려 있어서 처음에 어떤 부분은 듣고 그것을 영입하는 것 같지만 조금 들어간 다음부터는 도저히 더 들어갈 생각을 하지 않는 무서운 것이 있습니다. 그래서 더 들어가는 것이 도무지 쉽지 않습니다.

그런데 바울 선생이나 바나바, 이 두 사도가 거기서 활동한 것을 보면, 그렇게 적극적으로 배격하는데도 끝까지 그들만 붙들고 나가느냐 하면 그렇지 않고, 늘 복음을 환영하고 받아들이는 사람 속으로 들어갔다는 이 사실이 그 사람들의 중요한 태도이고, 또한 그들은 경험에 의해서 그것을 더욱 명확하게 확증해 나갔습니다.

그다음에 이고니온에 가서는 유대인의 회당에 들어가서 이야기를 해서 많은 사람이 믿었는데, 여전히 이 완고한 보수주의자들이 이방인들의 마음까지 선동해서 거기에 있는 "형제들에게 악감을 품게 하거늘 두 사도가 오래 있어"(14:2하-3상)라고 했습니다. 저들이 그렇게 한 까닭에 두 사도가 그곳에 오래 있는 그런 방법을 취했다고 배웠습니다. "주를 힘입어 담대히 말하니 주께서 저희 손으로 표적과 기사를 행하게 하여 주사 자기 은혜의 말씀을 증거하시니 그 성내 무리가 나뉘어 유대인을 좇는 자도 있고 두 사도를 좇는 자도 있는지라. 이방인과 유대인과 그 관원들이 두 사도를 능욕하며 돌로 치려고 달려드니"(14:3하-5).

요새 주일 아침에 우리가 예수 그리스도의 산상보훈 가운데 '살인하지 말라' 하는 것을 배웁니다.[9] 예수님이 말씀하시기를 '형제에게 노하는 자는 심판을 받고, 즉 호 크리시스(ὁ κρίσις, 지방 재판소)에 끌려가는 것이고, 형제에게 라가(Ρακά)라고 하는 자는 산헤드린에 잡혀가는 것이고, 형제를 미련한 놈이라 하는 자, 즉 모레(Μωρέ)라고 하는 자는 게헨나(γέεννα) 혹은 게이 힌놈(בַּן־הִנֹּם)에 끌려간다' 고 하셨습니다(참조. 마 5:22). 거기의 순서를 보면, 첫째는 분노이고, 다음에는 '라가' 라고 해서 '정신 빠진 놈', '얼빠진 놈' 이라고 하는 것이고, 그다음에는 '미련한 놈', 즉 독신자(瀆神者) 혹은 배역(背逆)한 자라고 하는 것입니다. 이렇게 첫째는 분노이고, 둘째는 무시와 모멸을 하고, 셋째는 아주 모욕을 해버리는 단계를 우리가 배웠는데, 여기도 보면 유대인들이 와서 처음에는 분노해서 다른 사람들을 선동하여 야단을 내고, 둘째는 이 비시디아 안디옥에 와서는 반박을 하고 비방을 하고 멸시를 했습니다. '네까짓 놈들이 뭐냐' 하는 식이고 '정신 빠진 소리 하지 말아라' 하는 이야기입니다. 마지막에 여기에 와서는 "이방인과 유대인과 그 관원들이 두 사도를 능욕하며"(14:5)라고 해서 모욕을 했습니다. 이렇게 하면 나중에는 어디로 갑니까? 죽이는 것입니다. 이제는 육신의 생명을 그냥 도말해 버리려고 하는 데로 가는 것입니다.

    그런고로 예수님은 '처음부터 분노하지 말아라. 분노하면 벌써 호 크리시스로 간다. 재판소로 끌려가는 것이다. 살인을 해야 비로소 재판소로 끌려가서 재판받을 위험이 있다고 이야기하는 것이 아니다' 하고 말씀하셨는데 유대인들은 분노하기 시작한 것입니다. 분한 감정을 품기 시작했고, 그다음에 비시디아 안디옥에서는 시기가 가득해서 변박하고 비방을 했습니다. 형제를 모멸하고 멸시했는데, 그다음에 다시 이고니온에 와서는 능욕을 한 것입니다. "두 사도를 능욕하며 돌로 치려고 달려드니"

---

9) 참조. 김홍전, 『예수께서 가르치신 율법의 참뜻』(산상보훈 2), 제11강-14강, 성약출판사, 2002년.

(14:5), 죽여 버리려고 한 것입니다. 그러니까 두 사도들이 "알고 도망하여 루가오니아의 두 성 루스드라와 더베와 및 그 근방으로 가서 거기서 복음을 전하니라"(14:6-7). 여기서 한 경험이 이렇습니다. 이고니온에서는 이렇게 당했지만, 그보다 먼저 비시디아 안디옥에서는 "유대인들이 경건한 귀부인들과 그 성내 유력자들을 선동하여 바울과 바나바를 핍박하게 하여 지경에서 쫓아내니 두 사람이 저희를 향하여 발의 티끌을 떨어 버리고 이고니온으로 가거늘"(13:50-51)이라고 했습니다. 즉 핍박을 해서 못 있게 추방한 것입니다. 이고니온에 와서는 능욕을 하고 돌로 치려고 달려들었는데 돌로 얻어맞지는 않고 그냥 도망갔습니다. 그러나 마침내 루스드라에서는 어떻게 되었습니까? 루스드라에서는 그만 돌로 맞아서 바울이 죽게 되었습니다.

그런고로 경험의 여러 양상을 보면 비시디아 안디옥에서는 바울 선생이 박해를 잘 피할 수 있게 하나님께서 인도하셨습니다. 핍박을 하니까 발에 티끌을 떨어 버리고 피한 것입니다. 그래서 무사히 보전되었습니다. 그러나 14:5-6을 보면 이고니온에서는 하나님께서 바울 선생과 그 일행으로 하여금 박두한 화(禍)를 알게 하심으로 곧 도피하여서 루가오니아 지방의 두 성인 루스드라와 더베 지방으로 갔습니다. 그다음에 14:19로 가면 루스드라에서는 돌로 맞아서 죽을 지경에 이르렀습니다.

이 세 가지 양상을 보면서 여기서 우리가 생각해야 할 문제는 하나님의 인도하시는 방법이 항상 화를 면하고 그 몸을 보존하여 어디든지 가서 아무 탈이 없이 복음을 전하게 하셨느냐 하면 갈수록 당하는 방식이 여러 가지로 달라졌다는 것입니다. 비시디아 안디옥에서는 그냥 쫓겨나 신상(身上)에 큰 해가 없이 보전될 수 있었지만, 이고니온에 가서는 사색(死色)이 박두(迫頭)해서 도피하게 되었고, 루스드라에 가서는 그만 돌로 맞아서 바울 선생이 죽게 되었습니다. 그러나 동일하신 하나님이 동일한 목표를 향해서 같은 일, 곧 거룩한 복음의 전파라는 같은 사역을 수행하게 하시려고 인도하시는 방법으로서 이런 방법을 쓰셨다는 것을 우리가 여기서 특별히 간취해야 할 것입니다. 어떤 경우에서든지 결국은 하나님이 저버리신 것이 아니라 돌아보셨다는 것을 우리가 첫째로 생각해야 합니다. 돌로 안 맞은 것만 돌아보신 것이 아니라 돌로 맞은 데서도 돌아보셨다는 사실을 보아야 합니다. 하나님의 돌아보심은 위험을 면하게 하셨다든지 하마터면 큰일 날 뻔했는데 큰일이 나지 않게 하신 데에만 있는 것이 아니라, 사람 보기에 큰일이 난 지경에서도 역시 하나님이 돌아보셨다는 사실에 있는 것입니다. 즉 평안하고 건강할 때만 하나님이 돌아보신 것이 아니라 병나고 고통이 있는 속에서도 하나님은 끝까지 지지하셨다는 사실을 보아야 합니다. 바울 선생이 계속적으로 하나님의 영광을 위하여 그 말씀과 그 나라를 자꾸 확장해 나가고 전파해 나가는 길에서, 그의 사명을 수행하는 길에서 그를 보호하시고 인도하시는 방법이 그것이었다는 것을 우리가 보아야 하는 것입니다.

하나님은 바울 선생이 가는 대로 내버려 두신 것이 아니고 바울 선생이 가는 것을 위에서 감독만 하신 것도 아니고 명확하게 말하면 하나님이 바울 선생을 친히 인도하신 것인데 그 인도하시는 길이 어디였는가 하면, 비시디아 안디옥에서는 박해가 있을 때 박해를 모피(謀避)해서 인도해 나가셨습니다. 그런고로 사망의 음침한 골짜기를 지나갔을지라도 해를 받지 않고 지나간 것입니다. 이고니온에 가서는 거의 박해가 신상에 박두했지만 그냥 또 모피하게 하셨습니다. 그러나 마침내 루스드라에서는 박해가 쏟아져서 바울의 신상에 돌이 날아와 그의 육신의 생명이 끊어지는 지경에까지 이르는 그 속으로 끌고 가신 것입니다. 즉 육체적으로 말하면 죽음이라는 과정을 한번 경과시키신 것입니다. 그러면 그것은 하나님이 인도하시지 않은 것입니까? 그가 돌에 맞아서 죽었으니 하나님이 인도하시지 않은 것입니까? 그렇게 말할 수 없습니다. 세상 사람이 볼 때는 그가 무엇이든지 잘못한 것이 있기에 돌에 맞은 것입니다. 그를 배반자로 낙인을 찍은 까닭에, 다른 사람보다도, 즉 바나바나 그 외의 다른 일행보다도 사도 바울이 항상 표적이 되었기 때문에 그를 때려죽이려고 한 것입니다. 그렇게 이유가 있습니다. 이유가 없는 것이 아닙니다. 그러나 하나님 앞에서 무슨 잘못이 있기에 돌로 맞았는가 하면 명확하게 하나님 앞에서 돌로 맞아야 할 잘못 때문에 당연히 받을 죄의 형벌이나 징벌 혹은 징계를 받은 것은 아닙니다. 그렇다고 말할 이유가 없습니다.

'고난이란 무엇인가' 하는 것이 요새 주일 저녁에 우리가 늘 배우는 문제이지만[10], 여기서 중요한 문제는 고난이라는 것이 반드시 형벌의 형태나 형벌의 한 프로그램으로서만 임하는 것이 아니라는 것입니다. 마지막으로 고난에 대한 이야기를 할 때, 욥의 인내는 마귀의 도전에 대하여 하나님이 대답하시는 대답의 형식이었다는 것을 배웠습니다. 하나님께서 그 사랑하시는 자에게 선한 싸움을 싸우라고 하실 때에는 이러한 큰 전쟁의 와중을 지나가게 됩니다. 전쟁을 하면서 적탄이 날아오는 속을 경과하게 하시는 것입니다. 바울 사도의 경우에도 적탄이 날아와서 몸을 스치고 몸에 닿고 그랬습니다. 몸에 닿으니까 육신이 잠시 죽었던 것입니다. 그러나 다시 일으키셔서 또 싸우게 만드셨습니다. 마치 프로메테우스(Prometheus) 같은 불사신(不死身)의 용사가 다시 일어나 싸운다는 전설과도 같지만, 그러나 헬라 사람들이 교묘하게 만들어 낸 그런 종류의 이야기가 아니라, 진정으로 죽었다가 다시 일어나는 불사신의 일이 하나

---

[10] 이 강설의 일자는 1966년 5월 18일 수요일인데, 저자는 1965년 8월 1일부터 1966년 7월 31일까지 총 61회에 걸쳐 주일 저녁에 '기도'에 대하여 강설하는 가운데, 이 강설을 하기 직전인 1966년 3월 27일부터 5월 15일까지는 일곱 차례에 걸쳐 '내 은혜가 네게 족하다'는 주제로 가르쳤음. 이 강설들은 아직 출판되지 않음.

님의 나라에서 일어난 것입니다. 바울 선생이 한때 가사(假死) 상태에 빠졌다가 이튿날 일어난 것입니까? 그랬다면 그를 떠메고 갔어야 할 것입니다. 그런데 바울 선생은 스스로 일어나서 자기 발로 루스드라에 갔다가 그 이튿날 당장에 하루 종일 여행을 하고 산길을 걸어가서 전도하기 시작한 것입니다. 그런고로 이것은 하나님이 일으키신 것입니다. 그런 경험은 희한한 경험입니다. 여기서 맛보는 것은 사람들이 보통 말하는 불우하고 불행하고 고통스런 환경이나 절망적인 환경이지만, 하나님이 그리로 인도하시면 그 길로 지나가는 것이지, '절망적인 데로 떨어지고 돌로 맞아서 죽는 데로 떨어졌으니까 이것은 안 들어올 데를 들어온 것이다' 라고 할 수가 없다는 것입니다. 이런 그들의 경험이 그들에게 큰 교훈과 큰 확신을 주었을 것입니다. 이렇게 해서 그들은 인생의 길에서 어느 때는 죽음이라는 문제에까지 걸쳐서 명확하고 정당하고 바른 견해와 해석을 가질 수 있는 참된 경험을 한 것입니다.

바울 선생이 받은 어려움과 겪은 여러 고난과 그가 가진 이 풍부한 경험에 우리들 자신을 비추어서 배워야 할 것이 있습니다. 우리의 생활 가운데 미미한 여러 가지 것들이 많이 있지만, 항상 환한 광명과 햇빛이 비치는 데서 웃으면서 꽃밭으로만 지나가지 않는다는 것을 다 아는 것입니다. 꽃밭으로 지나가지 않으니까, 햇빛 아래 광명한 데서 늘 걸어가지 않으니까, 나는 지금 구름 밑을 가니까, 아니, 나는 캄캄한 골짜기를 지금 지나가니까, 세상의 관점으로 말하면 별로 기대할 것이 없고 소망할 것이 없고 바랄 것이 없는 못나고 어리석은 위치에 지금 처해서 걸어가니까, 즉 남이 볼 때 세상적인 번영이나 출세나 특별하고 화려한 꿈을 줄 만한 현실이 도무지 아니니까 '이것은 하나님이 인도하시는 길이 아니다' 하고 속단하지 말아야 한다는 말입니다. '이런 모든 길을 통해서 어떤 음울한 경우라도 하나님은 나를 인도하신다' 하고 말할 수 있어야 합니다. 그렇다고 해서 자기가 잘못해서 음울한 데로 빠지고 자기가 잘못해서 고난 가운데 빠져 들어가고서도 '하나님이 나를 이 고난으로 친히 인도하셨다' 하고 인도의 책임을 적극적으로 하나님께 지워 드리는 말을 함부로 해서는 안 됩니다. 지금까지 우리가 주일 저녁에 주로 상고해 온 문제를 상기하시기 바랍니다. 고난이라는 문제를 생각할 때 자칫 잘못해서 '내가 주 예수 그리스도를 위하여 이 핍박과 고통을 받으니 지금 이것이 주께서 나를 인도하시는 길이다' 하고 얼른 속단해서 그것을 영화(榮化)하고 그것을 가치화하는 태도를 또한 경계해야 한다는 것을 우리가 다 배웠습니다. 그러나 그렇다고 해서 그런 일이 전연 없는가 하면 전연 없는 것은 아니라는 말씀입니다.

여기에 나타난 바울 선생의 길을 보면 '바울에게 지혜가 있느냐 없느냐' 하는 바울의 지혜의 문제가 아닙니다. 문제는 '바울 선생을 인도하시는 하나님의 손은 어디를 통해서 그를 끌고 가셨는가' 하는 것입니다. 바울 선생을 인도하시는 하나님의 길은 비시디아 안디옥의 경우와 같은 길로 왔다가 이고니온의 경우와 같은 길로 왔다가 마침내는 루스드라의 경우와 같은 길로 갔다는 것을 알아야 합니다. 즉 비시디아 안디옥에서와 같이 사람들이 암암리에 간접적으로 그를 압박해서 몰아내는 길로 왔다가, 이고니온에서와 같이 능욕을 하고 돌로 쳐서 죽이려고 화색(禍色)이 박두한 험한 골짜기 앞에 직면한 길로도 가고 그러나 기묘하게도 그것을 당하지 않고 피하도록 인도하고 나가셨다가, 루스드라에서는 정면으로 맞부딪쳐서 돌을 그 몸에 맞고 육신의 목숨이 떨어지는 환경으로도 하나님의 손이 인도하신 것입니다. 말하자면 바울이 돌을 맞고 죽어 넘어졌을 때에도, 사람은 보지 못했으나 아주 현현(顯顯)하고 생생하게 거기에 있던 사실은 하나님의 손이 그를 붙들고 있었다는 것입니다. 바울을 이끌고 가시는 손이 그 자리에서도 그냥 그를 붙들고 계셨다는 말입니다. 제자들이 둘러섰을 때, 바울을 붙들고 섰던 그 하나님의 손이 다시 그를 일으키고 그에게 생명을 소생시키니까 이렇게 위대한 기적적 사실이 발생하여 그를 이끌고 나아간 것입니다.

루스드라에서 바울이 죽었다는 사실에 대해서 이미 우리가 다 공부했습니다. 이것은 기적이 아니고 그냥 잠시 가사(假死) 상태 가운데 빠졌던 것이라고 우기는 사람들도 있습니다. 그러나 그다음에 나타난 사실들은 초자연적인 사실이었지 일반적으로 나타나는 생리적이고 자연적이고 물리적인 현실이 아니었습니다. 그는 일어나서 다시 루스드라를 향해 들어갔고 그다음에는 다시 하루 종일 피곤하고 험난한 길을 걸어서 멀리 더베로 갔습니다. 그것은 죽었던 사람이 자연스럽게 할 수 있는 일이 아닙니다. 가사 상태 가운데 빠졌다가 깨어난 사람의 상태로 그렇게 할 수 있다고 일반적으로 그렇게 해석하지 못하는 것입니다. 며칠 동안 앓든지 보양을 하든지 몸을 쉬게 하든지 좌우간 최소한도로 어떤 계호(戒護)를 요합니다. 맞은 자리가 나아야 합니다. 그는 죽도록 돌로 맞은 사람입니다. 그렇게 돌로 맞았는데도 아무렇지도 않은 듯이 다시 털고 일어난 것입니다. 이런 것은 하나님의 손이 얼마나 그를 강하게 지배하고 계셨는가를 나타냅니다.

돌로 맞을 때에 아마 스데반을 생각했을 것입니다. 돌이 연속으로 날아와서 자기를 때릴 때 자기가 스데반의 죽음을 눈으로 그냥 반듯이 쳐다보고 '네가 하나님을 모독한 이상에는 죽음의 죄에 해당한다' 하고 하나님 앞에서 그 죽음을 정당시하던 자기를 다시 생각했을 것이고, 자기를 바라보는 유대 사람과 자기를 돌로 치는 사람들을 볼 때 '저 사람들, 곧 저들 중에 있는 유대인들도 나 사울이 과거에 가지고 있던 것과 같은 유대교적인 견해를 가졌다면 나의 죽음을 정당하게 볼 것이다' 하는 생각을 아마 했을는지도 모릅니다. 그러면서 그는 죽어 갔을 것입니다.

그러나 어떻게 되었든지 그를 붙들고 계셨던 분은 하나님이십니다. 아마도 그는 전에 보았던 스데반의 그 위대한 죽음을 생각하면서 '나도 이젠 죽는구나' 하고 생각했을 것입니다. 그러면서 마치 스데반이 죽으면서 자기 영혼을 하나님께 부탁하고 영광스러운 예수님을 본다고 고백한 것과 같이 자신도 전능하신 하나님의 손에 자기를 부탁했을 것입니다. 그러나 하나님은 분명히 그 부탁을 그때서야 그 자리에서 들으신 것이 아니라 그전부터 벌써 그를 붙들고 계셨던 것입니다. 돌을 맞는 그를 붙들고 계셨고 죽어 가는 그를 붙들고 계셨고 비록 그 의식이 없어지고 죽어 있을 때라도 죽은 후에라도 하나님의 손은 그를 붙들고 계시다가 벌떡 일으키신 것입니다. 이것이 바울이 가진 희한하고 위대한 경험입니다.

바울의 경험과 고백, 그리고 오늘의 우리

이와 같은 일이 하나님의 영광을 위한 우리의 행로 가운데 때때로 발생합니다. 물론 우리 자신에게는 바울과 같이 죽을 일이 별로 없습니다. 그러나 우리도 어느 때는 '절망적이라 아무 소망이 없는 것 같다. 어둠이다. 더 이상 바랄 것이 없는 것 같다' 하는 데에서라도 전능하신 주의 손에 전부를 맡기고 자기의 목표를 분명히 늘 쥐고서 '죽는 시간까지는 이것을 한다' 하고 작든지 크든지 자기가 맡은 사명을 끝까지 충실히 해 나갈 때에는, 곧 자기의 환경에 새로운 진전이 전혀 없고 새로운 희망이 없을 때라도 주신 사명과 맡기신 그 일에 대해서 충성을 다하고 나아갈 때에는 하나님의 손이 그를 그냥 붙들고 계시는 것입니다. 그가 혹은 전에 지혜가 없어서 그러한 환경에 빠졌다고 할지라도 그것은 과거의 문제이고 현재는 하나님의 손에 맡기고 있는 것입니다. 이럴 때 '하나님의 손이 그를 붙들고 계셔서 하나님께서 그를 쓰셔서 그의 위에서 나타내시려 하고 경영하시는 그 일을 이루시는 그날까지 능히 지키실 줄을 우리가 확신하노라' (참조. 빌 1:6) 하는 말을 할 것입니다. "나의 의뢰한 자를 내가 알고 또한 나의 의탁한 것을 그날까지 저가 능히 지키실 줄을 확신함이라"(딤후 1:12) 하는 말을 하는 것입니다. 그러한 까닭에 바울 선생은 그런 위대한 고백을 할 수 있는 사람이 된 것입니다.

우리가 이제 여기서 또 보아야 할 중요한 문제가 있습니다. 바울 선생이 받은 이 큰 경험 가운데 루스드라에서 그의 믿음의 아들인 디모데를 얻었는데, 그 디모데에게 보낸 글 중에 디모데후서가 있습니다. 물론 디모데후서는 디모데를 얻은 그때에 보낸 것이 아니고 대개 바울 선생이 마지막에 죽기 전에 로마의 옥중에 있을 때에 쓴 글입니다. 우리가 이제 이 디모데후서에 있는 글 가운데 두 군데를 상고할 것인데, 바울 선생이 그러한 경험을 통해서 할 수 있었던 고백이 이것입니다. "이를 인하여 내가 또 이 고난을 받되 부끄러워하지 아니함은 나의 의뢰한 자를 내가 알고 또한 나의 의탁한 것을 그날까지 저가 능히 지키실 줄을 확신함이라"(딤후 1:12). '나의 의뢰한 자를 내가 안다'고 했습니다. 이렇게 바울은 '어떤 고난 속에서도 결국은 누가 나를 붙들고 계시는가'를 알았습니다. '나는 이 고난을 부끄러워하지 않는다. 왜냐하면 내가 의뢰한 분을 내가 알고 있기 때문이다. 또한 나의 의탁한 것을 그분이 그날까지 능히 지키실 줄을 내가 안다. 내 몸을 하나님께 부탁했으면 성신께서 일을 이루시는 그 시간까지 내가 부탁한 것을 지켜 주실 줄을 나는 확실히 믿는다. 그날까지 내가 부탁한 것을 저가 능히 지키실 줄을 확신한다' 하였습니다.

우리도 그날까지 지키실 것을 믿고 나가는 것입니다. '결국 하나님이 우리를 쓰셔서 우리를 통해서 우리 안에서 우리 위에서 이루시려고 하는 그 일을 이루시는 날까지 실패함이 없이 나를 붙드시고 끝까지 나를 지지해 주실 것을 나는 믿는다. 그런고로 목전의 암담한 현실 앞에서도 내가 아무것도 저어하지 않고 실망하지 않는다' 하는 것입니다. '다른 사람은 화려하게 무엇을 하네 무엇을 하네 하고 모두 자랑하고 이 세상의 번영을 자랑할 때에도 나는 어디서든지 주께서 주시는 그 자리에서 내 일에 충성하겠다. 왜냐하면 나의 의뢰한 자를 내가 알고 내가 의탁한 것을 그날까지 저가 능히 지키실 줄을 아는 까닭에, 비록 사망의 음침한 골짜기라도, 어떤 경우라도, 가장 절망적인 위치라도 거기에서도 주의 손은 나를 붙들고 계시는 것을 내가 믿는다' 하는 것입니다. 문제는 '내가 바른 목표를 향해서 지금도 진행하고 있는가, 나는 주께서 주신 사명에 충성을 다하고 있는가, 내가 스스로 그것을 포기하고 딴 짓을 하려고 하고 자기 자신의 출세나 욕망을 달성하기 위해서 거룩한 이름들을 이용하고 빌려서 자기의 발판으로 삼는 공리적(功利的)인 종교를 하고 있는가' 하는 것입니다. 이런 큰 분기점이 우리 앞에 있는 것입니다.

둘째로, 우리가 디모데후서에서 보아야 할 것이 있습니다. 이 사도행전은 바울 선생이 63년경 로마에서 옥에 갇혀 있는 이야기로 끝났는데, 그 후 이야기는 대체로 그가 사면을 받고 그다음에 어디로 갔는가 하면 헬라와 소아시아를 지나서 돌아왔고 다시 그 후에 잡혀서 또 다시 로마로 호송당하여 대개 주후 66년이나 67년경, 즉 이 사도행전의 끝에서부터 한 4년 지난 후에 로마에서 사형을 당했으리라 하는 것입니다. 바울은 순교를 기다리는 동안에 이 디모데후서를 기록해서 그가 믿음 안에서 아들로 여기는 사랑하는 디모데에게 보낸 것입니다. 그때 자기는 사형을 기다리면서도 '나의 의뢰한 그이를 내가 알고 내가 의탁한 것을 그날까지 지키실 것을 나는 믿는다' 하면서 끝까지 확신을 표백(表白)한 것이고, 동시에 3:10-11에 "나의 교훈과 행실과 의향과 믿음과 오래 참음과 사랑과 인내와 핍박과 곤란과 또한 안디옥과", 이 안디옥은 비시디아 안디옥입니다. "이고니온과 루스드라에서 당한 일과 어떠한 핍박 받은 것을 네가 과연 보고 알았거니와", 아마 바울 선생이 돌에 맞은 것을 디모데가 보았을 것입니다. "주께서 이 모든 것 가운데서 나를 건지셨느니라." 이것이 바울 선생의 고백이고 그의 중요한 경험의 하나입니다.

루스드라는 디모데의 고향으로서 디모데는 바울 선생의 두 번째 여행에 동참했는데, 지금 제1차 여행에서는 바울이 루스드라에서 돌로 맞은 그 유명한 사건을 보았을 것입니다. 루스드라는 작은 고을인 고로 그 사건이 큰 화제가 되었던 까닭에 디모데도 잘 알고 있었을 뿐 아니라 혹은 보았을 것입니다. 여기를 보면 "네가 과연 보고 알았거니와" 해서 디모데가 보았다고 말합니다. 안디옥과 이고니온과 루스드라에서 당한 고난을 보았다는 것입니다. 더베라는 말이 여기에 없는 것을 보면 아마 더베에서는 큰 핍박을 당하지 않은 것 같습니다.

이와 같이 주께서 어디서든지, 즉 박해에서든지 혹은 박해가 아닌 평안한 데에서든지 늘 친히 주장(主掌)하시고 같이하셨다는 이것이 그들의 경험의 가장 큰 결과요 확증인 것입니다. 우리의 모든 경험이 결국 무엇을 가르쳐야 하는가 할 때 '우리에게 아무 희망이 없고 아무것도 바랄 것이 없는 것 같은 절망적인 시간일지라도 우리의 목표에 변동이 없고 우리의 행진, 곧 우리에게 맡기신 사명의 길에 변동이 없으며 또한 그 일에 태만함이 없이 나가는 동안에는 나의 의뢰한 자를 내가 안다. 그리고 내가 의탁한 것을 그날까지 또한 저가 능히 지키실 줄을 내가 확신한다. 고난을 받더라도 내가 부끄러워하지 않는다' 하는 이것이 우리의 가장 중요한 경험의 고백이 되어야 할 것입니다.

기도

거룩하신 아버지시여, 저희들이 어떠한 경우에서든지, 특별히 이 세상을 지날 때에 세상의 반신국적인 여러 가지 요소를 만날 때, 그중에도 심한 것으로서 가장적(假裝的)인 신국적(神國的) 현상과 형태가 완고한 보수주의와 완고한 전통이 되어 일으키는 반신국적인 모든 도전과 공격으로 인한 전쟁에서, 때때로 저희들의 생활 경험 가운데 별 희망이 없는 것 같은 때가 있고 막막한 때가 있고 또 의미가 없는 것 같은 때가 있을지라도, 이 세상에 저희를 두시고 목적을 세우시고 목표를 향해서 행진케 하시며 사명을 주셔서 충성케 하셨사옵는데, 저희가 그 일에 끝까지 충성하고 좌고우면(左顧右眄)하지 않고 나아가는 동안에는, 안디옥적인 상태를 지나가게 하실 때도 있고 이고니온에서 당한 바울 선생의 상태와 같이 위험이 박두한 절박한 상태를 지나가게 하실 때도 있으며 혹은 루스드라에서의 경우와 같이 이미 절망적이고 어찌할 수 없는 파국에 직면하여 절망스럽고 막막하고 아무것도 보이지 아니하는 상태에 비록 이른다고 할지라도, 주여, 그런 데에서도 주님의 능하시고 강하신 손은 저희를 그대로 잠시도 놓으심이 없이 붙들고 계신다는 이 큰 사실을 저희들이 확실히 더 믿게 하여 주시고, 나의 의뢰한 이를 내가 알고 내가 의탁한 것을 그날까지 지키실 것을 확신하며 주께서 경영하신 것을 이루시는 그날까지 낙심이 없이 실패함이 없이 떨어짐이 없이 끝까지 붙드사 유지하시고 지켜 주실 것을 확신하는 그 믿음이 저희 안에도 있게 하여 주시고, 그런고로 저희들의 행진에 치우침이나 주저함이 없게 하시고, 저희가 울면서 씨를 뿌릴지라도 결국 기쁨으로 단을 거두는 사람들이 되게 하시옵소서. 울며 씨를 뿌리는 자는 웃음으로 기쁨으로 나중에 거두는 날이 온다는 것을 믿게 하시고, 이와 같은 큰 은혜를 주시는 주님의 은혜를 더 확신하고 주의 거룩하신 능력과 사랑과 지혜에 모든 것을 맡기고 쉼 없이 전진케 하시옵소서.

또한 이 교회가 주님 앞에 모든 것을 맡기고 가는 길에서 비록 어느 때는 아무 진척이 없고 아무런 발전이 없는 듯할지라도 울며 씨를 뿌리는 자는 결국 기쁨으로 단을 가지고 올 것을 기대하면서, 맡기신 일과 사명에 잠시라도 태만함이 없이 전진하는 길에 쉼이 없게 하시옵소서. 저희와 늘 같이하시고 끝까지 지키시는 주여, 저희를 이러한 확신과 소망과 기쁨 가운데 늘 두시옵소서. 바울이 비록 돌에 맞아서 그 목숨이 땅에서 떠나가는 그 시간까지 그 속에 하나님 나라의 기쁨이 있어서 변함이 없이 항상 기뻐했던 것과 같이 저희들 마음 가운데 하나님 나라의 기쁨과 평안함이 끊임이 없이 항상 요지부동하게 존재하게 하시옵고, 아버님의 거룩하신 사랑의 통재(統宰)의 손이 역력하게 저희와 언제나 같이하심을 늘 느끼게 하시옵소서.

예수 이름으로 기도하옵나이다. 아멘.

1966년 5월 18일 수요일

성구 색인

사무엘상
4:21/ 210
8:7/ 207
13:14/ 208

열왕기하
15:14-23/ 21

마태복음
5:13-14/ 37
7:13/ 256
10:14/ 235
10:16/ 258
10:34/ 251
10:35-37/ 251
12:29/ 99
18:20/ 61,65
22:32/ 55
23:23/ 217
23:24/ 217
28:20/ 65

마가복음
3:27/ 99
6:11/ 235
12:26/ 55

누가복음
8:3/ 22
9:5/ 235
9:7/ 21
9:9/ 21

10:11/ 235
13:24/ 256
13:32/ 21
20:37-38/ 55
23:8/ 21

요한복음
1:12-13/ 192
10:4/ 29
10:18/ 182
18:22/ 218
18:23/ 218

사도행전
3:10/ 297
3:10-11/ 333
4:15/ 275
5:22/ 324
9:1-2/ 220
9:3-5/ 221
10:15/ 35
10:26/ 301
12:2-4/ 23
12:25/ 15
13:1-3/ 51,117
13:1-12/ 15
13:1-52/ 51,117
13:1상/ 20
13:2/ 22
13:2상/ 40,68
13:2하-3/ 68
13:3/ 28,42

13:4/ 44
13:4-12/ 77
13:4하-5/ 83
13:5/ 85,143
13:6상/ 85
13:6하/ 85
13:7/ 86,98
13:7상/ 118
13:7하/ 94
13:8/ 94
13:8-9/ 118
13:8상/ 89
13:9/ 96,270
13:9하-10상/ 97
13:10/ 97
13:10하/ 105
13:10-12/ 119
13:11/ 97
13:11상/ 106
13:11하/ 108
13:12/ 98
13:12상/ 108
13:12하/ 106,108
13:13/ 143
13:13-43/ 143
13:14-16상/ 151
13:15/ 171
13:16/ 156,172
13:16-41/ 171,175
13:26/ 156,172,180
13:38/ 187
13:39/ 187

13:42/ 199,317
13:42-52/ 199
13:43/ 156,317
13:43 상/ 154,199
13:43 하/ 200
13:44/ 202
13:44-45/ 317
13:45/ 216
13:46/ 219,318
13:47/ 226
13:47-48/ 318
13:48/ 225
13:49/ 228,318
13:50-51/ 235
13:50-52/ 227
13:52/ 235
14:1/ 242,246,268
14:1 하/ 241
14:1-3/ 289
14:1-20/ 235,236
14:2/ 242
14:2-3/ 290
14:2-3 상/ 250
14:2하-3 상/ 323
14:3-4/ 242
14:3 상/ 256
14:3 하-5/ 323
14:4-6 상/ 257
13:4-7/ 118
14:5/ 324,325
14:5-6/ 325
14:6/ 239
14:6-7/ 325
14:8-20/ 287
14:8-21/ 313
14:8-28/ 263
14:8 하/ 269

14:9/ 269
14:10/ 271
14:11/ 272
14:12/ 96,273
14:13-15/ 275
14:15/ 277,293,299
14:16/ 278,299
14:17/ 278,300
14:19/ 301,325
14:20/ 301,302,304
14:20하-21 상/ 313
15:36-41/ 144,147
16:1/ 302
16:1-3/ 302
16:1-5/ 147
17:18/ 243,290
17:30/ 299
22:6-16/ 25
22:17-21/ 24
24:3/ 86
24:5/ 255
26:14-21/ 26
26:25/ 86

로마서
1:19-20/ 280,300
1:20/ 279
6:1-2/ 191
8:17/ 193
8:32/ 194
16:21/ 21

고린도전서
1:21/ 299
2:3/ 248
2:4-5/ 248
4:2/ 41
9:1-2/ 73

12:28/ 20

고린도후서
10:1/ 96,273
10:1-10/ 273
10:10/ 96,273
11:26/ 146

갈라디아서
4:1/ 194
6:11/ 275

에베소서
4:4/ 45

빌립보서
1:6/ 332

골로새서
3:5/ 131
4:10/ 150
4:10-11 상/ 149

데살로니가전서
1:5/ 249

디모데전서
6:9/ 131
6:10/ 131

디모데후서
1:12/ 332
3:10-12/ 303
3:11/ 303,308
4:11/ 148

베드로전서
2:9/ 29